# REGIME JURÍDICO
# DA PUBLICIDADE

RUI MOREIRA CHAVES
Advogado
Pós Graduado em Ciências Jurídico-Civilístas
Mestre em Direito

# REGIME JURÍDICO
# DA PUBLICIDADE

ALMEDINA
1955-2005

# REGIME JURÍDICO DA PUBLICIDADE

AUTOR
RUI MOREIRA CHAVES

EDITOR
EDIÇÕES ALMEDINA, SA
Rua da Estrela, n.º 6
3000-161 Coimbra
Telef.: 239 851 904
Fax: 239 851 901
www.almedina.net
editora@almedina.net

EXECUÇÃO GRÁFICA
CLÁUDIA MAIROS
Email: claudia_mairos@yahoo.com

IMPRESSÃO
G.C. - GRAFICA DE COIMBRA, LDA.
PALHEIRA - ASSAFRAGE
3001-453 COIMBRA
Email: producao@graficadecoimbra.pt

Junho, 2005

DEPÓSITO LEGAL
228234/05

Toda a reprodução desta obra, por fotocópia ou outro qualquer processo,
sem prévia autorização escrita do Editor,
é ilícita e passível de procedimento judicial contra o infractor.

# NOTA PRELIMINAR

O presente estudo que ora se edita corresponde quase na íntegra à dissertação de mestrado defendida na *Faculdade de Direito da Universidade Católica Portuguesa (Porto)* em 15 de Janeiro de 2004, perante um júri composto pelos Ex.mºs Srs Professores Doutores *Júlio Manuel Vieira Gomes, Luis Menezes Leitão* e *José Carlos Brandão Proença*, que nos orientou.

Foram incluídas alterações pontuais no texto que, tendo em conta as observações produzidas pelo júri bem como a legislação e a doutrina entretanto publicadas, visaram melhorá-lo e actualizá-lo.

Acalenta-se a singela esperança que este trabalho - complementado pela 2ª. edição, revista e aumentada, do nosso *Código da Publicidade anotado* – atinja o objectivo que lhe foi destinado: tornar-se numa ferramenta útil e eficaz no labor diário dos profissionais e dos cultores desta matéria.

Só os leitores poderão dar provimento a tal desiderato e sentenciar acerca do empenho e dedicação do autor.

*Abril de 2005*

O Autor
*Rui Moreira Chaves*

# SIGLAS E ABREVIATURAS

| | |
|---|---|
| AAAA | American Association of Advertising Agencies |
| AACC | Association des Agences Conseils en Communication (França) |
| AAP | Asociación de Autocontrol de la Publicidad (Espanha) |
| AC | Autoridade da Concorrência |
| AMD | Associação Portuguesa de Marketing Directo |
| APAP | Associação Portuguesa de Empresas de Publicidade e Comunicação |
| APAN | Associação Portuguesa de Anunciantes |
| ARep. | Assembleia da República |
| Art.(s) | Artigo(s) |
| Ac.(s) | Acórdão(s) |
| al.(s) | Alínea(s) |
| ASA | Advertising Standard Authority (Grã-Bretanha) |
| BACC | British Advertising Clearance Centre |
| BBB | Better Business Bureaus (EUA) |
| BCAP | British Code of Advertising Practice |
| BGB | Burgerliches Gesetzbuch (CCalemão) |
| BGH | Bundesgerichtshof |
| BMJ | Boletim do Ministério da Justiça |
| BOA | Boletim da Ordem dos Advogados |
| BuM | Beton-und Monierbau. |
| BVP | Bureau de Vérification de la Publicité (França) |

| | |
|---|---|
| CACME | Comissão de Aplicação de Coimas em Matéria Económica |
| CACMEP | Comissão de Aplicação de Coimas em Matéria Económica e Publicidade |
| CACMP | Comissão de Aplicação de Coimas em Matéria de Publicidade |
| CAP | Códice di Autodisciplina Pubblicitaria (Itália) |
| CARU | Children´s Advertising Review Unit (EUA) |
| CAV | Centro de Arbitragem Voluntária |
| CBAP | Código Brasileiro de Auto-regulamentação da Publicidade |
| CC | Código Civil |
| CCAP | Conselho Consultivo da Actividade Publicitária |
| CCom | Código Comercial português |
| CCfrançês | Código Civil françês (*Code Civil*) |
| CCG | Cláusulas contratuais gerais |
| CCI | Câmara de Comércio Internacional |
| CCitaliano | Código Civil italiano (*Códice Civile*) |
| CCICAP | Código de Conduta do Instituto Civil da Autodisciplina da Publicidade |
| CCP | Código de Conducta Publicitaria (Espanha) |
| CCSeabra | Código Civil de Seabra |
| CDADC | Código do Direito de Autor e dos Direitos Conexos |
| CDCbrasileiro | Código de Defesa do Consumidor brasileiro |
| CEE | Comunidade Económica Europeia |
| CEP | Código de Ética Publicitária (Brasil) |
| Cfr. | Confrontar |
| CJ | Colectânea de Jurisprudência |
| CNPD | Comissão Nacional de Protecção de Dados |
| Cód. | Código |
| Conv. | Convenção |
| CONAR | Conselho Nacional de Auto-regulamentação Publicitária (Brasil) |
| Cód. Pub. | Código da Publicidade |
| CP | Código Penal |

| | |
|---|---|
| CPamb. | Código de Publicidade Ambiental do Instituto Civil de Autodisciplina da Publicidade |
| CPC | Código de Processo Civil |
| CPI | Código da Propriedade Industrial |
| CPLMA/ICAP | Código de Práticas Leais em Matéria Ambiental do Instituto Civil da Autodisciplina da Publicidade |
| CPLMP | Código de Práticas Leais em Matéria de Publicidade |
| CRP | Constituição da República Portuguesa |
| CSA | Conséil Supérieur de l'audiovisuel (França) |
| DECO | Associação de Defesa do Consumidor |
| DGCS | Direcção Geral da Comunicação Social |
| DL | Decreto-lei |
| DR | Diário da República |
| DUDH | Declaração Universal dos Direitos do Homem |
| EASA | European Advertising Standards Alliance (União Europeia) |
| FDUC | Faculdade de Direito da Universidade de Coimbra |
| FDUL | Faculdade de Direito da Universidade de Lisboa |
| FTC | Federal Trade Commission (EUA) |
| IAP | Istituto dell'Autodisciplina Pubblicitaria (Itália) |
| IC | Instituto do Consumidor |
| ICS | Instituto da Comunicação Social |
| ICAP | Instituto Civil da Autodisciplina da Publicidade |
| IGAE | Inspecção Geral das Actividades Económicas |
| IJC - FDUC | Instituto Jurídico da Comunicação da Faculdade de Direito da Universidade de Coimbra |
| IMSN | International Marketing Supervision Network (União Europeia) |
| INDC | Instituto Nacional de Defesa do Consumidor |
| ISP | Prestadores de serviços via internet (internet service providers) |
| JEP | Júri de Ética Publicitária |
| JOCE | Jornal Oficial da Comunidade Europeias |
| LCCG | Lei das Cláusulas Contratuais Gerais |
| LDC | Lei de Defesa do Consumidor |

| | |
|---|---|
| Ley General de Publicidad | Ley nº. 34/1988 de 11/11, General de Publicidad (Espanha) |
| Ley General para la defensa de consumidores | Ley nº. 26/1984 de 19/7, General para la Defensa de los Consumidores y Usuarios (Espanha) |
| LRadio | Lei da Rádio |
| LTV | Lei da Televisão |
| MP | Ministério Público |
| OA | Ordem dos advogados portugueses |
| p. | Página |
| pp. | Páginas |
| PGR | Procuradoria Geral da República |
| RC | Tribunal da Relação de Coimbra |
| RL | Tribunal da Relação de Lisboa |
| RLJ | Revista de Legislação e Jurisprudência |
| ROA | Revista da Ordem dos Advogados |
| RP | Tribunal da Relação do Porto |
| RPDC | Revista Portuguesa de Direito do Consumo |
| RTAP | Regulamento Técnico das Agências de Publicidade |
| STJ | Supremo Tribunal de Justiça |
| Sites | Sítios, locais, moradas |
| TC | Tribunal Constitucional |
| TJCE | Tribunal de Justiça das Comunidades Europeias |
| WM | Wertpapier-Mitteilungen. |
| WWW, Web | World Wide Web |

# ÍNDICE

*1.* Introdução .................................................................................. 19
*2.* Delimitação e apresentação do tema. Plano da dissertação ...................... 21

## 1ª. PARTE
ASPECTOS PRELIMINARES HISTÓRICOS E JURÍDICOS — A ESPECIAL RELAÇÃO DO DIREITO DA PUBLICIDADE COM A COMUNICAÇÃO E COM OS DIREITOS DOS CONSUMIDORES

## CAPÍTULO I
EVOLUÇÃO HISTÓRICA — O RELEVO SOCIAL, ECONÓMICO E JURÍDICO

*3.* As origens da publicidade. A Antiguidade e a Idade Média ................... 31
*4.* O desenvolvimento da publicidade moderna ......................................... 33
*5.* O século XX ............................................................................... 37
*6.* A publicidade no Brasil ................................................................. 45
*7.* A publicidade em Portugal ............................................................. 47
*8.* A publicidade como actividade social, política e economicamente relevante .................................................................................. 50
*9.* O relevo jurídico da publicidade ..................................................... 54

## CAPÍTULO II
A PUBLICIDADE COMO FENÓMENO COMUNICACIONAL SINGULAR – TÉCNICAS, PROCESSOS E ESTRUTURAS PUBLICITÁRIAS

*10.* A comunicação publicitária .................................................. 57
*11.* A publicidade como comunicação persuasiva ....................... 65
    *11.1.* A estrutura da mensagem.............................................. 67
    *11.2.* A linguagem publicitária ............................................. 70
    *11.3.* A liberdade de expressão ............................................. 71
*12.* O papel desenvolvido pelo agente e pela agência de publicidade. A evolução necessária
    *12.1.* O agente de publicidade e a transição para a moderna *agency*......... 73
    *12.2.* A agência de publicidade contemporânea .................... 74
*13.* Outras estruturas indispensáveis e participantes na difusão de uma campanha publicitária
    *13.1.* A *régie* ou concessionária. Noção e elo de ligação ....... 79
    *13.2.* A central de compras ................................................... 80

## CAPÍTULO III
A PROTECÇÃO LEGAL DO DIREITO DOS CONSUMIDORES E A RELAÇÃO COM A PUBLICIDADE - AS MULTIPLAS FORMAS DE DIFUSÃO PUBLICITÁRIA

*14.* Breve historial sobre o direito dos consumidores ................. 85
*15.* A noção de consumidor (nos vários diplomas internacionais, comunitários e nacionais) ................................................... 94
*16.* A protecção do consumidor/destinatário da publicidade - na *LDC*, no *Cód. Pub.* e na *CRP* ........................................................ 107
*17.* Algumas formas modernas de difusão publicitária – intróito .... 110
    *17.1.* A publicidade veiculada através de suportes aéreos ..... 110
    *17.2.* A publicidade difundida pelo som ............................... 113
    *17.3.* A *Internet* como veículo publicitário .......................... 114
        *17.3.1.* Breve incursão nos direitos de personalidade no âmbito da *Internet* ............................................. 117
        *17.3.2.* O conceito e as vantagens da publicidade *on line* ...... 121
        *17.3.3.* Os sujeitos que utilizam a *Internet* ..................... 122

*17.3.4.* Várias formas de publicidade *on line* .................................... 124
   *17.3.4.1.* Via correio electrónico - *e. mail* .................................... 124
   *17.3.4.2.* Outras formas publicitárias .................................... 127
*17.3.5.* A responsabilidade pelo uso ilegal e abusivo da *Internet*
   (no direito comunitário e nacional) .................................... 130
*17.4.* A publicidade domiciliária, por telefone e por telecópia
   – a *Lei n°. 6/99, de 27/1* .................................... 138
   *17.4.1.* A colisão com direitos constitucionais fundamentais,
      com a protecção de dados pessoais e com os direitos
      de personalidade .................................... 141
   *17.4.2.* O direito positivo português .................................... 144
*17.5.* A publicidade televisiva .................................... 148
*17.6.* A publicidade radiofónica .................................... 152
*17.7.* O *product placement* ou *soft sponsoring*, a lei e a defesa do
   consumidor .................................... 154
*17.8.* A publicidade virtual .................................... 157
*18.* A publicidade social .................................... 158
*19.* A publicidade ambiental .................................... 160

## 2ª. PARTE

O DIREITO DA PUBLICIDADE, O DIREITO DE AUTOR DAS OBRAS PUBLICITÁRIAS
E OS CONTRATOS PUBLICITÁRIOS

## CAPÍTULO IV

A ESTRUTURA LEGAL DO DIREITO DA PUBLICIDADE:
(FONTES, CONCEITOS, SUJEITOS INTERVENIENTES, PRINCÍPIOS E RESTRIÇÕES)

*20.* A autonomia do direito da publicidade .................................... 165
*21.* Fontes do direito português da publicidade .................................... 167
*22.* Antecedentes do código da publicidade vigente .................................... 169
*23.* O conceito de publicidade na doutrina nacional e estrangeira .................................... 171
*24.* Publicidade *versus* propaganda .................................... 177
*25.* As noções legais de publicidade e de actividade publicitária .................................... 180

25.1. Os sujeitos (activos e passivos) intervenientes na comunicação
  publicitária ............................................................................................. 182
25.2. Princípios basilares do direito da publicidade ................................. 187
  25.2.1. Princípio da licitude ................................................................. 188
  25.2.2. Princípio da identificabilidade ................................................ 189
  25.2.3. Princípio da veracidade ........................................................... 190
  25.2.4. Princípio do respeito pelos direitos do consumidor ................ 191
25.3. A publicidade enganosa ..................................................................... 192
  25.3.1. A publicidade enganosa por omissão ...................................... 196
  25.3.2. A publicidade enganosa e o direito comunitário
    (sistemas de controlo) ............................................................. 198
  25.3.3. O controlo da publicidade transfronteiriça ............................. 200
  25.3.4. A publicidade enganosa e a concorrência desleal ................... 203
25.4. A publicidade oculta ou dissimulada ................................................ 211
25.5. Restrições ao conteúdo e ao objecto da mensagem publicitária ...... 214
  25.5.1. Relativas ao conteúdo .............................................................. 214
    25.5.1.1. A publicidade dirigida a menores ................................. 214
    25.5.1.2. A publicidade testemunhal ............................................ 217
    25.5.1.3. A publicidade comparativa ............................................ 218
  25.5.2. Relativas ao objecto ................................................................. 219
    25.5.2.1. A publicidade a bebidas alcoólicas, tabaco, tratamentos
      e medicamentos, em estabelecimentos de ensino, jogos,
      cursos, automóveis, produtos e serviços milagrosos ........ 219

## CAPÍTULO V
### O DIREITO DE AUTOR FACE ÀS OBRAS PUBLICITÁRIAS.

26. A publicidade e o direito de autor ......................................................... 223
27. A titularidade e o conteúdo do direito de autor – direitos patrimoniais
  e direitos morais ................................................................................... 225
28. A violação do direito de autor ............................................................... 227
29. A duração do direito de autor ............................................................... 228
30. O regime do direito de autor face às obras publicitárias ..................... 228

## CAPÍTULO VI
### OS CONTRATOS PUBLICITÁRIOS

*31.* O conceito geral - os contratos publicitários em especial ................... 233
*32.* A inexistência de menção expressa ao regime contratual, no código português da publicidade ........................................................ 235
*33.* Tipologia contratual publicitária ........................................................ 236
   *33.1.* O contrato de criação publicitária ..................................................... 237
   *33.2.* O contrato de patrocínio ............................................................. 238
      *33.2.1.* Patrocínio *vs* mecenato ..................................................... 243
   *33.3.* O contrato de difusão publicitária ................................................. 245
      *33.3.1.* Noção. Características ........................................................ 245
      *33.3.2.* Partes ............................................................................... 245
      *33.3.3.* Designações específicas ........................................................ 246
      *33.3.4.* Qualificação jurídica ............................................................. 246
      *33.3.5.* Não cumprimento ou cumprimento defeituoso ...................... 249
      *33.3.6.* Cláusulas contratuais gerais ..................................................... 251
         *33.3.6.1.* Características gerais ..................................................... 251
         *33.3.6.2.* Recusa do titular do suporte em contratar ...................... 254
         *33.3.6.3.* Exoneração da responsabilidade do titular do suporte ....... 254
      *33.3.7.* A melhor escolha sobre o suporte de difusão ........................... 257
   *33.4.* O contrato de concessão publicitária ................................................ 258
   *33.5.* O contrato de utilização da imagem ................................................. 261
      *33.5.1.* O direito à imagem como bem da personalidade humana ......... 262
      *33.5.2.* O direito à imagem como direito fundamental e sua eficácia externa ............................................................................... 265
      *33.5.3.* A tutela civil dos direitos de personalidade ............................. 267
      *33.5.4.* O direito à imagem – intromissões ilegítimas .......................... 267
   *33.6.* O contrato de publicidade ............................................................. 268
      *33.6.1.* Designação ....................................................................... 268
      *33.6.2.* Conceito e características ..................................................... 270
      *33.6.3.* O anunciante enquanto parte contratual. O controlo sobre a execução da mensagem publicitária ...................................... 272
         *33.6.3.1.* A qualificação jurídica da aprovação pelo anunciante da campanha apresentada ............................................. 273

*33.6.3.2.* A validade da renúncia do anunciante à aprovação ou à aceitação prévia e final da campanha e ao direito de fiscalização ............................................................... 274
*33.6.4.* O profissional de publicidade ................................................. 275
*33.6.5.* Remuneração ........................................................................ 276
*33.6.6.* Exclusividade ....................................................................... 279
*33.6.7.* Breve referência às doutrinas desenvolvidas em torno da qualificação jurídica do contrato de publicidade ................... 279

### 3ª. PARTE
DA RESPONSABILIDADE CONTRA-ORDENACIONAL, CIVIL E CRIMINAL

### CAPÍTULO VII
DA RESPONSABILIDADE CONTRA-ORDENACIONAL

*34.* A responsabilidade contra-ordenacional ................................. 287
*34.1.* Sanções principais e acessórias ..................................... 289
*34.2.* A comissão de aplicação de coimas em matéria económica e publicidade *(CACMEP)* ................................................. 290
*34.3.* A publicidade correctiva ou rectificativa e as medidas cautelares ......................................................................... 291
*35.* A autodisciplina publicitária ............................................... 291
*35.1.* A autodisciplina da publicidade em Portugal ................. 298
*35.2.* O Júri de Ética Publicitária *(JEP)* ................................. 302
*35.3.* O Centro de Arbitragem Voluntária *(CAV)* ................... 302
*35.4.* A jurisprudência dos tribunais comuns e da *CACMP* ..... 303

### CAPÍTULO VIII
DA RESPONSABILIDADE CIVIL

*36.* Visão sumária sobre a responsabilidade civil decorrente da transmissão de publicidade ilícita nas diversas legislações ........................ 307

*37.* A responsabilidade civil prevista no art. 30º. do *Cód. Pub.* nacional
em consequência da difusão de mensagens publicitárias ilícitas.
O paralelismo com o art. 36º. ............................................................... 312
*38.* A metodologia do *Código Civil* português sobre a responsabilidade
civil ........................................................................................................ 315
   *38.1.* Pressupostos de aplicação da responsabilidade civil ...................... 315
   *38.2.* As funções preventiva, repressiva e compensatória ...................... 316
   *38.3.* A culpa .......................................................................................... 318
*39.* A responsabilidade pré-contratual ........................................................ 319
   *39.1.* Relevância jurídico-contratual das mensagens publicitárias ............ 322
*40.* A responsabilidade por conselhos, recomendações ou
informações ........................................................................................... 330
*41.* A responsabilidade civil profissional da agência de publicidade
ou do profissional
   *41.1.* Em relação ao anunciante .............................................................. 336
   *41.2.* Em relação a terceiros ................................................................... 338
   *42.* A responsabilidade civil do anunciante
   *42.1.* Perante terceiros ............................................................................ 340
   *42.2.* Perante a agência de publicidade ou o profissional ..................... 340
*43.* A responsabilidade civil dos titulares dos suportes publicitários e dos
respectivos concessionários
   *43.1.* Perante a agência de publicidade ou o profissional
e o anunciante ................................................................................ 342
   *43.2.* Perante terceiros ............................................................................ 342
*44.* O contrato com eficácia de protecção para terceiros ........................... 343
*45.* A responsabilidade civil das pessoas públicas (celebridades) que
participam na difusão da publicidade ilícita ......................................... 347
*46.* O *onus probandi* no direito da publicidade ......................................... 349
*47.* A determinação da indemnização – danos patrimoniais e não
patrimoniais ........................................................................................... 351
*48.* Tipos de danos mais frequentes na difusão de mensagens publicitárias
ilícitas .................................................................................................... 353

## CAPÍTULO IX
### DA RESPONSABILIDADE CRIMINAL

*49.* A responsabilidade criminal ................................................................ 357
*50.* O crime de publicidade enganosa ...................................................... 357
   *50.1.* O crime de publicidade enganosa como crime de perigo ............... 359
   *50.2.* O crime de publicidade enganosa e o crime de burla – analogias
      e diferenças ............................................................................. 359
*51.* A descriminalização ......................................................................... 362

## 4ª. PARTE
### CONCLUSÕES

De 1 a 32 .................................................................................................... 367

Bibliografia ................................................................................................ 377

## 1. Introdução

Falar sobre publicidade é, antes de mais, evocar a associação mental com a imagem, os sons, a palavra escrita e falada mas principalmente com a arte de persuadir. A publicidade é uma arte e, hodiernamente, não pode ser considerada como mera actividade promocional, já que é necessário um elevado grau de criatividade e originalidade para surpreender e cativar a atenção do público. Algumas mensagens causam estupefacção nos destinatários, face à astúcia e excepcional capacidade de captação da realidade dos seus criadores.

A publicidade para ser genuinamente perceptível necessita de reflectir o pulsar da sociedade. Carece de traduzir a inquietude, a tristeza, a alegria, a felicidade; necessita de espelhar através das suas mensagens o miserabilismo, os contrastes sociais e a injustiça.

A publicidade desperta percepções sensoriais e sentimentos nos destinatários; utilizando pessoas, confrontando situações e apresentando imagens, despoleta sentimentos de afectividade, pesar, solidariedade ou repulsa. Neste sentido, a publicidade possui elevada função social. Veja-se, como exemplo pragmático, a publicidade efectuada pelo grupo empresarial de LUCCIANO BENETTON, o presidente, e por OLIVIERO TOSCANI, o director de publicidade e espírito criativo das campanhas, que optaram por um discurso de ruptura face ao que até à data existia.[1] É contudo curioso

---

[1] Acerca da campanha da *Benetton*, produzida para a primavera/verão de 1998, denominada *"inimigos"*, onde se incluíam fotografias de israelitas e palestinianos, JOÃO LOPES, no jornal semanário *"O Expresso"*, escreveu o seguinte comentário, que por ser

que a publicidade veiculada pela *Benetton* possua um impacto social como nenhuma outra e se apresente menos dispendiosa do que a publicidade tradicional. O recurso à imagem fotográfica, extremamente impressiva e realista, o apelo ao poder dos sentidos e a utilização de temas universais e contundentes, que lhes permita a distribuição mundial sem necessidade de adaptações às características sociais dos diversos países, justificam os baixos orçamentos. Estas campanhas publicitárias contêm fortes críticas sociais e por isso servem o próximo contribuindo para uma melhor sociedade.

Todavia a publicidade não serve apenas para divulgar, também deve informar acerca dos produtos existentes no mercado, suas características, especificidades e aptidões. Os consumidores tomam notícia sobre os produtos, bens e serviços capazes de satisfazer as suas específicas necessidades bem como aquelas que, apesar de dispensáveis, lhes são criadas e subtilmente impostas.

O consumismo será sempre a pior atitude que a publicidade poderá ajudar a desenvolver. O consumidor "consumista" irracionalmente consome sem detença. Torna-se dependente e por isso infeliz. Esta infelicidade poderá acarretar graves problemas pessoais, familiares e consequentemente sociais. Contudo, a publicidade não será a causa desta descompensação, já que factores respeitantes ao próprio indivíduo e às suas fraquezas devem ser levados em conta.

Também a publicidade possui cariz social. Coloca-se ao serviço dos interesses sociais facilitando a difusão de informações importantes sobre a saúde individual e colectiva e sobre a prevenção do risco da vida em sociedade. Bastará relembrar a campanha de prevenção da luta contra a sida, a campanha de prevenção da condução sob o efeito do álcool, as

---

extremamente expressivo, se transcreve: *"O que Toscani consegue colocar em cena é o poder paradoxal da imagem: por um lado, testemunhando a existência dos «inimigos» a que o título da publicação se refere; por outro, mostrando que qualquer exercício do olhar nos recoloca perante a estranha espessura da história, tanto na sua intensidade simbólica, como na irrisão dos seus signos. E toda a gente, em todas as fotografias, veste Benetton. O que, além do mais, quer dizer também que a publicidade é, ou pode ser, a utopia branda deste nosso mundo mediático. Mesmo que usemos outra marca."*

campanhas de vacinação infantil e da terceira idade, para constatar que a publicidade não é uma actividade menor, porque não serve apenas os interesses comerciais, que embora legítimos se apresentam de somenos importância face aos restantes.

Não deverá porém ser esquecida a face negra da publicidade quando usada em desrespeito pelas regras. Analisar-se-á com detalhe esta realidade, no decurso da presente dissertação, optando-se por ora, pelo destaque das mais nobres características desta actividade.

A característica ambivalente e sedutora da publicidade aliada às cores, aos sons, à textura, às imagens e às palavras gera no destinatário uma atracção fatal. Foi esta empatia que despoletou o início do estudo sobre a publicidade. O trabalho ora desenvolvido reflecte a intenção de conhecer mais do vasto mundo publicitário e, em conformidade com a formação jurídica do autor, foi sob este aspecto pesquisada, embora aqui e ali sublinhada com algumas pinceladas doutras disciplinas e matérias que a atravessam, tais como o *marketing*, as técnicas de comunicação e persuasão, a estrutura e a linguagem publicitárias.

Contudo, tornou-se necessário delimitar a matéria a pesquisar, com total rendição à vastidão do tema e às consequentes possibilidades investigatórias que encerra.

## 2. Delimitação e apresentação do tema. Plano da dissertação

Os objectivos da presente pesquisa prendem-se com o estudo da publicidade comercial, entendida como o conjunto de meios e actividades destinadas à promoção de bens ou serviços junto do público e a convencê-lo na sua aquisição. Apesar de excepcionalmente se mencionar a publicidade social e ambiental, a publicidade tratada é apenas a dita comercial, com todas as suas implicações económicas e jurídicas.

Assim espartilhada, dela exorbitam outras formas de publicidade que com esta não se confundem. Excluem-se do conceito e deste estudo:

*1)* a publicidade legislativa, respeitante à publicação de leis, decretos-lei e outros actos normativos no jornal oficial;

*2)* a publicidade de actos judiciais e notariais, relativa a audiências de discussão e julgamento, sentenças de condenação, editais e a publicação de escrituras públicas;

*3)* a publicidade a actos administrativos, referentes aos editais camarários;

*4)* a publicidade a actos fiscais, como a publicação de editais relativos a processos de execução fiscal para reclamação de créditos;

*5)* a publicidade registral, respeitante ao direito dos registos comercial, predial e automóvel;

*6)* a promessa pública, prevista no art. 459°. do *CC*, enquanto declaração feita mediante *anúncio* divulgado entre os interessados, pela qual o autor se obriga a dar uma recompensa ou gratificação a quem se encontre em determinada situação ou pratique certo facto. É certo que este anúncio poderá ser veiculado através da imprensa, televisão, por afixação em lugar público ou através de qualquer outro meio de comunicação; o público a que se dirige poderá ser mais amplo ou mais restrito; a promessa há-de ter um mínimo de publicidade para se poder concluir que o promitente quis vincular-se; todavia, apesar da presença destes requisitos, ao contrário da publicidade comercial, esta visa atingir apenas um destinatário e daí a sua exclusão;

*7)* os concursos públicos, que apesar de conterem o requisito da publicidade, também não cabem no conceito de publicidade comercial a desenvolver;

*8)* a publicidade enquanto circunstância agravante ou atenuante de certos crimes em direito penal.

Todos os actos supra referenciados constituem formas de tornar públicos os respectivos conteúdos, contudo, não visam a promoção de bens ou serviços com vista à sua aquisição, encontrando-se pois, fora do âmbito das relações económicas e lucrativas e consequentemente não abrangidos pelo conceito de publicidade previsto no art. 3°. do *Cód. Pub.*.

*9)* Também as relações públicas se distanciam da publicidade comercial, já que o principal escopo prosseguido consiste na obtenção de uma boa imagem ou aceitação mais favorável de uma empresa ou instituição, e não na difusão de um acto de aquisição, sendo por isso excluídas deste estudo.[2]

*10)* Será ainda afastada a rotulagem, por não poder enquadrar-se no conceito jurídico de publicidade, apesar de ser forte a tendência para a apelidar como tal. É sabido que a publicidade pressupõe a promoção como forma externa de comunicação, com o objectivo de impelir o consumidor a adquirir bens, ao passo que a rotulagem, inserida nas embalagens, pretende apenas informar o consumidor sobre a constituição e composição intrínseca do próprio produto e identificá-lo face aos demais.[3]

*11)* As *vendas no domicílio* e as *vendas agressivas*, por já se inscreverem dentro de um processo de venda, onde o elemento promocional não é relevante, afastam-se deste estudo. Mesmo que exista este elemento não pode ser desligado da venda que é a sua *raison d'être*.[4]

---

[2] Em sentido diverso *vide* PEDRO QUARTIN GRAÇA SIMÃO JOSÉ, *A publicidade e a lei*, Direito e ciência jurídica, Vega Universidade, p. 43, que inclui as relações públicas no conceito de publicidade e SERGE GUINCHARD, *La publicité mensongère en droit français et en droit féderal suisse*, Librairie géneral de droit et jurisprudence, Paris, 1971, p. 14, para o qual as relações públicas são a forma mais elaborada e subtil de publicidade, na medida em que uma empresa exerce uma acção psicológica sobre o público com o objectivo de dar a conhecer a sua melhor e mais atraente faceta.

Quanto às diferenças existentes entre as relações públicas e a publicidade, *vide* BERNARD BROCHAND; JACQUES LENDREVIE; JOAQUIM VICENTE RODRIGUES; PEDRO DIONÍSIO, *As relações públicas*, Publicitor, pp. 481 a 502, Publicações Dom Quixote, 1999 e ainda AL RIES e LAURA RIES, *A queda da publicidade e a ascensão das relações públicas*, 1ª. edição, pp. 213 a 239, Editorial notícias, Lisboa, 2003.

[3] Cfr. neste sentido ANA LUÍSA GERALDES, *O direito da publicidade – estudos e práticas sancionatórias – decisões da CACMP*, Edição do instituto do consumidor, Lisboa, 1999, p. 19.

[4] CARLOS FERREIRA DE ALMEIDA, *Conceito de publicidade*, BMJ, 349, Outubro, 1985, p. 126, é da opinião que: *"não haverá que distinguir publicidade e promoção de vendas como dois processos diferentes de marketing, toda a publicidade que constitua um instrumento ao serviço das vendas de uma empresa é um processo de promoção de vendas; toda a promoção de vendas dirigida ao público – isto é, a um número indeterminado de pessoas – se qualifica como publicidade."*

*12)* Também as promoções[5] por se afastarem da publicidade, dado tratar-se de um conjunto de incentivos, temporários, que visam a compra pelo consumidor de um produto ou serviço, não serão estudadas. Apesar de disporem de várias técnicas e instrumentos (redução de preços; organização de concursos; colecção de provas de compras; folhetos promocionais; material de ponto de venda como ilhas e topos de gôndola; vales de desconto e cupões; oferta de brindes, amostras e outros produtos; feiras e salões) nunca serão uma acto comunicacional, serão sempre conotadas como: "a redução dos preços com o objectivo de vender mais".

Pelos métodos utilizados a propaganda é similar à publicidade. Na ordem jurídica nacional os conceitos de propaganda e publicidade são muito diversos, significando realidades bem distintas. Todavia, no ordenamento jurídico brasileiro estes dois conceitos são usados indistintamente com o mesmo significado, apesar da doutrina se esforçar em defini-los e distingui-los. No direito interno português, o *Cód. Pub.* é bem claro ao desconsiderar a propaganda política como publicidade. Contudo, o tema será abordado, focando essencialmente a distinção entre ambas.

Face ao exposto, a pesquisa ora apresentada subordinada ao tema *"O regime jurídico da publicidade"*, encontra-se sistematizada em quatro partes, compostas por nove capítulos e incide sobre os diversos aspectos que a publicidade e o seu direito encerram.

Inicia-se com a evolução histórica possível sobre as origens mais remotas da publicidade, chegando mesmo às formas rudimentares e embrionárias, como os pregões que anunciavam a venda de produtos alimentares, as feiras e os espectáculos. No que respeita a Portugal, os elementos de pesquisa são parcos, talvez porque está ainda por escrever a história acerca do fenómeno publicitário nacional, desde as origens à actualidade, culminando com a grande importância social, política e económica merecidamente atribuída à publicidade.

---

[5] Sobre as promoções, suas características e diferenças da publicidade, *vide* BERNARD BROCHAND; JACQUES LENDREVIE; JOAQUIM VICENTE RODRIGUES; PEDRO DIONÍSIO, *As promoções,* Publicitor, *cit.*, pp. 533 a 558.

A publicidade, enquanto especial forma de comunicação, em particular nas vertentes persuasivas e sugestivas, e as várias estruturas publicitárias que ao longo dos tempos contribuiram para o desenvolvimento da actividade, serão desenvolvidas com o detalhe necessário à sua cabal percepção.

O consumidor enquanto destinatário principal, verá o seu conceito dissecado com detalhe, serão apresentados os seus direitos, bem como todos os métodos de protecção face à difusão de mensagens publicitárias ilícitas, encontrados pelo legislador na *CRP*, na *LDC*, no *Cód. Pub.* e em demais legislação extravagante.

Acompanhando o extraordinário desenvolvimento da sociedade moderna, a actividade publicitária cresceu exponencialmente, e passou a servir-se dos meios de comunicação social entretanto surgidos, como mais um suporte para a divulgação das suas mensagens. Assim, a actividade publicitária inovou e aos suportes publicitários tradicionais - televisão, rádio e imprensa - aditou outros, radicais e extremamente actuais tais como o espaço aéreo, a *Internet*, o telefone, a telecópia e os próprios programas televisivos.

Ainda decorrente da inovação tecnológica, a publicidade superou a realidade física e adquiriu uma nova dimensão - a dos sentidos - tornando-se virtual, permitindo inserir-se e visualizar-se onde, de facto, nunca existiu.

A segunda parte desta tese versa sobre o regime jurídico do direito da publicidade e a sua relação com o direito de autor e ainda, sobre os contratos publicitários, enquanto instrumentos por excelência para efectivação da comunicação publicitária e regulação das relações entre as partes que os celebram.

No *capítulo IV*, relativo à estrutura legal do direito da publicidade, serão analisadas, com a minúcia necessária, as fontes do direito português da publicidade; será apurado o conceito de publicidade, na doutrina estrangeira e principalmente na nacional; serão indicados e explicados quais os sujeitos activos e passivos intervenientes na comunicação publicitária e, primacialmente, os princípios fundamentais que regem o direito da publicidade português, sempre com referência ao direito comparado.

Também a publicidade enganosa no direito nacional e no direito comunitário, será devidamente abordada, quer tenha sido perpetrada através de acção ou por omissão; serão referidas as entidades e os métodos utilizados para controlar a publicidade enganosa no âmbito da União Europeia e por fim, estabelecer-se-á o paralelo necessário com a concorrência desleal, sem olvidar a publicidade oculta ou dissimulada e as restrições ao objecto e ao conteúdo das mensagens publicitárias, necessárias à boa e sã convivência social.

O *capítulo V* é inteiramente dedicado ao elemento fundamental na criação publicitária - o autor das obras - que verá os seus direitos constantes do *CDADC* devidamente explicitados, pelo menos os que respeitem directamente ao conteúdo do direito de autor em relação às obras publicitárias. Aliás, são as próprias normas do *Cód. Pub.*, que nesta matéria remetem para o *CDADC*, razão pela qual será enquadrada e devidamente estudada.

O contrato, instrumento particular fundamental que regista e eterniza a vontade das partes, que confere aos diversos intervenientes nas campanhas publicitárias os necessários poderes para agir, que constitui a ferramenta indispensável ao bom desempenho das partes e ao consequente sucesso da campanha publicitária, vê a sua matéria aquartelada no *capítulo VI*, onde se desenvolve com vastidão. Usando como ponto de partida a base prevista na *Ley General de Publicidad*, serão apresentados os contratos usualmente celebrados nesta área, sem contudo esquecer o direito comparado e o devido alargamento à prática contratual nacional, pelo menos no que respeita aos contratos de publicidade e aos contratos de difusão.

Estes dois referidos contratos gozam de evidente destaque. O contrato de publicidade que por ser celebrado entre o anunciante e a agência de publicidade ou o profissional, fixa as directrizes que permitirão o alicerçamento e posterior desenvolvimento da campanha e o seu consequente sucesso ou insucesso bem como, a remuneração e demais regras relacionais entre as partes. O contrato de difusão publicitária, porque se insere na última fase do processo comunicacional e afinal de contas porque é, ou permite visualizar, o reflexo de todo o empenho e dedicação que as partes colocaram no estudo, na criação, idealização e concepção da mensagem. *O que os olhos não vêem, o coração não sente*, reza o velho aforismo português.

A terceira parte desta tese é composta pela responsabilidade contra--ordenacional, civil e criminal decorrente da violação das regras estatuídas no *Cód. Pub.*.

No *capítulo VII*, referente à responsabilidade contra-ordenacional, apresentar-se-ão:

*a)* as sanções principais e acessórias previstas no *Cód. Pub.* para a violação das suas regras;
*b)* a publicidade correctiva ou rectificativa;
*c)* o regime autodisciplinar;
*d)* a *CACMEP*, enquanto organismo que aprecia os processos e aplica as coimas;
*e)* o *JEP;*
*f)* os *CAV;*
g) e por fim a jurisprudência da *CACMP*, consideravelmente extensa ao ponto de formar uma respeitada linha de conduta.

A responsabilidade civil será tratada com o pormenor necessário para o cabal entendimento das figuras e institutos jurídicos que gravitam em redor do direito da publicidade. É no *capítulo VIII* que, para além da breve análise dos pressupostos gerais e funções prosseguidas pelo instituto da responsabilidade civil, será analisada a responsabilidade da agência de publicidade e do profissional, face ao anunciante e *vice -versa* e, de todos, face a terceiros; ainda, a responsabilidade dos titulares dos suportes publicitários perante a agência de publicidade ou o profissional, o anunciante e terceiros.

Ainda que brevemente apresentar-se-ão:

*a)* a *responsabilidade pré-contratual*;
*b)* a *responsabilidade por conselhos, recomendações e informações* prestados no âmbito da actividade publicitária;
*c)* a *responsabilidade das pessoas públicas* que participam na publicidade ilícita;
*d)* a *eficácia contratual das mensagens publicitárias*;
*e)* e o *contrato com eficácia de protecção para terceiros*.

Como figuras e institutos que a doutrina tem procurado encontrar e adaptar no sentido de directamente responsabilizar o anunciante face ao (terceiro) lesado pela difusão das mensagens publicitárias ilícitas.

Pretende-se, pois, diminuir o emaranhado de relações e entidades existentes entre o anunciante e o destinatário da publicidade - o consumidor - tornando mais fácil e fluida a protecção deste.

São ainda focadas questões como o *onus probandi* no direito da publicidade; a determinação da indemnização e os tipos de danos mais frequentes resultantes da difusão de mensagens publicitárias ilícitas.

Será menos desenvolvida, como se compreenderá, a matéria da responsabilidade criminal, já que o legislador nacional através do *Cód. Pub.* vigente, seguiu uma política de descriminalização da publicidade enganosa que, na altura da vigência do *DL nº. 28/84 de 20/1*, era considerada como crime. Veio esclarecer e terminar com a querela existente em torno do art. 40º. do *DL nº. 28/84 de 20/1*, revogando-o sem apelo nem agravo. Todavia, e porque a presente dissertação ficará mais completa e esclarecedora, serão estabelecidas analogias e diferenças entre a publicidade enganosa, o "crime" de publicidade enganosa e ainda o crime de burla através da publicidade. Por fim, a descriminalização enquanto opção legislativa.

# 1ª. PARTE

## ASPECTOS PRELIMINARES HISTÓRICOS E JURÍDICOS – A ESPECIAL RELAÇÃO DO DIREITO DA PUBLICIDADE COM A COMUNICAÇÃO E COM OS DIREITOS DOS CONSUMIDORES

# CAPÍTULO I
EVOLUÇÃO HISTÓRICA – O RELEVO SOCIAL, ECONÓMICO E JURÍDICO

**3. As origens da publicidade. A Antiguidade e a Idade Média**

A publicidade como forma de comunicação é tão antiga quanto o ser humano socializado. É claro que, enquanto actividade organizada em termos empresariais, cujo expoente máximo se traduz na orgânica de uma moderna agência de publicidade ou em termos individuais através da figura do agente de publicidade, é extremamente recente mas, sob o aspecto ideológico é tão antiga quanto o homem e a necessidade sentida de comunicar. Todavia, apesar de parecer um pouco exagerado buscar as raízes desta ciência ao antigo império egípcio, ALEXANDRA MORAIS PEREIRA e EUGÉNIO MALANGA[6] contam que a documentação histórica sobre o assunto surgiu com um fragmento de um papiro egípcio, conservado no museu de Londres, que relata a fuga de um escravo. Trata-se, provavelmente, do primeiro anúncio escrito comprovado na história da civilização, pelo que pode-se entender que há três milénios já existia publicidade comercial na medida em que, os escravos eram considerados propriedade dos seus senhores e negociados como mercadoria.

---

[6] ALEXANDRA MORAIS PEREIRA, *O nu e a publicidade audiovisual*, Pergaminho, Lisboa, Portugal, 1ª. ed., 1997, pp. 35 e ss. e EUGÉNIO MALANGA, *Publicidade – uma introdução*, 4ª. ed., editora Redima, SP – Brasil, 1987, p. 15.

Sob o prisma estritamente comercial, a génese histórica da publicidade remonta às primeiras manifestações relativas à economia primitiva baseada primacialmente na permuta de bens e mais tarde na compra, o que obrigou ao estabelecimento de ligações comunicacionais na sociedade. Atendendo à evolução da publicidade, constata-se que começou por ser verbal, traduzida nos pregões anunciando a venda de produtos e os locais de realização das feiras. Só mais tarde, com a invenção da imprensa, houve a possibilidade de traduzir os pregões publicitários anunciados a viva voz, para escrito, assim surgindo os rótulos para os produtos comercializados e os cartazes anunciando os espectáculos e as feiras.

Recuando ao município de Roma, apesar da imprensa escrita ainda não existir, as necessidades sentidas pelos munícipes eram semelhantes às actuais (salvaguardando as diferenças relativas ao avanço tecnológico e ao estádio de desenvolvimento atingido). Os romanos tentavam atingir a plenitude de uma vida sem constrições, procurando os produtos que satisfizessem as necessidades humanas evitando assim um estado de carência. Desta opinião compartilham SANCHEZ GUSMAN e LUÍSA LOPES SOUSA[7] que o cita: *"se a concepção da publicidade, se centra no seu aspecto de instrumento dirigido a favorecer a venda das mercadorias, necessariamente o estudo do seu desenvolvimento histórico tem que se fazer segundo modelos e esquemas interpretativos, configurados na vida material da humanidade, na luta contra a escassez e na sua preocupação de absorção dos excedentes, que provoca a abundância."*

No município romano existiam uns funcionários apelidados de *pregoneros ou praeco*, colocados às ordens dos particulares e do município, cuja função consistia em apregoar a viva voz por todo o município, os produtos a publicitar. A vida municipal estava bastante hierarquizada e o regime legal da publicidade competia ao direito municipal. A publicação de éditos anunciando feiras, jogos, espectáculos e avisos à população, constituia prática corrente nesta sociedade.

---

[7] LUISA LOPES SOUSA, *Do contrato de publicidade*, Rei dos livros, Lisboa, 2000, p. 46.

A Idade Média, caracterizada por uma ruralização da vida social, traduziu um retrocesso do sistema económico o que *de per si* ocasionou um abrandamento na evolução da publicidade que, limitada ao município romano, desapareceu. Todavia, os *pregoneros* continuaram a existir ao serviço de quem lhes pagasse, de quem detinha o poder, principalmente porque o analfabetismo reinava entre a população e qualquer divulgação tinha de ser oral, efectuada de viva voz.

O advento da imprensa no início do século XV por JOHANN GENSFLEISH GUTENBERG, constituiu um marco fundamental na história da publicidade. Em bom rigor, somente se deve falar em publicidade comercial propriamente dita, após a referida invenção que muito contribuiu para o desenvolvimento da comunicação de massas. É sob este prisma - da comunicação social - que o fenómeno deve ser estudado, pois as manifestações publicitárias atrás referidas não passam de esboços, embriões da publicidade actual, moderna e extremamente complexa.

## 4. O desenvolvimento da publicidade moderna

A Inglaterra é apontada como sendo o berço da publicidade comercial. RICARDO OBERLAENDER, citado por PAULO VASCONCELOS JACOBINA,[8] refere que o primeiro anúncio com data de 12/4/1649 foi publicado no jornal *Impartial Intelligencer*.

Apresentando certa divergência quanto à precisão da data, ANTÔNIO HERMAN V. BENJAMIM[9] escreve que o primeiro anúncio impresso em língua inglesa remonta a 1477 e anunciava a publicação e subsequente colocação à venda de livros religiosos.

---

[8] PAULO VASCONCELOS JACOBINA, *A publicidade no direito do consumidor*, editora Forense, RJ – Brasil, 2002, pp. 21 e ss.

[9] ANTÔNIO HERMAN DE VASCONCELLOS E BENJAMIM, *O controle jurídico da publicidade*, Revista de Direito do Consumidor, 9, p. 26, citado por PAULO VASCONCELOS JACOBINA, *op. cit.*, pp. 21 e ss.

Certo é que o jornal foi o primeiro meio de comunicação de massas utilizado pelos comerciantes, produtores de bens, prestadores de serviços, *etc.*, porque lhes permitia a colocação no mercado dos seus produtos e/ou serviços, dando-os a conhecer ao grande público, publicitando-os. Com a produção em série a publicidade obteve maior relevo, face à necessidade de escoamento dos produtos sentida pelas organizações produtivas.

Todavia, apesar da incerteza sobre qual o primeiro anúncio impresso, foi no séc. XVII, no ano de 1630, que em França apareceram as *gazetas* ou *gazette,* consideradas os precursores da publicidade moderna.

JEAN MARIE AUBY e ROBERT DUCOS-ADER[10] atribuem este desenvolvimento a THÉOPHRASTE RENAUDOT que criou os *bureau d'adresses*, que mais tarde deram origem às *gazette* onde se organizaram os primeiros encontros entre a oferta e a procura através de um meio escrito. Os primeiros números incluíam apenas notícias relativas ao estrangeiro e, no sexto número, aparece publicado o primeiro anúncio publicitário impresso numa publicação periódica.

Ainda em França, anos mais tarde, surgiram vários jornais publicitários que por *Decreto de 18/8/1811* foram agrupados num só periódico *Les petites affiches*, aglutinando todas as publicações da época que inseriam anúncios. Esta publicação detinha o exclusivo da publicidade em toda a imprensa periódica, estando no entanto proibida a inserção de comentários ou notícias políticas.

Nos *EUA* os jornais periódicos surgiram em: 1704, o *The Daily-courant*; em 1709, o *The Tatler*; em 1711, o *The Spectator*; e em Inglaterra no ano de 1787, o *The Times*. Data deste período a constituição das grandes agências de publicidade como sistemas organizados e produtivos.

Em França o *Journal de Paris* criado em 1777, consagrou na sua rubrica de publicidade as primeiras publicações referentes à moda, através de anúncios literários pouco sugestivos.

Nos finais do séc. XVIII e ao longo do séc. XIX, a confluência de alguns factores tais como: o alargamento substancial da base económica

---

[10] JEAN MARIE AUBY, ROBERT DUCOS-ADER, *Droit de l'information*, Dalloz, Paris, 1976, pp. 530 e ss.

em que assentava a publicidade; as transformações ocorridas nos meios de comunicação de massas, utilizados como suportes publicitários; a conversão da publicidade num importante instrumento financeiro da imprensa, passando a fazer parte dos recursos dos periódicos; e o advento das primeiras empresas vocacionadas para a compra e venda de espaços nos meios de comunicação social, a fim de aí incluirem anúncios, levaram ao desenvolvimento acentuado da actividade publicitária.

A revolução industrial[11] foi outro marco assinalável no desenvolvimento da indústria e do comércio do séc. XIX e consequentemente da actividade publicitária, uma vez que, devido ao crescimento da empresa capitalista e da capacidade aquisitiva particular, solidificou-se e incrementou-se a relação produtor/consumidor. Paralelamente, surgiu uma massa urbana de trabalhadores, que devido à necessidade de mão de obra nas cidades, originou um fluxo das populações rurais atraídas pelos salários praticados nas indústrias fixadas nos centros urbanos.

Numa organização tradicional de economia artesanal, a publicidade era inútil dado não existirem problemas de comunicação entre o produtor e o consumidor. Aquele trabalhava através de encomendas directas deste, e existia um contacto pessoal entre ambos. Os bens eram individualizados e a produção estava limitada às encomendas. Com a passagem para uma economia industrial e de abundância, coloca-se ao produtor a seguinte questão: como dirigir-se a uma clientela cada vez mais anónima, ao mesmo tempo que a concorrência aumenta e os produtos começam a tomar

---

[11] Segundo JORGE VERÍSSIMO, *A publicidade da Benetton – um discurso sobre o real*, Minerva, Coimbra, 2001, pp. 19 e 20, a revolução industrial consistiu num conjunto de «revoluções» que contribuíram para um grande desenvolvimento da humanidade: uma *revolução de capitais*, resultantes do comércio colonial e dos lucros da agricultura, cujo aumento de capital disponível dinamizou as forças de produção; uma *revolução demográfica*, derivada da queda da taxa de mortalidade, dos progressos da medicina e da higiene, na medida em que a população aumentou, crescendo exponencialmente a mão de obra disponível; uma *revolução de mentalidades*, consequente do aumento da alfabetização e instrução dos indivíduos mais abertos à inovação e uma *revolução dos transportes*, marítimos e dos caminhos de ferro, que permitiram a colocação rápida de mercadorias nos postos de venda e o consequente escoamento dos produtos.

características de homogeneidade e comparabilidade crescentes. Daí a necessidade de uma acção valorativa e diferenciadora dos produtos idênticos, simultaneamente concorrentes, que estimulasse o comprador a adquiri-los.

Segundo JOAN COSTA[12] *"a publicidade nasce com a passagem de uma economia de precariedade para uma economia de produção resultante da revolução industrial e da energia artificial"*, ou seja, a publicidade surge como consequência directa da industrialização, dado o aumento da disponibilidade de bens de consumo; da livre concorrência e da uniformização, que apresenta ao consumidor produtos semelhantes; e da concentração urbana de trabalhadores, que agora são também consumidores.

Contudo, no estado absolutista, o monarca detinha o poder de proibir e controlar qualquer tipo de publicação pelo que, o fenómeno publicitário estaria assim espartilhado, embora existisse espaço para a iniciativa privada no âmbito da qual se foi desenvolvendo a publicidade moderna.

A revolução francesa e a consequente passagem de um regime de privilégios reais e de censura para um regime de liberdade de expressão, favoreceu o desenvolvimento da imprensa de massas financiada pela actividade publicitária.

Durante todo o séc. XIX a imprensa esteve instável, foram vários os avanços e retrocessos. SANCHEZ GUSMÁN citado por LUÍSA LOPES SOUSA[13] refere que, na relação imprensa *versus* publicidade, deve-se entender a publicidade como o *"elemento colaborador da independência informativa, se a considerarmos como instrumento de captação de recursos que permitiriam lutar contra a censura económica imposta pelos governos através dos sucessivos impostos com que se pretendem calar as polémicas publicações do séc. XVIII."*

A publicidade como meio financiador da imprensa de massas, é entendida como um elemento gerador de liberdade, por ser um recurso financeiro que permite a existência de periódicos, apesar do controlo governamental.

---

[12] JOAN COSTA, *Reinvintar la publicidad*, Fundesco, Madrid, 1992, p. 16.
[13] LUISA LOPES SOUSA, *op. cit.*, p. 48.

Em 1845, ÉMILE DE GIRARDIN que acabara de lançar em Paris o jornal *La Presse*, formula o princípio moderno da relação imprensa *versus* publicidade: *os anúncios devem pagar os custos de produção dos jornais*. De facto, este princípio estabeleceu uma relação entre o aumento da tiragem e o acréscimo das inserções publicitárias, por forma a diminuir o preço por exemplar. Daí a relação directa existente entre o maior número de leitores que teriam acesso ao jornal e o maior número de empresas interessadas em anunciar os seus produtos.

O discurso publicitário utilizado nestes anúncios era meramente operativo: *"O produto x vende-se a preço y, no local z"*. Aliás, de acordo com a definição proposta pelo próprio ÉMILE DE GIRARDIN: *"o anúncio deve ser conciso, simples, franco, verdadeiro e objectivo"*. No exemplo supra, não existem conteúdos persuasivos, apenas informativos, o que reflecte um mercado envergonhado, apático e deficitário, incomparável com o dos nossos dias.

Na outra face do desenvolvimento industrial, apareceram os *pintores de cartazes*, alunos de belas artes e mesmo pintores profissionais que, contratados pelas empresas, utilizavam os muros e as paredes da urbe para divulgarem produtos e serviços. Estes criadores possuiam grande liberdade criativa e produziam autênticas obras de arte. Na maioria das vezes o cartaz propunha mais uma alegoria social do que uma informação sobre o produto a publicitar, atribuindo-se-lhe por vezes na imagem um papel secundário. O cartaz, ao possuir dimensão estética, permitia transportar para o seu interior o reflexo das perturbações políticas e sociais da época e desta feita, não só mobilizava a atenção do público, como permitia a identificação e cumplicidade deste com os valores transmitidos. Estes artistas, sem o saberem, utilizavam técnicas persuasivas de comunicação idênticas às quotidianamente usadas.

## 5. O século XX

Neste século a publicidade foi plenamente assumida pelos vários ordenamentos jurídicos. À imprensa uniram-se os meios de comunicação audiovisual[14] e a partir dos anos sessenta a técnica comunicativa publicitária aperfeiçoou-se, permitindo a sua utilização através dos meios de comunicação audiovisual.

Não podemos contudo esquecer que a publicidade desenvolveu-se sob o apanágio do capitalismo e da sociedade de consumo,[15] tendo sido repudiada pelos estados socialistas da época. A grande enciclopédia soviética de 1941, definiu-a como *"o meio de extorquir as pessoas e as fazer adquirir bens inúteis e de valor duvidoso"*, contudo, na reedição desta enciclopédia datada de 1971/72, define-se publicidade como: *"a arte de popularizar os bens, de fazer conhecer aos consumidores as suas qualidades e os seus pontos de venda"* o que representa um avanço considerável num longo caminho percorrido.

No início deste século, vive-se numa Europa e numa América consumistas e fascinadas pelos novos inventos que revolucionaram o quotidiano – a electricidade, o telefone e o automóvel – ao mesmo tempo que aumenta a circulação de capital. Nas cidades crescem o consumo e a opulência. Assiste-se a um grande desenvolvimento industrial gerador de problemas de superprodução, impondo a necessidade de venda por forma a que as empresas obtenham a rotatividade e a rentabilidade dos *stocks*, necessárias à obtenção do lucro. Simultaneamente aumenta a concorrência entre os produtores e os seus produtos, o que obriga a uma diferenciação positiva, que conduza o público à aquisição de certo produto em detrimento de outro muito similar.

Emergem novas acções destinadas ao escoamento dos *stocks*, novas técnicas de vendas, como por exemplo, a criação de uma rede de inter-

---

[14] Segundo dados disponibilizados por JEAN MARIE AUBY e ROBERT DUCOS-ADER, *op. cit.*, p. 531, a publicidade televisiva apareceu pela primeira vez em Monte Carlo, no ano de 1954, em 1955 na Inglaterra, em 1956 no Luxemburgo e em 1968 em França.

[15] Cfr. MARCO ANTÓNIO MARCONDES PEREIRA, *Concorrência desleal por meio da publicidade*, editora Juarez de Oliveira, SP – Brasil, 2001, p. 27, que não concebe a publicidade fora do mundo capitalista e cita EDUARD MCNALL BURNS, *História da civilização ocidental*, Globo, 3ª. ed., 2º. vol., Porto Alegre, Brasil, 1975, p. 491, que define o mundo capitalista como um sistema de produção, distribuição e troca em que a riqueza acumulada é empregue pelos seus possuidores individuais com fins lucrativos.

mediários, comissionistas e grossistas, que revendem os produtos a retalhistas nas regiões mais diversas e principalmente nas mais distantes dos centros urbanos.

A publicidade a par das acções destinadas a incrementar as vendas e a transformar os hábitos comerciais, torna-se na acção de comunicação por excelência deste novo ambiente social, em que a inserção de novas medidas económicas, tais como o aumento dos vencimentos e a redução dos horários de trabalho, traduzem um aumento do poder aquisitivo, tornando as pessoas mais disponíveis para o consumo.

Neste ambiente de sociedade de massas, assiste-se a uma dissolução do indivíduo enquanto pessoa única e singular e emerge um novo modelo humano, constituído por um conjunto uniforme de indivíduos semelhantes, a que se deu o nome de *sociedade de massa*.

Em termos comunicacionais esta redução do indivíduo a um todo comum deu lugar a mudanças nas relações emissor-receptor. O emissor passa a ser formado pelo conjunto anunciante – publicitário – *mass media*, em que o anunciante dita as regras, o publicitário executa e os *mass media* divulgam, sendo que o receptor, isto é, o consumidor enquanto pessoa singular inserido na *sociedade de massa*, deixou de ter papel activo neste processo comunicacional.[16]

Nos anos vinte nos *EUA*, foi desenvolvido pela empresa de publicidade *Procter and Gamble*, um processo de construção de mensagens publicitárias denominado *copy-strategy*,[17] que visou fornecer aos publi-

---

[16] LUIS LANDERSET CARDOSO, *Cidadão e consumidor de media*, BOA, 23, Nov./Dez., 2002, pp. 54 e 55, apelida a sociedade de massa como *sociedade do espectáculo* em resultado da massificação dos *media*; escreve ainda que actualmente se está a colocar o cidadão numa posição de *cidadão contaminado*, em que por um lado, se sente bem informado e seguro de alguns valores, mas por outro lado, não se preocupa com a crítica nem com o raciocínio sem discussão. Esta minimização da discussão pode conduzir a uma minimização da vivência democrática. A citada *sociedade do espectáculo* está intimamente ligada a critérios de índole essencialmente comerciais que, ultrapassando o interesse público, colocam, logicamente, o paradigma de consumidor à frente do de cidadão.

[17] Sobre a *Copy strategy*, cfr. BERNARD BROCHAND; JACQUES LENDREVIE; JOAQUIM VICENTE RODRIGUES; PEDRO DIONÍSIO, *Métodos de criação publicitária*, Publicitor, *cit.*, pp. 253 a 272, p. 263.

citários um instrumento estratégico muito útil e que contém os seguintes elementos:

a) promessa (ao consumidor);
*b) razão* (justificação da promessa);
*c) tom* (estilo comunicativo).

Esta estratégia apresentou resultados apreciáveis para produtos com atributos bem perceptíveis e diferenciados, mas mostrou-se de difícil utilização nos demais.

Entre os anos trinta e quarenta, a crise americana de 1929 e a segunda grande guerra mundial impediram que a publicidade se desenvolvesse a um ritmo mais acelerado. Contudo, a utilização publicitária das técnicas de persuasão propagandísticas assumiu, paralelamente ao desenvolvimento dos *media*, um papel importante no aperfeiçoamento da publicidade como técnica de comunicação social. Como referem PHILIPPE BRETON e SERGE PROULX[18] com o pós-guerra, a publicidade moderna teve uma propagação fulgurante, assumindo um papel essencial no desenvolvimento da sociedade de consumo em simbiose com o impulso espectacular dos *media* de massa.

Desde a sua criação, a *copy-strategy* sofreu diversas alterações e evoluções, sendo a mais famosa da autoria de um publicitário norte-americano ROSSER REEVES, denominada *unique selling preposition (USP)*:[19] a mensagem deverá ser expressa em termos fáceis de reter e memorizar e conter uma informação sobre as vantagens do produto, sendo certo que cada produto é único por só ele possuir determinado benefício.

Assim, a mensagem para ser eficaz tem de ser concebida em termos facilmente perceptíveis, utilizando fórmulas claras e simples: *slogans*

---

[18] PHILIPPE BRETON, SERGE PROULX, *A explosão da comunicação*, edições Bizâncio, Lisboa, 1997, p. 129.

[19] Sobre a *USP*, cfr. BERNARD BROCHAND; JACQUES LENDREVIE; JOAQUIM VICENTE RODRIGUES; PEDRO DIONÍSIO, *Métodos de criação publicitária,* Publicitor, *cit.*, pp. 253 a 272, p. 261.

breves e originais e *jingles* facilmente reconhecidos. A partir deste momento passam a coexistir, numa agradável e duradoura união, o refrão publicitário associado a uma música de referência.

Nesta altura a publicidade assume um papel importante para o consumidor, funcionando como meio de formação, informação e criação de novos hábitos no público-alvo. Um dos temas recorrentes consistia na informação sobre os novos modos de utilização de novos produtos e a influência destes na vida quotidiana dos indivíduos. Desta feita, a publicidade ao dar a conhecer o produto, as formas e as vantagens da sua utilização, originou novos hábitos, criando um mercado próprio para o produto, mas também facilitando o dia a dia dos consumidores.

Em termos da concepção dos anúncios de jornal e dos *outdoors*, nos anos quarenta os *pintores de cartazes* foram ultrapassados pelo recurso à fotografia, mais impressiva, e nesse sentido credível e realista, mas também mais fácil e mais barata do que a pintura.

Os anos cinquenta nos *EUA* trouxeram a polémica sobre o poder da publicidade criar necessidades no consumidor. Um estudo de VANCE PACKARD intitulado *The hidden persuaders*, questionou e trouxe ao conhecimento do público os estudos motivacionais, amplamente ancorados na psicologia e na psicanálise, partindo do reconhecimento do primado do irracional e do inconsciente sobre as práticas de consumo, para a definição das estratégias publicitárias, denunciando o carácter supostamente manipulador da publicidade, dotada de poderes quase absolutos. A tese do poder quase ilimitado da publicidade sobre os consumidores elevou-a à categoria de mito. Inversamente, e de acordo com a opinião de WILLIAM LEISS, STEPHEN KLINE e HALLY,[20] os críticos das pesquisas motivacionais nunca provaram que as técnicas manipulatórias fossem capazes de induzir consumidores a fazer algo que eles não tivessem escolhido realizar, ou a comprar produtos que não precisassem.

---

[20] WILLIAM LEISS, STEPHEN KLINE, HALLY, *Social comunications in advertising*, Canada, Methuen publications, 1986, p. 20, citados por INÊS SILVIA VITORINO SAMPAIO, *Televisão, publicidade e infância*, Annablume, SP – Brasil, 2000, p. 80.

Em direcção similar à de VANCE PACKARD, GALBRAITH na obra *The affluent society*, argumenta que a publicidade é responsável pela criação de necessidades, inexistentes sem a sua intervenção. Ainda, e segundo este autor a publicidade seria desnecessária se os desejos das pessoas fossem genuinamente urgentes.

Nos anos sessenta o simbolismo toma o lugar. As marcas da guerra estavam saradas e o desejo de consumo era imenso. Esta época histórica ficou marcada com a aventura espacial e com o início da guerra fria entre as duas grandes potências mundiais os *EUA* e a extinta *URSS*, que geram o mito da *tecnologia de ponta*, introduzindo a inovação em todos os campos, em especial no domínio industrial, que desde logo serviu para aplicação aos bens de consumo massivo. Daí o aparecimento de novos produtos no mercado e a consequente obsolescência dos anteriores, permitindo o consumo destes e criando-se a ditadura do efémero. Paralelamente, verifica-se uma evolução educacional dos indivíduos, facilitada pelo acesso à televisão,[21] fazendo com que este fosse o meio comunicacional preferido pelas campanhas publicitárias.

O modo de concepção das mensagens publicitárias foi alterado. Com WILLIAM BEMBACH, famoso publicitário criador da agência *DDB*, deu-se a revolução na publicidade moderna ao estabelecer-se o trabalho em equipa criativa. Redactores, fotógrafos, desenhadores, realizadores, *etc.*, passaram a trabalhar em conjunto procurando a mais fácil aproximação ao consumidor. Também DAVID OGILVY, revolucionou a publicidade criando o conceito de *imagem de marca*, uma vez que o consumidor toma determinadas decisões de compra baseando-se em elementos afectivos. Com a aplicação da psicologia e da sociologia ao estudo do comportamento do consumidor, a acção publicitária passa a intervir no comportamento dos indivíduos. O discurso publicitário relaciona os desejos inconscientes dos indivíduos com as características dos produtos, colocando em evidência o simbolismo e não apenas o aspecto funcional do consumo. O consumidor

---

[21] Segundo os elementos encontrados por FRANCISCO RUI CÁDIMA, *Estratégias da comunicação*, edições Século XXI, Lisboa, 1997, p. 27, entre os anos de 1948 e 1960, nos EUA, o total de receptores subiu para 55,6 milhões de aparelhos (cerca de 2,6 milhões).

comprará o produto não pelo que este é, mas pelo que representa. A comunicação publicitária passa a dar relevo a todos os factores que possam influenciar o indivíduo: a fantasia, o amor, a emoção, a juventude, a riqueza, *etc.*. Os publicitários utilizam nos anúncios imagens que permitem a identificação individual, criando-se a noção do *reflexo*.[22] O discurso publicitário identifica o consumidor com uma imagem de grupo, colectiva e social, que seja um denominador comum por forma a estabelecer a comunicação com o maior número de indivíduos.

ALEXANDRA GUEDES PINTO e JUDITH WILLIAMSON[23] são da opinião que: *"a publicidade aproveita um fenómeno cognitivo da formação da identidade descrito por* LACAN *como a "fase do espelho", e que explica a formação das consciências no ser humano. O sujeito cria, nesta fase, uma imagem imaginária de si próprio, decorrente da imagem que visualizou. Esta imagem torna-se o seu objecto de desejo, pois o sujeito ambiciona fundir-se com esse "ego-ideal" que é a sua própria imagem reflectida no espelho"*. Ao utilizar o produto da marca publicitada o indivíduo sentir-se-á como aquele que lhe é mostrado na imagem publicitária.

A este propósito JOSÉ LUIS SANCHES NORIEGA[24] fala de *cosmovisões*, na medida em que um indivíduo ao adquirir um produto, não o faz por este em si mesmo considerado, mas porque as mensagens publicitárias estão cada vez mais impregnadas de informação, de ficção, de entretenimento, de cultura, e assim criam uma ideologia de sistemas de valores e mitos interrelacionados e que conduzem os indivíduos à inserção social plena, uma vez que as cosmovisões são elaboradas a partir de lugares comuns.

---

[22] JEAN NOEL KAPFERER, *Les marques, capital de l'entreprise*, Les Edicions d'organization, Paris, 1991, p. 40.

[23] ALEXANDRA GUEDES PINTO, *Publicidade: um discurso de sedução*, Porto editora, Porto, 1997, p. 33 e JUDITH WILLIAMSON, *Decoding advertisements – ideology and meaning in advertising*, 10ª. ed., London, Marion Boyars, citadas por JORGE VERÍSSIMO, *op. cit.*, pp. 28 e 29.

[24] JOSÉ LUIS SANCHEZ NORIEGA, *Crítica de la seducción mediática*, Tecnos, Madrid, 1997, p. 155.

INÊS SÍLVIA VITORINO SAMPAIO[25] em entrevistas realizadas a inúmeros publicitários brasileiros sobre o processo de criação da mensagem publicitária, também concluiu na esteira dos anteriores autores citados, que a publicidade *"actua como uma espécie de reflector das tendências expressivas no âmbito da sociedade e que a metáfora do espelho é bastante apropriada para qualificar as relações entre a publicidade e a sociedade."*

Nos anos setenta, a crise petrolífera de 1973 teve como consequência um retrocesso económico e do consumo, pelo que a actividade publicitária desta década, como reacção à crise económica instalada, vê-se obrigada a ser mais eficaz. São criados conceitos que emprestam às marcas uma personalidade e uma dimensão simbólica, pelo que os produtos e serviços publicitados convertem-se em veículos de tradição, de modernidade, de elitismo ou de estatuto social. A publicidade passa a utilizar uma linguagem cada vez mais inovadora que utiliza todos os meios disponíveis, desde as artes gráficas às novas tecnologias, não esquecendo a literatura e a poesia, a par da linguagem de rua.

Neste período de grande produção publicitária, AL RIES e JACK TROUT, dois publicitários americanos, inauguraram uma nova forma de olhar a publicidade através da criação do conceito de *positioning*, que representa a ideia do produto dever ser colocado em posição vantajosa na mente do consumidor e não no mercado. Importa colocar o produto em lugar relevante na escala hierárquica de preferências do consumidor. Neste campo, ganha extrema importância o conceito de receptividade do consumidor, passando a ser a mente deste e a forma como recepciona o produto, o alvo primacial dos publicitários que centram o seu trabalho, em detrimento das características do produto, nas percepções do consumidor.[26]

---

[25] INÊS SÍLVIA VITORINO SAMPAIO, *op. cit.*, p. 141.

[26] Eis um exemplo expressivo acerca do conceito de *positioning* apontado por JORGE VERÍSSIMO, *op. cit.*, 2001, pp. 30 e ss, que se reproduz dada a importância e grandeza das empresas intervenientes e concorrentes no mercado, bem como a excelência da criatividade demonstrada: Nos *EUA*, a *Seven up*, uma conhecida marca de refrigerantes, aproveitando o domínio psicológico sobre os consumidores exercido pela *Coca-Cola* e pela *Pepsi*,

A partir dos anos oitenta, a publicidade desempenha um papel importante para as empresas, sendo evidente e as estatísticas comprovam--o, que a maior parte dos gestores investem grande parte do seu orçamento em publicidade, sendo que estes orçamentos crescem cada vez mais, de ano para ano. Nasceu o conceito de *publicidade global*, visando a internacionalização do produto e a redução dos custos, recorrendo a conceitos e temas internacionalmente aceites.[27]

Assistiu-se ainda, a um progressivo desenvolvimento das técnicas persuasivas publicitárias, necessitando da intervenção legislativa protectora dos direitos dos consumidores contra os possíveis efeitos maléficos da publicidade. Paralelamente ao desenvolvimento da actividade publicitária ocorre uma evolução do anúncio publicitário, que inicialmente se restringia à informação simples sobre o produto, transitando para um anúncio sugestivo, persuasivo e muito sedutor.

## 6. A publicidade no Brasil

Ainda e na sequência do que ficou referido, também no Brasil a publicidade sofreu evolução assinalável, com a particularidade de ter atingido um grau de desenvolvimento e maturidade elevados. O legislador português recorreu à experiência publicitária e à legislação brasileiras para forjar o primeiro diploma nacional sobre o direito da publicidade – *DL n°*.

---

relacionou o seu produto com estes que já se encontravam arreigados na mente do consumidor, marcando a alternativa da *Seven up* como um refrigerante que não era *Cola*, utilizando a seguinte expressão *"Seven up, the uncola"*.

*Vide* ainda FRANCISCO COSTA PEREIRA e JORGE VERÍSSIMO, *Publicidade – o estado da arte em Portugal*, p. 25, Edições Sílabo, Lisboa, 2004 e JOÃO PINTO E CASTRO, *Comunicação de marketing*, edições Sílabo, pp. 167 e ss, Lisboa, 2002.

[27] Vejam-se as campanhas publicitárias da *Benetton*, da *Coca-Cola*, da *Pepsi*, da *Mc Donald's*, etc.

*421/80, de 30 de Setembro* – que veio colmatar uma lacuna no ordenamento jurídico nacional.

Hodiernamente e inversamente ao que sucede em Portugal, a cultura publicitária brasileira regista uma profusão assinalável de obras jurídicas decorrentes de dissertações de mestrado e de doutoramento, com o incentivo e apoio das instituições universitárias, mas também sobre a publicidade em geral, associada ao *marketing* e à promoção de vendas. A jurisprudência sobre a matéria é extensa pese embora a forte componente auto-reguladora existente neste sector de actividade.

A invenção da imprensa originou o passo de gigante da publicidade comercial brasileira. Foi em 1808, embora mais tarde do que em França e em Inglaterra, com o advento do primeiro jornal - *A gazeta do Rio de Janeiro* - que nele apareceram os primeiros anúncios, publicados gratuitamente e relativos ao sector imobiliário e ao recrutamento de pessoal. O desenvolvimento da imprensa escrita é acompanhado pelo desenvolvimento dos anúncios publicitários, que no início se apresentavam muito rudimentares, referindo-se apenas às características dos produtos.[28]

Nesta época não existia uma estruturação da protecção do consumidor. Apenas o art. 210º. do *Código Comercial* brasileiro de 1850, se refe-

---

[28] A título de ilustração transcrevem-se na íntegra dois anúncios da época, o primeiro reflectindo uma evidente preocupação com a verdade do produto e a honra do anunciante, e o segundo claramente enganoso:

*1. A verdadeira reclame é aquella que é mais proveitosa para o público que para o próprio annunciante. O valor de uma reclame está na razão direta da autenticidade de suas promessas. Uma boa casa não promette em seus annuncios mais do que pode dar; mas dá tudo quanto promette. O bom annunciante não pede que o público acredite nas suas palavras. Pede que lhes verifique a veracidade, visitando a sua casa. A leitura de um annuncio é uma suggestão. A vista do artigo annunciado é um argumento (sic)*

*2. Eu era assim (figura de pessoa doentia). Cheguei a ficar quasi assim! (figura de uma cabeça de caveira). Soffria horrivelmente dos pulmões, mas graças ao milagroso xarope peitoral de alcatrão e jatahy, preparado pelo pharmaceutico Honorio de Prado consegui ficar assim!! (figura de um homem são). Completamente curado e bonito. Esse xarope cura tosses, bronchites, asthmas, rouquidão ... (sic).*

ria ao *vício redibitório*, uma solução pós-contratual sujeita ao ónus da prova do consumidor. Exigia-se como pressuposto para a aplicação desta figura, que os defeitos ou vícios ocultos *"tornassem a coisa imprópria ao uso a que era destinada, ou que de tal sorte diminuíssem seu valor, que o comprador, se os conhecera, ou não a comprara, ou teria dado por ela muito menos preço."* Os vícios aparentes e os pequenos defeitos da coisa ficariam excluídos de protecção legal. Assim, o consumidor poderia lançar mão da acção *redibitória* para rejeitar a coisa e da acção *estimatória* quando pretendesse o abatimento do preço.

Esta protecção transposta para a actualidade apresentar-se-ía exígua face ao desenvolvimento do mercado de consumo, só que na altura, os anúncios publicitários atingiam apenas uma pequena parcela de privilegiados com instrução e interesse para ler os jornais, sendo a estreita protecção dispensada admissível à luz da sociedade de então.

O advento do século XX trouxe ao fenómeno publicitário um desenvolvimento exponencial, resultante da diversificação dos meios de comunicação – revistas, almanaques, sistemas radiofónicos (na década de vinte), televisões (na década de cinquenta e consequente popularização na década de setenta). Até ao fim desse século os progressos continuaram e actualmente existem os sistemas integrados de comunicação global ou comunicação de massas, que viabilizando o consumo em massa e a consequente concorrência empresarial, catapultaram a actividade publicitária a níveis nunca esperados, ao ponto das empresas possuirem um orçamento anual, sempre actualizado, para publicitarem e incrementarem a venda dos produtos. Consequentemente, também a legislação publicitária tem sido constantemente alterada, tentando encontrar novas soluções para os desafios que quotidianamente lhe são colocados.

## 7. A publicidade em Portugal

Em relação ao nosso país, a publicidade pode ser considerada contemporânea dos primeiros pregões do início da fundação da nacionalidade, altura em que, apesar de não se tratar de publicidade no sentido comercial, os róis de penitenciados nos autos de fé eram afixados nas portas das igrejas e os editais depois de lidos em público, eram afixados na picota.[29]

São célebres ainda hoje alguns dos pregões utilizados pelos vendedores: *"Há fruta ou chocolate"*; *"Ó viva da costa"*; *"Quentes e boas"* ...

É também a partir da invenção da imprensa que a publicidade passa a ter certa expressão.

Data de 1868 a primeira agência de publicidade nacional com sede em Lisboa, denominada *Agência Primitiva de Anúncios*, tendo sido seguida em 1900 pela *Agência Universal de Anúncios* também com sede nessa cidade. Nesta época surgiram mais algumas agências concorrentes e em plena segunda grande guerra mundial apareceram na cena publicitária nacional outras empresas importantes, todas sediadas em Lisboa ou no Porto, por serem os grandes centros urbanos nacionais.

A publicidade como hoje é entendida, surge em Portugal em 1927, com a agência *Hora*, de Manuel Martins da Hora, que ficou conhecida por o escritor Fernando Pessoa lá ter trabalhado durante dez anos.

Nos anos 40 e 50 surgiram as empresas *APA* e *BELARTE*, que exerciam a sua actividade na rádio, nos cinemas e nos estádios de futebol. A publicidade rádiofónica ganha grande visibilidade social; com o *Rádio Clube Português* foram criados programas como os *Parodiantes de Lisboa* e os *Companheiros da Alegria* que marcaram várias gerações. A publicidade era lida pelos próprios locutores surgindo mais tarde os primeiros *jingles* publicitários. Todos os produtos eram publicitados através da rádio, numa altura em que as pessoas escutavam os programas de rádio tal como hoje se assiste a um programa de televisão. Com atenção.

A publicidade nesta década de 50 caracterizou-se pela falta de dinamismo e pela apatia. Contudo, daqui para a frente, a entrada de grupos estrangeiros tais como a *Nestlé*, a *Lever*, a *Colgate*, *etc.*, dotados de

---

[29] Poste de madeira usado como pelourinho onde se executavam as penas impostas aos criminosos, Dicionário da língua portuguesa contemporânea, Academia das Ciências de Lisboa, Verbo, 2001, p. 2852.

grande experiência e dinamismo transformaram por completo a publicidade nacional. As primeiras investidas dirigiram-se para o sector dos detergentes – O *Omo* e o *Tide*, competiram por um lugar de destaque.

Só com o advento da televisão em 1957, a publicidade ganhou um impulso que a catapultou para níveis de audiência nunca conhecidos. Nesta época surgiram campanhas que ficaram na história e cujos *jingles* e *slogans* ainda hoje são lembrados. Desenvolveu-se imenso o mercado publicitário até que surge a revolução de Abril em 1974. Nesta data as empresas deixaram de investir em campanhas publicitárias. Grande parte das empresas foi nacionalizada e assistiu-se a uma desvalorização da publicidade enquanto meio de comunicação por excelência. Alguns grupos multinacionais sairam de Portugal e a economia sofreu grande abalo.

Nos anos 80 Portugal aderiu à *CEE*, e a consequente abertura das fronteiras à livre circulação de pessoas e bens, motivou as empresas nacionais a apresentarem novos produtos ao consumidor, cada vez mais receptivo e exigente. Regressam as grandes empresas multinacionais e assiste-se a um incremento do mercado publicitário, devido ao retorno dos grandes investimentos no sector.

Na parte final dos anos 90, a concessão de licenças televisivas com a consequente abertura do sector televisivo à iniciativa privada, a televisão por cabo e por satélite revolucionaram o mercado publicitário. As mensagens publicitárias são, agora, constantes e intensas. A publicidade voltou a sua atenção para os serviços, para a banca, para os seguros, para as telecomunicações. Possui preocupações pedagógicas, sociais, informativas e ambientais. A publicidade, hoje, não se prende unicamente com o aspecto comercial, está também ao serviço da sociedade e das causas públicas.[30]

No entanto, torna-se difícil estabelecer com detalhe a evolução histórica da publicidade em Portugal anteriormente a 1980, data do advento da primeira legislação publicitária, por inexistir qualquer estudo que

---

[30] *Vide* sobre esta matéria, BERNARD BROCHAND; JACQUES LENDREVIE; JOAQUIM VICENTE RODRIGUES; PEDRO DIONÍSIO, *História da publicidade: alguns contributos*, Publicitor, *cit.*, pp. 23 a 36 e JOÃO PINTO E CASTRO, *Comunicação ...*, *cit.*, pp. 64 e ss.

dela se ocupe. Neste sentido, A. H. DE OLIVEIRA MARQUES[31] refere-se-lhe da seguinte forma:

> *"outra ciência auxiliar da história do período estudado é, sem dúvida, a ainda quase ignorada publicidade. Não conhecemos, para Portugal, nenhum estudo que dela se ocupe e fazê-lo constitui uma das tarefas mais urgentes que se possa imaginar.".*

## 8. A publicidade como actividade social, política e economicamente relevante

A publicidade e a economia são duas actividades intimamente relacionadas devido, à necessidade das empresas escoarem os produtos que fabricam, em consequência da actual sociedade industrializada e, simultaneamente, à inexistência de uma diferenciação vincada desses produtos, o que torna a publicidade a força impulsionadora e dinamizadora dos mercados.[32] Os empresários aumentam os investimentos em publicidade, esperando incrementar as vendas dos produtos publicitados, obtendo o consequente retorno. Dos orçamentos anuais das empresas constam verbas exclusivamente destinadas à promoção e publicidade dos produtos. Sendo os produtos normalizados, ao consumidor é indiferente adquirir um ou outro produto similar de empresa concorrente. A publicidade assume-se como a acção diferenciadora. Quando em certo sector de actividade, uma empresa recorre à publicidade para divulgar os seus produtos, as empresas concorrentes forçosamente terão de a acompanhar, sob pena de exclusão do mercado por défice de vendas, decorrente do desconhecimento dos seus produtos.

---

[31] A. H. DE OLIVEIRA MARQUES, *Guia da história da 1ª. república portuguesa*, 1ª. ed., Lisboa, 1981, p. 546, citado por PEDRO QUARTIN GRAÇA SIMÃO JOSÉ, *O novo direito da publicidade*, Vislis editores, Lisboa, 1999, pp. 32 e 33.

[32] Neste sentido vide ALEXANDRA MORAIS PEREIRA, *op. cit.*, p. 37.

Hodiernamente considerada como actividade indispensável para o desenvolvimento do tecido produtivo nacional, surgiram empresas (agências de publicidade) especialmente vocacionadas e tecnicamente preparadas para o exercício desta actividade, levando-a a assumir cada vez mais protagonismo e importância na vida económica de um país.

Por outro lado, a publicidade é um instrumento financiador quer da imprensa, quer dos meios audio-visuais; como tal possui um cariz político e social, permitindo a existência de meios de comunicação, que são os principais responsáveis pela informação e formação dos cidadãos, totalmente independentes do poder governamental, garantindo a liberdade de expressão e a formação livre das mentalidades.

Contudo, sendo a promoção das vendas a principal finalidade da publicidade comercial, esta foi ganhando uma importância crescente e, em pouco tempo, transitou de actividade marginal para actividade sistemática e economicamente necessária. O desenvolvimento técnico permitiu que a escassez de outrora - em que os produtos fabricados eram de imediato consumidos - desse lugar à abundância. Consequentemente, as empresas sentiram necessidade de garantir a produção, ou seja, de vender mais e escoar os *stocks* para que a produção não se tornasse excedentária, daí o recurso à actividade publicitária.

As organizações económicas consideram a publicidade um investimento rentável, já que o investimento do produtor (anunciante) será compensado pela compra dos seus produtos pelo consumidor. Daí a publicidade pagar-se a si mesma, não ter custos, por o preço do produto já englobar certa percentagem relativa aos gastos publicitários, que o comprador suportará. Em contrapartida, beneficiará de informação sobre as específicas qualidades do produto adquirido que poderão satisfazer as suas necessidades.

Segundo BERNARD CATHELAT[33] *"a publicidade comercial não é um cancro que parasita acidentalmente um sistema económico, a publicidade é tal como a televisão por satélite, o avião supersónico, as sociedades*

---

[33] BERNARD CATHELAT, *Publicité et societé*, Petite Bibliotéque Payot, Paris, p. 44.

*multinacionais, o turismo internacional: uma certa forma de economia cultural da informação."*

Comungando da opinião manifestada por C. R. HAAS[34] enumeram-se os efeitos económicos positivos da publicidade:

a) *Criação de mercados* - para produtos ainda não conhecidos;
b) *Ampliação vertical de mercados* - aumentando o número de estratos sociais de consumidores; e *horizontal* - ampliando o campo de utilização do produto;
c) *Acção reguladora sobre o mercado* - através da intervenção junto do consumidor, permite controlar o volume e ritmo da produção para o abastecimento regular do mercado;
d) *Redução dos preços* - através da imposição de produtos uniformizados aos consumidores (produção em série);
e) *Aceleração da rotação de existências* - promovendo a venda dos produtos, aumenta o ritmo de rotação dos *"stocks"*;
f) *Aumento da rentabilidade do capital* - porque incrementando as vendas, impulsiona o volume de negócios;
g) *Fomento da concorrência* - sempre favorável ao consumidor, leva ao melhoramento da qualidade dos produtos e consequente incremento das vendas;
h) *Motor de mercado* - porque permite o funcionamento regular e dinâmico deste, desenvolvendo as suas potencialidades.

Contudo, são-lhe apontadas algumas objecções, tais como:

1) *eleva os custos dos produtos,* por incluirem as despesas publicitárias;
2) *corrompe os naturais desejos do consumidor,* criando necessidades fictícias;
3) *facilita uma errónea informação acerca dos produtos*, realçando apenas a face atraente do produto;

---

[34] C. R. HAAS, *A publicidade, teoria, técnica e prática*, I vol., editorial Pórtico, p. 63.

*4) reduz a autodeterminação dos consumidores*, associando os produtos a categorias sociais cobiçadas;
*5) frustra o consumidor* quando se apercebe da discordância entre as expectativas criadas e a real utilidade do bem;
*6) cria o perigo de endividamento dos consumidores*, propiciado pelo excesso de consumo;
*7) controla os meios de informação* na medida em que economicamente os suporta.

Todavia, parece que as vantagens superam os inconvenientes enunciados, extremamente pessimistas, pois que, além dos direitos dos consumidores estarem devidamente assegurados através de inúmera legislação,[35] a actividade publicitária está sujeita a regras espartilhantes contidas no *Cód. Pub.*, por forma a minorar os efeitos negativos e previsivelmente perversos que a publicidade poderá acarretar.

Por último, sendo certo que a liberdade de expressão e informação e a liberdade de imprensa e dos meios de comunicação social estão expressamente consagradas nos arts 37º. e 38º. da *CRP* como direitos fundamentais e ainda no art. 19º. da *DUDH*, não se vislumbra interferência ideológica possível nos meios de comunicação social, tanto mais que, a respeito do patrocínio de programas televisivos, os nºs 3 e 5 do art. 24º. do *Cód. Pub.* preceituam: os telejornais e os programas de informação política não podem ser patrocinados. O conteúdo e a programação de uma emissão patrocinada não podem, em caso algum, ser influenciados pelo patrocinador, por forma a afectar a responsabilidade e a independência editorial do emissor.

---

[35] O principal diploma é a *Lei nº. 24/96 de 31 de Julho (LDC)*, alterada pelo *DL nº. 67/03, de 8/4*. Existe, no entanto, imensa legislação avulsa e a doutrina tem-se preocupado com os direitos do consumidor, tendo sido formada uma comissão para criação e elaboração do código do consumidor.

## 9. O relevo jurídico da publicidade

Também em termos jurídicos a publicidade abriu novos campos de actuação e obrigou a adequação do direito às novas realidades contratuais. São frequentemente celebrados contratos entre anunciantes e agências de publicidade ou profissionais, entre estes e os titulares dos suportes de difusão ou os seus concessionários, para divulgação das campanhas publicitárias encomendadas.

Os mais relevantes são os *contratos de publicidade* celebrados entre os anunciantes e as agências de publicidade ou os profissionais, com vista à preparação e elaboração da campanha publicitária, sendo certo que, entre estas e outras entidades que necessariamente intervirão na concretização e divulgação das campanhas publicitárias, serão certamente celebrados outros contratos, tais como: de *criação publicitária*, de *difusão publicitária*, de *utilização de imagem* e de *concessão publicitária*. O *Cód. Pub.* nacional, ao contrário da *Ley General de Publicidad*, não os contempla, deixando a regulação destas matérias a cargo da lei civil, cujo princípio base é o da livre autonomia contratual, dentro dos limites legais.

Com a normal interacção das entidades participantes na concepção e distribuição das campanhas publicitárias, todas as situações deverão ser contratualmente regulamentadas, definindo-se as específicas competências de cada participante, de modo a minimizar os eventuais litígios. No entanto, sempre existirão violações contratuais causadoras de danos e geradoras de responsabilidade, chamando à colação as regras gerais da responsabilidade civil, por força do disposto no art. 2º. do *Cód. Pub.*. Por sua vez, o art. 30º. do *Cód. Pub.* responsabiliza os anunciantes, os profissionais, as agências de publicidade, os titulares dos suportes publicitários e quaisquer outras entidades que participem na actividade publicitária, por danos causados a terceiros resultantes da difusão de mensagens publicitárias ilícitas.

São também frequentes os litígios em matéria de direito autoral, resolvidos pelo *Código do Direito de Autor e Direitos Conexos (CDADC)* pois que, também a nossa lei publicitária para aí remete, embora exista disposição expressa - o art. 29º. - que se lhe refere. Todas estas matérias serão tratadas neste estudo e incluídas no lugar adequado dentro da sistematização encontrada.

# CAPÍTULO II
**A PUBLICIDADE COMO FENÓMENO COMUNICACIONAL SINGULAR – TÉCNICAS, PROCESSOS E ESTRUTURAS PUBLICITÁRIAS**

## 10. A comunicação publicitária

Após a análise da evolução histórica e da importância social, económica e jurídica alcançada pela publicidade, cabe averiguar como deve ser considerada a publicidade: forma ou meio de comunicação.

A sociedade contemporânea caracteriza-se por uma multiplicidade de aspectos, mas existe um que por sobressair e mais se evidenciar, é considerado o mais relevante - o aspecto comunicacional. A sociedade contemporânea não está talhada, como outrora, para a produção de bens mas para o processamento da informação, isto é, para a preparação, transferência e armazenamento da informação. Segundo PAULO VASCONCELOS JACOBINA[36] estima-se que nos *EUA* metade da população activa esteja empenhada nesta labuta.

De todos os fenómenos de comunicação modernos, destaca-se a publicidade como detentora de uma posição de eleição, em virtude do seu carácter multidisciplinar e abrangente e pelo seu objectivo consistir em

---

[36] PAULO VASCONCELOS JACOBINA, *op. cit.*, p. 3, subscreve a opinião generalizada que actualmente se emerge de uma sociedade industrial para o que os sociólogos apelidam de *sociedade da informação*.

induzir, influenciar, criar necessidades, modificar comportamentos e culturas e ainda, informar os destinatários.

É assim totalmente descabido tratar a publicidade apenas sob o ponto de vista informativo, pois o seu primacial desígnio consiste na persuasão do destinatário. O anúncio publicitário tem como primeira e imediata finalidade a venda do produto publicitado.

CLÁUDIA LIMA MARQUES no artigo introdutório de apresentação da dissertação de mestrado de VALÉRIA FALCÃO CHAISE[37] enuncia a publicidade como: *"toda a informação ou comunicação difundida com o fim directo de promover junto dos consumidores a aquisição de um produto ou serviço, qualquer que seja o local ou o meio de comunicação utilizado."* Basta uma leitura ainda que transversal da definição transcrita para perceber que esta autora não considera a publicidade como meio de comunicação, mas como forma de comunicação.

---

[37] VALÉRIA FALCÃO CHAISE, *A publicidade em face do código de defesa do consumidor*, editora Saraiva, SP – Brasil, 2001, p. XIII.

Também nesta linha de pensamento *vide* CARLOS FERREIRA DE ALMEIDA, *Conceito ...*, *cit.*, p. 116, que considera a publicidade como uma *forma de comunicação* e em *Contratos de publicidade*, Scientia iuridica, Revista de direito comparado português e brasileiro, Julho-Dezembro, Tomo XLIII, nºs 250/252, 1994, p. 281.

JOÃO M. LOUREIRO, *Marketing e comunicação – instrumentos jurídicos*, Texto editora, 1994, p. 72, escreve que a publicidade é essencialmente um *acto de comunicação*; e em *Direito da publicidade*, Casa viva editora, p. 16, refere-se à publicidade como uma *técnica de comunicação* distinguindo-a de outras, tais como a propaganda e as relações públicas.

Cfr. ainda o nosso *Código da publicidade anotado*, *cit.*, p. 22, onde se refere que a publicidade é sempre um *acto de comunicação*; JORGE VERÍSSIMO, *op. cit.*, pp. 20 e ss, que dedica um capítulo à necessidade da publicidade como *técnica de comunicação* entre produtores e consumidores; JOSÉ LUIS SANCHES NORIEGA, *op. cit.*, p. 92, que considera existir publicidade ou propaganda (acerca da distinção destes dois termos *vide* ponto 24) quando existe uma comunicação interessada; INÊS SILVIA VITORINO SAMPAIO, *op. cit.*, p. 18, que entende a publicidade como uma comunicação persuasiva (...) com feição sedutora que lhe é conferida pela sua estrutura apelativa; e com este último sentido, MARCO ANTÓNIO MARCONDES PEREIRA, *op. cit.*, p. 27, assinalando que persuadir a todos os receptores é o objectivo da publicidade.

Nesta matéria, a *Directiva nº. 84/450/CEE de 10/9*, visando a harmonização legislativa entre os estados membros relativa à protecção dos consumidores, comerciantes, industriais, artesãos, profissionais liberais e do público em geral contra as consequências da publicidade enganosa,[38] apresenta a publicidade como *"qualquer forma de comunicação"* (art. 2º., nº. 1); nos mesmos termos, o art. 2º. da *Ley nº. 34/1988 de 11/11, General de Publicidad*[39] e todas as normas das comunidades autónomas espanholas, referentes ao assunto. No âmbito da autodisciplina publicitária espanhola, o *Código de Conduta Publicitária, de 19/12/1996*, refere-se à publicidade como efectiva comunicação.[40]

Por sua vez a legislação publicitária italiana define a publicidade no art. 2º. do *DL nº. 74 de 25/1/1992*[41] como *"qualquer forma de comunicação"*; também no âmbito da autodisciplina publicitária, a publicidade é definida do mesmo modo, na *al. e) do capítulo I*, do *Códice dell'autodisciplina pubblicitaria*.

Em Portugal e na sequência do que ficou referido quanto aos países identificados supra, a legislação é bastante esclarecedora, afastando desta matéria qualquer dissonância ou querela, basta ver o nº. 1 do art. 3º. do *Cód. Pub.*, que a considera como *"qualquer forma de comunicação"*.[42]

Em termos jurisprudenciais também a publicidade é considerada como efectiva comunicação e neste sentido é bastante esclarecedor o parecer do conselho consultivo da *Procuradoria Geral da República*,[43]

---

[38] Cfr. art. 1º. da *Directiva nº. 84/450/CEE de 10/9*.

[39] Cfr. CARLOS LEMA DEVESA, JESÚS GOMES MONTERO, *Código de publicidad*, 2ª. ed., Marcial Pons, Madrid, 1999 e JOSÉ MARTIN Y PERES DE NANCLARES, *Legislación publicitária*, Tecnos, Madrid, 1998.

[40] Cfr. capítulo II, grupo A, nº. 1.

[41] Cfr. VINCENZO FRANCESCHELLI, EMILIO TOSI, *Il códice della proprietá intellettuale e industriale*, Casa editrice la tribuna, Piacenza, Itália, 2001.

[42] Já no *Cód. Pub.* anterior *(aprovado pelo DL nº. 303/83 de 28/6)* assim se entendia, embora estivessem erroneamente misturados os conceitos de publicidade e de actividade publicitária.

[43] Parecer da *Procuradoria Geral da República, proc. nº. 30/91*, publicado no *Diário da República*, II série, de 17/10/1991.

segundo o qual *"a publicidade apesar de se integrar no conceito de comunicação demarca-se da comunicação de massa por se reportar unicamente à actividade económica e ser caracterizada pelo método divulgativo-retórico, imperativo e exortativo."*.

Face ao exposto, será correcto afirmar que a publicidade é uma forma de comunicação por excelência, na medida em que tem por finalidade alcançar o público-alvo, diversificado e heterogéneo. Por isso alicerça-se num processo comunicacional a que RICARDO RAMOS[44] apelida de fórmula *AIDA* da publicidade – *Atenção, interesse, desejo e acção*, como substrato psicológico do bom anúncio.

Despertar a atenção do destinatário é o primeiro passo a empreender, seguido do interesse e sensibilização deste para conhecer a mensagem; depois de lida a mensagem, o destinatário transita para a terceira fase - a do desejo de posse (compra); a quarta fase que consiste na motivação da acção, traduz-se em firmar a convicção que só aquele produto (e não os concorrentes) pode satisfazer o desejo de posse e induzi-lo a agir positivamente ou seja, a comprar o produto.

Em reforço da convicção de que a publicidade não deve ser considerada como um meio de comunicação, transcreve-se a definição de *mass media*, apresentada por ANTÓNIO SILVA GOMES:[45]

*"o conjunto dos meios de comunicação de massas, constituídos por canais unidireccionais de difusão de mensagens com capacidade de amplificação social. Caracterizam-se do ponto de vista técnico pela existência de meios impressos, tais como a imprensa (jornais, revistas, "outdoors") e meios audio-visuais (cinema, rádio, televisão)."*

Daí a publicidade apesar de ser um fenómeno comunicacional, terá de ser considerada como uma forma de comunicação, isto é, um tipo de

---

[44] RICARDO RAMOS, *Contato imediato com propaganda*, Global, SP- Brasil, 1987, citado por PAULO VASCONCELOS JACOBINA, *op. cit.*, p. 16.

[45] ANTÓNIO SILVA GOMES, *A media e o futuro da publicidade*, Publicidade e comunicação, Texto editora, 1991, p. 91.

comunicação que utiliza os suportes existentes, escritos ou audiovisuais, bem como as técnicas disponíveis para transmitir a mensagem a que se propôs.

Para a transmissão da mensagem, são utilizadas várias técnicas de comunicação, que resumidamente se explicitam:

*1. Teaser* - técnica que consiste em despertar a curiosidade do consumidor/destinatário. Tem como objectivo preparar o mercado para o lançamento da campanha; é uma espécie de introdução onde se procura *anunciar o próprio anúncio*,[46] dar-lhe maior impacto e assegurar um elevado nível de audiência para a campanha. Esta técnica é permitida pela legislação nacional e também pelo *CDCbrasileiro*, desde que não se utilizem elementos enganosos ou abusivos;

*2. Propaganda subliminar*[47] - através do emprego desta técnica os publicitários pretendem atingir o subconsciente do destinatário. A mensagem é projectada a uma velocidade tão rápida que não chega a ser conscientemente perceptível; no entanto, no preciso momento da compra, o produto publicitado aflora ao nível da consciência do consumidor como se fosse uma escolha espontânea. FLÁVIO CALAZANS,[48] de forma prática, clara e bem conseguida, explica que a publicidade subliminar *"é o resultado da maior quantidade de informação no menor tempo possível de exposição, saturando o subconsciente do destinatário a ponto de sugestioná-lo."*

---

[46] Veja-se o seguinte exemplo: Com o objectivo de preparar uma campanha publicitária de um detergente de lavagem de roupas de marca *OMO*, durante os primeiros oito dias da campanha foi divulgada a seguinte mensagem – *Chegou OMO; o que será OMO?*, tendo sido utilizados *outdoors*, a televisão e a imprensa. Nos oito dias seguintes foi lançada a segunda fase da campanha que visou satisfazer a curiosidade do público, entretanto aguçada pela primeira fase e que consistiu no lançamento através dos mesmos suportes da mensagem, *OMO o novo detergente que lava mais branco*.

[47] Em Portugal existe uma vincada distinção entre os termos publicidade e propaganda. Por ora, será aceite o termo propaganda, comummente usado pelos juristas brasileiros, como significando publicidade.

[48] FLÁVIO CALAZANS, *Propaganda subliminar multimidia*, 3ª. ed., Summus, SP – Brasil, 1992, p. 30, citado por MARCO ANTÓNIO MARCONDES PEREIRA, *op. cit.*, pp. 59 e ss.

Esta técnica iniciou-se nos *EUA*, em meados da década de cinquenta, quando durante algumas semanas, um cinema de *New Jersey* projectou mensagens subliminares relativas à ingestão de pipocas e de cocacola.[49]

VALÉRIA FALCÃO CHAISE apoiada no trabalho de WALTER CENEVIVA[50] afirma que certas pesquisas levadas a cabo na época verificaram que a venda dos dois produtos subiu significativamente desde o início da difusão das mensagens. O *CDCbrasileiro* proíbe este tipo de publicidade visto não ser perceptível, tal como o *Cód. Pub.* nacional e a *Ley General de Publicidad* em Espanha.[51]

3. *Puffing* ou exagero publicitário - é mais uma das técnicas publicitárias bastante usadas. Se o exagero conduzir o consumidor em erro,

---

[49] NICOLETTA CAVAZZA, *Como comunicar e persuadir, na publicidade, na política, na informação e nas relações sociais*, editorial Presença, Lisboa, 2002, p. 45, discorda do exemplo apresentado na medida em que os estudos científicos efectuados, apesar de terem demonstrado existir maior interesse por esses estímulos em relação a indivíduos submetidos ao estudo, estes foram apresentados de forma isolada e num ambiente asséptico, totalmente diverso do que existe numa sala de cinema pelo que, tal episódio não demonstra com efeito a influência da publicidade subliminar, por não satisfazer com rigor os critérios da experiência científica, isolando o acontecimento e não permitindo que este possa ser explicado pelo simples acaso ou por outros factores não considerados.

[50] VALÉRIA FALCÃO CHAISE, *op. cit.*, p. 15 e WALTER CENEVIVA, *Publicidade e direito do consumidor*, Revista dos tribunais, SP – Brasil, 1991, p. 124.

[51] Além do exemplo citado no texto, transcreve-se um dos mais recentes casos de publicidade subliminar, assaz peculiar e quase caricato: aconteceu em França com a publicidade da viatura *Toyota Yaris Verso*, divulgada em Dezembro de 1999, nos canais televisivos.

A peça publicitária mostra um homem acompanhado com a sua mulher grávida, conduzindo o referido veículo de sua casa para a maternidade. O jornal *"Le Parisien"*, na edição de 18/12/1999, após submeter o filme à câmara lenta, noticiou que a referida publicidade apresentava uma mensagem subliminar em defesa dos cultos satânicos. Retardada a velocidade do filme, observava-se uma cruz vermelha em sangue e muitos símbolos esotéricos, além de dizeres suspeitos nos idiomas francês e inglês.

A Associação de Defesa das Famílias, que luta contra as seitas, entendeu que a referida peça continha um discurso delirante em defesa do estímulo ao suicídio. A agência de publicidade responsável suspendeu o anúncio.

estar-se-á perante a prática de publicidade enganosa. (Cfr. arts 11°. do *Cód. Pub.* e 37°. n° 1 do *CDCbrasileiro*).[52]

4. *Merchandising* - também apelidado de *product placement* ou *soft sponsoring*, consiste no consumo dos produtos numa situação normal da vida, sem a declaração ostensiva da marca. Trata-se de uma técnica muito usada em filmes e programas televisivos, porque consegue uma penetração eficaz na mente do consumidor, na medida em que este, não criando os mecanismos de autodefesa usuais contra a publicidade declarada, permite a assimilação mental do produto, quando presencia o consumo deste por alguém por quem nutre simpatia.

Este tipo de publicidade não está expressamente proibido quer no *Cód. Pub.*, quer no *CDCbrasileiro* mas, como ambas as legislações consagram o princípio da identificabilidade da publicidade, é exigida a identificação prévia que o programa contém publicidade a produtos e marcas, sob pena de contra-ordenação e aplicação das sanções adequadas.

5. *Publicidade comparativa* – consiste na indicação pelo anunciante que os seus produtos ou serviços são melhores ou mais baratos que os dos outros concorrentes.

O n°. 1 do art. 16°. do *Cód. Pub.* define a publicidade comparativa como sendo aquela *"que identifica, explícita ou implicitamente, um concorrente ou os bens ou serviços oferecidos por um concorrente"*, só a permitindo desde que observadas as apertadas condições exaradas no n°. 2 (não deverá ser enganosa, não compare bens e serviços incomparáveis, não gere confusão no mercado, não desacredite ou deprecie marcas, *etc.*).

Na mesma linha, o *CDCbrasileiro* preceitua que a publicidade comparativa só será aceite desde que respeite os princípios da veracidade e da não-abusividade; devendo ser objectiva, exacta e sem carácter subjectivo, e a *Ley General de Publicidad* permite a publicidade comparativa, desde que apoiada em características essenciais, afins e objectivamente demonstráveis dos produtos e serviços comparados, e quando não se comparem bens e serviços com outros não similares; caso contrário será considerada desleal (cfr. art. 6°., al. c), da *Ley General de Publicidad*).

---

[52] Um exemplo prático: *Aspirina você tomou e a dor passou.*

Em França a publicidade comparativa é permitida pela *Lei de 18/1/1992*, art. 10º., *Code de la consommation*, arts L 121-8 a L 121-14, embora limitada a uma comparação estritamente objectiva, apoiada em características essenciais, significativas, pertinentes e verificáveis de bens e serviços da mesma natureza e disponíveis no mercado.[53][54]

Desta feita não restam dúvidas que a publicidade utiliza os meios de comunicação de massas, sejam impressos ou audiovisuais (suportes) para alcançar os consumidores/destinatários. Também o inverso é verdadeiro, na medida em que os meios de comunicação social utilizam a publicidade para se financiarem, existindo entre ambos uma saudável relação de reciprocidade. Nos países desenvolvidos a publicidade é indispensável ao funcionamento dos *media*.[55]

---

[53] Cfr. PIERRE GREFFE, FRANÇOIS GREFFE, *La publicité & la loi, en droit français, union européene et suisse*, 8ª. ed., Litec, Paris, 1995, pp. 246 e ss; JÉRÔME FRANCK, *Publicité comparative et publicité pour les produits du tabac: la législation française, exemple ou contre-exemple*, Revue Européenne de Droit de la Consommation, 1998, pp. 85 e ss.

[54] Em termos jurisprudenciais e acerca da publicidade comparativa, veja-se a decisão do *Tribunal de Justiça do Rio Grande do Sul (apelação cível nº. 591051560, da 5ª. Câmara cível do TJRGS, de 22/8/1991)* que confirmou a sentença da primeira instância, condenando a ré a custear as despesas de realização da campanha publicitária, com as mesmas características de tempo, lugar e veículo de difusão, levada ao ar pela ré e que denegriu a imagem do produto da autora.

*Vide* também, a *apelação cível nº. 591048079*, da mesma câmara e do mesmo tribunal em que foi suspensa a divulgação de publicidade comparativa, apesar de serem verdadeiros os factos comparados.

No extremo oposto, encontra-se impenetrável o direito argentino, onde por falta de expressa disposição legal é permitida a utilização de marca alheia, desde que utilizada de forma lícita, ou seja, sem afectar os direitos de terceiros e permita que o destinatário realize as comparações e decida.

Cfr. LUIS O. ANDORNO, *Control de la publicidad y la comércialización en el ámbito de la defensa del consumidor y del usuário*, Jurisprudência Argentina, tomo III, 1994.

[55] A esta reciprocidade VOYENNE chama-lhe *intercâmbio frutífero*. Citado por MANUEL SANTAELLA, *Introduccion al derecho de la publicidad*, editorial Civitas, Madrid, 1982.

## 11. A publicidade como comunicação persuasiva

A publicidade como fenómeno comunicativo utiliza a arte da persuasão para chegar aos destinatários. Regra geral, a criação da mensagem publicitária não é obra de um *click* de génio mas fruto de uma elaborada criatividade, balizada e dirigida para objectivos específicos, como a apresentação do produto e o consequente incremento das vendas e, reflexamente, a criação no consumidor de uma atitude favorável face ao produto, incluindo-o nos hábitos de consumo.

Para além destes objectivos imediatos, a publicidade apresenta previamente os produtos disponíveis no mercado, orientando as escolhas do consumidor no momento da compra e abreviando o tempo gasto nesta tarefa.[56]

Por outro lado, apesar de se verificar alguma saturação de *spots* publicitários incluídos entre os programas televisivos, como consequência do refinamento das técnicas publicitárias, muitos dos *spots* são extremamente divertidos, por vezes até mais que os próprios programas, o que transformou a publicidade em espectáculo. Neste sentido PAULO VASCONCELOS JACOBINA[57] refere-se à publicidade como sendo a arte de criar no público, a necessidade de consumir. Também em relação às revistas, as páginas de publicidade competem face ao interesse suscitado e em termos informativos com os serviços de redacção.

Contudo, a invasão publicitária de todos os sectores da vida quotidiana, tornou os destinatários impermeáveis à maioria dos anúncios, daí a necessidade do recurso à comunicação publicitária persuasiva, influenciando os comportamentos de compra num dado sentido. Toda a mensagem publicitária contém uma exortação à compra, seja explícita, quan-

---

[56] Esta função da publicidade apresenta maior relevância quando o consumidor adquire produtos no estrangeiro. Como são desconhecidos, obrigam a uma maior análise para definir a identidade e finalidade, bem como, para estabelecer comparações com outros similares.

[57] PAULO VASCONCELOS JACOBINA, *op. cit.*, p. 15.

do as informações sobre o produto e as razões que justificam a sua aquisição são evidentes, seja implícita, sempre que o produto aparece manuseado por uma conhecida personagem do mundo do espectáculo, acompanhado de um simples *slogan*. É claro que no primeiro caso o anúncio exige uma atenção na sua leitura, e no segundo não se exige qualquer esforço, mas também não se oferece qualquer suporte racional para a aquisição.

Existe, contudo, um primeiro nível de influência que os psicólogos denominam *efeito de mera exposição* referindo-se ao facto de, quando confrontado por uma imensa variedade de produtos do mesmo género, o consumidor optar pela compra daquele que lhe é mais familiar; ora, este grau de familiaridade poderá resultar do uso regular do produto sem consequências negativas ou da intensividade da sua promoção publicitária.[58]

Portanto, na publicidade distinguir-se-ão os elementos de conteúdo (informações, motivos) e os elementos periféricos (cores, músicas, forma, aspectos estilisticos, *etc.*), estes últimos pensados para atrair a atenção do público-alvo e veicular uma exortação à compra, de molde que, só as pessoas interessadas naquele produto dispensem energia cognitiva para dar atenção aos pormenores e ao conteúdo da mensagem. Só uma pequena parte das mensagens persuasivas observadas diariamente é elaborada e absorvida pelos destinatários, através do chamado *percurso central*, isto é, através de uma análise crítica e comparativa entre as várias alternativas possíveis; as demais passam através do *percurso periférico*, ou seja, por uma atenção superficial dispensada a elementos secundários existentes na mensagem.

No entanto, esta distinção não pode ser efectuada de forma rígida, porque a publicidade tem de ser percebida através de todos os elementos que a compõem. No momento que a sociedade atravessa, de grande densidade comunicativa, a publicidade tende a apontar para as mensagens cujo contexto contém muitos elementos periféricos, chegando a eliminar,

---

[58] O mesmo efeito leva à melhor apreciação de uma música depois da sua audição repetida, ou de um certo modelo de automóvel, após a sua repetida visualização nas estradas.

em alguns casos, todos os tipos de argumentação. Por um lado, os publicitários concebem mensagens com conteúdos mais simples – apesar de tecnicamente apurados – por outro, o papel de destaque que se atribui aos sinais periféricos, torna cada vez menor a probabilidade dos destinatários elaborarem atentamente as mensagens que lhes são dirigidas.

Também é bastante importante a fonte da proveniência da mensagem, isto é, o grau de conhecimentos específicos face a determinado assunto *(expertise)* e o nível de fiabilidade *(trustworthiness)*; até que ponto a opinião expressa traduz efectivamente a verdade. Convém esclarecer que a credibilidade da fonte só existe enquanto fruto da percepção subjectiva do receptor; a mesma fonte pode merecer credibilidade face a determinada grupo social e nenhuma junto a outro. A credibilidade e a influência da fonte não perduram no tempo, sendo útil a nível imediato, porque se apresenta bastante nítida, atenuando-se consideravelmente com a passagem do tempo – é o que se chama *slepper effect*. Apesar deste inconveniente, a publicidade continua a recorrer a senhores de bata branca para promoverem dentífricos, a pilotos de automóveis para promoverem carros utilitários e a uma senhora bonita para promover um creme de beleza.

O recurso aos testemunhos é também alicerçado nos processos de identificação pessoal. É importante que o receptor se identifique com a mensagem. É por isso frequente o recurso a indivíduos famosos e do mundo do desporto ou do espectáculo, particularmente adaptados ao segmento da população a atingir com a mensagem, permitindo uma óptima identificação pessoal.

*11.1. A estrutura da mensagem*

Para melhor utilizar os recursos cognitivos dispensados pelo público alvo, a mensagem deve ser construída de modo a favorecer a concentração da atenção e a memorização dos elementos mais importantes da argumentação. Para tal, dividir-se-ão em várias etapas, os aspectos a ter em conta pelo publicitário ao elaborar uma campanha publicitária.

Em primeiro lugar, procurar-se-á tornar a mensagem viva, usando cores alegres e coloridas, esbatidas ou mesmo a ausência de côr, conforme o objecto da mensagem e a ideia a veicular; as formas e os sons são de grande utilidade e sempre utilizados, de modo a produzir uma imagem integrada com impacto sensitivo e facilmente perceptível pelos destinatários. A segunda fase, reportar-se-á à sistematização argumentativa, em que o publicitário preocupar-se-á com a ordem das informações apresentadas ao público. Em relação às informações prestadas, as estatísticas evidenciam que as pessoas recordam melhor as primeiras (dada a capacidade mental de esquematizar a informação, filtrando-a) e as últimas (porque retidas na memória operativa, todavia temporária, onde são registadas as informações utilizadas para situações específicas), enquanto que as centrais são registadas com maior dificuldade, o que indica que, em termos de eficácia publicitária, os argumentos mais importantes devem ser colocados no início ou no fim da mensagem, evitando as posições centrais.

A argumentação bilateral é mais um dos aspectos a considerar ao construir uma mensagem. Regra geral, a mensagem publicitária oferece apenas as características vantajosas do produto mas, a inclusão no texto de um aspecto negativo pode trazer benefícios a longo prazo, nomeadamente quando os destinatários se encontrarem expostos a mensagens de contra-publicidade.

Segundo o psicólogo americano WILLIAM MCGUIRE[59] este método funcionaria como uma espécie de vacina: a introdução de uma pequena dose do vírus protege o indivíduo contra a doença, na medida em que estimula uma produção de anticorpos para permitir àquele enfrentar um possível ataque massivo do vírus. Quanto à publicidade, se o indivíduo já encontrou argumentos contrapersuasivos, estará em melhor posição para internamente resistir e conservar as atitudes ganhas através da publicidade anterior.

O receptor da mensagem publicitária constitui o ponto fulcral da mensagem. É importante que o produtor (o anunciante) conheça o consumidor dos seus produtos, as suas necessidades, o seu estilo de vida e outras características peculiares que o identifiquem. As estratégias de

---

[59] Citado por NICOLETTA CAVAZZA, *op. cit.*, p. 38.

*marketing* são usadas para atrair o consumidor inserido numa *faixa de mercado* à qual o anunciante destina o seu produto e, defini-la, torna-se num dos principais problemas que o *marketing* apresenta. A publicidade, por sua vez, deverá ser construída tendo em conta a faixa de mercado que o produto pretende atingir e as necessidades do específico grupo de receptores.

Assim, o mercado terá de ser sub-dividido em categorias sociais relativamente homogéneas, o que se denomina *segmentação de mercado*. As categorias sóciodemográficas do passado, dividindo a sociedade em pessoas idosas, jovens, crianças, mulheres e homens não são hoje adequadas. A esta divisão substitui-se outra, centrada no conceito de estilo de vida, derivada de uma filosofia pessoal, feita de comportamentos, atitudes e opiniões. Conforme a adopção do estilo de vida, será diferente a propensão para o consumo quer a nível qualitativo, quer a nível quantitativo, como também é diversa a atitude face à publicidade. Encontrada esta determinação, a publicidade endereçará comunicações específicas para cada segmento de mercado, na tentativa de ultrapassar os limites criados pelos filtros selectivos próprios de cada classe.

O sexo do receptor é outro aspecto que o publicitário não deverá descurar. Durante muito tempo a publicidade considerou as mulheres como as *fadas do lar*, as únicas responsáveis pelas compras e manutenção da família, dirigindo-lhes os anúncios específicos destes produtos.

A psicologia social nos anos setenta tentou determinar a existência de determinadas características individuais ou de pertença social, interligadas a uma maior sensibilidade face às estratégias persuasivas relacionadas com o sexo. Concluiu que, apesar de inicialmente terem sido atribuídas características como, uma maior docilidade ao sexo feminino e uma maior afirmação ao masculino, estudos mais recentes, datados do final dos anos setenta, revelaram que essa distinção não é tão marcada. Dir-se-á que a evolução dos papéis sociais, conduziu a um maior equilibrio entre os sexos.

A inteligência e o amor próprio são factores que aumentam a capacidade individual de recepção da mensagem, mas também aumenta numa relação directa a capacidade de contra-argumentar, o que diminui o grau de aceitação. Por isso, pessoas com elevados *QI* aceitam mais facilmente posições defendidas com argumentos racionais.

## 11.2. A linguagem publicitária

Para o linguista a publicidade é um notável laboratório de pesquisa e segundo BLANCHE NOELLE-GRUNIG[60] o *slogan* publicitário sabe exercer a sua habilidade persuasiva, operando de forma decisiva na força de atracção que os anúncios exercem sobre o público-alvo. Na estrutura deste projectam-se princípios isomórficos, simétricos, relações de harmonia, paralelismo, hierarquia, de dependência e recorrência, equilíbrios formais e representacionais que são os responsáveis pelo impacto na atenção e na memorização. A explicação reside nos recursos de ordem fónica, combinatória, lexical, semântica em jogo no *slogan*, accionarem princípios cognitivos básicos, incritos no nosso sistema mental, e por isso permitirá o sucesso, a rapidez de descodificação e de memorização, por vezes até perpetuá-la de tal forma que esses refrões comerciais se fixam no horizonte cultural do público.[61]

---

[60] BLANCHE NOELLE-GRUNIG, *Les mots de la publicité:L'arquitecture du slogan*, Presses du CNRS, Paris, 1990, citada por ALEXANDRA GUEDES PINTO, *op. cit.*, p. 60.

[61] Vejam-se alguns exemplos usuais em *slogans* publicitários: Uma série fora de série *(Caterpillars CAT)*; Vá de férias com muita frequência *(Rádio FM)*; Vá para fora cá dentro *(Turismo em Portugal)*; Para a sua barriguinha não crescer, tome a pílula todos os dias *(Hermesetas)*; Passe o fim de semana com duas de 24 *(filmes Kodak)*; Um pequeno passo para Portugal, um grande passo para o mundo *(Expo 98)*; Um jornal para ler devagar coisas que passam depressa *(Autosport)*; Ponto de encontro de Espizzalistas *(Pizza Hut)*; Sidadania *(Comissão nacional de luta contra a SIDA)*; Jumbe-se a nós *(Hipermercados jumbo)*; Mais vale perder um minuto na vida do que a vida num minuto *(Campanha de prevenção rodoviária)*; Eu gosto do meu carro, o meu carro gosta de mim *(Opel corsa)*; Mãos com cabeça *(Agência de publicidade Norte imagem)*; Isto não é um sabonete *(Dove)*; Cheire este anúncio *(Vinho Aveleda)*; Cartão Visa. Fala todas as línguas *(Cartão de crédito visa)*; Comece o dia ao fim da tarde *(Martini)*; Depressa e bem já há quem *(Kodak)*.

Sobre a linguagem usada na publicidade *vide* BERNARD BROCHAND; JACQUES LENDREVIE; JOAQUIM VICENTE RODRIGUES; PEDRO DIONÍSIO, *As linguagens da publicidade*, Publicitor, *cit.*, pp. 273 a 290.

## 11.3. A liberdade de expressão

A criação e a difusão das mensagens publicitárias enquadram-se nos princípios constitucionais da liberdade de opinião e de expressão, previstos na maioria das constituições europeias como base do estatuto jurídico da comunicação audiovisual e como fundamento da liberdade de imprensa.[62]

---

[62] Vejam-se as seguintes Constituições:

*1.* alemã, de 23/5/1949, que no art. 5.I.2, garante a liberdade de imprensa e a liberdade de informação através dos meios audivisuais;

*2.* holandesa, de 17/2/1983 e irlandesa, de 1/7/1937, que consagram e garantem diversas manifestações da liberdade de expressão, respeitantes à imprensa, à rádio e à televisão;

*3.* portuguesa, de 2/4/1976, que consagra como seu princípio fundamental, assente no art. 37º. nº. 1, o direito de exprimir e divulgar livremente o pensamento pela palavra, imagem ou qualquer outro meio de difusão;

*4.* grega, de 9/6/1975, nos arts 14º. e 15º., que distinguindo a imprensa escrita do audiovisual, garante a liberdade de imprensa, mas em relação ao audiovisual, estabelece o controlo estatal;

*5.* suíça, de 2/12/1984, no art. 55º. bis, garante a liberdade de imprensa e de comunicação audiovisual;

*6.* belga, de 7/2/1831, com as alterações posteriores, garante a liberdade de manifestação de opiniões por constituir um princípio fundamental do direito de emissão;

*7.* luxemburguesa, de 17/10/1868, garante a liberdade de manifestação das opiniões pela palavra e a liberdade da imprensa;

*8.* francesa, quer a de 1946, quer a de 1958, estabelecem a liberdade de imprensa, apesar de não se referirem ao audiovisual, por entenderem estar incluído no art. 11º. da DUDH de 1789 e à data não conhecerem os meios audiovisuais que hoje existem;

*9.* espanhola, de 22/12/1978, que no art. 20º. garante a liberdade de expressão e difusão das ideais e opiniões, oralmente, por escrito, ou por outro modo de reprodução;

*10.* italiana, de 27/12/1947, que no art. 21º. al. 1ª., reconhece o direito de manifestar livremente o pensamento pela palavra, por escrito, ou por outros meios de difusão. Considera a liberdade de comunicação audiovisual como um princípio constitucional fundamental;

*11.* dinamarquesa, de 1/6/1953, cujo art. 77º. evoca o direito de publicar as ideias por meio da imprensa, por escrito ou pela palavra.

A *DUDH* de 10/12/1948, consagra no art. 19º., o direito à liberdade de opinião e de expressão, o que implica o direito de não ser inquietado pelas suas opiniões e o de procurar, receber e difundir, informações e ideias por qualquer meio de expressão. No âmbito comunitário, a *Comissão Europeia dos Direitos do Homem*, o *Tribunal Europeu dos Direitos do Homem* e a *Convenção Europeia sobre a Televisão Transfronteiriça, de 15/3/1989,* reconhecem o audiovisual como o meio de exercício da liberdade de expressão. Todavia, conceber o meio audiovisual apenas como tal, parece extremamente redutor e desconforme com a realidade, na medida em que as rádios e as televisões não se limitam a difundir uma opinião, procuram criar programas atractivos e de grande audiência, permitindo-lhes receber importantes receitas publicitárias e assim garantir a sobrevivência.

Determinada corrente doutrinal tende a excluir a mensagem publicitária do âmbito da liberdade de expressão. Parece discutível[63] pois que, se a legislação publicitária da grande generalidade dos países, já contém no seu articulado restrições relativas ao conteúdo e ao objecto das mensagens publicitárias precisamente tendo em vista a protecção dos consumidores (bebidas alcoólicas, tabaco, menores, *etc.*) e da sociedade em geral, não se aceita a imposição de restrições à publicidade, para além das previstas no nº. 2, do art. 10º., da *Convenção Europeia dos Direitos do Homem*, assinada em Roma, a 4/11/1950.

Esta convenção consagra a liberdade de expressão, que compreende a liberdade de opinião e de receber ou comunicar informações ou ideias, sem ingerência das autoridades estatais e sem limites fronteiriços; por sua vez, os arts 59º. e 60º. do *Tratado de Roma* relativos à livre circulação de serviços, são directamente aplicáveis às mensagens publicitárias que circularão sem restrições, apenas limitadas por motivos atinentes à protecção dos direitos do consumidor. Neste contexto, as mensagens publicitárias licitamente emitidas num país comunitário deverão ser livremente distribuidas nos restantes. Aliás, o conceito da publicidade global assenta

---

[63] Segundo a opinião de FRANÇOIS JONGEN, *La police de l'audiovisuel*, Librairie générale de droit et de jurisprudence, Paris, 1994, p. 33.

justamente na distribuição generalizada da mesma mensagem. Contudo, cada país conserva o poder de regulamentar a publicidade através de regras próprias a respeitar. Para que a livre circulação seja absoluta, sem interdições ou entraves legislativos de país para país, a comunidade europeia procurou harmonizar e coordenar certas regras de difusão da publicidade, como aconteceu com a publicidade enganosa e com a publicidade televisiva.[64]

## 12. O papel desenvolvido pelo agente e pela agência de publicidade. A evolução necessária

*12.1. O agente de publicidade e a transição para a moderna agency*

Os lucros obtidos pela inserção publicitária nas páginas dos jornais tornou-os dependentes deste financiamento daí que, quanto maior fosse a quantidade de anúncios inseridos maior seria o acervo patrimonial obtido. Quase de imediato na organização interna do jornal, brotou uma específica figura cuja incumbência consistia apenas na angariação de anúncios.

Era o *agente de publicidade* que agia por conta de um jornal ou de um editor e por este era remunerado, com base numa comissão préfixada, em função do valor das inserções publicitárias conseguidas. Quanto maior fosse o espaço vendido pelo agente maiores seriam os lucros do jornal e os seus próprios.

O jornal empregava este agente como trabalhador em regime de exclusividade, podendo recorrer a quantos agentes entendesse necessário, até porque a actividade cresceu exponencialmente e como o pagamento

---

[64] Cfr. a *Directiva 84/450/CEE de 10/9/1984*, em relação à publicidade enganosa e a *Directiva 89/552/CEE de 3/10/1989*, respeitante à publicidade televisiva.
Sobre esta matéria, vide JEAN-JACQUES BIOLAY, *Promotion des ventes et droit de la publicité*, Delmas, Paris, 1991, pp. 193 a 200.

era efectuado em face do espaço vendido, os custos eram variáveis e proporcionais às vendas, não interessando por quem.

Esta actividade surgiu espontaneamente, da livre iniciativa individual e sem qualquer estrutura que a apoiasse e credibilizasse. Conquistou o seu espaço no mercado publicitário e dada a sua importância transitou para uma actividade organizada, com funções específicas no processo de criação e venda do espaço publicitário.

A partir do séc. XIX, a publicidade sofreu grande impulso e os jornais perceberam que o sistema do agente de publicidade não conseguia acompanhar a evolução do sector. Daí que, os jornais necessitados do financiamento advindo dos lucros publicitários, passaram a utilizar uma estrutura diversa da anterior, para através dela conseguirem as inserções publicitárias.

Esta estrutura externa à organização interna dos periódicos – a *agency* - surgiu porque, entretanto, o agente de publicidade evoluiu e deixou de ser mero angariador de anúncios, para ele próprio comprar por grosso o espaço publicitário disponível, para depois o revender fraccionadamente, aos vários anunciantes interessados e daí retirar proventos.

Tal como o agente de publicidade, a *agency* opera na área da intermediação e venda de espaço publicitário nos vários jornais. A principal diferença que a separa do anterior, reside na forma de aquisição do espaço publicitário e posterior venda.

Assim e no plano contratual, enquanto o agente estava dependente de um jornal e vendia o espaço publicitário desse jornal, por conta e em nome dele, a *agency* adquiria por sua conta e risco o espaço publicitário disponível nos vários periódicos, para depois o recolocar à venda aos diversos anunciantes, provindo a sua remuneração directamente destes e não do jornal.[65]

*12.2. A agência de publicidade contemporânea*

A evolução continuou e ainda nos fins do séc. XIX, em Inglaterra e nos *EUA* registou-se a evolução da *agency* para a moderna agência de publicidade.

---

[65] Para mais detalhes sobre a evolução perpetrada *vide* LUISA LOPES SOUSA, *op. cit.*, pp. 83 e ss.

O mercado publicitário expandia-se e tornava-se cada vez mais exigente, os anunciantes já não procuravam apenas espaço para colocar os anúncios aos seus produtos; os próprios anúncios evoluíram drasticamente e foram atingindo graus de sofisticação que exigiam aconselhamento e preparação prévias.

Neste quadro intimidativo, os agentes de publicidade que entretanto criaram a *agency* (que basicamente não passavam de um grupo de indivíduos que angariavam publicidade, sem características específicas), rapidamente perceberam que não bastava revender o espaço publicitário, pois seria também necessário aconselhar o cliente sobre o melhor veículo para promoção do seu produto, bem como, auxiliá-lo na preparação e elaboração da campanha publicitária. Estes serviços acompanhavam a venda de espaço que era a principal tarefa da *agency*.

Com o decurso do tempo, a *agency* transformou-se na moderna agência de publicidade, que age por conta do anunciante, seu cliente, fazendo com que a venda de espaço, outrora principal actividade, transitasse para segundo plano, destacando-se a vertente do aconselhamento ao anunciante para incremento das vendas dos seus produtos.

Assim, a moderna agência de publicidade, alargando os horizontes, desenvolvia para o seu cliente outras actividades relacionadas com a campanha publicitária, concebia o projecto, idealizava e executava a campanha, apresentando o projecto global ao anunciante.

Operou-se assim, a transformação na actividade publicitária. A agência de publicidade dirigiu a sua atenção para a angariação de clientela, celebrando com esta um acordo vinculativo, que se assemelha aos contratos de publicidade modernos; por força do acordo, o anunciante fornece à agência um determinado orçamento, que esta não poderá exceder, com vista a alcançar os objectivos publicitários acordados.

No desempenho da sua actividade, a agência negoceia com os suportes a venda de espaço em nome do cliente e daqui advém a sua remuneração (a *comissão de agência*, resultante da intermediação no espaço publicitário vendido) tradicionalmente paga pelos suportes.

Duas razões subsistem para a existência deste sistema de retribuição:

*a)* a primeira prende-se com um argumento histórico - a agência de publicidade representa a evolução do agente de publicidade, que se organizou na *agency*, que por sua vez baseava a sua solidez financeira na intermediação e venda de espaço dos suportes;

*b)* a segunda razão prende-se com um factor financeiro, isto é, o espaço publicitário é adquirido em nome da agência e por conta do cliente, logo, se as agências ficarem insolventes então os suportes não receberão pela venda.

Daí ter sido criado um *certificado de garantia* pelos suportes publicitários, através do qual só a agência de publicidade certificada ou reconhecida pelos suportes como financeiramente sólida, poderia receber as comissões de agência sobre o espaço/tempo vendido, excluindo-se todas as restantes.

Os requisitos indispensáveis que qualquer agência deverá observar para lhe ser reconhecida viabilidade nos *EUA*, são: independência do controlo financeiro de um anunciante ou suporte; pessoal habilitado para a profissão; disponibilidade financeira para fazer face a responsabilidades assumidas com os suportes.

Na complexa evolução desta estrutura, também o anunciante adquiriu novos hábitos e passou a confiar à agência de publicidade a gestão do seu orçamento publicitário, beneficiando assim de serviços de criação e aconselhamento na execução da sua campanha publicitária.

Como referem BERNARD BROCHAND e JACQUES LENDREVIE[66] em França, só nos anos trinta apareceram as primeiras *agences conseils* que estão na base das modernas agências de publicidade, cujos serviços incluem a criação e o aconselhamento do cliente.

Neste sentido, PIERRE GREFFE e FRANÇOIS GREFFE[67] apontam que a *agence-conseil en communication* deverá possuir quatro funções essenciais, perfeitamente distintas, indispensáveis e constitutivas dessa mesma qualificação (de acordo com a definição da *AACC*):

---

[66] BERNARD BROCHAND, JACQUES LENDREVIE, *Le publicitor*, 3ª. ed., Dalloz, 1988, p. 385.

[67] PIERRE GREFFE, FRANÇOIS GREFFE, *op. cit.*, pp. 6 e ss.

*a) Estudos e programas* - implica um conhecimento profundo das técnicas de *marketing* e de estratégia publicitária necessárias à elaboração de um programa publicitário. Garante ao anunciante a aptidão da agência para analisar todos os aspectos da sua política comercial e traduzi-los em termos de eficácia da estratégia publicitária;

*b) Concepção e criação* - respeita à criação de um programa de acção e definição dos temas, pesquisa sobre qual o canal mais adequado para a sua difusão e produção da documentação necessária para a criação dos filmes, cartazes, frases, *etc*;

*c) Planificação e controlo* - consiste na criação do plano e na elaboração dos custos da sua execução. Para tal, torna-se necessário definir com precisão quais os canais difusores em função dos programas e do orçamento disponível, e estabelecer as ligações necessárias entre o anunciante e a agência;

*d) Distribuição e execução* - que se consubstancia na compra de espaço e tempo nos suportes publicitários e na execução propriamente dita da campanha.

A agência de publicidade deverá ser flexível e prestar o maior leque de serviços possível ao seu cliente, desde que relacionados com a actividade. LUISA LOPES SOUSA[68] fala em *agência total*, referindo-se à necessária flexibilidade que a agência deverá possuir para resistir, penetrar nos novos mercados e corresponder à evolução dos seus clientes tradicionais, diversificando as formas de comunicação utilizadas.

Daí que a *APAP*, no art. 2º. do *Regulamento técnico das agências de publicidade* contenha a seguinte noção: *"Consideram-se agências de publicidade as sociedades constituídas de acordo com a lei geral, tendo por objecto exclusivo o exercício da actividade publicitária e que disponham, para o efeito, de organização e colaboradores de reconhecida competência profissional, capazes de assegurar a vários clientes, simultaneamente,*

---

[68] LUISA LOPES SOUSA, *op. cit.*, p. 89.

*um serviço de qualidade, nos campos da análise de marketing, da concepção e criação, da planificação e distribuição, da compra e controlo de campanhas de publicidade."*

Parece um conceito extenso e complexo, todavia daqui ressaltam aspectos fundamentais que importa esclarecer. Desde logo, resulta que a finalidade da agência é servir os seus clientes, esta age por conta e em nome dos seus clientes, tendo a obrigação de desempenhar todas as funções que lhe incumbem, bem como antecipar-se, ser motor, dinamizar todo o processo de comunicação. Contudo, não lhe compete decidir. A agência propõe, justifica, explica, mas o processo decisivo cabe ao cliente (anunciante). Em segundo lugar, a agência deverá prestar um serviço de qualidade. Deverá estar dotada de recursos técnicos e humanos especialmente qualificados. Os conhecimentos necessários vão desde as artes gráficas à gestão; cada vez mais a permanente actualização é necessária, em áreas tão díspares como a moda, a literatura, a pintura, o desporto, *etc*.

A noção transcrita refere expressamente *um serviço de qualidade* – ora, o regulamento obriga as agências de publicidade, para poderem prestar um serviço de qualidade, a disporem de departamentos próprios aptos a desenvolverem eficientemente as suas funções nas seguintes áreas:[69]

    *a) marketing* e promoção de vendas;
    *b)* concepção, criação e produto;
    *c)* planificação, distribuição e controlo.

Da estrutura clássica de uma agência de publicidade constam os seguintes departamentos:

    *a) contacto* - que assegura as relações com os clientes;
    *b) criativo* - que desenvolve o produto publicitário;
    *c) media* - que executa os planos de meios e a compra de espaço;

---

[69] Cfr. o art. 3º. do *RTAP*.

*d) administrativo e financeiro* - respeitante ao pessoal, facturação e cobrança. Este esquema varia conforme a dimensão da agência e as características dos anunciantes, dado as agências se adaptarem aos clientes por forma a lhes oferecerem os melhores serviços possíveis.[70]

## 13. Outras estruturas indispensáveis e participantes na difusão de uma campanha publicitária

*13.1. A régie ou concessionária. Noção e elo de ligação*

Segundo JEAN-JACQUES BIOLAY[71] o *"régisseur publicitaire é a pessoa física ou moral que gere por conta dum suporte, e a título exclusivo, o espaço publicitário disponível nesse suporte."*

Existem *régies* de imprensa, de rádio, de televisão, de cinema, de produtoras de eventos desportivos e dos demais suportes que coloquem à disposição do público espaço publicitário. Os preços das inserções publicitárias são sempre fixados pelos suportes e a *régie* encaixará uma comissão sobre o preço pago pelo anunciante.

Esta figura surge devido a dificuldades de gestão a nível nacional, sentidas especialmente pelos jornais com difusão localizada. A *régie* surgiu na Europa e passou a actuar como intermediária entre os suportes e os anunciantes gerindo o espaço publicitário daqueles. Desta feita, os suportes libertaram-se do recrutamento de anunciantes e da gestão do espaço publicitário, transferindo estas actividades para a *régie*. Esta encarregava-se da angariação de anunciantes e da venda do espaço, alargando

---

[70] JOÃO SACCHETTI, *Estrutura e funções de uma agência de publicidade*, Publicidade e comunicação, coordenação de A. Silva Gomes, Texto editora, 1991, pp. 11 a 25.

Ainda sobre a estrutura, as actividades e a remuneração da agência de publicidade no Brasil, vide MARCÉLIA LUPETTI, *Administração em publicidade – a verdadeira alma do negócio*, Thomson, SP - Brasil, 2003.

[71] JEAN-JACQUES BIOLAY, *op. cit.*, p. 75.

a abrangência geográfica dos suportes, contactando com os anunciantes mais distantes da sede daquele, através de pessoal qualificado e de filiais, reforçando por isso a sua posição no mercado.

A *régie* à semelhança da *agency*, simultaneamente à actividade de venda de espaço, oferecia ainda adequada assistência técnica para a composição do texto e ilustração da campanha, ou seja, desempenhava uma tarefa criativa e de aconselhamento. Todavia, registou-se uma forte evolução na actividade de intermediação, o que levou a *régie* a dedicar-se exclusivamente a esta actividade, vindo mais tarde a alterar a sua designação para *concessionária* e afastar-se dos aspectos técnicos da campanha, tarefa deixada para as agências de publicidade.

A *concessionária*, devido ao elevado nível de desenvolvimento e especialização que a intermediação publicitária alcançou, focalizou a sua atenção apenas na angariação de clientes, tendo conseguido atingir um grande volume de negócios, o que lhe permitiu ganhar prestígio e competitividade e consequentemente a possibilidade de negociação das suas comissões junto dos titulares dos suportes. Ora, a gestão do espaço ou do tempo publicitário pelas concessionárias, enquanto entidades externas ao suporte, é mais eficaz do que a gestão interna ou directa efectuada pelos próprios suportes. As concessionárias conseguem melhores resultados financeiros, porque se dedicam exclusivamente a essa tarefa e por isso o grau de especialização é maior, permitindo-lhes oferecer aos seus clientes/anunciantes um leque de serviços que o próprio suporte não consegue, porque a sua função está direccionada para outras áreas que não esta.

*13.2. A central de compras*

Cerca dos anos setenta, a actividade publicitária conheceu nova figura – a central de compras de espaço e tempo publicitário – que os franceses apelidam de *centrales d'achat d'espace*.

É normalmente constituída em empresa comercial e agrupa grande número de anunciantes e agências de publicidade, o que lhes permite adquirir grande quantidade de espaço e/ou tempo junto dos suportes seleccionados para a difusão da mensagem. Os suportes retiram inúmeras vantagens da existência da central de compras, porque garantem desde logo a venda de espaço e/ou tempo e assistem ao aumento do volume de negócios, o que lhes permite um elevado e certo encaixe financeiro. Por sua vez, é concedida à central a possibilidade de obter junto dos suportes melhores preços de compra e comissões substanciais em função do espaço e/ou tempo vendidos.

Em substituição da agência de publicidade, a central foi ganhando terreno na negociação com os suportes para a difusão da mensagem. Esta actua concentrando as propostas de um elevado número de anunciantes e a aquisição desse espaço "em bloco", proporcionando aos suportes um importante volume de vendas e conseguindo condições muito vantajosas.

A central faz-se remunerar através das comissões relativas à facturação dos suportes. Estas são artificialmente elevadas, desconhecendo os anunciantes os montantes reais, o que traduz uma falta de transparência no relacionamento entre os diversos operadores publicitários. Por seu lado, os suportes são "obrigados" pela central a empolar os preços dos serviços para lhe permitir, enquanto intermediária na venda, o embolso de elevadas comissões, já que o anunciante não beneficia dos descontos efectuados à central ou à agência.

Esta relação triangular entre os suportes, a central de compras e o anunciante, não é transparente, descredibiliza o sector e prejudica o anunciante. Daí ser necessário, para garantir a transparência do mercado, que a central actue como mandatária do anunciante e para ele transfira todas as vantagens conseguidas, sendo exclusivamente remuneradas por este, seu cliente. Tal possibilita ao anunciante o controlo financeiro das suas despesas e concede aos suportes a capacidade de resistência às pressões exercidas pela central de compras.

No entanto, a central de compras tem desempenhado um importante papel no mercado publicitário, de tal forma que em França, através da *Loi Sapin*[72] procurou-se dotar a sua actividade de transparência, permitindo o

---

[72] Cfr. CRISTOPHE GUETTIER, *La loi anti-corruption, loi n°. 93-122, de 29/1/1993*, Dalloz, Paris, 1993, p. 17, citado por LUISA LOPES SOUSA, *op. cit.*, p. 91, onde refere que os suportes são extremamente dependentes das centrais de compras que impõem o preço.

acesso dos anunciantes à facturação real dos suportes. A legislação francesa pretendeu concentrar a negociação publicitária no anunciante, facultando-lhe o acesso à factura emitida pelos suportes e regulando a actuação da central de compras através de um contrato de mandato.

Neste âmbito, a central de compras deixaria de tirar partido de enormes descontos nas compras *a grosso* de espaço e tempo aos suportes, falseando o mercado e lesando os anunciantes. Contudo, esta vantagem da central e da agência de publicidade nunca terminaria, pois os descontos existiriam sempre, dado o volume de negócios, só que o anunciante passaria a beneficiar das vantagens, uma vez que a central actuaria como mandatária.

JEAN-JACQUES BIOLAY[73] refere que a central de compras trouxe para o sector publicitário a questão da discriminação tarifária e cita P. PIGASSOU quando afirma que, a compra de espaço publicitário não escapa às regras gerais que impõem uma certa transparência tarifária a todas as empresas comerciais, sendo nesta matéria a actuação da central de compras objecto de críticas.

O *princípio da transparência tarifária* constitui a melhor garantia contra as discriminações que possam acontecer na aplicação das tarifas de venda de espaço publicitário. Neste sentido o *Conselho da Concorrência* francês[74] sublinhou os riscos que representa a prática de sub-comissões em relação à central de compras. Esta entidade poderá exceder os limites das suas funções porque o seu poder de compra permite-lhe obter vantagens tarifárias injustificadas, não reflectidas nos anunciantes, características de um abuso sobre a dependência dos suportes visados.

Em Portugal, a central de compras surgiu nos anos noventa e actua ao nível da distribuição da publicidade em paralelo com a agência de publicidade.

---

[73] JEAN-JACQUES BIOLAY, *op. cit.*, pp. 76 e ss. *Vide* ainda, P. PIGASSOU, *Les conditions de vente. Aspects de droit de la concurrence*, JCP édition, Paris, 1990.

[74] Cfr. *Conseil de la concurrence*, avis nº. 87-A-12, 15-18, déc. 1987, Secteur de la publicité BOCCRF, 26 déc. 1987, nº. 34; Rapport pour 1987, p. 111.

Por último, resta assinalar que também a agência de publicidade recorre à central para que esta contrate com os suportes a difusão da mensagem publicitária, daí muitas agências de publicidade terem criado as suas próprias centrais e muitas destas, deterem participações sociais de suportes e de agências.

# CAPÍTULO III
## A PROTECÇÃO LEGAL DO DIREITO DOS CONSUMIDORES E A RELAÇÃO COM A PUBLICIDADE. AS MÚLTIPLAS FORMAS DE DIFUSÃO PUBLICITÁRIA

**14. Breve historial sobre o direito dos consumidores**

Atendendo à dificuldade sentida e às divergências doutrinais entre a utilização das expressões *direito do consumo* e *direito do consumidor*, para significar o conjunto das normas jurídicas que visam a protecção dos consumidores, estas expressões são usadas indistintamente, por não se conhecer qual a mais correcta.

A expressão *direito do consumo* parece advir da legislação francesa de *droit de la consommation* e, como carrega a supremacia resultante da tradição, poderá impor-se.

Contudo, subscrevendo a opinião de ANTÓNIO PINTO MONTEIRO e SANDRINA LAURENTINO,[75] será mais correcto e adequado o uso da expressão *direito do consumidor*. Veja-se que a expressão *consumo* caracteriza ape-

---

[75] ANTÓNIO PINTO MONTEIRO, *Sobre o direito do consumidor em Portugal*, Estudos de direito do consumidor, FDUC, Centro de Direito do Consumo, n°. 4, 2002, pp. 121 a 135, pp. 121 e 122 e SANDRINA LAURENTINO, *Os destinatários da legislação do consumidor*, Estudos do direito do consumidor, FDUC, Centro de Direito do Consumo, n°. 2, 2000, pp. 414 a 434, p. 420.

nas a parte final do circuito económico, daí que, ao *direito do consumo* caberia apenas regular esta fase, o que parece redutor e sem serventia para as específicas necessidades de tutela do consumidor; por outro lado, a expressão *direito do consumidor* não abrange apenas a fase terminal e regula os direitos e deveres do consumidor no decurso das suas relações de consumo. Ou seja, a primacial finalidade da legislação do consumidor consiste justamente na protecção e na promoção dos interesses deste, considerado como parte mais fraca perante outras entidades actuantes no circuito económico. É o consumidor que o legislador quer proteger, logo, só a expressão *direito do consumidor* poderá traduzir com clareza, certeza e eficácia esse desiderato, bem como abranger a multiplicidade de direitos e deveres que confluem numa relação de consumo.

Em defesa desta teoria poder-se-á aduzir que a *CRP* consagrou a protecção do consumidor e colocou-a entre as incumbências prioritárias do Estado, e a *Lei nº. 24/96 de 31/7*, alterada pelo *DL nº. 67/03, de 8/4*, denominada *Lei de Defesa do Consumidor (LDC)* estipula no art. 1º. que incumbe ao Estado, às Regiões Autónomas e às Autarquias Locais, a *protecção do consumidor*, define-o no art. 2º. e, em nenhum normativo se refere ao consumo.

Em sentido contrário defende JOÃO CALVÃO DA SILVA[76] na acepção do art. 2º. da *LDC*, que "tal como a lei comercial regula os actos de comércio, assim também o denominado direito do consumo regulará os actos de consumo, relações jurídicas existentes entre um consumidor e um profissional. Acto de consumo que assim será o eixo, o coração do chamado direito do consumo, o seu elemento aglutinador e o fundamento da sua procurada autonomia dogmática."

Posto isto, a inadequação do direito tradicional assente nos princípios da liberdade contratual e da autonomia da vontade e o movimento a favor dos consumidores surgido nos EUA e propagado pela Europa nos anos sessenta, estiveram na base do advento do direito do consumidor.

---

[76] JOÃO CALVÃO DA SILVA, A *responsabilidade civil do produtor*, Almedina, Coimbra, 1999, pp. 60 e 61.

Segundo NEWTON DE LUCCA,[77] pode ser estabelecido um paralelo etiológico entre o direito comercial de outrora e o direito do consumidor, pois ambos nasceram de uma forte característica cosmopolita; o primeiro derivado da força de uma civilização burguesa e urbana e o segundo resultante, nos nossos dias, da chamada *civilização de massa*.[78]

A liberdade individual baseada na igualdade entre os homens, pecava pela falta de correspondência com a realidade concreta, o que obrigou o Estado a proteger a parte mais fraca.

---

[77] NEWTON DE LUCCA, *O direito dos consumidores no Brasil e no Mercosul*, Estudos de direito do consumidor, FDUC, Centro de Direito do Consumo, n°. 1, 1999, pp. 177 a 200, p. 181.

Acerca do paralelo entre a relação acto de comércio/direito comercial e o contrato de consumo/direito do consumidor escreve PAULO DUARTE, *O conceito jurídico de consumidor, segundo o art. 2°./1, da lei de defesa do consumidor*, BFD, vol. 75, 1999, pp. 649 a 703, pp. 687 e ss, que o contrato de consumo não está para o direito do consumidor como o acto de comércio está para o direito comercial. Admitir tal premissa significaria estabelecer, entre o consumidor e o contrato de consumo, uma relação simétrica àquela que existe entre o acto de comércio e o comerciante. Parece inaceitável porque, em primeiro lugar, ao contrário do acto de comércio objectivo que sobrevive desligado da qualidade de comerciante da pessoa que o pratica, o acto de consumo está indissoluvelmente ligado à figura do consumidor; em segundo lugar, porque enquanto é possível afirmar a existência do comerciante independentemente da prática de qualquer acto comercial, torna-se inviável a subsistência do consumidor fora do âmbito de qualquer contrato de consumo.

Em sentido diverso CARLOS FERREIRA DE ALMEIDA, *Negócio jurídico de consumo: caracterização, fundamento e regime jurídico*, BMJ, 347, 1985, pp. 11 a 38, pp. 37 e 38, que de certa forma e embora sob outro prisma compara o negócio jurídico do consumo ao acto de comércio *"... porque é acto jurídico especial em relação ao direito comum, justificando-se também com valores próprios que impõem especialidades de regime jurídico ..."*.

[78] JOSÉ NARCISO DA CUNHA RODRIGUES, *As novas fronteiras dos problemas de consumo*, Estudos de direito do consumidor, FDUC, Centro de Direito do Consumo, n°. 1, 1999, pp. 45 a 67, p. 46, no mesmo sentido, explicita que *"... o direito do consumo como conjunto normativo objecto de uma reflexão sistemática e autónoma, aparece e desenvolve-se com os modelos industriais conhecidos por "sociedade da abundância". Tem por referência a economia de mercado mas foi lentamente invadindo as economias planificadas, na medida em que se foi tornando indispensável à compreensão e à regulação da vida social."*

O marco do movimento legislativo a favor da protecção do consumidor nasceu com o presidente J. F. KENNEDY que, na sua mensagem ao congresso norte-americano, em 15/3/1962, definiu os quatro direitos básicos do consumidor: o direito à segurança, o direito à informação, o direito à escolha e o direito de ser ouvido.[79]

Este discurso em defesa dos direitos dos consumidores, produziu eco nos estados europeus; a Comunidade Europeia emanou directivas dirigidas aos seus estados membros respeitantes à defesa dos direitos dos consumidores, que aqueles transpuseram para as respectivas ordens jurídicas internas.

Contudo, a maioria dos países europeus não possui um código sistematizado sobre a matéria, com as honrosas excepções da França,[80] Bélgica[81] e Espanha[82] mas, leis esparsas que cuidam da protecção do consumidor em várias áreas.

---

[79] Cfr. neste sentido, MÁRIO JÚLIO DE ALMEIDA COSTA, *Direito das obrigações*, 9ª. ed., Almedina, Coimbra, 2001, p. 225.
*Vide* ainda:
- CARLOS FERREIRA DE ALMEIDA, *Os direitos dos consumidores*, Almedina, Coimbra, 1982, p. 223, onde realça que desde a mensagem do presidente KENNEDY ao congresso norte-americano todos os textos fundamentais referentes aos consumidores mencionam a necessidade de protecção, decorrente da desvantagem do consumidor face às empresas fornecedoras, sendo necessário que os poderes públicos restabeleçam o equilíbrio entre as posições da procura e da oferta no mercado de bens de consumo;
- LUIS MANUEL TELES DE MENEZES LEITÃO, *O direito do consumo: autonomização e configuração dogmática*, Estudos do Instituto de Direito do Consumo, coordenação de Luis Menezes Leitão, vol. I, Instituto de Direito do Consumo da Faculdade de Direito da Universidade de Lisboa, Almedina, Coimbra, 2002, pp. 11 a 30, pp. 15 a 17, sobre o advento do direito de consumo;
- Nos *EUA*, DEAN K. FUEROGHNE, *Law & advertising*, the copy workshop, Chicago, EUA, 2000, p. 6.

[80] Cuja legislação é a seguinte: *Code de la consommation*, Lei n°. 93-949; *Loi Scrivener*, Dec. n°. 97-298 e *Loi Royer*, Lei n°. 73-1.193.

[81] Através da Lei de 14/7/1991, que respeita às práticas comerciais, à informação e à protecção do consumidor.

[82] A protecção do consumidor está prevista no art. 51°. da Constituição espanhola de 1978, e no campo infraconstitucional na Lei n°. 34/1988, de 11/11 (*Ley General de la Publicidad*) e na Lei n°. 26/84, de 19/7 (*Ley General para la Defensa de Consumidores*).

Também fora do continente europeu existe legislação protectora dos direitos dos consumidores. Eis alguns exemplos: na Colômbia,[83] na Argentina,[84] na Venezuela,[85] no Peru,[86] no Panamá,[87] na Costa Rica,[88] no México,[89] no Chile,[90] em El Salvador,[91] no Paraguai,[92] no Japão,[93] em Israel.[94]

No Brasil a protecção do consumidor efectivou-se através da inclusão na Constituição de 1988 do princípio da protecção do consumidor, como um direito e uma garantia fundamental do cidadão (art. 5°., XXXII) e da ordem económica (art. 170°., V).

Em termos infraconstitucionais foi promulgada a *Lei n°. 8078 de 11/9/1990*, referente ao *Código de Defesa do Consumidor brasileiro*, na qual o legislador fez constar os objectivos da política brasileira para o consumo. Entre os quais: o respeito pela dignidade do consumidor, pela protecção dos seus interesses económicos e pela transparência e harmonia das relações de consumo.[95]

---

[83] Decreto n°. 3466/82.
[84] Art. 42°. da Constituição de 1994 e a Lei n°. 24240, alterada pela Lei n°. 24999.
[85] Lei de protecção ao consumidor e usuário.
[86] Decreto legislativo n°. 716/91; Decreto lei n°. 26122/92; Decreto legislativo n°. 691/91; Lei n°. 26739.
[87] Lei n°. 29/96.
[88] Lei n°. 7472/95.
[89] Lei de 1992.
[90] Lei de 1997.
[91] Decreto n°. 666/96, regulamentado pelo Decreto n°. 109/96.
[92] Lei n°. 1334/99.
[93] Lei de 1968.
[94] Lei de 1964.
[95] Para um maior desenvolvimento sobre o conteúdo do *CDCbrasileiro*, vide PAULO JORGE SCARTEZZINI GUIMARÃES, *A publicidade ilícita e a responsabilidade das celebridades que dela participam*, Biblioteca de direito do consumidor, 16, Revista dos Tribunais, SP - Brasil, 2001, pp. 47 e ss e TIAGO MACHADO DE FREITAS, *A extensão do conceito de consumidor em face dos diferentes sistemas de protecção adoptados por Brasil e Portugal*, Estudos de direito do consumidor, FDUC, Centro de Direito do Consumo, n°. 5, 2003, pp. 391 a 421.

Em Portugal e segundo ANTÓNIO PINTO MONTEIRO,[96] um dos mais ilustres defensores dos direitos dos consumidores, *"... tomou-se consciência de que era imperioso proteger a vítima da moderna sociedade de consumo,[97] em face, nomeadamente, das situações de desigualdade que esta potencia, das formas ardilosas de persuasão que inventa, da criação artificial de necessidades e das técnicas de marketing e de publicidade que engendra,[98] dos abusos do poder económico que tolera, da falta de qualidade e de segurança dos bens que oferece e, enfim, das múltiplas situações de risco que cria, quantas vezes dramaticamente traduzidas em inúmeros e gravíssimos danos."*

Daí que, o legislador nacional sensibilizado pela inadequação do direito positivo à defesa do consumidor e, em consonância com as directrizes europeias, consagrou várias medidas destinadas ao efectivo auxílio do consumidor, protegendo constitucionalmente alguns dos direitos, tendo-os inscrito na lei fundamental.

---

[96] ANTÓNIO PINTO MONTEIRO, *A protecção do consumidor de serviços públicos essenciais*, Estudos do direito do consumidor, FDUC, Centro de Direito do Consumo, nº. 2, 2000, pp. 333 a 350, p. 334.

[97] Cfr. neste sentido JOÃO DE MATOS ANTUNES VARELA, *Direito do consumo*, Estudos do direito do consumidor, FDUC, Centro de Direito do Consumo, nº. 1, 1999, pp. 391 a 405, p. 397, onde escreve que *"... o direito do consumo deriva dos fenómenos de consumo generalizado e da produção em massa".*

[98] Cfr. ainda A. NOGUEIRA SERENS, *A proibição da publicidade enganosa: Defesa dos consumidores ou protecção (de alguns) dos concorrentes?*, Separata do Boletim de Ciências Económicas, Vol. XXXVII, Coimbra, 1994, p. 21 e o mesmo artigo publicado em Comunicação e defesa do consumidor, FDUC, Actas do Congresso Internacional organizado pelo Instituto Jurídico da Comunicação, 1996, pp. 229 a 256, p. 245, onde defende a ideia que através da enganosidade da publicidade, a tutela dos consumidores não é senão reflexo da necessidade de defender o interesse típico dos empresários, ideia reforçada pela circunstância de terem sido os próprios empresários, através das suas organizações, os primeiros a reivindicar um controlo da publicidade e a fazê-lo numa época em que a defesa do consumidor - a que hoje se recorre para legitimar a repressão da publicidade enganosa - não se contava entre as preocupações dos juristas, nem dos sociólogos.

Também no mesmo sentido, vide ADELAIDE MENEZES LEITÃO, *A concorrência desleal e o direito da publicidade, um estudo sobre o ilícito publicitário*, Concorrência desleal, pp. 137 a 163, p. 139.

Assim, a *CRP* de 1976 colocou a protecção do consumidor entre as incumbências prioritárias do Estado (art. 81º., alínea i.). Por sua vez, as revisões constitucionais de 1982 e de 1989, catapultaram os direitos dos consumidores para a dignidade de direitos fundamentais – veja-se o art. 60º., e a al. e) do art. 99º, todos da *CRP*.[99]

É ainda um marco importante na sedimentação dos direitos do consumidor, o acórdão do *Tribunal Constitucional*[100] que declarou inconstitu-

---

[99] O art. 60º. da *CRP*, sob a epígrafe *"direitos dos consumidores"*, enumera no nº. 1, todos os direitos que lhes assistem; o nº. 2 refere-se à publicidade, proibindo a oculta, indirecta ou dolosa; e o nº. 3 reconhece às associações de consumidores e às cooperativas de consumo, o direito ao apoio do Estado; o direito de audição nas questões que envolvam consumidores e confere-lhes legitimidade processual para defesa dos seus associados ou de interesses colectivos ou difusos respeitantes ao consumo. Por sua vez, a al. e) do art. 99º. da *CRP*, refere a protecção dos consumidores, como um dos objectivos da política comercial estatal.

Cfr. ANTÓNIO PINTO MONTEIRO, *Comunicação e defesa do consumidor – conclusões do congresso*, Comunicação e defesa do consumidor, FDUC, Actas do congresso internacional organizado pelo Instituto Jurídico da Comunicação, 1996, pp. 489 a 492.

Cfr. ainda JOSÉ CARLOS VIEIRA DE ANDRADE, *Os direitos dos consumidores como direitos fundamentais na constituição portuguesa de 1976*, Estudos de direito do consumidor, FDUC, Centro de Direito do Consumo, nº. 5, 2003, pp. 139 a 161.

[100] Cfr. o *Ac. TC nº. 153/90, de 3/5*, publicado no DR, II série, em 7/9/1990, p. 10022. O caso é o seguinte: Extraviaram-se alguns vales do correio que o destinatário só veio a receber seis meses mais tarde, o que lhe causou prejuízo. Os tribunais em acção proposta pelo lesado/consumidor contra os *CTT*, absolveram a ré, alegando que, em caso algum a responsabilidade da ré abrangeria a indemnização por lucros cessantes, baseando-se numa norma estatutária publicada em decreto-lei (nº. 3, do art. 53º., do anexo I, ao *DL nº. 49638 de 10/11/1969*, segundo a qual *"em relação aos utentes, a responsabilidade dos CTT não poderá abranger, em caso algum, lucros cessantes ..."*).

Desta sentença recorreu o autor para o *Tribunal Constitucional*, requerendo que fosse julgada a inconstitucionalidade da referida norma por violar o princípio imperativo constitucional da protecção do consumidor, contrariando o art. 110º. da *CRP* (actual 60º. nº. 1), onde se consagra o direito dos consumidores à reparação dos danos. O Tribunal julgou inconstitucional a norma que isentava a responsabilidade da ré, pois, se em certos casos são de admitir cláusulas de exclusão da responsabilidade quando não exista dolo ou culpa grave, a solução deve porém ser outra, quando especiais razões de protecção social justifiquem uma proibição absoluta dessas cláusulas. Era o que no caso concreto, ocorria.

cional uma norma estatutária dos Correios de Portugal (*CTT*), por violar o imperativo constitucional da protecção dos consumidores, previsto no actual art. 60º. nº. 1 da *CRP*, referente ao direito destes à efectiva reparação dos danos.

O imperativo constitucional da protecção do consumidor não tem sido letra morta. Logo em 1981 foi publicada a *Lei nº. 29/81 de 22/8*, em que se estabeleceram os direitos dos consumidores e das suas associações representativas, bem como as regras para defesa dos seus direitos. Como complemento, legislação extravagante transpôs para o direito interno correspondentes directivas comunitárias. A *Lei nº. 29/81 de 22/8*, foi revogada pela *Lei nº. 24/96 de 31/7*, de pendor mais garantístico, consagrando o actual regime jurídico relativo à defesa dos direitos dos consumidores, o carácter injuntivo destes direitos e as instituições de promoção e tutela dos direitos dos consumidores.

Como decorrência do postulado constitucional da defesa dos interesses e direitos dos consumidores, tem sido imensa a legislação avulsa publicada na área do direito do consumidor mas, a falta de unificação e sistematização acompanhada pela inadequação do direito positivo à defesa dos consumidores, fez criar um movimento para a criação de um código do consumidor, por ser urgente a sistematização dos princípios e das regras existentes em leis avulsas sobre a matéria.[101]

---

Para mais detalhe *vide* ANTÓNIO PINTO MONTEIRO, *A protecção do consumidor ...*, cit., pp. 335 a 336; SANDRINA LAURENTINO, *op. cit.*, p. 419.

[101] Enumeram-se alguns dos diplomas legislativos avulsos, onde se assinala uma efectiva protecção dos direitos do consumidor:

1. *DL nº. 446/85 de 25/10*, alterado pelos *DL nº. 220/95 de 31/8* e *DL nº. 249/99 de 7/7*, relativos ao regime das cláusulas contratuais gerais;

2. *Lei nº. 24/96 de 31/7*, que aprova a *LDC*, alterada pelo *DL nº. 67/03, 8/4*;

3. *Lei nº. 25/04, de 8/7*, que transpõe para o direito interno a *Directiva nº. 98/27/CE, de 19/5*, relativa às acções inibitórias em matéria de protecção dos interesses dos consumidores (*vide* o art. 10º. da *LDC* e o art. 12º. nº. 2 da *Lei nº. 83/95, de 31/8*, referente à acção popular) destinada a porevenir, corrigir ou fazer cessar as práticas lesivas.

4. *DL nº. 330/90 de 23/10*, alterado pelos *DL nº. 74/93 de 10/3; DL nº. 6/95 de 17/1; DL nº. 61/97 de 25/3; Lei nº. 31-A/98 de 14/7; DL nº. 275/98 de 9/9; DL nº. 51/01 de 15/2;*

Desde 1996 existe em Portugal uma comissão da reforma do direito do consumidor e da elaboração do respectivo código que, à semelhança do

---

*DL n°. 332/01 de 24/12; DL n°. 81/02, de 4/4; Lei n°. 32/03, de 22/8 e DL n°. 224/04, de 4/12* referentes ao *Cód. Pub*;

5. *DL n°. 130/89 de 18/4*, que aprova a criação do direito de habitação turística por tempo determinado *(time-sharing)*;

6. *DL n°. 383/89 de 6/11*, alterado pelo *DL n°. 131/01 de 24/4*, respeitante à responsabilidade civil do produtor;

7. *DL n°. 359/91 de 21/9*, alterado pelo *DL n°. 101/00 de 2/6* e *declaração de rectificação n°. 199-B/91 de 21/9*, relativos ao crédito ao consumo;

8. *DL n°. 143/01 de 26/4*, sobre o regime dos contratos celebrados à distância, das vendas ao domicílio e equiparadas, das vendas automáticas e das vendas especiais esporádicas;

9. *DL n°. 175/99 de 21/5*, alterado pelo *DL n°. 148/01 de 7/5*, concernentes à publicidade a serviços de audiotexto;

10. *Lei n°. 95/01 de 20/8*, referente ao regime dos serviços de audiotexto;

11. *Portaria n°. 81/01 de 8/2*, que indica e aprova a lista de entidades autorizadas a realizar arbitragens voluntárias institucionalizadas, entre as quais se encontra o *ICAP* (art. 1°., n°. 10);

12. *DL n°. 68/04, de 25/3* e *Portaria n°. 817/04, de 16/7*, que instituíram a ficha técnica da habitação e respectivo modelo, que se traduz num conjunto de mecanismos que visam reforçar os direitos dos consumidores à informação e à protecção dos seus interesses económicos aquando da aquisição de prédio urbano para habitação, bem como promover a transparência do mercado. No momento da celebração da escritura de compra e venda, o notário certificar-se-á da existência da mesma, caso contrário estará legalmente impedido de celebrar a referida escritura (art. 9°.).

Mais, o art. 12°. do *DL n°. 68/04, de 25/2*, sob a epígrafe "publicidade" dispõe que a publicidade de imóveis para habitação deverá respeitar as regras constantes do *Cód. Pub.*, e ainda:

*a)* ser conforme com as características da habitação;

*b)* esclarecer o destinatário se a obra está em fase de construção;

*c)* identificar o promotor imobiliário e o vendedor;

*d)* estipular o prazo previsto para a conclusão das obras;

*e)* esclarecer qual a área útil da habitação;

*f)* definir qual o tipo e marca dos materiais e produtos de construção utilizados;

*g)* esclarecer sobre a existência de condições de acesso para pessoas com deficiência, motora, visual ou auditiva;

*h)* Reproduzir fielmente o local publicitado, referindo que se representa apenas o edifício ou o edifício e a sua envolvente próxima acabada.

Brasil, França, Bélgica e Espanha, criará um código que unifique, sistematize e racionalize o direito do consumidor.

Neste sentido, ANTÓNIO PINTO MONTEIRO[102] reclama ser necessário que *"... o consumidor possa acreditar na publicidade, confiar na letra miúda dos contratos, presumir a segurança e a qualidade dos produtos que consome e dispôr de expedientes jurídicos ..."* que lhe permitam assegurar os seus direitos em caso de violação, *"mas foram também e sobretudo razões sociais e de equidade a reclamar especiais medidas de protecção do consumidor ..."*. Seguindo o mesmo raciocínio ALEXANDRE DIAS PEREIRA[103] escreve que *"elaborar um código do consumidor é, pois, não apenas proteger o homem-consumidor que, nessa qualidade de agente do processo económico, se encontra vulnerável, mas ainda proteger o próprio processo económico contra a entropia, promovendo a confiança social nas suas regras. O paralelo com o direito dos trabalhadores parece pertinente. Trabalhadores e consumidores ocupam no processo económico uma posição semelhante. São ambos a parte mais fraca, por referência, respectivamente, ao empregador e ao produtor. Mas, ao mesmo tempo, o sistema económico carece vitalmente deles."*

## 15. A noção de consumidor (nos vários diplomas internacionais, comunitários e nacionais)

A noção de consumidor diz JOÃO CALVÃO DA SILVA,[104] *"é um conceito nebuloso de não fácil precisão, mais utilizado que definido"*. Trata-se

---

[102] ANTÓNIO PINTO MONTEIRO, *Do direito do consumo ao código do consumidor*, Estudos do direito do consumidor, FDUC, Centro de Direito do Consumo, n°. 1, 1999, pp. 201 a 214, p. 208.

[103] ALEXANDRE L. DIAS PEREIRA, *A protecção do consumidor no quadro da directiva sobre o comércio electrónico*, Estudos de direito do consumidor, FDUC, Centro de Direito do Consumo, 2, 2000, pp. 43 a 140, p. 65.

[104] JOÃO CALVÃO DA SILVA, *A responsabilidade civil ...*, cit., p. 58.

pois, de um conceito jurídico de contornos ainda não uniformizados, nem na doutrina, nem na legislação já existente.

Uma forma de negar o conceito jurídico de consumidor é ignorá-lo. Os códigos oitocentistas e por regra os actuais, não conhecem tal categoria jurídica. Já na década de sessenta, segundo CARLOS FERREIRA DE ALMEIDA[105] *"a palavra consumidor não surgia nos textos legislativos a não ser episodicamente (...) e a primeira definição de consumidor no direito positivo, teria sido, provavelmente, a constante da Carta do Consumidor do Conselho da Europa (1973)".*

Contudo, este insigne autor na sua obra datada de 1982, enumera elementos comuns da definição de consumidor, pesquisados na doutrina e na legislação da época, tais como:

> *a)* o elemento *subjectivo*, através do qual o consumidor é uma pessoa física, surgindo todavia, dúvidas quanto à qualificação das pessoas colectivas;
>
> *b)* o elemento *objectivo*, onde o consumidor aparece associado ao uso de bens ou serviços, com maior ou menor extensão relativa ao uso dos bens, umas vezes com exclusão dos imóveis, outras limitados a coisas móveis corpóreas;
>
> *c)* o elemento *teleológico*, relativo ao uso unicamente pessoal dos bens ou serviços, excluindo portanto, o uso profissional;
>
> *d)* o elemento *relacional*, referindo-se ao co-contraente do consumidor que deverá ser uma empresa ou entidade profissional.[106]

---

[105] CARLOS FERREIRA DE ALMEIDA, *Os direitos ..., cit.*, p. 203.

[106] CARLOS FERREIRA DE ALMEIDA, *Os direitos ..., cit.*, pp. 208 e ss e *Negócio jurídico de consumo ..., cit.*, p. 12.

Cfr. ainda neste sentido, ELSA DIAS OLIVEIRA, *A protecção dos consumidores nos contratos celebrados através da Internet,* Almedina, Coimbra, 2002, pp. 49 e ss; LUIS MANUEL TELES DE MENEZES LEITÃO, *O direito do consumo ... cit.*, p. 20, que divide o conceito de consumidor em três elementos: *subjectivo*, *objectivo* e *teleológico* – o *subjectivo* refere-se ao consumidor enquanto pessoa; o *objectivo* referencia-o ao uso de coisas e o *teleológico*, é relativo ao destino pessoal e privado dado aos bens e serviços;

Antes da publicação da primeira *LDC*, através da *Lei nº. 29/81 de 22/8*, não existia no direito nacional, bem como na generalidade das legislações estrangeiras, qualquer conceito legal de consumidor e muito poucas vezes os textos legislativos se lhe referiam. Menos raras eram as referências ao consumo. [107]

A evolução tem sido notável, fruto de dedicados e empreendedores juristas. Hoje as preocupações prendem-se com a elaboração do código do consumidor. Parece importante que contenha, à semelhança da actual *LDC*, uma noção clara e precisa de consumidor, delimitando as fronteiras do termo, permitindo a protecção dos especiais interesses deste, abrangendo quem de direito e excluindo quem não se ajuste ao critério legal. Parece pois acertado precisar o conceito, afastar as ambiguidades e incertezas, tentando encontrar a maior estabilidade jurídica possível.

Esta opinião é contestada por MÁRIO PAULO TENREIRO, [108] que entende *"por se tratar de um direito em redor do consumidor, não será necessária uma noção unitária de consumidor, excepto no domínio dos contratos. De resto, a caracterização empírica serviria os propósitos deste ramo do direito."*

---

[107] Por exemplo no *CCom.*, art. 464º., nº. 1; arts 208º. e 317º., ambos do *CC*.

O *DL nº. 41204 de 24/7/1957*, que até à publicação da *LDC* era o diploma fundamental de protecção dos consumidores não continha nenhum conceito de consumidor ou de consumo. O preâmbulo do *DL nº. 314/72 de 17/8*, relativo à rotulagem dos géneros alimentícios pré-embalados, constitui um ponto de viragem na atenção prestada aos direitos dos consumidores. O parecer da Câmara Corporativa, referente a uma lei de protecção e defesa do consumidor, pela primeira vez, fora do âmbito legislativo, propõe uma definição de consumidor, traduzida da que consta da carta do consumidor do Conselho da Europa. Todavia, só com a publicação do *Cód. Pub.*, através do *DL nº. 421/80 de 30/9*, é introduzida na legislação portuguesa a figura autonomizada de consumidor, sem contudo o definir.

[108] MÁRIO PAULO TENREIRO, *Um código de protecção do consumidor ou um código do consumo?*, Forum Iustitiae, 7, Dezembro, 1999, pp. 34 a 41.

Em sentido muito próximo PAULO DUARTE, *op. cit.*, pp. 658 e ss, para o qual *"a noção de consumidor apenas tem sentido dentro da grande região demarcada da figura dogmática do contrato. Fora deste perímetro de acção, o conceito de consumidor perde toda e qualquer relevância jurídica, sendo incapaz de constituir ponto de referência de qualquer especificidade normativa."*

O novo código terá ainda de levar em conta o ambiente digital do comércio electrónico em que impera a tecnologia *push*,[109] evidenciando uma efectiva protecção do consumidor.

No plano internacional, também se torna difícil estabelecer uma noção unitária de consumidor, não tendo havido consenso nos diversos pactos.

Na *Convenção de Haia de 15/6/1955*, relativa à lei aplicável às vendas internacionais de objectos mobiliários corpóreos, não existe qualquer noção de consumidor apesar de não os excluir do seu âmbito de aplicação.

Na *Convenção de Haia de 1986* sobre a lei aplicável aos contratos para venda internacional de bens, não existe qualquer referência expressa aos consumidores. Estabelece-se no art. 2º. al. c), que a convenção não se aplica à venda de bens para uso pessoal, familiar ou doméstico.

No mesmo sentido, o art. 2º. al. a), da *Convenção das Nações Unidas de 11/3/1980*, vulgarmente designada por Convenção de Viena, sobre os contratos de compra e venda internacional de mercadorias e o art. 4º. al. a), da *Convenção das Nações Unidas sobre prescrição em matéria de venda internacional de mercadorias*.

A nível comunitário já em 1975, constava do programa preliminar da *CEE* para uma política de protecção e informação dos consumidores que *"de agora em diante, já não se considerará o consumidor unicamente como um comprador e utilizador de bens e serviços para uso pessoal, familiar ou colectivo, mas como uma pessoa interessada nos diferentes aspectos da vida social que, enquanto consumidor, o afectem directa ou indirectamente"*.[110]

---

[109] Através da tecnologia *push*, que significa "empurrar", é possível o envio de informação e documentação directamente ao usuário/consumidor, através do correio electrónico, sem que este tenha efectuado qualquer contacto. Esta tecnologia inclui ainda alguns sistemas que permitem aos usuários da *www* inscreverem-se para receberem informações de seu interesse directamente para os seus computadores. Estas informações são acompanhadas por anúncios publicitários.
Cfr. sobre este tema ROBBIN ZEFF, BRAD ARONSON, *Publicidade na Internet*, editora Campus, 2000, RJ - Brasil, pp. 58 e 59.

[110] Programa anexo à *Resolução do Conselho de 14 de Abril de 1975*.

Com efeito, e ao invés do que acontece na *LDC*, cada directiva comunitária consagra a sua própria noção de consumidor, quando muito, tal como ALEXANDRE DIAS PEREIRA[111] refere, poderia falar-se de uma noção *caleidoscópia* de consumidor no direito comunitário do consumo.

Veja-se, entre outras:

    *a)* a *Directiva nº. 87/102/CEE de 22/12/86*,[112] respeitante ao crédito ao consumo, que contém a definição de consumidor no seu art. 1º., nº. 2 al. a), como *"a pessoa física que, nas operações reguladas pela presente directiva, actua com fins que podem considerar-se à margem do seu ofício ou profissão"*;

    *b)* a *Directiva nº. 93/13/CEE de 5/4/1993*,[113] relativa à inserção de cláusulas abusivas nos contratos com consumidores, define-os no art. 2º., al. b), como *"toda a pessoa física que, nos contratos regulados pela presente directiva actue com um propósito alheio à sua actividade profissional"*;

    *c)* a *Directiva nº. 1999/44/CE de 25/5*,[114] relativa a certos aspectos da venda de bens de consumo e das garantias a ela relativas, classificada por PAULO MOTA PINTO[115] como a mais *"importante incursão imperativa das instâncias comunitárias, até à data, no direito contratual interno dos estados-membros, e representa um importante impulso para a harmonização do direito civil dos países da união"*, define o consumidor no seu art. 1º. nº. 2 al. a),

---

[111] ALEXANDRE L. DIAS PEREIRA, *A protecção do consumidor ...*, cit, p. 63 e *Os pactos atributivos de jurisdição nos contratos electrónicos de consumo*, Estudos de direito do consumidor, FDUC, Centro de Direito do Consumo, 3, 2001, pp. 281 a 300, p. 285.

[112] Publicada no JOCE nº. L 42, de 12/2/87, com a última redacção dada pela *Directiva nº. 98/7/CE* do Parlamento Europeu e do Conselho, publicada no JOCE nº. L 101, de 1/4/98.

[113] Publicada no JOCE nº. L 95, de 21/4/93.

[114] Publicada no JOCE nº. L 171, de 7/7/99.

[115] PAULO MOTA PINTO, *Conformidade e garantias na venda de bens de consumo, a Directiva nº. 1999/44/CE e o direito português*, Estudos de direito do consumidor, FDUC, Centro de Direito do Consumo, nº. 2, 2000, pp. 197 a 331, p. 201.

como *"qualquer pessoa singular que, nos contratos abrangidos pela presente directiva, actue com objectivos alheios à sua actividade comercial ou profissional"*, excluindo as pessoas colectivas bem como os profissionais, mesmo quando actuam fora do domínio da sua actividade profissional e em áreas nas quais não dispõem, nem devem dispôr, por virtude da sua profissão, de qualquer competência específica para a aquisição dos bens.

d) a *Directiva 2000/31/CE de 8/6*, sobre o comércio electrónico[116] oferece-nos mais uma noção de consumidor como *"qualquer pessoa singular que actue para fins alheios à sua actividade comercial, empresarial ou profissional"*, muito próxima da prevista na *Directiva 97/7/CE de 20/5*,[117] relativa à protecção dos consumidores em matéria de contratos à distância, que o define no nº. 2 do artº. 2, como *"qualquer pessoa singular que actue com fins que não pertençam ao âmbito da sua actividade profissional."*

e) Existem ainda, outras noções de consumidor no direito comunitário, a *Directiva 90/314/CEE de 13/6*,[118] relativa às viagens organizadas, férias organizadas e circuitos organizados, dispõe no nº. 4 do art. 2º., embora de forma diversa das acima referenciadas que se entende por consumidor: *"a pessoa que adquire ou se compromete a adquirir a viagem organizada, ou qualquer pessoa em nome da qual o contraente principal se compromete a adquirir a viagem organizada, ou qualquer pessoa em nome da qual o contraente principal ou um dos outros beneficiários cede a viagem organizada."*

---

[116] Cfr. sobre esta matéria ALEXANDRE L. DIAS PEREIRA, *A protecção do consumidor ..., cit.*, pp. 59 e ss; DELMINDA DE ASSUNÇÃO COSTA SOUSA E SILVA, *Contratos à distância, o ciberconsumidor*, Estudos de direito do consumidor, FDUC, Centro de Direito do Consumo, nº. 5, 2003, pp. 423 a 456.
[117] Publicada no JOCE nº. L 144, de 4/6/97.
[118] Publicada no JOCE nº. L 158, de 23/6/90.

Conforme demonstrado, o direito comunitário contém várias noções, em diplomas distintos, que apresentam o conceito de consumidor.

ALEXANDRE DIAS PEREIRA,[119] possui uma opinião algo peculiar em relação ao objecto do direito do consumo. Refere este autor, embora com algumas reservas face à intenção subversiva que parece despontar, que o direito do consumo cuja rampa de lançamento foi a protecção dos direitos dos consumidores, estará a evoluir para um ramo do direito da economia ou do mercado, no qual despontam outros interesses mais fortes e agressivos do que os dos próprios consumidores. Daí que, não existindo uma noção sólida e concisa de quem é o beneficiário da protecção legislativa, o direito do consumo só esporadicamente protegerá os consumidores enquanto parte mais vulnerável do sistema, porque interesses paralelos de outras entidades se lhes sobrepõem.

Para uma análise mais cuidada, divide-se a noção de consumidor em dois sentidos – *lato* e *estrito*.

*a)* No sentido *lato*, o consumidor será aquele que adquire, possui ou utiliza um bem com o objectivo de o consumir. Assim, será considerado não só aquele que adquire um bem para satisfazer necessidades particulares, mas também o que adquire para uso profissional, existindo em ambas as situações *um acto de consumo*.

*b)* No sentido *estrito*, o consumidor será aquele que adquire, possui ou utiliza um bem ou serviço para uso privado, quer seja pessoal, familiar ou doméstico, de modo a satisfazer necessidades pessoais ou familiares, mas nunca profissionais. Esta perspectiva tem em conta a *finalidade do uso* e não a pessoa do consumidor.[120]

---

[119] ALEXANDRE L. DIAS PEREIRA, *A protecção do consumidor ..., cit.*, p. 63.

[120] Sobre as várias noções de consumidor existentes nas leis e os vários sentidos em que podem ser entendidas, *vide* entre outros:
SANDRINA LAURENTINO, *op. cit*, pp. 414 a 434; PAULO MOTA PINTO, *Conformidade e garantias ..., cit.*, p. 214; TERESA ALMEIDA, *Lei de defesa do consumidor anotada"*, Edição do Instituto do consumidor, 1997; ALEXANDRE L. DIAS PEREIRA, *A protecção do consumidor ..., cit.*, p. 63 e *Os pactos atributivos de jurisdição ..., cit.*, p. 285; ELSA DIAS OLIVEIRA,

*op. cit.*, pp. 49 e ss; JOÃO CALVÃO DA SILVA, *Compra e venda de coisas defeituosas – conformidade e segurança*, Almedina, Coimbra, 2002, pp. 111 e ss, e no capítulo respeitante à *Directiva nº. 1999/44/CE*, embora referindo-se a todo o direito do consumo, transcreve-se o seguinte excerto ínsito na p. 132, *"alargar mais e desmesuradamente a noção de consumidor, coração do direito do consumo (...) corresponderia a estender este novo direito em construção para fora das suas fronteiras naturais, com perda da sua unidade, da sua coerência interna e da sua especificidade, na gula de procurar equivaler-se ao direito civil (...)"*; CARLOS FERREIRA DE ALMEIDA, *Os direitos ...*, *cit.*, pp. 11 a 38.

Sobre o arrendatário enquanto consumidor, cfr. JORGE ALBERTO ARAGÃO SEIA, *A defesa do consumidor e o arrendamento urbano*, Estudos de direito do consumidor, FDUC, Centro de Direito do Consumo, nº. 4, 2002, pp. 21 a 42, pp. 28 e 29, que só pode ser assim considerado se destinar o imóvel arrendado a uso não profissional.

*Vide* sobre os contratos celebrados por consumidores em país diverso daquele onde reside e as implicações jurídicas daí emergentes:

- MARIA CRISTINA PORTUGAL, *A resolução extrajudicial de conflitos de consumo transfronteiriços*, Estudos de direito do consumidor, FDUC, Centro de Direito do Consumo, nº. 3, 2001, pp. 345 a 371, pp. 346 e 356, onde expõe no sentido geral da doutrina a noção de consumidor e, relacionado com o objectivo do estudo que ora se menciona, apresenta a noção de conflito de consumo transfronteiriço como *"aquele que decorre da aquisição de bens, fornecimento de serviços ou transmissão de direitos em que o consumidor possua residência habitual em país diferente daquele em que o profissional se encontra estabelecido"* e desenvolve este tema concluindo que a crescente aposta que a nível nacional e internacional tem sido feita nos sistemas alternativos de justiça, exigirá uma definição global dos métodos e mecanismos para que a resolução da conflitualidade do consumo, consiga um efectivo esvaziamento dos processos judiciais tradicionais e um rápido acesso ao direito e à justiça, sem escolhos e entraves resultantes das diferentes soluções encontradas pelos diversos sistemas;

- DÁRIO MOURA VICENTE, *A competência judiciária em matéria de conflitos de consumo nas convenções de Bruxelas e Lugano: regime vigente e perspectivas de reforma*, Estudos do Instituto de Direito do Consumo, Faculdade de Direito da Universidade de Lisboa, coordenação de Luis Menezes Leitão, Vol. I, Almedina, Julho, 2002, pp. 106 a 130, pp. 120 e ss, refere que também no âmbito do direito privado se tem sentido a necessidade de protecção do consumidor, pelo que se compreende que as Convenções Europeias relativas à competência judiciária e à execução de decisões em matéria civil e comercial celebradas em Bruxelas em 1968, e em Lugano em 1988, em vigor no nosso país desde 1992, tenham consagrado regimes especiais de competência internacional quanto aos contratos celebrados com consumidores. O estudo desta matéria exorbita os limites deste trabalho, mas apenas uma palavra para assinalar uma importante inovação para a protecção dos direitos dos consumidores quando celebrem contratos através da *Internet* ou num país diverso do país de origem. O consumidor poderá intentar uma acção contra a outra parte,

A *LDC* define consumidor no n°. 1 do art. 2°., como:

"*aquele a quem sejam fornecidos bens, prestados serviços ou transmitidos quaisquer direitos, destinados a uso não profissional, por pessoa que exerça com carácter profissional uma actividade económica que vise a obtenção de benefícios.*"

Desta definição importa realçar a ideia que consumidor será aquele que adquire para uso não profissional[121] logo, a *LDC* acolheu a concepção *estrita*, ou seja aquela que depende da finalidade do uso do bem ou

---

quer perante os tribunais do estado-membro em cujo território estiver domiciliada essa parte, quer perante o tribunal do lugar onde estiver domiciliado o consumidor;
    - LUIS DE LIMA PINHEIRO, *Direito aplicável aos contratos com consumidores*, ROA, Janeiro, ano 61, 2001, pp. 155 a 170, e também publicada em Estudos do Instituto de Direito do Consumo, Faculdade de Direito da Universidade de Lisboa, coordenação de Luis Menezes Leitão, vol. I, Almedina, Coimbra, Julho, 2002, pp. 93 a 106, versa sobre a matéria dos contratos celebrados com consumidores que transcendem a esfera social e interna de um estado, designadamente em razão da residência habitual, sede ou estabelecimento das partes. Centra o seu estudo na Convenção de Roma sobre a lei aplicável às obrigações contratuais como sendo a principal fonte do direito de conflitos, regulador dos contratos celebrados com os consumidores;
    - ANA M. GUERRA MARTINS, *Direito comunitário do consumo*, Estudos do Instituto de Direito do Consumo, Faculdade de Direito da Universidade de Lisboa, coordenação de Luis Menezes Leitão, Vol. I, Almedina, Coimbra, Julho, 2002, pp. 63 a 91, estudo sobre o direito comunitário do consumo, que contém os tratados e directivas mais importantes para a defesa do consumidor.
    [121] Segundo MÁRIO FERREIRA MONTE, *Da protecção penal do consumidor – o problema da (des)criminalização no incitamento ao consumo*, Almedina, Coimbra, 1996, p. 13, a noção de consumo deve ser entendida, não só no sentido da mera aquisição, mas no da aquisição e efectiva consumação de um processo económico em que o consumidor se situa no último elo desse processo. É também este o entendimento de JOÃO CALVÃO DA SILVA, *A responsabilidade ..., cit.*, p. 58, ao referir que o consumo é a última fase do processo económico em que os bens servem para satisfazer necessidades, pondo termo ao mesmo processo. No mesmo sentido, RUBEN S. STIGLITZ, *Contrato de consumo y clausulas abusivas*, Estudos do direito do consumidor, FDUC, Centro de Direito do Consumo, n°. 1, 1999, pp. 307 a 340, p. 307.

serviço. Tal significa que um profissional poderá ser considerado consumidor desde que o bem ou o serviço adquirido tenha um destino particular (não profissional).

Colocando-se a questão do uso misto do bem ou serviço (profissional e particular) na esteira de SANDRINA LAURENTINO[122] que cita J. CALAIS-AULOY, se o bem ou serviço for adquirido com fins mistos, o comprador só poderá ser considerado como consumidor se destinar o bem ou serviço predominantemente a uso particular.

Contudo, a noção de consumidor prevista no art. 2º. da *LDC*, poderá ser alargada para além dos limites rígidos da concepção estrita. Ou seja, poderá ser considerado como consumidor, o profissional que adquira um bem para uso particular e familiar, bem como o que o adquira para uso exclusivamente profissional, se o bem obtido não corresponder à área profissional da sua especialidade e não se encaixar nos especiais conhecimentos técnicos e profissionais.[123]

A *ratio* da legislação do consumidor reside justamente na protecção da parte mais fraca, compensando as desigualdades existentes entre o consumidor, normalmente leigo e despreparado e o profissional, pleno de conhecimentos técnicos que lhe trazem plúrimas vantagens. Em sentido oposto, o profissional que adquira um bem, perfeitamente enquadrável no âmbito da sua área de competência e conhecimentos, apesar de lhe destinar um uso meramente particular,[124] não poderá ser considerado como

---

[122] SANDRINA LAURENTINO, *op. cit.*, p. 424 e J. CALAIS-AULOY, *Droit de la consommation*, Précis Dalloz, 3ª. Edição, 1992.

[123] Veja-se o seguinte exemplo: um médico é considerado consumidor se adquirir um automóvel para uso do seu agregado familiar (uso particular), ou mesmo para as suas deslocações profissionais (uso profissional), pois, em qualquer das circunstâncias o médico não possui os conhecimentos técnicos indispensáveis para se poder colocar em posição de igualdade negocial face ao profissional de vendas do ramo automóvel.

[124] Um programador de computadores que adquira um computador para estrito uso da sua família, não poderá beneficiar do manto protector da legislação do consumidor porque não deverá ser considerado como tal. Possui os conhecimentos técnicos necessários e suficientes para, em face da compra efectuada, colocar-se em igualdade de circunstâncias com o profissional a quem o comprou. Não existe, desvantagem ou inferioridade para serem compensadas pela legislação de defesa do consumidor.

consumidor, nem beneficiará da legislação protectora, pois no acto da aquisição, este não se encontrará em posição de desvantagem face ao profissional com que contrata.

ANTÓNIO PINTO MONTEIRO, citado por SANDRINA LAURENTINO,[125] entende que *"a equidade justifica a extensão da protecção do consumidor ao profissional de outro ramo, mesmo quando este faça do bem um uso profissional."*

Em jeito de resumo, poder-se-á referir que a *LDC* adoptou a concepção estrita da noção de consumidor, mas poderá ser possível o alargamento dessa noção aos profissionais equiparados a consumidores, fazendo-os beneficiar da legislação protectora, desde que outra solução seja manifestamente injusta, face à análise ponderada do caso concreto.

Quanto à atribuição do estatuto de consumidor às pessoas colectivas, a análise cuidada do artº. 2º. nº. 1 da *LDC*, não as exclui, nem limita a atribuição de tal estatuto apenas às pessoas singulares. Todavia, ter-se-á de atentar nas específicas características daquelas e salientar que certos direitos são indissociáveis das pessoas singulares, logo inaplicáveis às pessoas colectivas. Nestes termos, apesar de ser possível atribuir-lhes este estatuto, beneficiando da legislação protectora dos direitos dos consumidores, as situações concretas em que tal poderá acontecer são raras.

De acordo com o que ficou referido face aos profissionais equiparados a consumidores, também em relação às pessoas colectivas se verifica a elasticidade da noção de consumidor prevista na *LDC*, admitindo a existência de *consumidores equiparados*, provocando um alargamento controlado desta noção.[126]

Convém referir a legislação espanhola, que vai mais longe que a portuguesa, porque além de definir quem considera consumidor, concretiza quem não pode ser considerado como tal.

---

[125] SANDRINA LAURENTINO, *op. cit.*, p. 427.

[126] Cfr. SANDRINA LAURENTINO, *op. cit.*, p. 430, que em termos doutrinais cita as prelecções de ANTÓNIO PINTO MONTEIRO, na disciplina de introdução ao direito do consumidor, ao curso de pós-graduação de direito do consumidor, no ano lectivo de 1999/00.

Veja-se o *art. 1º. nºs. 2 e 3, da Ley General para la Defensa de Consumidores*,[127] que define *"consumidores o usuarios las personas físicas o jurídicas que adquieren, utilizan o disfrutan como destinatarios finales, bienes muebles o inmuebles, productos, servicios, actividades o funciones, cualquiera que sea la naturaleza pública o privada, individual o colectiva, de quienes los producen, facilitan, suministran o expiden."*
*(...) " No tendrán la consideración de consumidores o usuarios quienes, sin constituirse en destinatarios finales, adquieran, almacenem, utilicen o consumam bienes o servicios, com el fin de integrarlos en processos de producción, transformación, comercialización o prestación a terceros."*

Resulta inequivocamente deste conceito, o acolhimento da noção de consumidor como *"destinatário final"*. Logo, as pessoas colectivas encontram-se em igualdade de circunstâncias com as pessoas singulares, face à atribuição deste estatuto, resultando indiferente que a utilização dos bens ou serviços, se efectue a título particular ou profissional, desde que o bem não integre um processo produtivo. Nestes precisos termos, a legislação Argentina (art. 1º., *Ley nº. 24240*) considera como consumidores

*"... las personas físicas o jurídicas que contratan a título oneroso para su consumo final o beneficio próprio o de su grupo familiar o social".*

Estão assim, excluídos deste conceito, em Espanha e na Argentina (*art. 2º., par. 2, Ley nº. 24240*) o industrial, o fabricante, o revendedor, que contratam com o propósito da integração do bem ou do serviço no trajecto da produção, distribuição e comercialização.[128]

Também o *CDCbrasileiro*, acolhe no art. 2º., a noção de consumidor como destinatário final, da seguinte forma:

*"consumidor é toda a pessoa física ou jurídica que adquire ou utiliza um produto ou serviço como destinatário final".*

---

[127] *Ley nº. 26/1984, de 19/7.*
[128] RUBEN S. STIGLITZ, *op. cit.*, pp. 308 e 309.

A legislação brasileira alarga o conceito, utilizando a figura da equiparação a consumidor, relativamente a pessoas intervenientes na relação de consumo, a pessoas vítimas de facto do produto ou serviço e a pessoas expostas às práticas de consumo (arts 2º., 17º. e 29º., do *CDCbrasileiro*), não sendo necessário que sejam destinatários finais do produto ou serviço, bastando a sua característica de fraqueza ou vulnerabilidade face ao profissional.[129]

Em França, o *Code de la consommation*, aprovado pela *Lei nº. 93-949 de 26/7*, não contém uma noção de consumidor. Refere-se-lhe em certos casos como o beneficiário da lei, sem contudo o definir; noutras situações coloca-o a par dos não profissionais; ou exclui do seu âmbito os actos praticados para a satisfação de uma actividade profissional.

Em Inglaterra, a noção vem prevista no *Unfair terms in consumer contracts regulations 1994, SI 1994/3159*, como:

*"a person acting for purposes which are outside his business."*

Não restam pois dúvidas sobre a adopção pela *LDC* do conceito estrito da noção de consumidor, por forma a abranger no seu manto protectivo apenas os mais desfavorecidos na relação de consumo.

Nestes termos, poder-se-á estabelecer um paralelo com a legislação laboral, também protectora do trabalhador, usualmente a parte mais fraca no âmbito do contrato de trabalho. Todavia, conforme referido, a doutrina com muito acerto, alarga controladamente o conceito e equipara aos consumidores, fazendo-os beneficiar da mesma legislação, quer os profissionais, quando adquirem um bem ou serviço para uso profissional, desde que este bem ou serviço não se encaixe no rol dos conhecimentos técnicos adquiridos em virtude da profissão desempenhada, quer as pessoas colectivas, ressalvadas que sejam todas as suas especificidades. A injustiça seria evidente se assim não fosse.

---

[129] Para maior desenvolvimento deste assunto no direito brasileiro, *vide* ANTÔNIO HERMAN DE VASCONCELLOS E BENJAMIM, *Comentários ao código ...*, cit., p. 81; CLÁUDIA LIMA MARQUES, na introdução da obra de VALÉRIA FALCÃO CHAISE, *op. cit.*, p. XVIII; PAULO VASCONCELOS JACOBINA, *op. cit.*, pp. 55 e ss.

## 16. A protecção do consumidor/destinatário da publicidade - na LDC, no Cód. Pub. e na CRP

Definido em termos gerais o conceito de consumidor, abordar-se-á o consumidor enquanto destinatário da actividade publicitária, objecto primacial deste estudo.

Ter-se-á de reter a informação que o consumidor/destinatário da publicidade não é apenas aquele ao qual as mensagens publicitárias se dirigem, mas todas as pessoas que a esta estejam expostas, em suma, toda a população, mesmo os que se consideram excluídos do âmbito da noção de consumidor, conforme descrita atrás, mas que são forçosamente atingidos pelas práticas publicitárias e, em especial, pelas práticas abusivas e causadoras de danos.[130]

---

[130] Veja-se a opinião, embora no âmbito do direito brasileiro, do mentor do *CDCbrasileiro*, ANTÔNIO HERMAN DE VASCONCELLOS E BENJAMIM, *Comentários ao código* ..., *cit.*, p. 81, citado por VALÉRIA FALCÃO CHAISE, *op. cit.*, p. 18. Para este autor, em matéria de equiparação a consumidor, o requisito da destinação final do produto ou serviço é irrelevante; o art. 29º. do *CDCbrasileiro* protege, não apenas o consumidor final, mas também o consumidor equiparado, concreto e exposto à prática publicitária, logo, consumidor será não apenas aquele que *"adquire ou utiliza produto ou serviço (art. 2º.), mas igualmente as pessoas expostas às práticas previstas no art. 29º. do CDCbrasileiro."* Historicamente o conceito do art. 29º., englobava o corpo do art. 2º., por o *lobby* empresarial o pretender eliminar, foi transferido para o capítulo V, art. 29º.

Ainda sobre a relação entre o consumidor e a publicidade e o respectivo confronto, vide o estudo de CARLA AMADO GOMES, *O direito à privacidade do consumidor – a propósito da Lei nº. 6/99, de 27/1*, Revista do Ministério Público, ano 20, nº. 77, Janeiro-Março 1999, pp. 89 a 103, pp. 90 e 91, que o retrata, como *"David contra Golias, com a torrente de mensagens publicitárias que o acossam dia-a-dia"* e expende as seguintes considerações: *"Toda a publicidade assenta numa operação de sedução, em que o consumidor mais desprevenido se deixa envolver numa teia de referências e desejos que o funcionalizam ao consumo. A vertigem da posse dos objectos publicitados – por mais inúteis que se revelem – é uma fraqueza do indivíduo, que os agentes económicos exploram ferozmente, visando aumentar os lucros. Perante tal cenário de publicidade omnipresente, o legislador viu-se forçado a intervir no sentido de disciplinar as práticas publicitárias, almejando, em primeiro plano, regularizar a concorrência entre as empresas e, em segundo plano, tentar pôr o consumidor mais permeável (sobretudo os jovens) a salvo das*

Daí que, a legislação publicitária nacional - *arts 12º. e 13º. do Cód. Pub.* – contenha, respectivamente, o *princípio do respeito pelos direitos do consumidor*, proibindo de forma geral e abstracta toda a publicidade que atente contra os direitos do consumidor, previstos na *LDC*,[131] em que os próprios consumidores lesados, qualquer consumidor em geral, as associações de consumidores, o *MP* e o *IC*, possuem legitimidade activa para intentar acções judiciais exigindo a reparação dos direitos violados. Ainda, sob a epígrafe *"saúde e segurança do consumidor"*, proíbe a publicidade que encoraje comportamentos prejudiciais à saúde e segurança do consumidor, nomeadamente por deficiente informação acerca da perigosidade do produto ou da especial susceptibilidade para causar aci-

---

*investidas do fenómeno publicitário. A intervenção do legislador almeja, nesta sede, reestabelecer o equilíbrio entre empresários e consumidores: regularizando as formas e os conteúdos das mensagens publicitárias, contribui para um fortalecimento das garantias dos consumidores contra o vírus do consumo e permite a sua autoresponsabilização pelas opções de consumo que tomam".*

*Vide* ainda da mesma autora, *Os novos trabalhos do estado: a administração pública e a defesa do consumidor*, Estudos do Instituto de Direito do Consumo, coordenação de Luis Menezes Leitão, Vol I, Instituto de Direito do Consumo da Faculdade de Direito da Universidade de Lisboa, Almedina, Coimbra, 2002, pp. 31 a 61, p. 41, onde expressamente defende ser *"ao Estado legislador que cabe, pois, a elaboração do edifício normativo que enformará a protecção do consumidor em todas as suas vertentes. Além de dever emitir normas sobre as condições de fabrico e disponibilização comercial dos bens, o estado tem também que punir as prevaricações, bem assim como, e sobretudo, forjar formas de prevenção de situações de risco para a saúde pública"*;

Nos *EUA*, DEAN K. FUEROGHNE, *op. cit.*, p. 16, também retrata a relação entre o consumidor e a publicidade, embora numa perspectiva diversa, como David contra Golias, querendo significar que apesar dos consumidores terem legitimidade para proporem acções judiciais contra os publicitários, tal não acontece, porque os consumidores sentem-se impotentes para o fazer, quer porque não possuem rendimentos suficientes para custearem uma acção judicial, quer porque o conflito envolve quantia tão diminuta que não torna viável a propositura da acção.

[131] Os direitos do consumidor encontram-se previstos no capítulo II, da *LDC*, sob a epígrafe *"direitos do consumidor"* genericamente definidos nas als a) a h) do art. 3º. e individualmente desenvolvidos nos arts 4º. a 15º.. Para mais detalhes cfr. o nosso *Código da publicidade anotado, cit.*, pp. 39 e 40.

dentes em resultado da utilização que lhe é própria; não deve a publicidade comportar imagens ou descrever situações onde se desrespeite a segurança; sempre que a publicidade se dirija a crianças, adolescentes, idosos ou deficientes, deverá ser especialmente cuidada face à particular fragilidade psicológica e especial vulnerabilidade que tais pessoas normalmente apresentam.

Ora, os direitos transcritos fazem parte da incumbência prioritária do Estado, por virtude do disposto no art. 81º. al. h) da *CRP*, e estão consagrados no art. 60º. da *CRP*, prevendo-se no nº. 1 os direitos à qualidade dos bens ou serviços consumidos, à formação e à informação, à protecção da saúde, da segurança e dos interesses económicos, bem como à reparação de danos causados. No que concerne à publicidade, o nº. 2 impõe a existência de um regime legal disciplinador da publicidade, proibindo toda a publicidade oculta, indirecta ou dolosa, que acarretará danos aos consumidores por não se aperceberem do carácter publicitário da mensagem e esta não respeitar os ditames legais.

Também os interesses dos consumidores estão penalmente tutelados pelo *DL nº. 28/84 de 20/1*. Alguns dos comportamentos aí descritos como infracções criminais, têm também como finalidade proteger interesses dos consumidores, que se manifestam como interesses gerais ou colectivos. Em termos publicitários, o art. 40º. do referido diploma, que versava sobre publicidade fraudulenta (actualmente revogado pelo *DL nº. 6/95 de 17/1*), criminalizava toda a publicidade traduzida em comparações enganosas ou depreciativas, em falsas afirmações relativamente a outros bens ou serviços, bem como, a publicidade enganosa ou desleal. Ainda, considerava criminosa a publicidade que violasse dolosamente as disposições contidas nos arts 7º., 12º. e 16º. do *DL nº. 303/83, de 28/6* (*Cód. Pub.* já revogado) aplicando uma sanção de prisão até 1 ano e multa não inferior a 50 dias ao infractor.

Face ao exposto e discordando frontalmente com a opção tomada no *Cód. Pub.* vigente, ANTÓNIO HENRIQUES GASPAR[132] considera ter-se recuado na protecção do consumidor, quando a publicidade enganosa classificada

---

[132] ANTÓNIO HENRIQUES GASPAR, *Relevância criminal de práticas contrárias aos interesses dos consumidores*, BMJ, 448, Julho, 1995, pp. 37 a 51, pp. 42 e 50.

como crime, passou a ser prevista como contra-ordenação, entendendo que os comportamentos integradores dessa publicidade, por serem ofensivos dos valores fundamentais do ordenamento sócio-económico, justificariam a sua classificação como crime de perigo.

## 17. Algumas formas modernas de difusão publicitária – intróito

A par dos meios tradicionais de difusão publicitária tais como a imprensa, a rádio, a televisão, o cinema, as listas telefónicas, surgem agora novos suportes que vêm aumentar o impacto da actividade publicitária, permitindo o contacto com um maior número de destinatários. É o caso da publicidade exterior - *outdoors*, a publicidade por correspondência, via telefone, *telefax* ou *Internet*, a publicidade nas caixas de multibanco, nos locais de venda, nos próprios produtos, a publicidade aérea, o *product placement*, a publicidade virtual, a publicidade sonora e a publicidade social.

A partir dos anos oitenta em Portugal, assistiu-se à multiplicação dos suportes publicitários utilizados na difusão das mensagens, fruto da crescente necessidade de alargamento do mercado publicitário e da criatividade acompanhada pelo factor surpresa, serem decisivos no sucesso de qualquer campanha publicitária.

Por serem de relevante interesse para este estudo, focar-se-ão alguns aspectos destas novas formas publicitárias.

### 17.1. A publicidade veiculada através de suportes aéreos

Na década de oitenta, as empresas aéreas licenciadas para o transporte aéreo não regular,[133] em virtude da reduzida dimensão do mercado nacional, da forte concorrência existente entre os diversos operadores e da existência de legislação condicionadora desta actividade – criação de um montante mínimo bastante elevado para a formação do capital social –

---

[133] Licenciamento através do *DL nº. 19/82 de 28 de Janeiro*.

apresentaram dificuldades financeiras. Para sobreviverem no mercado, necessitaram de diversificar e rentabilizar a actividade e para isso recorreram a novas áreas de negócios, nomeadamente o combate a incêndios, trabalhos agrícolas, fotografia, publicidade, *etc*.

Em resultado do grande incremento do sector publicitário e da abertura do sector da aviação, vulgarizou-se a utilização deste suporte como difusor das mensagens publicitárias.[134]

Deste casamento invulgar, mas perfeitamente adequado quer aos objectivos da publicidade, quer às receitas de tesouraria das empresas áreas, assistiu-se, ao longo dos anos oitenta e princípios dos anos noventa, a um forte incremento da publicidade aérea nas zonas balneares durante a época de veraneio, justamente onde a concentração de pessoas é mais elevada. O incómodo causado pelas aeronaves originou junto do *IC*, reclamações de consumidores descontentes com as consequências do arremesso de panfletos e outros objectos publicitários e pelo sobrevôo a baixa altitude, rebocando mangas publicitárias que provocavam um ruído incompatível com o descanso nas praias portuguesas.

Poder-se-á colocar a seguinte questão: estará a publicidade difundida por suportes aéreos subordinada às regras do *Cód Pub.* ou necessitará de específica regulamentação legal?

Da conjugação do art. 1º. do *Cód. Pub.*, que esclarece o âmbito de aplicação do diploma, com o art. 3º. que define o conceito de publicidade, não resulta que o suporte – definido no art. 5º. do *Cód. Pub.*, como o veículo utilizado para a transmissão da mensagem publicitária - através do qual uma mensagem publicitária é divulgada, seja impeditivo da sujeição desta, aos ditames do *Cód. Pub.*. Logo, todas as mensagens publicitárias difundidas através do recurso a aeronaves[135] são regidas pelas normas e princípios reguladores da actividade, expressos no *Cód. Pub.*.

---

[134] Cfr. MARIA CARMEN SEGADE HENRIQUES, *Estudo sobre publicidade por meios aéreos*, Estudos de direito do consumidor, FDUC, Centro de Direito do Consumo, nº. 1, 1999, pp. 411 a 431, p. 414.

[135] O termo aeronave é definido no *Dec. nº. 20062 de 13/7/1931*, como qualquer aparelho que possa estar a navegar no ar, considerando-se como tal os balões cativos ou livres, papagaios, dirigíveis, aviões e hidroaviões.

Por sua vez, o art. 4º. do *Cód. Pub.*, definidor da actividade publicitária como: *"o conjunto de operações relacionadas com a difusão de uma mensagem publicitária"*, enquadra a utilização de aeronaves na difusão da publicidade, dentro das regras e princípios constantes da legislação publicitária.

Desta feita, qualquer violação ao *Cód. Pub.* acarretará a abertura de um processo contra-ordenacional aos agentes responsáveis pela difusão – previstos nos arts 5º. e 36º. do *Cód. Pub.* - que responderão pelos danos causados, em co-autoria ou em comparticipação com outros eventuais responsáveis na divulgação da mensagem publicitária ilícita.

Em termos do impacto ambiental, a utilização dos meios aéreos como suporte de mensagens publicitárias traz questões problemáticas, na medida em que a utilização deste tipo de suporte, acontece em zonas densamente povoadas, nomedamente no verão e na orla costeira, onde as pessoas se aglomeram para descanso e lazer e, em resultado da utilização deste suporte, são constantemente perturbadas pelo ruído dos motores, pelo arremesso de panfletos ou objectos publicitários e pelo reboque das mangas publicitárias.

Certo é que, a forma mais gravosa e ambientalmente mais poluidora, consiste no lançamento de objectos, contribuindo para a sujidade do território e insegurança dos consumidores. No entanto, tal prática foi proibida pelo *DL nº. 172/93 de 11/5*, cujo art. 7º. dispõe que *"no âmbito do exercício da actividade de transporte aéreo, é proibido o lançamento de qualquer objecto ou produto de aeronaves (...).*"

Parece pois que o *Cód. Pub.*, complementado pela legislação avulsa[136] referente às aeronaves, é suficiente para a regulamentação da difusão

---

[136] O *DL nº. 172/93 de 11/5,* contém normas sobre a necessidade de licença para trabalho aéreo, sobre a fiscalização da actividade de trabalho aéreo, sobre a proibição do arremesso de panfletos e objectos publicitários do interior das aeronaves; o *DL nº. 321/89 de 25/9,* alterado pelo *DL nº. 279/95 de 26/10,* obriga à realização de um contrato de seguro; o Regulamento de navegação aérea, aprovado pelo *Decreto nº. 20062 de 13/7/1931,* que institui a obrigatoriedade de manutenção em vôo, de uma altura de pelo menos 1000 pés; a *Portaria nº. 837/91 de 16/8,* que proíbe os sobrevoos a alturas infe-

de publicidade por meios aéreos, não sendo necessário específica regulamentação neste domínio, sendo certo que hodiernamente o problema deixou de ter grande relevância, tendo-se conseguido introduzir limites neste sector de actividade.

*17.2. A publicidade difundida pelo som*

A publicidade sonora, entendida como aquela que é veiculada através do recurso a altifalantes ou outros mecanismos de ampliação de voz, está regulada no *DL nº. 315/95 de 28/11*. A difusão de publicidade sonora nos espectáculos de natureza artística, carece de autorização prévia da entidade administrativa competente. Está, por regra, proibida durante a realização ou nos intervalos dos espectáculos onde os ingressos sejam pagos, embora os espectáculos tauromáquicos e circences constituam a excepção consagrada na lei. A referida legislação permite a publicidade efectuada através de videogramas musicais e discos, mas apenas durante os intervalos dos espectáculos e desde que não ocupe mais de metade dos mesmos.

O diploma supra prevê contraordenações, puníveis com coimas, a aplicar ao infractor e ainda as sanções acessórias de interdição do exercício da actividade de promotor de espectáculos, de encerramento do recinto e de revogação total ou parcial da licença.[137]

---

riores a 750 m sobre várias zonas de Lisboa; o *DL nº. 248/91 de 16/7*, que regulamenta os vôos a baixa altitude; o *DL nº. 71/90 de 2/3*, que disciplina a detenção e operação de ultraleves; o *DL nº. 309/93 de 2/9*, que regula a elaboração e aprovação dos planos de ordenamento da orla costeira e o edital de praias, que interdita o sobrevoo da praia e do mar, até um limite de 100 m da linha de água, por aeronaves a motor, abaixo dos 1000 pés.

No que se refere às contra-ordenações aeronáuticas civis, *vide* o *DL nº. 208/04, de 19/8*, que alterou os diplomas que as prevêem, adaptando-as à classificação estabelecida no *DL nº. 10/04, de 9/1* e possibilitando a aplicação de novas molduras contra-ordenacionais.

[137] Cfr. os arts 29º., 43º. e 45º. do *DL nº. 315/95 de 28/11*.

*17.3. A Internet como veículo publicitário*

A *Internet*, definida frequentemente como *net*, *teia de aranha electrónica* e *a rede das redes*, do ponto de vista técnico é abreviatura de *Interconnected Networks* e RUI SAAVEDRA[138] define-a como: *"uma rede constituída por milhares de outras redes regionais e nacionais, todas interligadas entre si, criando uma rede virtual que permite comunicar a elevadas velocidades".*

Teve a sua origem nos anos sessenta nos *EUA*, onde as primeiras experiências ainda no âmbito militar foram efectuadas a partir da agência *ARPA (Advanced Research Project Agency)*, que adoptou um protocolo intitulado *TCP/IP (Transmition control protocol/Internet protocol)* para permitir a qualquer computador a ligação à rede.

Posteriormente a tecnologia *ARPANET* foi usada para interligar universidades e laboratórios, e só em 1987 se iniciou o uso comercial.[139]

Assim, a maior rede global de computadores interligados, foi criada no espírito livre de acesso à informação. Mas a transição operada de plataforma utilizada primacialmente para pesquisa pelos governos e por instituições educacionais, para entidade comercial, atraiu as empreendedoras empresas e os indivíduos que começaram a montar os *sites* na *web*[140] e a utilizá-la para colocar as suas marcas e fazer fortuna com o mercado digital.[141]

---

[138] RUI SAAVEDRA, *A protecção jurídica do software e a Internet*, 12, Sociedade Portuguesa de Autores, Publicações Dom Quixote, Lisboa, 1998, p. 312.

[139] Sobre a *Internet* e a sua origem histórica *vide* ELSA DIAS OLIVEIRA, *op. cit.*, pp. 13 e ss; PAULO CÂMARA, *A oferta de valores mobiliários realizada através da Internet*, Cadernos do mercado de valores mobiliários, 1, 1997, pp. 11 a 53, p. 14.

[140] As abreviaturas *WWW, Web ou W 3* significam *World Wide Web*, que é a área mais conhecida e utilizada na *Internet* e consiste na publicação de páginas com informações destinadas aos utilizadores individuais de todo o mundo que, para as pesquisar, visualizar, folhear e receber, utilizam um programa de computador denominado *browser*.

[141] Para o ilustre jurista e professor JOSÉ OLIVEIRA ASCENSÃO, *Direito intelectual, exclusivo e liberdade*, ROA, 61, Lisboa, 2001, pp. 1195 a 1217, pp. 1197 e 1200, a *Internet* foi *"... criada como um sistema de comunicações militares pelos EUA, foi generalizada a*

A difusão da *Internet* correspondeu a uma revolução na história contemporânea, devido ao incremento exponencial do número de utilizadores e ao aumento do número de *sites*. Actualmente assume grande relevância no sector económico, exercendo forte influência cultural e educativa, com potencialidade para se tornar num poderoso instrumento publicitário. Pelos dados disponíveis, os publicitários ainda não conseguiram atingir a exposição publicitária que pretendem e que a rede propicia.

Em 1996 nos *EUA*, as empresas investiram cerca de 45,15 milhões de contos em publicidade *on-line* e estudos demonstram que apenas 2% dos navegadores acedem ao *site* de uma empresa através do anúncio.[142] São números muito distantes dos conseguidos por um jornal de domingo de boa tiragem. Por enquanto, aos anunciantes é-lhes apenas garantido

---

*instituições científicas e apresentada como uma rede de diálogo e intercâmbio desinteressados. Foi depois universalizada como uma via de comunicação, que desvendaria os seus tesouros a todo o mundo e poria todos em contacto com todos. Mas, com maior rapidez ainda, foi apropriada como um veículo comercial. Hoje a grande massa das questões que traz estão ligadas ao comércio electrónico. Com isto, toda a visão que da Internet se fazia muda necessariamente de rosto."* E continua (...) *"A Internet nascera como espaço de liberdade. A actividade científica, afeiçoara-se a essa livre comunicação. O trânsito brusco da Internet para uma espécie de gigantesco centro comercial, em que por natureza tudo é venal, se por um lado teve os seus defensores – e como não, quando as próprias empresas de informática surgiam entre as empresas com maiores lucros do mundo? - por outro lado suscitou reacções. Apareceu uma corrente libertária, que pretendeu que a Internet fosse um "espaço livre de direito".* Mas, ao afastar-se a lei, o domínio legal será substituído pelo domínio das estruturas informáticas e dos seus códigos.

Ainda na mesma linha de pensamento, MARIA ANGELES SAN MARTIN PASCAL, *La necesidad de una conciencia ética en los medios de comunicación frente a las nuevas tecnologias*, Comunicação, informação e opinião pública – Estudos de homenagem a Andrés Romero Rubio, Universidade Católica Editora, Lisboa, 2001, pp. 313 a 326, pp. 317 e 318, que refere: *"Internet es el gran vehículo para intercambiar cultura, pero llega bajo la égida de la cultura americana y del idioma inglés, del predominio del valor del mercado sobre todas las cosas, de la entronización del poder económico por encima de cualquier outra fuerza. En este contexto, Internet tiende cada vez más a comportarse como un hipermercado de cualquier cosa."*

[142] Dados fornecidos por GÉRALDINE CORREIA, *Como atrair clientes ao seu site*, revista Exame, A-9, nº. 112 (Nov.) 1997, pp. 134 a 139.

que o seu anúncio irá ser visto um certo número de vezes, não se sabendo por quantas pessoas diferentes, daí ser a abordagem publicitária demasiado tradicional.

Os anúncios animados e interactivos são mais consultados do que as páginas estáticas. Os *web designers* procuram um ambiente atractivo para o navegador, no entanto, estatisticamente, verifica-se ser ainda mais fácil consultar um jornal para procurar um cinema ou um restaurante do que ligar-se à rede. Porém, os publicitários não desistem na tentativa de modificação dos comportamentos dos consumidores. Criam e inventam, sendo que a última tendência para conseguir captar a atenção dos navegadores - que são consumidores de bens e serviços e consequentemente destinatários da publicidade - consiste na criação de *feiras virtuais* que fomentam e permitem a existência de *stands* permanentemente abertos e disponíveis para os interessados, possibilitando a manutenção do contacto com os clientes durante o ano inteiro e a respectiva actualização sobre os novos produtos. Assim, conseguem melhores vendas por força da maior exposição dos produtos e da constante ligação da empresa com o cliente.[143]

No final de 1998 já o cenário se apresentou diverso. A publicidade *on line* representou uma indústria de 1,8 bilhões de dólares e a receita projectada para o ano de 2002 é de quase 8 bilhões de dólares.[144] Nada mau para uma indústria recém nascida.

Um estudo conduzido pela *American Association of Advertising Agencies*, indicava que em Fevereiro de 1998, 45% dos entrevistados afirmaram que a publicidade na *Internet* iria representar uma parcela significativa dos seus orçamentos publicitários. Desses 45%, 23% informaram que a publicidade na *Internet* já representava a maior parcela da sua estratégia publicitária, 50% estimavam que tal iria acontecer dentro dos próximos 2 a 5 anos e os restantes 27% achavam que isso ocorreria dentro dos próximos 5 a 10 anos. Este crescimento exponencial dos anúncios, justifica o crescimento dos *sites* na *web*.

---

[143] Existem cerca de 200 feiras na *Internet* e algumas como a *medtrade* - especializada em medicina - atrai por ano, 1200 expositores e 30 mil visitantes.

[144] Fonte Jupiter Communications, 1998 (*www.jup.com*).

*17.3.1. Breve incursão nos direitos de personalidade no âmbito da Internet*

Na tradição portuguesa os direitos das pessoas possuem uma tutela publicística – vejam-se os institutos do direito de petição, da tutela penal e da protecção constitucional. Já PASCOAL JOSÉ DE MELLO FREIRE,[145] escrevia que *"os direitos dos cidadãos cifravam-se, em especial, nas prerrogativas de pedirem aos governantes que os protejam e defendam (...) e de (...) desempenhar cargos oficiais."*

O liberalismo trouxe às várias constituições nacionais os textos relativos aos direitos do homem, de inspiração francesa que, no dizer de JORGE MIRANDA são[146] *"a raíz dos hoje ditos direitos fundamentais."*[147]

---

[145] PASCOAL JOSÉ DE MELLO FREIRE, *Instituições de direito civil português*, Livro I, Título XII, V, ed. portuguesa de Pinto de Meneses, publicado no BMJ, 162, 1967, p. 137, a 1ª. ed. data do séc. XVIII, citado por ANTÓNIO MENEZES CORDEIRO, *Os direitos de personalidade na civilística portuguesa*, ROA, ano 61, Lisboa, Dezembro, 2001, pp. 1229 a 1256, p. 1230.

[146] JORGE MIRANDA, *Manual de direito constitucional*, tomo IV, 3ª. ed., Coimbra editora, 2000, pp. 126 e ss.

[147] Apresenta-se uma breve síntese histórico-constitucional sobre a inclusão dos direitos fundamentais nas diversas constituições nacionais:

1. na *Constituição de 1821*, os arts 1º. a 15º. fixavam os direitos individuais do cidadão, centrados na liberdade, na segurança e na propriedade;

2. na *Constituição política da monarchia portugueza de 1822*, o tema estava explanado nos arts 1º. a 19º. sob a epígrafe "dos direitos e deveres individuais dos portugueses";

3. na *Carta constitucional de 1826*, os direitos fundamentais estão regulados apenas no art. 145º.;

4. na *Constituição de 1838*, os direitos e garantias recuperam o significado, dedicando-lhes os arts 9º. a 32º.;

5. a *Constituição de 1911*, apenas lhes consagrava os arts 4º. e 5º., embora o primeiro fosse muito extenso (38 números);

6. a *Constituição de 1933*, continha um extenso enunciado sobre os direitos e garantias individuais dos cidadãos portugueses, realçando os direitos de personalidade;

7. por último, a *Constituição de 1976*, continuou com a tradição da que lhe antecedeu, consagrando a parte I, aos direitos e deveres fundamentais, e o capítulo I, do título II, relativo aos direitos, liberdades e garantias pessoais.

Na *CRP* vigente os arts 26º. e 35º. estabelecem os direitos, liberdades e garantias que devem ser respeitados pelas novas tecnologias, no caso a *Internet* e o comércio electrónico. Enumeram-se alguns dos direitos pessoais insusceptíveis de alienação e de renúncia, que devem ser assegurados em qualquer circunstância e principalmente quando se utiliza a *Internet*, dado o ambiente digital ser propício a violações desta ordem:

*a) Direito à identidade pessoal. O nome* – O direito de ter um nome, de não ser privado dele, de o defender, de impedir que outrem o use, são direitos previstos no art. 72º. do *CC*. A *Internet* vem conferir uma possibilidade real do uso indevido do nome (quer do cidadão individual, quer da firma das pessoas colectivas) por terceiro. No âmbito do correio electrónico é fácil alguém remeter uma mensagem colocando no espaço destinado ao remetente o nome de outra pessoa ou determinado endereço electrónico. Só o sistema da assinatura digital e da encriptação, ainda de uso pouco frequente,[148] permitem ter a certeza que a mensagem é de facto remetida por quem o diz.

O uso indevido do nome associado a um endereço de correio electrónico específico, confere ao lesado o direito a indemnização por violação do disposto nos arts 26º. nº. 1 da *CRP* e 72º. do *CC*. Contrariamente ao que sucede em sede de identificação civil, não existe na *Internet* a possibilidade de homonímia. Prevalecendo a regra da prioridade do registo, é impossível a existência de dois endereços com o mesmo nome.

*b) Direito ao bom nome e reputação social* – Traduz-se no direito ao respeito de terceiros. Manifesta-se no direito individual de não ser ofendido na honra, dignidade e reputação social mediante imputação feita por outrem, bem como no direito de defesa em relação a essa ofensa e ainda no direito à respectiva reparação. A *Internet* como meio de comunicação por excelência é o ambiente propício à ofensa do bom nome e da reputação. Constitui meio de prova perante o tribunal, qualquer artigo, comentário ou imputação que ofenda a honra, dignidade ou consideração

---

[148] A Ordem dos Advogados portugueses implementou o sistema da assinatura digital entre os advogados, dada a possibilidade de comunicação com os tribunais, através de correio electrónico.

social de um pessoa, quer o mesmo seja difundido através de publicação *web*, mensagem de correio electrónico, *newsgroup*, *chat* ou video-conferência. A comunicação electrónica tem ainda a vantagem de propiciar a extensão da ofensa a um maior número de destinatários, o que consubstancia uma circunstância agravante a ter em conta em sede de julgamento.[149]

*c) Direito à imagem. A sua protecção* – Proíbe-se a exposição de fotografias nas páginas da *Internet* e a circulação destas através de *e. mail* ou em *newsgroup*, sem o expresso consentimento do próprio (art. 79º. nº. 1 do *CC*). Este direito assume particular relevância pela possibilidade técnica de gravação da imagem e posterior alteração da mesma, montando-a ou distorcendo-a através de um programa de edição de imagem.[150]

A existência de interesses públicos superiores, tais como: finalidades policiais, de justiça, culturais, científicas ou didácticas, bem como a natureza e a condição social das pessoas, prevalecem sobre a protecção do direito à imagem (art. 79º. nº. 2 do *CC*). A notoriedade social de certas pessoas impede-as de se oporem à difusão da própria imagem ou a acontecimentos da sua vida. O interesse público sobrepõe-se nestes casos ao interesse privado. A publicação na *Internet* de fotografia ou imagens de uma pessoa de notoriedade social não é ilícita, nem violadora do direito à imagem, contudo a deformação que as mesmas eventualmente sofram constitui violação do direito e dá lugar à respectiva reparação judicial pelos danos causados (art. 79º. nº. 3 do *CC*). A exibição permanente através da *Internet* de cenas privadas da vida pessoal de um cidadão, cons-

---

[149] JOEL TIMOTEO RAMOS PEREIRA, *Direito da Internet e comércio electrónico*, Quid juris, Lisboa, 2001, pp. 12 a 14.
Citam-se por serem relevantes nesta matéria do direito ao bom nome e reputação os seguintes acórdãos: *Ac. RL de 22/01/98, CJ, tomo I, p. 83*; *Ac. STJ de 29/10/96, CJSTJ, tomo III, p. 80*; *Ac. RL de 21/05/97, CJ, tomo III, p. 88*; *Ac. RP de 28/03/85, CJ, tomo II, p. 230*.

[150] Alguns exemplos de programas que permitem a utilização dessas técnicas: Paint shop Pro (www.jasc.com); The Gimp - Gnu image manipulation program (www.gimp.com); Photoimpact (www.ulead.com). Cfr. JOEL TIMOTEO RAMOS PEREIRA, op. cit., p. 16.

titui violação do direito à imagem, excepto se for consentida pelo próprio (art. 79º. nº. 1 do *CC*).[151]

*d) Direito à palavra* - Este direito abrange o direito à voz, característica da personalidade humana pelo que, o registo e a sua divulgação sem autorização são ilícitos. A gravação e reprodução de comunicações efectuadas por video-conferência realizada através da *Internet*, sem prévia autorização da pessoa em causa, é ilícita dado que essa comunicação por regra é privada.

*e) Direito de reserva da intimidade da vida privada e familiar* - este direito abrange a faculdade de impedir o acesso de terceiros às informações sobre a vida privada dos indivíduos, bem como à sua divulgação. Abrange o *direito ao anonimato* quando se navega na *Internet*. Direito lícito, todavia alvo de constante violação pela aposição de *cookies* no computador do utilizador que permitem conhecer o rasto de navegação. Sendo a *web* um local onde a observação é constante, o anonimato é um direito inalienável,[152] sendo passível de responsabilidade civil quem divulgar ou utilizar sem autorização, informações de carácter pessoal e particularmente do foro íntimo.

Compreende ainda, o *direito de não intromissão em mensagens privadas* já que, antes que uma mensagem via *e. mail* chegue ao destinatário, passa por imensos pontos da *www* onde poderá ser facilmente retida, apagada ou mesmo adulterada. A utilização do sistema de encriptação constitui a única forma de garantir a reserva da mensagem, todavia, no âmbito da comunicação via *Internet* é como já se disse excepcional o seu emprego. A violação deste direito poderá consubstanciar a prática de um crime semi-público, de violação de sigilo de correspondência e telecomunicações (art. 194º., do *CP*). No foro constitucional o art. 32º. nº. 8 da *CRP*, fere de nulidade todas as provas obtidas mediante abusiva intromissão na vida privada, no domicílio, na correspondência ou nas telecomunicações, não podendo ser usadas em sede judicial.

---

[151] Indica-se a seguinte jurisprudência sobre esta matéria: *Ac. STJ de 24/5/89, BMJ, 387, 531*; Sentença do Tribunal Cível da Comarca de Lisboa, de 2/3/2001.

[152] Neste sentido, cfr. o Parecer nº. 13/96, do *Conselho Consultivo da PGR*, publicado no *DR*, II, 286, de 12/12/97, pp. 15247 e ss.

## 17.3.2. O conceito e as vantagens da publicidade on line

Tal como qualquer publicidade que utilize um veículo mais comum, a publicidade difundida através da *Internet* tenta disseminar informações com o objectivo de influenciar a transacção entre comprador e vendedor. Mas, este tipo de publicidade diverge da publicidade efectuada através dos outros suportes por permitir a interacção directa entre o consumidor e a peça publicitária. A publicidade na *Internet* constitui a convergência da publicidade tradicional com o *marketing* de resposta directa.[153]

A publicidade *on line* veio revolucionar o mundo cibernauta e possui quatro vantagens distintas:

a) *Focalização* – a publicidade via *web* pode ser direccionada quer para empresas específicas, áreas postais, zonas geográficas e nações. Pode, ainda, ser utilizada a base de dados que serve de suporte ao *marketing* directo;

b) *Informação* – os profissionais de *marketing* podem recepcionar todas as informações dos seus clientes, e assim descobrir os seus interesses. Os anunciantes podem, ainda, mensurar a resposta da campanha publicitária lançada, contabilizando o número de vezes de acesso e o número de compras efectuadas, o que se torna difícil fazer com a publicidade veiculada através dos meios tradicionais - televisão, rádio, imprensa e *outdoors*;

c) *Entrega e flexibilidade* – Um anúncio difundido pela *Internet* pode ser visto 24 horas por dia, 7 dias por semana, 365 dias por ano. As campanhas publicitárias poderão ser lançadas, actualizadas ou mesmo canceladas no momento pretendido, podendo o anunciante acompanhar diariamente o progresso da campanha e efectuar as modificações necessárias. Ora, relativamente aos meios de comunicação impressos, em que um anúncio só poderá ser alterado pelo menos na nova edição do jornal ou revista, constitui evolução considerável;

---

[153] Cfr. ROBBIN ZEFF, BRAD ARONSON, *op. cit.*, pp. 10 e ss.

*d) Interactividade* – Os consumidores podem interagir com o produto anunciado, testá-lo, retirar as informações pretendidas e, caso decidam, comprar o produto. Nenhum outro meio de comunicação transporta de maneira tão fácil, um simples agente de busca de informações e o converte num comprador efectivo.

## 17.3.3. Os sujeitos que utilizam a Internet

A indústria publicitária na *Internet* pode ser dividida em vendedores, compradores e infra-estruturas constituídas pelas empresas que tornam possível o funcionamento da rede informática.

Inicialmente, os primeiros *sites* foram desenvolvidos por empreendedores estudantes universitários com acesso gratuito à *Internet*, local onde podiam expressar a sua personalidade. Hoje o panorama é muito diverso e as grandes empresas de comunicação tomaram conta do sistema.[154]

Os *publishers* que produzem *sites* para vender espaço publicitário, são a peça fundamental neste jogo. As redes publicitárias, as empresas de representação e de leilões publicitários, vendem o espaço criado pelos *publishers*. As redes publicitárias vendem anúncios. Surgiram face à vital necessidade dos *sites* gerarem receitas publicitárias e representam um conjunto de *sites*, vendendo o seu espaço na *Internet*, funcionando como uma força de vendas agressiva e experiente. Para um *publisher*, torna-se mais fácil vender o seu *site* em conjunto com outros, do que isoladamente. Por outro lado, estas redes também beneficiam os anunciantes justamente porque apenas com uma transacção, conseguem estender o seu alcance publicitário por uma variedade de *sites* com conteúdos muito diversificados. Permite-lhes aumentar exponencialmente as probabilidades de difusão dos produtos por públicos diversos.

As empresas de representação são constituídas por *sites* que possuem espaço publicitário para vender e como tal contratam uma empresa para o

---

[154] Uma das mais conceituadas empresas de comunicação que divulga *on line* o seu jornal é a *Washington post (www.washingtonpost.com)*.

fazer. Os leilões são utilizados para vendas rápidas e para excedente de *stocks*.

Os anunciantes que possuem produtos ou serviços para vender, são frequentemente representados por agências tradicionais ou interactivas que criam campanhas publicitárias *on line*.

As agências interactivas estabelecem a ligação entre um anunciante e um *publisher*. As agências de publicidade interactivas não nasceram no berço da publicidade actual – *Madison Square Avenue, NY*, mas junto das empresas de multimedia e de informática. Actualmente estas agências têm a sua origem no desenvolvimento de *sites* da *web*, área onde possuem grande experiência técnica por terem construído os *sites* de grandes corporações, vindo posteriormente a adquirir os conhecimentos de gestão, *marketing* e publicidade necessários para se tornarem empresas de serviços completos; no mundo do *marketing* directo, onde depressa se aperceberam que mais rápido, directo e eficaz do que a *Internet* era impossível e por isso logo se adaptaram; por último, nas agências de publicidade tradicionais, que criaram dentro da sua estrutura departamentos interactivos ou formaram novas empresas interactivas. Essencialmente todas as agências de publicidade tradicionais tentaram reconquistar junto dos anunciantes a atractividade de um provedor de serviços pleno e moderno.

A infra-estrutura publicitária municia o sistema de serviços e soluções de *software*, ferramentas indispensáveis para o seu manuseamento que ajudam os *publishers* e os anunciantes a alcançarem os resultados pretendidos através da *web*. Seja através da capacidade de medição do tráfego, onde uma indústria de mensuração floresceu, com contadores, auditores e pesquisadores de medições comparativas; seja através da personalização da clientela; seja ainda, através da administração de anúncios, onde se encontram disponíveis programas de computador que coordenam e administram a inserção diária dos anúncios, a rotação dos mesmos pelos vários *sites* e a produção de relatórios acompanhada do facturamento.

## 17.3.4. Várias formas de publicidade on line

### 17.3.4.1. Via correio electrónico - e. mail

Estudos revelam que a primeira e imediata atitude de um usuário sempre que se liga à rede consiste na verificação das suas mensagens no correio electrónico. Esta é a aplicação mais utilizada da *Internet* e por isso um veículo publicitário eficiente, contudo é negligenciado pelos anunciantes. Os profissionais da área associam a publicidade via *e. mail* ao *SPAM* – que significa o envio via correio electrónico de mensagens indesejadas, porque não solicitadas.

Trata-se de uma técnica perigosa que, tal como a publicidade domiciliária indesejada, poderá criar na mente do consumidor mecanismos psicológicos de recusa, o que evidentemente é desfavorável ao anunciante.[155] Nos *EUA*, a *Federal Trade Commission,* na sua cruzada de protecção dos consumidores tem travado uma dura batalha contra o *SPAM* e outros esquemas ilícitos perpetrados através da *Internet*. Para tal, tem fiscalizado atentamente os *e. mail* em busca de fraudes. Os consumidores, por sua vez, poderão reenviar os *e. mail* fraudulentos recebidos directamente, para a morada electrónica da *FTC*, colaborando na detecção dos prevaricadores e consequentemente na sua própria protecção.[156]

Contudo, o *e. mail* publicitário apresenta-se como um instrumento de trabalho extremamente útil para qualquer profissional da área da publicidade e do *marketing*, desde que usado da forma adequada, nomeadamente:

---

[155] Sobre este tema CAROLINA BADIA HIDALGO, *Marketing y publicidad en la red: Internet como nuevo medio de comunicacion*, Comunicação, informação e opinião pública – Estudos de homenagem a Andrés Romero Rubio, Universidade Católica Editora, Lisboa, 2001, pp. 235 a 237, pp. 228 e ss.

Ainda sobre o *SPAM, vide* o artigo de opinião de A. G. LOURENÇO MARTINS, *O fulgor dos princípios na penumbra dos interesses comerciais e outros ...*, www.oa.pt, Direito n@ rede, 2, Ago/Set, 2003.

[156] DEAN K. FUEROGHNE, *op. cit.*, pp. 673 e ss.

*a) Patrocinando listas de discussão* – Uma lista de discussão via *e. mail* é composta pelas conversas mantidas entre os assinantes sobre determinado tema comum. Quem pretender participar na discussão envia uma mensagem para o moderador, que as reverá e reenviará, ou ainda, para um endereço de *e. mail* que imediatamente reenviará essa mensagem para todos os demais assinantes. Actualmente são milhares as listas de discussão sobre os mais variados assuntos, englobando pessoas com interesses e objectivos muito diversos. Nesta circunstância, os anunciantes só terão vantagem em promovê-las e patrociná-las durante certo lapso temporal. Este patrocínio permite ao anunciante alcançar com exactidão o seu público-alvo, conquistando um bom segmento de mercado, já que as pessoas integradoras do grupo de discussão, são assíduas, participantes e não ocasionais.

*b) Envio de boletins informativos via e. mail* – Um boletim informativo resume-se a uma publicação criada por uma empresa ou por um indivíduo, posteriormente enviada mediante solicitação. Ao anunciar num boletim por *e. mail*, o anunciante poderá conhecer o número de destinatários, contabilizando o número de *e. mails* enviados. Contudo, torna-se impossível quantificar as pessoas que efectivamente leram o boletim, por duas razões simples: em primeiro lugar, muitas cadastram-se em diversas listas de discussão e boletins electrónicos, não dispondo de tempo para ler toda a informação recebida; por outro lado, muitas pessoas reencaminham a mensagem para terceiros, aumentando a circulação da lista, e destes, o anunciante apesar de não possuir conhecimento, retira as vantagens inerentes ao patrocínio.[157]

*c) E. mail directo* – Nos seus primórdios o *e. mail* directo era usado como *SPAM*. Verificou-se como referido, que esta técnica é particularmente negativa e produz resultados desastrosos. Por isso, os anunciantes usam o *e. mail* directo dirigido apenas aos indi-

---

[157] Alguns exemplos de listas de discussão e boletins informativos via *e.mail*: *www.liszt.com*; *www.reference.com*; *www.egroups.com*; *www.neosoft.com*.

viduos que solicitaram o envio de informações sobre determinado assunto.

*d) E. mail sustentado por anúncios* - consiste no acesso grátis ao *e. mail*, para quem estiver disposto a utilizar o programa de leitura de *e. mails*, programa esse que veicula publicidade paga.[158]

A difusão das mensagens publicitárias utilizando como suporte o *e. mail*, encontra-se abrangida pelos arts 1º., 3º. e 23º. do *Cód. Pub.* por força da exclusão prevista no art. 1º., nº. 2 da *Lei nº. 6/99 de 27/1*.[159]

O art. 23º., relativo à publicidade domiciliária ou por correspondência, por outras palavras ao *marketing* directo, ressalva a sua aplicação e remete para lei especial que, no caso é a *Lei nº. 6/99 de 27/1*, respeitante à publicidade domiciliária, por telefone e por fax. Só que, por força do nº. 2 do artº. 1º., a publicidade efectuada através de correio electrónico está excluída do âmbito de aplicação desta.

Assim conclui-se que a publicidade via *e. mail*, apesar de corresponder à previsão estipulada no art. 1º. nº. 1, *da Lei nº. 6/99 de 27/1*, por ter sido expressamente excluída pelo nº. 2 do mesmo dispositivo, passa a integrar a hipótese configurada no art. 23º. do *Cód. Pub.*,[160] sujeitando-se ao regime aí previsto.

---

[158] As primeiras empresas a oferecer acesso grátis ao sistema de *e.mail* foram a *Hotmail* (www.hotmail.com); a Juno (www.juno.com) e a USA.net (www.usa.net), todas com sede nos EUA.

[159] Segundo PAULO MOTA PINTO, *Publicidade domiciliária não desejada – junk mail, junk calls e junk faxes*, BFDUC, Vol. LXXIV, Coimbra, 1998, pp. 273-325, p. 275 e *Notas sobre a lei nº. 6/99, de 27 de Janeiro – publicidade domiciliária, por telefone e por telecópia*, Estudos de direito do consumidor, FDUC, Centro de Direito do Consumo, nº. 1, 1999, pp. 117 a 176, p. 120, a referida legislação exclui a publicidade via *e. mail* uma vez que esta, apesar de escrita, não se pode dizer propriamente entregue no domicílio do destinatário, entendido este nos termos definidos pelo art. 82º. do *CC*.

[160] Cfr. no mesmo sentido, JOÃO MIGUEL DE SAMPAIO E MELO GALHARDO COELHO, *Publicidade domiciliária – o marketing directo, regime legal anotado*, Almedina, Coimbra, 1999, p. 14.

*17.3.4.2. Outras formas publicitárias*

a) *Banners* - são grafismos de diversas dimensões apresentados nas páginas *web*. A despeito dos anunciantes e dos *publishers* terem a opinião que a publicidade na *Internet* necessita ir para além dos *banners*, este formato recebe actualmente a vasta maioria dos gastos em publicidade na *web* e provavelmente continuará no futuro próximo como o elemento principal de publicidade na *web*.

Existem três categorias de *banners*:

1) *Estáticos* - existem desde os primórdios da publicidade na *Internet*. Contêm apenas imagens fixas. São de fácil produção e plena compatibilização com todos os *sites*. Parecem velhos e entediantes face à evolução tecnológica e às inovações introduzidas. Geram menor número de respostas do que os *animados*, onde existe movimento e acção;
2) *Animados* - são extremamente populares por conseguirem veicular muita informação e possuirem um forte impacto visual e atractivo;
3) *Interactivos* - seja no formato *HTML* ou *rich media*[161] envolvem o usuário e simultaneamente veiculam informação, o que se torna mais agradável. A tecnologia *interVU* permite que um *banner* possa mostrar um curto filme de video, dentro da sua própria janela;

---

[161] Os *banners HTML,* são a opção de baixa tecnologia que permite ao usuário introduzir dados ou escolher a parte do *site* que pretende visitar. Os *banners rich media*, utilizam a tecnologia mais avançada por forma a permitir a apresentação da mensagem publicitária, de modo mais detalhado e conseguir melhor interactividade com o usuário, face ao que se consegue através de um *banner* padrão. Como designação genérica poderemos afirmar que *rich media* se apresenta como um termo para designar os anúncios publicitários veiculados através da *web*, que fazem uso de tecnologia avançada.

b) *Botões* - são anúncios *banner* de pequenas dimensões, colocados em qualquer parte da página *web* directamente ligados ao *site* do seu patrocinador. Os botões foram bem aceites por consumidores e anunciantes e com maior rapidez do que os *banners* publicitários, porque a escolha dos primeiros resultava na transferência de ficheiros *(download)* de *software* gratuito;[162]

c) *Links de texto* - são os elementos que menos atravancam numa página *web* e ainda assim, das peças publicitárias mais eficazes. Juntamente e relacionada com a pesquisa efectuada pelo usuário sobre determinado assunto, aparece sempre a publicidade interligada com a pesquisa e paga pelo anunciante, a que o usuário poderá aceder com um simples *click*;[163]

d) *Patrocínio* - permite ao anunciante desenvolver uma campanha publicitária de sucesso sem necessariamente ter de gerar muito tráfego no seu *site*. Os consumidores confiam nas marcas dos *sites* que visitam, daí que o anunciante poderá retirar proventos dessa confiança, veiculando a sua mensagem publicitária nesses *sites*, tornando-a mais poderosa. Muitos patrocinadores relacionam-se com um aspecto ou específica característica de um *site* que complemente a sua mensagem;[164]

---

[162] Os botões também ajudam os anunciantes a criar a consciência de marca no consumidor/usuário. A empresa norte americana *Netscape* criou um botão que, para além de publicitar os seus serviços, quando acedido, permite o carregamento de *software*, o que ajudou os usuários da *web* a familiarizarem-se com o referido programa e catapultou a empresa para líder mundial do mercado.

[163] Por exemplo: Um usuário pesquisa através da *Altavista* um determinado assunto. Junto aos resultados da busca, aparece um anúncio-texto pago pelo livreiro *Amazon.com*, a informar o usuário que sobre aquela busca em concreto existe mais informação na sua página. Estes anúncios são sempre personalizados e compatíveis com as pesquisas efectuadas, daí que auxiliam e publicitam.

[164] *Chapstick*, um produto associado tanto com o tempo quente como com o tempo frio, pois trata-se de um baton de protecção para lábios, patrocina um *site* de previsão meteorológica.

e) *Advertorial* - [165] consiste num patrocínio que se parece mais com um editorial do que com um anúncio. Assemelha-se a um relato escrito, tal como uma crónica, mas que de facto contém matéria publicitária. Tendo em vista que os consumidores confiam mais em editoriais, estes anúncios geram maior taxa de resposta do que os outros tipos de publicidade. Torna-se necessário ter um especial cuidado com a impressão negativa que poderão causar no usuário, se não oferecerem de facto o conteúdo que anunciam e que este espera receber;

f) *Push* – consiste numa tecnologia de envio directo dos anúncios ao usuário sem esperar que este os solicite;

g) *Interstitials* - [166] são anúncios que aparecem no monitor do computador, interrompendo o usuário. Assemelham-se aos intervalos comerciais das transmissões televisivas, já que interrompem a "programação". São de vários tamanhos e possuem vários níveis de interactividade, desde os estáticos até às produções totalmente animadas. O lado negativo consiste justamente no aborrecimento dos consumidores. Nos primórdios da *Internet* não existia qualquer publicidade e ainda subsiste certo grupo de pessoas que entende a comercialização da *web* como algo negativo, e ainda em termos mais gerais, que toda a publicidade é negativa.

Para além das especificidades deste grupo, o usuário médio também se descontentará com um *site* que usualmente o obriga a ver um *interstitial*. Para evitar este desconforto sentido pelos usuários, os anunciantes usam frequentemente janelas separadas, que não ocupam todo o monitor mas apenas uma pequena parte deste, e que podem ser desligadas;

h) *Descansos de monitor* - toda a área de descanso do monitor *(save screen)* pode ser convertida num anúncio. Existe um *site*[167] em que os consumidores podem construir os seus próprios descansos personalizados e que contêm anúncios integrados;

---

[165] A palavra *advertorial*, deriva da conjugação de *advertising* com *editorial*.
[166] Também são apelidados *pop-ups*, *e-mercials* ou *intermercials*.
[167] Na morada: www.savescreen.com

*i) Marcadores de livro - Bookmarks* - encontram-se à venda para veiculação publicitária marcadores de livro que permitem aos utilizadores fazerem carregamentos de uma barra de ferramentas que incorporarão no ambiente de trabalho e que contém um *link* com a logomarca do anunciante;[168]

*j) Cursores* - até o cursor do rato pode ser transformado num anúncio publicitário. A seta normal e característica do rato pode ser alterada e aí incluir-se o logotipo de um produto, com uma imagem gráfica e animada, assim se conseguindo publicidade ininterrupta.[169]

*l) Advertainment* -[170] é a nova moda na publicidade através da *web*. A sua criação deve-se ao fabricante alemão de automóveis – *BMW*[171] – que encomendou uma série de filmes de curta-metragem a vários profissionais consagrados de *Hollywood*, onde se exibem exuberantes imagens das viaturas em acção, conduzidas por actores conhecidos e simultaneamente se demonstram - publicitando - as muitas qualidades das viaturas.

### 17.3.5. A responsabilidade pelo uso ilegal e abusivo da Internet (no direito comunitário e nacional)

Apesar das enormes potencialidades demonstradas, a *Internet* é também susceptível de ser usada para fins ilegais e lesivos, desencadeando para os lesantes uma obrigação indemnizatória por danos indevidamente causados.[172]

---

[168] Na morada: www.web21.com

[169] Na morada: www.cometsystems.com

[170] A palavra *advertainment*, deriva da conjugação de *advertising* com *entertainment*.

[171] A sigla *BMW* significa na língua alemã *Bayerische motoren werke*.

[172] Uma comunicação da Comissão Europeia ao Conselho, Parlamento, Comité Económico e Social e Comité das Regiões, datada de 16/10/96 sobre o conteúdo ilegal ou lesivo da *Internet*, demonstra existirem situações potenciadoras de risco, entre as quais se destaca: a tutela dos menores através da emissão de mensagens publicitárias especialmente

No âmbito do direito comunitário, para juridicamente regular a prestação de serviços de acesso à *Internet*, foi emitida a *Directiva CE 2000/31 de 8/6*, que responsabiliza os prestadores de serviços via *Internet (ISP)*.[173] Adoptou um conceito amplo de prestação de serviços na sociedade de informação, permitindo nela incluir não só as operadoras – entidades que intervêm de forma autónoma, permanente e organizada no circuito informático, prestando serviços com escopo lucrativo na, ou através da rede electrónica - mas também os próprios utilizadores que ocasionalmente possam prestar serviços, sem carácter profissional e a título gratuito.[174]

---

agressivas, ou a exibição de pornografia ou violência; a protecção da dignidade humana; a segurança da informação electrónica circulante, devido à atitude ilícita dos *hackers*; a tutela da vida privada, da honra e da reputação; a tutela da imagem, através da publicação de imagens digitais alteradas ou de montagens eróticas ou pornográficas; a protecção da propriedade intelectual e da propriedade industrial.

Cfr. sobre os crimes informáticos, PEDRO MIGUEL JANUÁRIO LOURENÇO, *Criminalidade informática no ciberespaço – 10 anos após a publicação da Lei n°. 109/91, de 17/8*, Instituto Jurídico da Comunicação, FDUC, pp. 263 a 348, Coimbra, 2002.

[173] A Directiva em causa considera como prestadores de serviços, quaisquer pessoas, singulares ou colectivas, que prestem um serviço, do âmbito da sociedade da informação (art. 2°., al. b). São exemplos de ISP: *Telepac, IP, Bnetcabo, Jazztel, KPNQuest, Maxitelcom, Novis, Onitelecom*, etc.

Cfr. ALEXANDRE L. DIAS PEREIRA, *A protecção do consumidor ..., cit.*, pp. 56 e ss, onde define os elementos essenciais dos serviços da sociedade da informação: são três os elementos essenciais – *"à distância"*; *"por via electrónica"* e *"mediante pedido individual de um destinatário de serviços"*.

[174] Neste sentido, LUIS MANUEL TELES DE MENEZES LEITÃO, *A responsabilidade civil na Internet*, ROA, ano 61, Lisboa, Janeiro 2001, pp. 171 a 192, p. 182 e MANUEL A. CARNEIRO DA FRADA, *Vinho novo em odres velhos? A responsabilidade civil das operadoras da Internet e a doutrina comum da imputação de danos*, ROA, ano 59, Lisboa, Abril, 1999, pp. 665 a 692, p. 669, que exclui do conceito de operador, os simples utilizadores da rede, mas como muito frequentemente estes cibernautas não se limitam à atitude passiva de meros destinatários desses serviços, pois intervêm activamente na rede, nela difundindo informações e ideias ou participando em salas de discussão, apesar de não os transformar em operadores, o amadorismo e o carácter eventual ou esporádico que caracterizam a sua conduta não os exime, é certo, de toda a responsabilidade, pois estão seguramente adstritos a deveres genéricos de comportamento *on line*.

Segundo LUIS MANUEL TELES DE MENEZES LEITÃO,[175] este conceito demasiado abrangente conduz ao amalgamar de realidades distintas, propondo para efeitos responsabilizatórios estabelecer a distinção entre:

*a) O fornecedor de conteúdos* - correspondem às entidades que produzem e colocam os *sites* na *Internet*, cujos conteúdos são ilegais. Estas entidades são obviamente responsáveis pela licitude do material colocado à disposição dos navegadores. Na prática, a maior dificuldade na responsabilização destas entidades resulta da possibilidade de uso anónimo da *Internet*.

SOFIA DE VASCONCELOS CASIMIRO[176] escreve que a possibilidade de anonimato destas entidades - a não identificabilidade ou a indeterminabilidade em concreto do infractor – torna inevitável concluir pela ineficácia dos mecanismos legais ao dispôr dos lesados, e faz com que surja a tentação de demandar o provedor de serviços.

Nas palavras de LAWRENCE LESSIG,[177] *"o anonimato perfeito torna possível o crime perfeito"* pois existem imensas formas de esconder a identidade do autor da lesão. Também RUI SAAVEDRA[178] partilha desta preocupação de anonimato, quando afirma que *"um dos maiores problemas específicos quanto ao risco de actuações criminosas on line é a possibilidade de os criminosos camuflarem o seu rasto electrónico, e/ou a sua verdadeira identidade, assim permanecendo no anonimato e, concomitantemente, escapando à responsabilização pelos seus actos – ao ponto de a rede das redes ser considerada como um santuário para a pirataria e para o crime"*;

*b) O fornecedor de acesso* - é a entidade que permite aos utilizadores o acesso à *Internet*. Torna-se efectivamente difícil a responsabilização desta pelo conteúdo ilegal ou lesivo dos *sites* a que os destinatários têm

---

[175] LUIS MANUEL TELES DE MENEZES LEITÃO, *A responsabilidade civil na Internet, cit.*, pp. 182 e ss.

[176] SOFIA DE VASCONCELOS CASIMIRO, *A responsabilidade civil pelo conteúdo da informação transmitida pela Internet*, Almedina, Coimbra, 2000, pp. 77 e ss.

[177] LAWRENCE LESSIG, *The Path of Ciberlaw*, The Yale Law Journal, volume 104, n°. 7, ano de 1995, p. 1750, citado por SOFIA DE VASCONCELOS CASIMIRO, *op. cit.*, p. 79.

[178] RUI SAAVEDRA, *op. cit.*, p. 355.

acesso, porque não existe a obrigatoriedade de controle do material que circula na rede. Mesmo que viesse a ser estabelecida, a verdade é que se torna praticamente impossível — do mesmo modo que é impossível ao operador da rede telefónica controlar o conteúdo de uma chamada - o que inviabiliza a possibilidade de estabelecimento de um juízo de censurabilidade, necessário para a constituição da responsabilidade civil.

O direito comunitário através do art. 12º. da *Directiva CE 2000/31 de 8/6*, consagrou uma solução semelhante à existente nos *EUA*, através do *Digital Millenium Copyright Act de 1998* - estabelece a desresponsabilização do prestador em relação às informações transmitidas se o prestador: não estiver na origem, não seleccionar o destinatário e não modificar as informações objecto da transmissão. Todavia, tal não invalida a possibilidade de um tribunal ou autoridade administrativa vir a exigir do prestador que ponha termo a uma infracção;[179]

---

[179] A jurisprudência nos *EUA*, consagrou através dos casos, *Cubby inc. vs CompuServe*, 776 F. Supp. 135 (S.D.N.Y. 1991) e *Stratton Oakmont vs Prodigy Services Co.*, Nº. 94-03163 (N.Y. Sup. Nassau Cty., May 26, 1995), o seguinte princípio: o fornecedor de acesso não é em regra, responsável pelos conteúdos ilícitos transmitidos, salvo se assumir um dever de controlo e de fiscalização, que não é inerente, nem se pressupõe da prestação de serviços de acesso e do armazenamento da informação.

A jurisprudência no Reino Unido, França e Alemanha, tem sido contrária ao entendimento jurisprudencial norte americano.

No Reino Unido, o caso *Godfrey vs Demon Internet Ld$^a$.*, apesar de ter terminado por transacção judicial em que a ré pagou ao autor certa quantia pelos danos provocados pela manutenção em rede da declaração difamatória de que o autor foi alvo, já tinha sido proferida sentença, embora não definitiva, que rejeitava os principais argumentos de defesa apresentados pela ré e a condenava no pedido.

Em França, também os fornecedores de acesso são responsabilizados pelos conteúdos ilícitos transmitidos através dos suportes por estes disponibilizados e no caso *Estelle Halliday vs Altern*, o *Cour d'Appel* de Paris, por sentença datada de 10/2/1999, condenou a ré a pagar uma avultada quantia à autora pela violação dos seus direitos à imagem e à privacidade (*vide* o texto integral em *www.legalis.net/jnet*). A fundamentação do tribunal consistiu no facto do fornecedor ser responsável pelos conteúdos que armazena, nos casos em que não se integrem na correspondência privada e se destinem a ser divulgados ao público.

Na Alemanha, à semelhança do que ficou dito quanto ao Reino Unido e França, a jurisprudência equipara os fornecedores de acesso a editores da informação armazenada e,

*c) O intermediário de serviços* - aquele que coloca à disposição de terceiros material alheio por sua própria conta, facilitando o acesso a este material. Apesar da Directiva supra não mencionar expressamente esta situação, face à redacção do art. 12º., o intermediário de serviços deverá ser tratado da mesma forma que o fornecedor de acesso, sendo que este frequentemente funciona como aquele;[180]

*d) O fornecedor de espaço* – a entidade que se limita a colocar à disposição dos utilizadores áreas limitadas do ciber-espaço, por forma a que estes aí coloquem conteúdos. A *Directiva CE 2000/31 de 8/6*, ainda à semelhança da solução norte-americana plasmada no *Digital Millennium Copyright Act*, veio, nos arts 13º. e 14º., regulamentar a responsabilidade dos fornecedores de espaço, distinguindo entre armazenagem temporária *(caching)* e armazenagem em servidor.

No que respeita à armazenagem temporária, o art. 13º. estabelece a isenção de responsabilidade, face à armazenagem automática, intermédia e temporária da informação, efectuada com o objectivo de tornar eficaz a transmissão posterior da informação, desde que o prestador não interfira e respeite a informação armazenada.[181]

---

por isso responsabiliza-os pelos conteúdos ilícitos transmitidos. Todavia, parece ter havido um retrocesso nesta posição, pois a *CompuServe* alemã, em recurso de sentença, conseguiu ser absolvida pelo tribunal superior, que decidiu não responsabilizar a ré pela disseminação através da rede de material pornográfico e de propaganda nazi que possuia armazenado, por considerar não existir, na altura, tecnologia suficiente para efectuar o bloqueio de acesso aos *sites* onde constava essa informação.

A jurisprudência nacional, até ao momento não teve a oportunidade de se pronunciar sobre esta matéria.

[180] Cfr. no mesmo sentido, MANUEL A. CARNEIRO DA FRADA, *Vinho novo em odres velhos? ...*, p. 677

[181] Cfr. neste sentido JOSÉ DE OLIVEIRA ASCENSÃO, *Obra audiovisual. Convergência de tecnologias. Aquisição originária do direito de autor*, O Direito, ano 133, tomo I, (Janeiro/Março), 2001, pp. 9 a 30, p. 23, também publicado em *Estudos sobre direito da Internet e da sociedade da informação*, Almedina, Coimbra, 2001, pp. 239 a 259; e do mesmo autor *Direitos de autor e conexos inerentes à colocação de mensagens em rede informática à disposição do público*, Estudos jurídicos e económicos em homenagem ao professor João Lumbrales, Edição da FDUL, Coimbra editora, pp. 411 a 424, também pu-

Em relação à segunda, definida como o armazenamento de informação prestada por um destinatário de um serviço a pedido deste, o art. 14°. determina a irresponsabilização do prestador desse serviço, desde que não tenha conhecimento da informação ilegal e a partir do momento em que tenha conhecimento da ilicitude, actue no sentido de retirar ou impossibilitar o acesso à informação.

Estas irresponsabilizações nunca excluem a possibilidade de um tribunal ou autoridade administrativa exigir do prestador de serviços que ponha termo a alguma infracção que se verifique.

A Directiva em análise contém, no art. 15°., o princípio da não obrigação geral de vigilância dos prestadores de serviços sobre os conteúdos transmitidos ou armazenados, bem como a não obrigatoriedade de indagar sobre factos ou circunstâncias que indiciem ilicitudes. Deste princípio resulta, no âmbito da *Internet*, a exclusão da responsabilidade por facto praticado por outrem, quer a título objectivo, quer baseado na culpa *in vigilando*.[182]

No direito nacional, as referências ao controlo do conteúdo da informação ainda são muito escassas. Existe o *Livro verde para a sociedade da informação em Portugal*[183] que embora destaque a importância do controlo dos conteúdos dentro do contexto da sociedade da informação, não apresenta qualquer indicação quanto às medidas concretas a implementar para assegurar esse controlo e o *Documento orientador da iniciativa nacional para o comércio electrónico*,[184] cujo ponto cinco, sob a epígrafe *"rejeição de qualquer censura aos conteúdos da Internet"*, reconhece os princípios da liberdade de expressão relativa aos conteúdos da *Internet* e da não responsabilização dos fornecedores de serviços por qualquer conteúdo ilegal ou lesivo que transportem. Pretende ainda, implementar a

---

blicado em *Estudos sobre direito da Internet e da sociedade da informação*, Almedina, Coimbra, 2001, pp. 105 a 120.

[182] LUIS MANUEL TELES DE MENEZES LEITÃO, *A responsabilidade civil na Internet*, cit., pp. 191 e ss; JOEL TIMÓTEO RAMOS PEREIRA, *op. cit.*, pp. 132 e ss.

[183] LIVRO VERDE PARA A SOCIEDADE DA INFORMAÇÃO EM PORTUGAL, Missão para a sociedade da informação, Ministério da Ciência e da Tecnologia, Lisboa, 1997, p. 82.

[184] Aprovado pela *Resolução do Conselho de Ministros, n°. 94/99, de 25/8*.

autodisciplina no sector e estabelecer que o controlo dos conteúdos por intermediários só poderá ser efectuado nos termos da legislação processual penal.[185]

Mais recentemente a *ARep.* através da publicação da *Lei n°. 7/03, de 9/5*, autorizou o governo a legislar sobre o comércio electrónico, transpondo para o direito interno a *Directiva n°. 2000/31/CE, de 8/6*, em relação aos seguintes aspectos:

a) articulação entre o direito à informação e a prestação de serviços de associação de conteúdos em rede;
b) previsão de soluções extrajudiciais para litígios existentes entre prestadores e destinatários de serviços da sociedade da informação;
c) atribuição a entidades administrativas da solução provisória de litígios sobre a licitude de conteúdos existentes em rede;
d) para a instrução dos processos contra-ordenacionais e para a aplicação das coimas;
e) prever e estipular as contra-ordenações e sanções, principais ou acessórias, relativas ao regime dos prestadores de serviços da sociedade da informação, às comunicações publicitárias em rede e à contratação electrónica.[186]

---

[185] Cfr. SOFIA DE VASCONCELOS CASIMIRO, op. cit., p. 122 e ainda em *O contributo dos prestadores de serviços de Internet na realização da justiça*, www.oa.pt, Direito n@ rede, 3, Dez/03, 2004, pp 1 a 9, p. 1, esta autora defende que os ISP, arrastados para o centro das práticas ilegais através da internet, pois que sem estes o acto ilícito não seria praticado, na medida em que fornecem os meios necessários, serão um instrumento de combate a essas práticas, colaborando activamente na realização da justiça, seja através da identificação dos autores do acto ilícito ou mesmo fazendo cessar a actividade ilícita.

Ainda referente à criminalidade informática, vide ANA MARGARIDA MARQUES, *A lei da criminalidade informática nos tribunais portugueses*, www.oa.pt, Direito n@ rede, 3, Dez./03, 2004 e ROGÉRIO BRAVO, *O crime de acesso ilegítimo na lei da criminalidade informática e na Ciberconvenção*, www.oa.pt, Direito n@ rede, 3, Dez./03, 2004.

[186] Cfr. o art. 1°. da *Lei n°. 7/03, de 9/5*.

O art. 2°. desta legislação sob a epígrafe *relação com o direito à informação*, dispõe que o governo regulará a relação da prestação de serviços de associação de conteúdos em

Neste sentido foi publicado o *DL n°. 7/04, de 7/1*, que transpôs a referida directiva e no âmbito da autorização legislativa concedida regula a prestação de serviços na sociedade da informação, em especial, do comércio electrónico.

Foram também publicados, o *plano de acção para a sociedade da informação*,[187] o *plano de acção para o governo electrónico*,[188] a *iniciativa nacional para a banda larga*,[189] o *programa nacional para a participação dos cidadãos com necessidades especiais na sociedade da informação*[190] e o *programa nacional de compras electrónicas*.[191]

---

rede com o direito à informação, estabelecendo os critérios distintivos entre as remissões que representam exercício do direito à informação e as que representam apropriação indirecta do conteúdo ilícito do sítio para que se remete.

Os arts 3°. a 5°., por sua vez, respeitam à regulamentação de soluções extrajudiciais de conflitos existentes entre os prestadores e os destinatários dos serviços, podendo ser cometido a entidades administrativas o encargo de encontrar a solução, ainda que provisória, sobre a licitude de conteúdos que se encontrem em rede; a criação de mecanismos judiciais céleres para a solução dos referidos litígios; e por fim, a criação dos ilícitos de mera ordenação social, procedimentos legais e aplicações de sanções.

[187] Aprovado pela *Resolução do conselho de ministros n°. 107/03, de 12/8*, e sumariamente objectiva massificar o acesso e utilização da *internet* de banda larga; aumentar a produtividade e a competitividade nacionais através dos negócios electrónicos e promover os conteúdos, aplicações e serviços com valor para a sociedade.

[188] Aprovado pela *Resolução do conselho de ministros n°. 108/03, de 12/8*, e traduz a visão do governo para Portugal que consiste na colocação do sector público entre os melhores prestadores de serviços do país.

[189] Aprovada pela *Resolução do conselho de ministros n°. 109/03, de 12/8*, pretendendo massificar o acesso e a utilização da banda larga, contribuindo para o aumento dos níveis de produtividade, bem como para incentivar e apoiar a criação e desenvolvimento de empresas produtoras de conteúdos e aplicações de conteúdos de banda larga e estimular a criação de competências na área de produção de conteúdos de banda larga.

[190] Aprovado pela *Resolução do conselho de ministros n°. 110/03, de 12/8*, que visa assegurar uma acessibilidade total destes cidadãos à sociedade da informação, dela retirando os benefícios que as novas tecnologias podem proporcionar na qualidade de vida destes, bem como o desenvolvimento do conhecimento científico e tecnológico aplicado às necessidades concretas dos cidadãos.

[191] Aprovado pela *Resolução do conselho de ministros n°. 111/03, de 12/8*, cujos objectivos resumem-se na promoção, eficiência e eficácia do processo aquisitivo público,

*17.4. A publicidade domiciliária, por telefone e por telecópia – a Lei nº. 6/99 de 27/1*

A *CRP* no capítulo dos direitos, liberdades e garantias pessoais (art. 26º., nº. 1) e o *CC* no art. 80º., dispõem sobre o direito dos cidadãos à reserva da intimidade da vida privada, consagrando o direito de cada indivíduo à sua esfera particular e o correlativo dever de não ingerência na esfera jurídico-privada doutrem.

A *Lei nº. 6/99 de 27/1*, surgiu justamente para disciplinar a publicidade indesejada entregue por correspondência, ou por outros meios, no domicílio do destinatário, bem como a efectuada através do telefone e da telecópia.

CARLA AMADO GOMES[192] refere que *"com o advento deste diploma, o direito a não ser incomodado na sua esfera mais reservada - o seu domicílio, a sua caixa do correio – por uma incessante catadupa de mensagens publicitárias, passa agora a integrar o elenco dos direitos fundamentais dos consumidores, pela via da lei ordinária, nos termos da cláusula de qualificação do art. 16º., nº. 1 da CRP"*.

Todavia, esta lei excluiu do seu âmbito de aplicação, a publicidade por correio electrónico (art. 1º., nº. 2) porque, apesar de escrita, não pode ser considerada entregue no domicílio propriamente dito, encontrando-se por isso abrangida pela estrutura normativa do art. 23º. do *Cód. Pub.*. Também exclui a publicidade televisiva e radiofónica, disciplinadas pelo *Cód. Pub.*, pela *LTV* e pela *LRadio*, apesar de serem recepcionadas no domicílio do destinatário.

Para melhor compreensão, torna-se necessário esclarecer o conceito de domicílio - previsto em termos gerais no art. 82º. do *CC* - que se caracteriza pela conexão de uma pessoa a determinado espaço físico, daí que uma pessoa terá domicílio no lugar da sua residência habitual.[193]

---

facilitando o acesso das empresas ao mercado e aumentando a transparência e a qualidade do serviço prestado e promover a competitividade, modernidade e produtividade dos agentes económicos nacionais.

[192] CARLA AMADO GOMES, *O direito à privacidade do consumidor* ..., *cit.*, p. 97.

[193] Refere-se o conceito de domicílio em termos particulares. Uma pessoa poderá ter dois ou mais domicílios, se tiver duas ou mais residências habituais. Assim, o domicílio

Assim, a publicidade domiciliária será aquela que é entregue no domicílio do destinatário, em mão, por correspondência ou qualquer outro meio – folhetos, cartazes, panfletos, jornais, *etc.*, (*Cód. Pub.*, art. 23, nº. 1) mas sempre referente a comunicações promocionais no âmbito da actividade económica, por força do preceituado no art. 1º. nºs 4 e 5, da *Lei 6/99 de 27/1*, que reproduz a noção de publicidade do art. 3º. do *Cód. Pub.*, onde se contemplam como requisito indispensável para a qualificação de uma mensagem como publicitária, os objectivos económicos. Esta "clonagem" de definições causa perplexidade, pois bastaria a remissão para o *Cód. Pub.* para o efeito ser precisamente o mesmo, evitando-se a duplicação, sempre nefasta e desaconselhável.

Para a caracterizar, embora pelo lado negativo, retratando o incómodo e o desagrado que implica sempre que não é desejada, em Inglaterra usa-se o termo *junk mail*, bastante sugestivo.

A publicidade via telefone e telecópia utiliza, como suporte de difusão, as redes telefónicas disponíveis, caracterizando-se pelo estabelecimento de uma conversa pessoal ou, no segundo caso pelo envio de documentação à distância. Tal como na anterior, em Inglaterra, os termos *junk calls* e *junk faxes*, qualificam este tipo de publicidade sempre que a comunicação é indesejada e faz dispender tempo e recursos.[194]

Este tipo publicitário não apresenta como destinatários apenas os consumidores, no sentido estrito consagrado na *LDC* e já definido supra, mas, alargando o conceito, dirige-se a profissionais - empresas ou profissionais liberais – até porque o suporte empregue (telecópia) é um meio de comunicação particularmente destinado e maioritariamente utilizado para fins profissionais.

Tornou-se imperiosa a intervenção estatal nesta área, tendo o legislador procurado introduzir medidas protectoras do destinatário da publicidade indesejada. Para tal necessitou de ponderar os vários interesses em jogo, muitas vezes contraditórios, nomeadamente os:

---

será o local onde reside, trabalha ou normalmente se encontra o destinatário, desde que não se situe num espaço público.

[194] Cfr. PAULO MOTA PINTO, *Notas sobre a lei nº. 6/99, de 27/1 ...*, *cit.*, p. 121 e *Publicidade domiciliária não desejada ...*, *cit.*, p. 281.

*a)* dos destinatários, que não pretendem e dispensam o incómodo diário da exposição a mensagens publicitárias indesejadas no próprio domicílio, assistindo-lhes o direito de escolher quais as mensagens publicitárias que aceitam;

*b)* dos anunciantes, contrapostos aos anteriores, porque pretendem promover os produtos e consequentemente maximizar as vendas, abrangendo o maior número possível de indivíduos. Principalmente o maior número de destinatários adequados – o público alvo, aquele conjunto de indivíduos receptivo ao produto publicitado que se for "atingido" pela mensagem adquirirá o produto ou os serviços;

*c)* das agências de publicidade e dos agentes de publicidade, nunca directamente pela venda dos produtos ou serviços mas apenas pela demonstração da brilhante eficácia do seu desempenho. Uma campanha bem sucedida revela um estudo apurado e detalhado em relação às preferências individuais dos destinatários da publicidade;

*d)* por fim, dos titulares dos suportes, que neste caso são as empresas distribuidoras de publicidade ao domicílio, as empresas de distribuição postal e de telecomunicações que, indiferentes ao facto de a publicidade ser indesejável ou não, assistem ao aumento do volume de negócios à medida que este tipo de acções cresce e se enraíza no mercado.

Após conjugar todos estes interesses o legislador nacional elaborou a *Lei nº. 6/99 de 27/1*, onde tutelou a situação de especial vulnerabilidade em que se encontra o destinatário. As mensagens publicitárias domiciliárias perturbam a tranquilidade da vida diária das pessoas e estas têm o direito a serem deixadas sós - *The right to be let alone*. Este direito, segundo informa PAULO MOTA PINTO[195] surgiu nos *EUA, "tanto devido à agres-*

---

[195] PAULO MOTA PINTO, *O direito à reserva sobre a intimidade da vida privada*, BFDUC, vol. LXIX, Coimbra, 1993, pp. 435 a 478, pp. 512 e 513.

Ainda sobre o direito à privacidade, *vide* DIOGO LEITE DE CAMPOS, *A imagem que dá poder: privacidade e informática jurídica*, Comunicação e defesa do consumidor, FDUC, *sividade do jornalismo sensacionalista e da sociedade dos finais do séc. XIX, como ao "tecnological gap" em relação a outros países, não sendo ainda de esquecer os próprios valores que consabidamente enformam a sociedade americana, entre os quais a defesa do indivíduo e do seu espaço próprio assumem especial relevância".*

*17.4.1. A colisão com direitos constitucionais fundamentais, com a protecção de dados pessoais e com os direitos de personalidade*

O texto constitucional contempla vários princípios referentes a todos os intervenientes neste processo, que provavelmente conflituarão uns com os outros: o princípio da liberdade de expressão e de informação; da liberdade de criação cultural; da legalidade da publicidade e o princípio da livre iniciativa económica privada. Os arts 37º., 42 e 61º., respectivamente, consagram:

> *a)* a regra da liberdade de expressão e informação, em que todos têm o direito de expressar livremente o seu pensamento pela palavra, pela imagem ou por qualquer outro meio e ainda o direito de informar, de se informar e serem informados, direitos que não podem ser impedidos por qualquer tipo de censura;
> *b)* a regra da liberdade de criação cultural, que compreende o direito à divulgação da obra e que protege os direitos de autor;
> *c)* por último, a regra da livre iniciativa económica privada.

Pela redacção destes três preceitos conclui-se que a comunicação publicitária está protegida constitucionalmente, não podendo ser restringida ou sujeita a limitações. A publicidade é considerada uma actividade económica privada livre. A sujeição à fiscalização e apreciação prévias das comunicações por telefone ou telecópia, seria inconstitucional por violação expressa daqueles normativos.

---

Actas do Congresso Internacional organizado pelo Instituto Jurídico da Comunicação, 1996, pp. 293 a 301, p. 297 e ss.

Por outro lado, os arts. 34º. nº. 4, e 60º. nº. 2, ambos da *CRP*, dispõem respectivamente que as autoridades públicas não poderão interferir na correspondência, nas telecomunicações nem nos demais meios de comunicação social. Qualquer tentativa de regulamentação, em relação à liberdade individual da utilização da correspondência ou da utilização do telefone ou do *telefax*, só poderá justificar-se à luz da protecção dos direitos dos consumidores, sendo certo que a própria publicidade é protegida constitucionalmente, onde se proíbe qualquer controlo estatal, que a existir seria considerado inconstitucional por violação do último preceito atrás referido.

Todas as questões porventura colocadas a propósito das comunicações publicitárias indesejadas efectuadas para o domicílio, por telefone ou por fax, devem ser apreciadas à luz dos direitos dos consumidores e, de acordo com a tutela da concorrência desleal. Nunca tal regulamentação poderá ultrapassar o limite fronteiriço do estritamente necessário.

O art. 34º. nº. 1, da *CRP* contempla as duas faces da mesma questão: *"O domicílio e o sigilo da correspondência ... são invioláveis"*. O legislador protegeu o domicílio de qualquer comunicação indesejada, de forma a salvaguardar a tranquilidade do lar mas, por outro lado, também salvaguarda o sigilo da correspondência, o que implica o afastamento de qualquer tipo de controlo da mesma, por ser inconstitucional.[196]

Daí que o caminho a trilhar seja o de impôr restrições ao remetente, obrigando-o a assinalar exteriormente a correspondência com objectivos publicitários e enviada através dos *CTT*, bem como a que é directamente depositada na caixa do correio, ou seja por distribuição directa, por força da *Lei nº. 6/99 de 27/1*.

---

[196] Cfr. nesta matéria PAULO MOTA PINTO, *Notas sobre a lei nº. 6/99 de 27/1 ...*, cit., p. 134 e *Publicidade domiciliária não desejada ...*, cit., p. 289 e ss. Segundo este autor, *"mesmo um controle sistemático meramente exterior da correspondência endereçada, com base no seu aspecto e configuração exterior (o chamado mail cover utilizado como técnica policial de controlo da correspondência), controlo, este, destinado a apurar a natureza publicitária da mensagem, parece ofender a garantia de inviolabilidade da correspondência."*

Em termos constitucionais e em jeito de resumo, não se impõem restrições à publicidade indesejada, pelo contrário, consagrou-se a liberdade de exercício da publicidade, optando-se pela garantia de inviolabilidade do domicílio. Poder-se-á assim dizer que a criação de um sistema de controlo e de proibição da publicidade domiciliária indesejada, seria inconstitucional se excedesse os limites da protecção dos direitos dos consumidores. Também não poderia ser imposto qualquer controlo sobre o conteúdo ou a aparência da correspondência, por violação do princípio da inviolabilidade da correspondência.

A publicidade domiciliária indesejada conflitua ainda com o regime de protecção de dados pessoais, no que concerne à lista de endereços utilizados para *marketing* directo. A *Lei de protecção de dados pessoais (Lei nº. 67/98 de 26/10 – art. 12º.)*[197] consagra o direito de oposição do titular dos dados à comunicação dos mesmos a terceiros, para fins de *marketing* directo sem a sua autorização prévia. Também a *Lei nº. 41/04 de 18/8*[198] dispõe que os assinantes deverão ser informados, gratuitamente e anteriormente, da inclusão dos seus dados em listas acessíveis ao público. Têm o direito de decidir da inclusão dos mesmos e em caso afirmativo, quais os dados a incluir, bem como a possibilidade de posteriormente os verificarem, corrigirem, alterarem ou mesmo retirarem. Poderão, ainda, retirar o consentimento para o tratamento de dados, ou mesmo recusá-lo.

No que respeita aos direitos de personalidade a emissão e entrega de comunicação publicitária domiciliária indesejada, viola o direito à reserva da intimidade da vida privada, sempre que o destinatário expresse a vontade inequívoca de a não receber, por força do disposto nos arts 26º. nº. 1 da *CRP* e 80º. do *CC*.

---

[197] *Vide* o DL nº. 43/04, de 18/8, que criou a *CNPD – Comissão Nacional de Protecção de Dados*.

[198] Veio revogar a *Lei nº. 69/98, de 28/10* e especifica e complementa as disposições da *Lei nº. 67/98, de 26/10*.

## 17.4.2. O direito positivo português

Através do art. 23º. do *Cód. Pub.* o legislador permite a existência da publicidade domiciliária. Restringe-lhe o conteúdo mas não a forma e insere-a no capítulo sob a epígrafe *"formas especiais de publicidade".* Por sua vez, a *Lei nº. 6/99 de 27/1* para aquele remete, através do nº. 3 do art. 1º., ao preceituar que *"o regime fixado nas disposições seguintes não prejudica o disposto no art. 23º. do Cód. Pub. ..."*[199]

---

[199] Segundo PAULO MOTA PINTO, *Notas sobre a lei nº. 6/99 de 27/1 ..., cit.,* p. 137, a *Lei nº. 6/99 de 27/1, "não visou regular a publicidade domiciliária em toda a sua extensão – designadamente, não visou regular o conteúdo da mensagem publicitária, mas apenas tutelar o consumidor perante o próprio acto de comunicação publicitária. Não só, portanto, a Lei nº. 6/99 de 27/1, não constitui a sede própria para toda a disciplina da publicidade domiciliária, como a sua regulamentação se afigura perfeitamente compatível com a do código da publicidade (incluindo com o artº. 23º., nº. 3).*

Em sentido contrário, *vide* JOÃO MIGUEL DE SAMPAIO E MELO GALHARDO COELHO, *op. cit.,* pp. 16 e 17, que entende possuir o *Cód. Pub.* em relação à publicidade domiciliária, um objecto e um âmbito muito mais limitado do que o regime específico, concatenado e sistematizado da *Lei nº. 6/99 de 27/1.* E continua, *"a norma do art. 23º. do Cód. Pub., não se aplica a todas as formas possíveis de publicidade domiciliária. Não se aplica, designadamente à publicidade por telefone e por telecópia."* (sic).

Crê-se, contudo, que a *Lei nº. 6/99 de 27/1,* poderia ser englobada no *Cód. Pub.,* passando as suas normas a fazerem parte integrante deste. Recordando vários aspectos essenciais e comuns das legislações verifica-se que:

*a)* a noção de publicidade estipulada no art. 4º. da *Lei 6/99 de 27/1,* é decalcada da prevista no *Cód. Pub.;*

*b)* ambas as legislações regulam a publicidade domiciliária, embora a *Lei nº. 6/99 de 27/1,* vá aparentemente mais longe e englobe expressamente no seu âmbito a publicidade por telefone e por telecópia. Contudo, também poderá ser englobada no art. 23º. do *Cód. Pub.,* por permissão do nº. 1 deste preceito ao dispôr *"... ou qualquer outro meio";*

*c)* constam nos textos legais, remissões recíprocas, sinal evidente que se complementam e devem ser usadas conjuntamente;

*d)* a publicidade via correio electrónico está afastada do âmbito de aplicação da *Lei nº. 6/99 de 27/1,* sendo regulada pelo art. 23º. do *Cód. Pub.;*

*e)* os princípios basilares do direito da publicidade aplicam-se à comunicação publicitária, independentemente do seu suporte de difusão;

*f)* Compete ao *IC* a fiscalização e a instrução dos processos contraordenacionais respeitantes à violação das normas previstas na *Lei nº. 6/99 de 27/1.* A aplicação das

O legislador dispensa um especial cuidado à publicidade domiciliária, a começar pelo texto do art. 23°., que foi alterado na revisão ao *Cód. Pub.* efectuada pelo *DL n°. 275/98 de 9/9*, ao qual se acrescentou a obrigatoriedade de indicação do local preciso onde o destinatário poderá obter as informações de que carecer. Assim a publicidade domiciliária deverá conter a identificação do anunciante; a indicação do local onde o destinatário possa obter as informações que necessite, sem recurso a apartado; a descrição rigorosa do bem ou serviço publicitado; o preço, forma de pagamento, condições de aquisição, de garantia e de assistência pós-venda; só podendo ser publicitado o produto em relação ao qual existam amostras disponíveis para exame do destinatário. Este não é obrigado a adquirir, guardar ou devolver quaisquer bens ou amostras que lhe tenham sido enviados à revelia de solicitação sua.

A *Lei n°. 6/99 de 27/1*, veio especificamente regular a publicidade domiciliária indesejada, em articulação com os princípios e regras previstas no *Cód. Pub.*, pois reproduz, no art. 1°. n°. 4, o conceito de publicidade previsto no art. 3°. do *Cód. Pub.*, exclui a propaganda política do âmbito da noção de publicidade (n°. 5, do art. 1°.) e exclui do seu regime legal, a publicidade efectuada através de correio electrónico (n°. 2 do art. 1°.).

Consagrou o princípio da identificabilidade exterior (art. 2°.) - à semelhança do princípio da identificabilidade - onde foi incluída a regra da identificabilidade exterior da publicidade entregue no domicílio do destinatário, por via postal ou distribuição directa, onerando o remetente (anunciante) com este encargo, em virtude do destinatário possuir o direito de identificar imediatamente o carácter promocional da correspondên-

---

sanções adequadas à infracção praticada, compete à *CACMEP*, em estrita consonância com o *Cód. Pub.*;

g) o n°. 4 do art. 8°. da *Lei n°. 6/99 de 27/1*, manda aplicar o regime previsto no art. 36°. do *Cód. Pub.*, quanto à responsabilidade pelas contra-ordenações praticadas.

Isto posto, a não ter sido incluída no *Cód. Pub.* a regulamentação específica constante da *Lei n°. 6/99 de 27/1*, que não repugna admitir, deverá o intérprete aplicar as legislações, conjunta e complementarmente, pois só assim conseguirá abarcar toda a regulamentação sobre a publicidade domiciliária, seja esta entregue via postal, em mão, por telefone ou telecópia.

cia recepcionada. Juntamente com o art. 9º. do *Cód. Pub.*, que proíbe a publicidade oculta ou dissimulada, o legislador reforça a intenção de admitir a publicidade domiciliária apenas quando o destinatário dela estiver consciente.

Quanto à publicidade domiciliária não endereçada e endereçada (arts 3º. e 4º., respectivamente) a intenção legislativa é clara. O remetente deverá respeitar a oposição do destinatário à distribuição directa e não endereçada de publicidade, sempre que tal intenção for reconhecível no acto da entrega, através da colocação no receptáculo postal de dístico apropriado. Foi também proibido o envio para o domicílio de publicidade, seja endereçada ou não, sempre que o destinatário manifeste a intenção de a não receber. Para isso dispõe do direito de se opôr, gratuitamente, a que os seus dados sejam distribuidos a terceiros para fins de *marketing* directo, nos termos previstos na al. b) do art. 12º., da *Lei nº. 67/98 de 26/10*.

Por sua vez, as entidades promotoras do envio de publicidade domiciliária, manterão devidamente actualizada uma lista das pessoas que manifestarem o desejo de a não receber. Caberá ao governo apoiar a criação de listas comuns, da responsabilidade das organizações representativas dos profissionais da área, que deverão ser trimestralmente actualizadas. Fica assim criado em Portugal, o sistema de listas *Robinson*, facilitando na prática, a oposição ao recebimento de publicidade endereçada.

A *Lei nº. 6/99 de 27/1*, regula ainda a publicidade por telefone e telecópia (art. 5º.), proibindo a publicidade através de mensagens vocais pré-gravadas e através de telecópia, salvo se autorizada pelo destinatário. O legislador optou pela obrigatoriedade da existência de consentimento prévio, enquanto que, para a publicidade via telefone em geral, consagrou uma possibilidade optativa, mediante a manutenção de listas *Robinson* criadas para a publicidade domiciliária.

Previu ainda o legislador algumas exclusões por forma a que o sistema não se torne pesado, gravoso e inadequado à realidade. Assim, as regras descritas anteriormente não se aplicarão quando:

   *a)* a publicidade for enviada no mesmo invólucro conjuntamente com outra correspondência;

*b)* a publicidade for dirigida a profissionais, desde que exista correspondência entre a actividade exercida e o serviço ou produto publicitado;
*c)* existam relações profissionais duradouras entre anunciante e destinatário, resultantes do fornecimento de bens ou serviços.[200]

---

[200] O estudo do direito comparado evidencia que também nas outras ordens jurídicas, existem sistemas de oposição à publicidade domiciliária. Trata-se na sua maioria, da formação de listagens, para não envio e para envio preferencial de publicidade:

Em Espanha, a Asociación Española de Marketing Directo, mantém dois ficheiros informáticos:

a) Lista Robinson, onde se incluem os nomes e endereços das pessoas que não desejam receber publicidade pelo correio;

b) Lista de preferência, que contém os nomes e preferências das pessoas, para que o envio publicitário seja efectuado, mas dando preferência aos interesses dos utentes.

Na Bélgica, a *Association Belge du Marketing Direct* e na Holanda, a *Direct Marketing Institute Netherlands*, mantém as chamadas listas *Robinson* nos moldes espanhóis.

Em França, Inglaterra, Alemanha e *EUA*, a formação destas listas é assegurada pelo *Syndicat des Entreprises de Ventes par Correspondance et à distance*; pelo *Advertising Standards Authority*, que mantém um *mailing preference service* e um sistema de listas *Robinson*; pelo *Deutscher Direkt-Marketing Verband* e pelo *Direct Marketing Association*, respectivamente.

Ainda no sistema francês, a *Lei nº. 89-1008 de 31/12/1989*, estatui que as pessoas e as empresas, podem gratuitamente, inscrever-se num ficheiro, para não receberem mensagens publicitárias por telex ou telecópia e a *Lei nº. 89-421 de 23/6/1989*, regulamenta a publicidade via telefone. Cfr. JEAN-JACQUES BIOLAY, *op. cit.*, pp. 234 e ss.

No Canadá, Austrália e Nova Zelândia, estão criadas as listas – *do not call, do not send, do not fax*, respectivamente.

Conforme se verifica, no direito comparado existem poucos mecanismos de regulamentação legal directa da publicidade não desejada, privilegiando-se os mecanismos de autoregulamentação, através das listas *Robinson* ou de listas preferenciais de *mailing*, só que não garantem terminar com a publicidade domiciliária indesejada, efectuada pelas empresas não aderentes ao sistema, cuja principal característica consiste na voluntariedade.

A *Associação Portuguesa de Marketing Directo (AMD)*, aprovou o código de práticas leais, sobre o *marketing* indesejado, cujo art. 1º. ponto 5, dispõe que as empresas não enviarão material publicitário ou documentação semelhante, às pessoas que manifestaram o desejo de não receber. Aprovou, ainda, o código de conduta dos profissionais do *mar-*

A fiscalização e a instrução dos processos contraordenacionais compete ao *IC* e a aplicação das sanções adequadas à infracção competirá à *CACMEP* (arts 8º. a 10º.).

O nº. 4 do art. 8º., da *Lei nº. 6/99 de 27/1*, manda aplicar com as devidas adaptações, o art. 36º. do *Cód. Pub.* pelo que a prática de qualquer contra-ordenação responsabilizará como co-autores do ilícito, todos os intervenientes no processo da difusão da mensagem publicitária.

*17.5. A publicidade televisiva*

Apesar de não ser um meio de comunicação social recentemente utilizado pela publicidade, já que as receitas publicitárias constam dos orçamentos televisivos há muitos anos, a publicidade efectuada através da televisão possui regras apertadas, na medida em que se trata de um suporte com grandes níveis de audiência e por isso elevados níveis de responsabilidade.

Está especialmente regulada no art. 25º. do *Cód. Pub.* e na *Lei nº 32/03 de 22/8 (LTV),* por transposição da *Directiva nº. 89/552/CEE de 3/10*,[201] relativa ao exercício de actividades de rádiodifusão televisiva,

---

*keting* directo, que substituiu o anterior, em que o art. 5º., dispõe que as empresas manterão listas de recusas com os nomes das pessoas que exercerem esse direito. As normas citadas encontram-se em sintonia com a *Convenção Europeia de Venda por Correspondência e à Distância - Transfronteiras*, assinada pelas associações nacionais que se comprometem a zelar pelo direito do consumidor em não receber pelo correio, pelo telefone ou pelo fax, material publicitário não desejado.

Segundo dados disponibilizados por PAULO MOTA PINTO em *Notas sobre a lei nº. 6/99, de 27/1 ..., cit.,* p. 157 e *Publicidade domiciliária não desejada ...", cit.,* pp. 310 e 311, a *AMD* não mantinha em meados de 1998, qualquer serviço de listagens disponível. A solução autoregulamentadora parece pois, não ter frutificado, na medida em que só funciona como sistema voluntário, não possibilita uma fiscalização e apenas as empresas associadas são abrangidas.

[201] A *Directiva nº. 89/552/CEE de 3/10*, na al. b) do art. 1º., define publicidade televisiva da seguinte forma: *"qualquer forma de mensagem televisiva a troco de remuneração ou de outra forma de pagamento similar por uma empresa pública ou privada, no âmbito de uma actividade comercial, industrial, artesanal, ou de profissão liberal, com o*

alterada pela *Directiva n°. 97/36/CE de 19/6*, em estreita sintonia com a *Convenção Europeia sobre a Televisão Transfronteiras*,[202] assinada em Estrasburgo a 5/5/1989.

Em termos comunitários, proíbe-se a publicidade clandestina, definida nos termos da *Directiva n°. 89/552/CEE de 31/10*, a publicidade subliminar e consagra-se o princípio da identificabilidade da publicidade, devendo esta ser nitidamente separada do resto da programação, por suportes ópticos e/ou acústicos.

O art. 12°. da referida directiva contém os princípios base enformadores da publicidade televisiva, que lhe conferem o cariz internacionalista e de líder de audiências face aos restantes suportes publicitários. A publicidade através da televisão não deve pois: atentar contra o respeito pela dignidade humana; conter qualquer discriminação em função da raça, sexo ou nacionalidade; atentar contra convicções religiosas ou políticas;

---

*objectivo de promover o fornecimento, a troco de pagamento, de bens ou serviços, incluindo bens imóveis, direitos e obrigações".*

Na al. c) define publicidade clandestina como: *"... a apresentação oral ou visual de produtos, de serviços do nome, da marca ou de actividades de um fabricante de mercadorias ou de um prestatário de serviços em programas em que essa apresentação seja feita de forma intencional pelo organismo de radiodifusão televisiva com fins publicitários e que possa iludir o público quanto à natureza dessa apresentação. A apresentação é considerada intencional sempre que for feita a troco de remuneração ou de outra forma de pagamento similar."*

Em Espanha, a *Constitución Española de 27/12/1978*, através do art. 20°., reconhece e protege o direito de expressar e difundir livremente os pensamentos, ideias e opiniões mediante a palavra escrita ou falada ou qualquer outro meio de reprodução, não podendo o exercício deste direito ser objecto de restrição por qualquer meio de censura. O Estatuto da rádio e da televisão está previsto na *Ley n°. 4/1980 de 10/1*, sendo que a *Directiva n°. 89/552/CEE de 17/10*, foi incorporada no ordenamento jurídico interno espanhol através da *Ley n°. 25/1994 de 12/7*.

[202] A *Convenção Europeia sobre a Televisão Transfronteiras*, define no seu art. 2°., publicidade como: *"... todo o anúncio público efectuado para incremento da venda ou locação de um produto ou serviço, para promoção de uma causa ou ideia, ou para produção de qualquer outro efeito pretendido pelo anunciante, em troca do qual foi cedido um tempo de emissão a este último, mediante remuneração ou qualquer outra contrapartida similar."*

encorajar comportamentos prejudiciais à saúde e segurança do consumidor e à protecção do ambiente. Possui ainda, outros princípios reguladores da publicidade televisiva, em relação ao tabaco, às bebidas alcoólicas, aos menores, aos medicamentos e tratamentos médicos que, por serem comuns à publicidade difundida por qualquer outro suporte, estão transpostos nas várias disposições do *Cód. Pub.*.

Na *LTV*, o legislador nacional optou por não definir o conceito de publicidade televisiva, regulando entre outras matérias, sobre o tempo de emissão destinado à publicidade e à televenda,[203] sendo que o art. 26º. do *Cód. Pub.*, que regia sobre este assunto já tinha sido revogado pelo nº. 2 do art. 75º. da pretérita *LTV* (*DL nº.31-A/98, de 14/7*)

Assim, nos serviços de programas televisivos nacionais e de acesso geral, o tempo reservado às mensagens publicitárias diárias não pode exceder 15% do período diário de emissão, salvo se incluir mensagens publicitárias de cariz não comercial, ou mensagens de televenda, podendo neste caso prolongar-se até 20%. Nos serviços de programas televisivos nacionais e de acesso condicionado, não poderá exceder 10% do período diário de emissão. Entre duas unidades de hora, cada período destinado à publicidade e à televenda não pode exceder 10% ou 20%, conforme se trate ou não de serviços de programas televisivos de acesso condicionado. O legislador entendeu excluir destes limites a *auto-publicidade*,[204] os patrocínios, os blocos de *televenda*[205] e as mensagens que digam respeito a serviços públicos ou fins de interesse público e apelos de teor humanitário, transmitidas gratutitamente.

A violação destes preceitos, para além da efectivação da responsabilidade civil nos termos gerais emergente de factos cometidos através

---

[203] Cfr. arts 36º. e 37º. da *LTV*.

[204] Constituída pelas mensagens informativas difundidas pelos próprios operadores televisivos relacionadas com os seus programas e produtos deles derivados.

[205] Os blocos de televenda (cuja noção está expressa no art. 2º. al. e) da *LTV*), através dos quais se explicitam e colocam à venda diversos produtos, previstos no art. 37º. da *LTV*, podem ser diariamente transmitidos pelos operadores televisivos nacionais até ao número de oito, desde que a duração total não exceda três horas, nem cada bloco quinze minutos ininterruptos.

da televisão, em que os operadores de televisão responderão solidariamente com os responsáveis pela transmissão de programas gravados - à excepção dos transmitidos ao abrigo do direito de antena -,[206] poderão ainda constituir os agentes na prática de *crimes cometidos por meio de televisão*,[207] com as adaptações constantes na *LTV*, mais precisamente no artº. 66º., referente ao exercício da *actividade ilegal de televisão*;[208] no art. 67º. onde se prevê o crime de *desobediência qualificada* e no art. 68º., onde está previsto o crime de *atentado contra a liberdade de programação e informação*.[209]

Esta nova *LTV* mais detalhada que a anterior, contempla ainda várias contra-ordenações classificadas como: leves, graves e muito graves, punidas com coimas de valores diversos consoante a gravidade dos factos praticados.[210]

A fiscalização e a competência em matéria de contra-ordenações cabe ao *ICS* (Instituto da Comunicação Social) e ao *IC* (apenas em matéria publicitária) sendo da competência da *CACMEP* a aplicação de sanções por violação do disposto nos arts 36º. e 37º. da *LTV*.[211]

Em complemento, o art. 25º. do *Cód. Pub.*, em sintonia com as regras insertas na *Directiva* e na *Convenção* acima referidas, define no nº. 1 a regra geral da inserção da publicidade na televisão – só entre os programas televisivos.

No caso de programas religiosos é regra sem excepção, mas nos demais poderá sê-lo durante os programas, desde que não atente contra a sua integridade e tenha em conta as suas interrupções naturais, bem como a sua duração e natureza e não viole os direitos dos seus autores.

---

[206] Cfr. com o art. 64º. da *LTV*.
[207] Cfr. com o art. 65º. da *LTV*.
[208] Os agentes serão punidos com uma pena de prisão até 3 anos ou com multa até 320 dias.
[209] Os agentes serão punidos com uma pena de prisão até 2 anos ou com multa até 240 dias.
[210] Cfr. com os arts 69º. a 71º. da *LTV*. O art. 72º. da *LTV*, estipula que os responsáveis pelas contra-ordenações são o operador de televisão ou o operador de distribuição.
[211] Por remissão do art. 89º. da *LTV*.

Os programas culturais, informativos e religiosos com duração inferior a trinta minutos não podem ser interrompidos para difusão de publicidade. Nos que comportem partes autónomas ou que compreendam intervalos, a publicidade deverá nestes ser inserida e, entre cada interrupção sucessiva do mesmo programa para emissão de publicidade, deverá mediar um período de vinte minutos ou mais.

A exibição de filmes com duração superior a quarenta e cinco minutos só poderá ser interrompida uma vez, por cada período completo de quarenta e cinco minutos, admitindo-se outra interrupção se a duração programada da transmissão[212] exceder em pelo menos vinte minutos, dois ou mais períodos completos de quarenta e cinco minutos.

O art. 25º.- A do *Cód. Pub.*, incluído no texto legal através da revisão levada a cabo pelo *DL nº. 275/98 de 9/9*, regula a televenda considerando-a como: *"a difusão de ofertas directas ao público, realizada por canais televisivos, com vista ao fornecimento de produtos ou à prestação de serviços, incluindo bens imóveis, direitos e obrigações mediante remuneração."* Este preceito manda aplicar à televenda todas as regras previstas no *Cód. Pub.*. Proíbe-a se respeitar a medicamentos sujeitos a autorização de comercialização e a tratamentos médicos. Os menores são também alvo de especial cuidado, pois o dispositivo em causa contém o princípio que a televenda não deve incitar os menores a comprarem ou alugarem quaisquer bens ou serviços.

*17.6. A publicidade radiofónica*

A *Lei nº. 4/01 de 23/1 (LRadio)*, alterada pela *Lei nº. 33/02, de 22/8*, à semelhança da *LTV*, também regula a matéria publicitária, excluindo do seu âmbito de aplicação as transmissões via *Internet*, não as considerando abrangidas pela noção de radiodifusão.[213]

---

[212] Por duração programada, o legislador entendeu o tempo efectivo da transmissão, descontando o período dedicado às emissões publicitárias e outras.

[213] Cfr. com o texto do art. 1º. nº. 1 al. a) da *LRadio*, que define radiodifusão como: *"... a transmissão unilateral de comunicações sonoras, por meio de ondas radioeléctric-*

Assim e de acordo com o art. 44º. da *LRadio*, a publicidade radiofónica rege-se pelo disposto no *Cód. Pub.* com as seguintes especialidades: os espaços de programação patrocinados devem incluir no início e termo a menção desse facto; os espaços de informação geral, designadamente os serviços noticiosos, não podem ser patrocinados; a difusão de mensagens publicitárias não pode exceder 20% do período diário de emissão e a inserção publicitária deverá respeitar as pausas próprias, duração e natureza dos programas.

A violação desta norma para além da efectivação da responsabilidade civil emergente de factos cometidos através da actividade de radiodifusão, nos termos gerais de direito, em que os operadores radiofónicos respondem solidariamente com os responsáveis pela transmissão de programas previamente gravados - com excepção dos transmitidos ao abrigo do direito de antena, réplica política, resposta ou de rectificação - [214] constitui contra-ordenação punida com coima[215] e em algumas situações com a aplicação das sanções acessórias e medidas cautelares previstas no *Cód. Pub.*[216]

A fiscalização e a competência em matéria contra-ordenacional compete ao *ICS* e ao *IC* (apenas em matéria publicitária), sendo da competência da *CACMEP* a aplicação de sanções por violação do disposto no art. 44º. da *LRadio*.[217]

Além da responsabilidade civil acima referenciada, poderá ainda haver lugar a responsabilidade criminal desde que observados os pressupostos relativamente aos quais a lei criminal faz depender a aplicação de

---

as ou de qualquer outra forma apropriada, destinada à recepção pelo público em geral".
O nº. 2, al. b), exceptua deste conceito as *"transmissões através da Internet."*
Em Espanha a legislação sobre a rádio está prevista na *Ley nº. 11/1991 de 8/4*; *Real decreto nº. 1273/1992 de 23/10*; *Real decreto nº. 2648/1978 de 27/10*; *Real decreto nº. 169/1989 de 10/2* e *Real decreto nº. 765/1993 de 21/5*.

[214] Cfr. com o art. 63º. da *LRadio*.
[215] Cfr. com o art. 68º. da *LRadio*.
[216] Cfr. com os arts 35º. e 41º. do *Cód. Pub.*, por força da remissão prevista no nº. 2 do art. 69º., da *LRadio*.
[217] Cfr. com o art. 72º. nº. 1, *in fine*, e nº. 2 al. b), da *LRadio*.

sanção, e nos termos previstos no art. 64º. da *Lradio*. Os arts 65º. a 67º., tipificam os crimes de: "actividade ilegal de radiodifusão"; "desobediência qualificada" e "atentado contra a liberdade de programação e informação".

*17.7. O product placement ou soft sponsoring, a lei e a defesa do consumidor*

Publicitar marcas em filmes ou em programas de televisão é uma das modalidades de patrocínio que surgiu nos *EUA* ligado ao mundo do audio-visual e na Europa ao mundo desportivo. Hodiernamente, o patrocínio está interligado com todas as actividades mediáticas porque contorna a fuga dos telespectadores aos longos blocos publicitários, afasta o fenómeno do *zapping* e difunde a publicidade muito mais eficazmente do que um *spot*.[218]

Designado por MATTEO VITALI[219] por *sponsorizzazione occulta*, constitui uma elaborada técnica em que o produto é evidenciado como fazendo parte integrante da cena. No mesmo sentido PAULO LUIZ NETTO LÔBO[220] define-o como a aparição ou inserção camuflada de produtos em programas de entretenimento, sem indicação da natureza publicitária.

Verifica-se constantemente que os programas de ficção televisiva estão repletos de bens de consumo, com as marcas bem visíveis, o que não acontece por mero acaso. Estudos efectuados demonstram que o telespectador conscientemente compreende a presença do produto como fazendo parte do cenário, tornando-o mais real e não muda de canal.

Também apelidada como *soft sponsoring*, esta técnica traduz-se num modelo cada vez mais usado devido ao sucesso alcançado e foi a fórmula

---

[218] Cfr. ALEXANDRE LIBÓRIO DIAS PEREIRA, *Contratos de patrocínio publicitário (sponsoring)*, ROA, ano 58, Janeiro, 1998, pp. 317 a 335, p. 320.

[219] MATTEO VITALI, *Contratti nella pubblicita e nel marketing*, Edizioni FAG, Milano, Itália, 2001, pp. 112 e ss.

[220] PAULO LUIZ NETTO LÔBO, *A informação como direito fundamental do consumidor*, Estudos de direito do consumidor, FDUC, Centro de Direito do Consumo, nº. 3, 2001, pp. 24 a 45, p. 39.

encontrada para financiar os custos da produção cinematográfica e da ficção televisiva. Os produtores obtêm um maior efeito da realidade a custo menor e os anunciantes promovem eficazmente os seus produtos, aproveitando a vantagem do telespectador não se aperceber que está a ser alvo de uma mensagem publicitária.

Tal como no espaço publicitário convencional, as televisões e as produtoras possuem uma tabela de preços para a inserção dos produtos a publicitar, embora na maioria dos casos a negociação seja feita individualmente. [221]

Mas este tipo de publicidade também acarreta riscos porque os intervenientes no programa não são envolvidos na negociação. Já aconteceu num programa televisivo apelidado como *a telenovela da vida real*, um dos concorrentes afirmar que o frigorífico era de fraca qualidade e outro associar uma indisposição física à ingestão do jantar, tendo sido este patrocinado por um restaurante de comida rápida.

No entanto, mesmo a publicidade que se apresenta negativa é sempre publicidade e por isso, tais afirmações só aumentaram o efeito da realidade, dizem os responsáveis pelos programas e pelas marcas visadas.[222]

---

[221] Veja-se o exemplo das marcas de automóveis: estas empresas são constantemente contactadas para que os seus produtos apareçam nas ficções nacionais. Desta feita, procuram que as viaturas sejam utilizadas por personagens adequadas à imagem da marca, atingindo desta forma o seu público-alvo. Este tipo de patrocínio é menos dispendioso que o convencional e o retorno é muito maior. O benefício retirado é mútuo. As empresas produtoras por necessitarem de automóveis para os seus programas, teriam de recorrer a viaturas de aluguer, o que lhes custaria uma fortuna e quando o programa fosse exibido só traria vantagem para a respectiva marca da viatura. Assim, negociando com a marca acabam por conseguir uma viatura sem custo e criam um efeito de realidade muito maior.

[222] Na rede brasileira de televisão - Globo, os actores são envolvidos na negociação e contratam o valor dos honorários se destacarem de alguma forma o produto colocado em cena. Em Portugal, as marcas não têm controlo sobre o comportamento do realizador, nem sobre os intervenientes nos *reality shows*, que podem a qualquer momento colocar-se à frente dos produtos ou mesmo retirar-lhes os rótulos.

O *product placement* ou *soft sponsoring* não existe enquanto realidade jurídica. Veio contornar a figura estabelecida no art. 24º. do *Cód. Pub.* - o patrocínio - que é permitido nos rigorosos termos aí estipulados. A *CACMEP*[223] já apreciou alguns casos e concluiu aplicando coimas a programas televisivos que utilizaram estas técnicas. É óbvio que o legislador não pode esquecer a importância económica da publicidade para a sobrevivência dos meios de comunicação social, mas também não pode ignorar os consumidores, que têm o direito de saber quando estão a ser alvo de mensagens publicitárias.

A *DECO* afirma que são claras e graves as violações ao princípio da identificabilidade e ao patrocínio de programas que os obriga *"a serem claramente identificados como tal pela indicação do nome ou logotipo do patrocinador no início e/ou no fim do programa, sem prejuízo dessa identificação poder ser feita cumulativamente noutros momentos (...)."*

Cabe à entidade fiscalizadora – *IC* - instruir os respectivos processos de contra-ordenação para que possam ser apreciados pela *CACMEP*. Todavia, tal não é feito com a necessária periodicidade e o consumidor fica, desta feita, um pouco desprotegido,[224] face à eficácia do *product placement*.

Também em Itália, o art. 7º. do *Códice de Autodisciplina Pubblicitaria* prevê que a publicidade deve ser sempre reconhecida como tal e individualizada quando incorporada noutro género de comunicação, pelo que não permite a *sponsorizzazione occulta* e identifica-a com a publicidade subliminar, em que se cria uma imagem do nome e características do produto no subconsciente do destinatário.

---

[223] A partir da publicação do *DL nº. 81/02 de 4/4*, a anterior *CACMP* passou a designar-se por *CACMEP* com a composição referida no art. 39º. do *Cód. Pub.*

[224] Em relação à protecção do consumidor e à violação do *Cód. Pub.* refere MÁRIO FROTA, *Entrevista sobre o tema da publicidade enganosa*, Revista da Universidade Portucalense, Infante D. Henrique, nº. 5, pp. 107 a 114, p. 110, que: *"o código da publicidade em Portugal tem tido, exactamente, a função do chapéu dos pobres: o chapéu do pobre é aquele que se amarrota, e que por razões próprias da nula elegância dos portadores, a ninguém causa estupefacção, apreensão. Pois, em Portugal, é o que tem acontecido ao Cód. Pub.. É amarrotado de todos os modos e feitios ..."*

## 17.8. A publicidade virtual

A inovação tecnológica permite a inserção publicitária onde esta, de facto, não existe. No decurso da transmissão televisiva de certos eventos desportivos, verificou-se a inserção de imagens publicitárias relativas a bens e serviços, em sobreposição com o próprio evento. As mensagens publicitárias surgiram no terreno, na zona frontal à baliza e foram inseridas em determinados momentos específicos, nomeadamente quando, pela importância da jogada e devido à proximidade dos jogadores, os telespectadores concentravam mais a sua atenção naquela área do terreno. As ditas imagens não se encontravam identificadas como tal, nem separadas da restante programação televisiva.

Se não existem dúvidas que tal publicidade se enquadra no conceito jurídico previsto no art. 3º. do *Cód. Pub.*, enquanto forma de comunicação, com o objectivo directo ou indirecto de promover a aquisição de bens ou serviços, terá de ser denominada - *publicidade virtual*, porque advém da utilização de alta tecnologia que permite a visualização pelos telespectadores, mas não pelos espectadores que se encontram no recinto. Este tipo de publicidade tem de respeitar todas as restrições e proibições legais a que está sujeita, daí que nas condições descritas é considerada ilícita por violar o princípio da identificabilidade, previsto no art. 8º., e o nº. 5 do art. 25º., ambos do *Cód. Pub.*, que preceituam, respectivamente, dever ser a publicidade inequivocamente identificada como tal, independentemente do suporte utilizado na sua difusão e só ser possível a inserção publicitária durante os intervalos das emissões desportivas, o que não aconteceu no caso apreciado.[225]

---

[225] A *CACMP* no processo em que decidiu sobre este tema, proferiu decisão condenatória relativamente a todos os intervenientes na concepção e transmissão das mensagens publicitárias descritas, tendo condenado os anunciantes, as agências de publicidade e o suporte publicitário.

## 18. A publicidade social

A publicidade não pode ser vista apenas com objectivos lucrativos. A comunicação publicitária com todas as suas técnicas é cada vez mais empregue para difundir informações importantes sobre a saúde, sobre a prevenção do risco social, para a obtenção de consensos sobre aspectos de utilidade pública.

Foi em Itália, na década de setenta, que se iniciou a aplicação das técnicas da comunicação publicitária aos temas sociais. Tal implica a difusão de informações correctas e obriga à exortação da obrigatoriedade de manter certos comportamentos considerados benéficos e ainda de evitar os comportamentos de risco (p.ex. as campanhas contra a *SIDA*, contra a condução sob o efeito do álcool, *etc.*).

A maioria destas campanhas são preventivas, por isso, os seus resultados relacionam-se directamente com a escolaridade das populações a quem a mensagem se dirige e consequentemente com a adopção na vida quotidiana de comportamentos sãos, por oposição aos comportamentos de risco.

Muitas vezes as campanhas apostam na difusão de mensagens correctas como forma de dissuasão, mas nem sempre acontece que as pessoas modifiquem os seus comportamentos de acordo com o conteúdo dessas informações. As pessoas reagem favoravelmente às informações transmitidas, apreendem-nas, mas tendem a não adoptar os comportamentos recomendados.[226]

No caso da publicidade social, onde se divulgam mensagens com objectivos preventivos, a resistência à aceitação é agravada por quatro factores psicológicos e sociais concomitantes:[227]

---

[226] Veja-se o seguinte exemplo que espelha uma contradição: Apesar das pessoas estarem devidamente informadas sobre as vantagens do uso do cinto de segurança em caso de acidente de viação, podendo diminuir o risco de lesões (atitude positiva face às informações), é habitual nas cidades circular de automóvel sem a colocação do cinto (norma social). Logo as pessoas não o colocam, quer circulem em automóvel próprio ou alheio.

[227] Cfr. NICOLETTA CAVAZZA, *op. cit.,* pp. 49 e ss.

*a)* o prazer retirado de um comportamento de risco - é difícil abdicar de uma prática da qual se retira prazer directo, em função de um conjunto de informações que se sabe correctas;[228]
*b)* um optimismo irrelista face à própria saúde - desvalorizando as consequências negativas de dado comportamento. O optimismo mantido em relação à própria saúde e a sensação de aparente invulnerabilidade, constituem atitudes defensivas e justificações para preterir os comportamentos necessários a uma vida saudável;
*c)* um cepticismo relativamente à eficácia das informações prestadas - quase diariamente surgem na comunicação social notícias alarmistas e contraditórias sobre os benefícios e os malefícios de certos hábitos. As pessoas tendem a desacreditar e a considerar que os riscos fazem parte da vida moderna;
*d)* o carácter contraditório das mensagens – a publicidade comercial induz à compra e aquisição de certos produtos, relativamente aos quais a publicidade social adverte que o seu uso causa malefícios.

Para ultrapassar estas dificuldades, a publicidade social recorre à activação do medo, mas de forma ténue. Numa campanha contra a toxicodependência levada a cabo em Itália, verificou-se que quanto mais forte for a ameaça contida na mensagem persuasiva, maior é a sua capacidade de criar tensão no indivíduo e consequentemente mecanismos de reacção contrários aos pretendidos. Daí que, uma tensão relativamente fraca, motiva o indivíduo a pensar nos prós e nos contras e consequentemente a modificar o seu comportamento, adoptando uma atitude sã.[229]

---

[228] Tome-se como exemplo o caso dos fumadores. Não existe um só que desconheça os malefícios que o tabaco pode trazer à saúde. As campanhas e a atitude legislativa vão no sentido da prevenção. Contudo, o consumo mantém-se.

[229] Cfr. BERNARD BROCHAND; JACQUES LENDREVIE; JOAQUIM VICENTE RODRIGUES; PEDRO DIONÍSIO, *Economia e sociedade,* Publicitor, *cit.,* pp. 415 a 434.

## 19. A publicidade ambiental

A *CCI* à semelhança do que aconteceu com o *CPLMP* – que se tornou num instrumento indispensável da autodisciplina publicitária, promovendo elevados padrões éticos na publicidade nacional – e em face do exponencial crescimento da importância do ambiente e das questões ambientais, bem como da complexidade de apurar e julgar as violações ambientais, elaborou o *Código de Publicidade Ambiental (CPAmb.)* com o objectivo de alargar a área da autodisciplina publicitária e simultaneamente ajudar as empresas a fazer um uso responsável da publicidade ambiental.

Trata-se de um diploma generalista, aplicável a todos os anúncios publicitários nos quais se utilizem, explícita ou implicitamente, argumentos ambientais ou ecológicos, independentemente do veículo de transmissão e deverá ser entendido como uma extensão do *CPLMP*, de aplicação subsidiária.

O *CPAmb.* apresenta cinco princípios básicos relativos à publicidade ambiental: princípio da legalidade, princípio da decência, princípio da honestidade, princípio da veracidade e princípio da leal concorrência.

Desta feita as mensagens publicitárias não deverão incitar à adopção de comportamentos transgressores das leis ambientais, nem induzir os consumidores em erro, relativamente à actuação do anunciante em favor do meio ambiente. Expressões do género «amigo do ambiente» ou «ecologicamente inofensivo» só serão utilizadas nos produtos, desde que se estabeleça um elevado padrão de prova. Os sinais e símbolos ambientais só serão usados em campanha publicitária, quando a fonte estiver claramente indicada e não gerem confusão quanto ao seu significado.

A tarefa primacial das leis ambientais consiste em prevenir ou atrasar a deterioração do meio ambiente. Para isso torna-se necessário motivar os industriais, empresários e principalmente os consumidores, parte não despicienda nesta matéria, porque possuem a última palavra na medida em que adquirem o produto final.[230]

---

[230] Segundo a opinião de THOMAS WILHELMSSON, *Consumer law and the environment: from consumer to citizen*, Estudos de direito do consumidor, FDUC, Centro de Direito do

Ainda, e de acordo com THOMAS WILHELMSSON, [231] é imperativo para a sociedade global transformar o consumidor num cidadão informado e preocupado com os problemas ambientais e não apenas com os seus direitos enquanto consumidor, muitas das vezes não coincidentes com o direito do ambiente. Torna-se necessário criar um conceito de dano ambiental, com a consequente punição ajustada à violação praticada. Os tribunais e as acções judiciais poderão ser uma importante ferramenta para colocar o ambiente na agenda das prioridades governamentais.

O *CPAmb.* da *CCI* está um passo à frente na protecção do ambiente, criando regras e espartilhos contribui para a formação duma consciência ético-publicitária ambientalista. Também o *Cód. Pub.* partilha deste espírito ao proibir no art. 7º. nº. 2 al. g), relativo ao princípio da licitude, a publicidade encorajadora de comportamentos prejudiciais à protecção do ambiente.[232]

---

Consumo, nº. 1, 1999, pp. 352 a 381, pp. 359 e ss, os consumidores possuem os seguintes direitos:

*a) à informação e à escolha* – torna-se necessário assegurar-lhes, correcta e suficiente informação sobre as questões ambientais relativas ao produto publicitado, para que no momento da aquisição, possam escolher baseados na protecção ambiental;

*b) à protecção da saúde e da segurança* - muitos países desenvolvidos introduziram um sistema de supervisão e controlo dos produtos comercializados e normas que estabelecem o pagamento de indemnizações por danos causados por produtos inseguros. Estas normas constam das *Directivas nºs 92/59/CEE e 85/374/CEE*, e constituem o epicentro do direito dos consumidores;

*c) a produtos com preços acessíveis* - a protecção do ambiente comporta custos a serem suportados pelos consumidores. Esta elevação do preço dos produtos gerou uma atitude anticonsumista, que todavia já foi ultrapassada;

*d) à confiança nas empresas e nos negócios* – com a consequente acção judicial pela venda de produtos defeituosos e por atrasos na entrega dos mesmos. A aplicação destas regras de direito privado, aos danos ambientais, resultam na abertura de processos judiciais contra as empresas que os causem. Não é todavia fácil, encontrar exemplos em que o direito privado do consumo foi usado em danos ambientais;

*e) à participação na feitura e na aplicação da legislação do consumo* - bem como na elaboração da legislação ambientalista, introduzindo-se elementos de uma na outra.

[231] THOMAS WILHELMSSON, *op. cit.*, pp. 377 e ss,

[232] Embora não respeite directamente à legislação publicitária sobre o ambiente, tem relevante interesse para este estudo na medida em que articula o ambiente e a publicidade,

sem que expressamente tenha sido criada uma lei para tal, tudo partindo da iniciativa das entidades públicas e particulares. Por isso transcreve-se um excerto do artigo de opinião de FERNANDO MADAÍL, *Publicidade e paisagem*, Diário de Notícias, secção regional, 7/11/03, onde o autor dá notícia sobre a iniciativa levada a cabo pela Câmara de Vila Nova de Gaia em colocar telas publicitárias a envolver as fachadas dos prédios degradados da cidade, para com os proventos poder financiar a recuperação destes imóveis. Além de permitir a recuperação do exterior dos imóveis, irá disciplinar a colocação dos centenas de painéis exteriores que estão a poluir a paisagem.

## 2ª. PARTE
## O DIREITO DA PUBLICIDADE,
## O DIREITO DE AUTOR DAS OBRAS PUBLICITÁRIAS
## E OS CONTRATOS PUBLICITÁRIOS

# CAPÍTULO IV
A ESTRUTURA LEGAL DO DIREITO DA PUBLICIDADE:
(fontes, conceitos, sujeitos intervenientes, princípios e restrições)


## 20. A autonomia do direito da publicidade

O direito da publicidade enquanto legislação recente em Portugal, levanta a questão da sua autonomia como ramo do direito. A este propósito escreve JOÃO M. LOUREIRO[233] que, face à tradicional distinção entre direito público e direito privado e utilizando o critério da *natureza dos interesses prosseguidos*, o direito da publicidade enquadrar-se-á no campo do direito público, na medida em que o alcance dos meios de difusão e a força persuasiva e sugestiva da publicidade moderna, colocam o interesse público acima da vontade das partes; todavia, ao utilizar o critério da *qualidade dos sujeitos intervenientes*, já a situação se confunde, sendo difícil enquadrá-lo em qualquer dos campos assinalados, na medida em que a par de entidades privadas, surgem entes públicos, como a administração pública e empresas públicas proprietárias de suportes, que por vezes actuam moldando o seu relacionamento com os privados de acordo com as regras do direito comum e noutras vestidas do seu *ius imperii*.

Por isso este insígne autor, afastando esta clássica distinção, classifica o direito da publicidade como um sub-ramo do marketing que, por sua

---

[233] JOÃO M. LOUREIRO, *Direito da publicidade, cit.*, pp. 17 e 18.

vez, constitui um ramo do direito económico, entendido este como o conjunto de normas e princípios que regem a actividade económica produtiva na perspectiva do interesse geral. Assim, o direito do marketing como um sub-ramo do direito económico, abrangeria a temática jurídica relativa ao produto (marca, concorrência desleal, preços) e à publicidade e promoção de vendas.

RITA BARBOSA DA CRUZ[234] considera que o direito da publicidade não possui maturidade científica nem didáctica para ser autonomizado. Não é regulado por princípios e normas tão específicos que o afastem do direito civil, do direito comercial ou do direito económico, pelo contrário, quer o direito civil quer o comercial são de aplicação subsidiária por força do art. 2º. do *Cód. Pub.*.

É crível que, face à enorme evolução que o direito de publicidade regista e à importância que lhe é sobejamente reconhecida, como actividade primacial no desenvolvimento do tecido económico e empresarial de um país, tenderá progressivamente a autonomizar-se e distinguir-se dos demais direitos que hoje confluem no seu regime jurídico e que compõem a estrutura actual do direito da publicidade. Trata-se de uma actividade extremamente rica e diversificada, com pontos de ligação a outras disciplinas jurídicas o que obriga a que as regras dos direitos fronteiriços sejam constantemente chamadas à colação, o que para além de não lhe retirar a individualidade, confere-lhe personalidade.

O direito da publicidade exige a ampla intervenção do direito civil, do direito comercial, do direito penal, do direito autoral, do direito administrativo, do regime contraordenacional e do direito do consumidor para que o seu regime se estruture e complete pelo que, afastando a tradicional classificação entre direito público e privado e subscrevendo a perspectiva de JOSÉ DE OLIVEIRA ASCENSÃO[235] que concebe o ordenamento jurídico

---

[234] RITA BARBOSA DA CRUZ, *A publicidade – em especial os contratos de publicidade*, Estudos dedicados ao Prof. Doutor Mário Júlio de Almeida Costa, Universidade Católica Editora, 2002, pp. 1299 a 1391, p. 1307.

[235] JOSÉ DE OLIVEIRA ASCENSÃO, *O direito, introdução e teoria geral*, 11ª. ed. Almedina, Coimbra, 2001, pp. 331 e ss.

como um núcleo comum do qual se vão autonomizando vários direitos institucionais, caracterizados por um conjunto de normas e princípios agrupados e harmonizados em torno de um objectivo comum, então o direito da publicidade será um verdadeiro instituto jurídico onde confluem normas de diversos direitos com vista à formação da disciplina jurídica deste.

## 21. Fontes do direito português da publicidade

Fontes de direito são o modo de formação e revelação das normas jurídicas. No caso do direito da publicidade nacional e segundo JOÃO M. LOUREIRO, PEDRO QUARTIN GRAÇA SIMÃO JOSÉ, LUÍSA LOPES SOUSA[236] a hierarquização das fontes é a seguinte:

*a) Supraestaduais ou internacionais* – derivam dos usos e praxes internacionais, adoptados por organizações internacionais, na medida em que os tratados e convenções nesta área, com a ressalva do direito comunitário, são praticamente inexistentes. Estes costumes reflectem-se muitas vezes em códigos éticos ou deontológicos, sendo o mais relevante o *CPLMP*, aprovado pela *CCI* com sede em Paris. Internacionalmente, deve assinalar-se a *Convenção sobre a Televisão Transfronteiriça*, assinada em Estrasburgo em 5/5/1989. A nível comunitário assume particular importância a *Directiva 84/450/CEE de 10/9,* relativa à publicidade enganosa e comparativa, alterada pela *Directiva nº. 97/55/CE de 6/10;* a *Directiva 89/552/CEE de 3/10,* sobre o exercício da actividade de radiodifusão televisiva, alterada pela

---

[236] JOÃO M. LOUREIRO, *Direito do marketing e da publicidade*, Semanário, Lisboa, 1985 e *Direito da publicidade, cit.*, pp. 19 e 20.; PEDRO QUARTIN GRAÇA SIMÃO JOSÉ, *A publicidade e a lei, cit.*, p. 42; LUÍSA LOPES SOUSA, *op. cit.*, pp. 63 a 65; cfr. ainda o nosso *Código da publicidade anotado, cit.*, p. 20.

*Directiva n°. 97/36/CE de 30/6*; a *Directiva n°. 92/28/CEE de 31/3*, respeitante à publicidade a medicamentos de uso humano e a *Directiva n°. 98/43/CEE de 31/3*, respeitante à publicidade e ao patrocínio dos produtos do tabaco.

b) *Estaduais* - são emanadas pelos orgãos legislativos competentes - Assembleia da República e Governo. Em termos nacionais, a principal legislação publicitária é o *Cód. Pub.*[237] publicado em 1990.

c) *Infraestaduais* – enquadram-se nesta categoria as normas publicitárias provindas de instituições internas não estaduais, tais como os organismos profissionais. Neste âmbito a *APAP*[238] produziu um diploma regulador da actividade, designado *Código de Práticas Leais para a Publicidade*, inspirado no *CPLMP*, aprovado pela *CCI* e ainda baseado neste, o *ICAP* aprovou o seu *Código de Conduta (CCICAP)*.

d) *De direito privado* – no desenrolar da actividade publicitária, de acordo com o *Cód. Pub.* e no âmbito da autonomia privada, as partes celebram contratos vinculativos, que contêm grande parte das normas aplicáveis e constitutivas do direito publicitário. São ainda consideradas como fontes subsidiárias de direito privado, as normas de direito civil e comercial, por remissão do art. 2°. do *Cód. Pub.*

---

[237] Aprovado pelo *DL n°. 330/90 de 23/10* e alterado pelos seguintes diplomas: *DL n°. 74/93 de 10/3*; *DL n°. 6/95 de 17/1*; *DL n°. 61/47 de 25/3*; *Lei n°. 31-A/98 de 14/7*; *DL n°. 275/98 de 9/9*; *DL n°. 51/01 de 15/2*; *DL n°. 332/01 de 24/12*; *DL n°. 81/02, de 4/4*; *Lei n°. 32/03, de 22/8* e *DL n°. 224/04 de 4/12*.

[238] É o organismo profissional regulador deste sector de actividade, designado por *Associação Portuguesa das Empresas de Publicidade e Comunicação*.

## 22. Antecedentes do código da publicidade vigente

A primeira legislação nacional publicitária data de 1980 e consta do *DL nº. 421/80 de 30/9*, que adoptou diversas normas disciplinadoras da actividade publicitária, colhidas nas leis francesa, inglesa, irlandesa, italiana, brasileira e espanhola e veio colmatar uma lacuna no ordenamento jurídico.

Este diploma foi revogado em 1983 pelo *DL nº. 303/83 de 28/6*, por o sector carecer duma maior objectividade e eficácia e ainda para adequação às novas normas reguladoras do ilícito de mera ordenação social.[239] As estruturas governamentais tornaram-se mais fluidas o que aconselhou o emprego de referências mais flexíveis quanto à composição do *Conselho da Publicidade*, por forma a assegurar as condições de representação e operacionalidade indispensáveis ao seu bom funcionamento.

Apesar de ter tido um período de vigência mais longo do que o anterior (sete anos), foi revogado pelo *DL nº. 330/90 de 23/10*. O legislador, neste diploma, reconheceu a crescente importância e o alcance da publicidade na actividade económica, como instrumento privilegiado do fomento da concorrência, sempre favorável para empresas e clientes; acentuou o carácter dinamizador das suas potencialidades e consagrou-a como uma actividade benéfica e positiva no desenvolvimento nacional. Harmonizou-a com a legislação comunitária, nomeadamente com as *Directivas nºs 84/450/CEE de 10/9* e *89/552/CEE de 3/10* e com a *Convenção Europeia sobre a Televisão Transfronteiriça*.

Apesar deste diploma estar ainda em vigor, foi já alvo de constantes alterações, mais precisamente pelos:

- *DL nº. 74/93 de 10/6*;[240]

---

[239] Devido à publicação do *DL nº. 433/82 de 27/10*, que rege o ilícito de mera ordenação social.

[240] Que aditou ao Cód. Pub. o art. 22º. – A, sob a epígrafe *"veículos automóveis"* e alterou a al. d) do nº. 1 do art. 34º., referente às *sanções*.

- DL nº. 6/95 de 17/1; [241]
- DL nº. 61/97 de 25/3; [242]
- Lei nº. 31-A/98 de 14/7; [243]
- DL nº. 275/98 de 9/9; [244]
- DL nº. 51/01 de 15/2 [245]
- DL nº. 332/01 de 24/12; [246]

---

[241] Restringiu o conceito de publicidade; extinguiu o *CCAP* que nunca funcionou, revogando todo o capítulo referente à matéria; concretizou o princípio da identificabilidade da publicidade efectuada através da rádio e da televisão; atribuiu competência para a instrução dos processos de contra-ordenação à *IGAE*, retirando-a à *DGCS* e ao *INDC*. Para a aplicação das coimas e sanções acessórias, o legislador atribuiu competência a uma comissão criada pelo *DL nº. 214/84 de 3/7*, com uma composição modificada.
Aditou ao *Cód. Pub.* o art. 41º. sob a epígrafe *"medidas cautelares"* prevendo, em caso de publicidade enganosa ou publicidade que acarrete ou possa acarretar riscos para a saúde e segurança dos consumidores, que o IC (art. 37º. do *Cód. Pub.*) possa ordenar medidas cautelares de *cessação*, *suspensão* ou *proibição* da referida publicidade.
Revogou ainda o art. 40º. do *DL nº. 28/84 de 20/1*, que versava sobre *publicidade fraudulenta*.
[242] Revogou o nº. 2 do art. 3º. do diploma preambular, relativo à inserção de publicidade na televisão.
[243] Revogou o art. 26º., respeitante ao tempo consagrado à publicidade na televisão.
[244] O legislador introduziu alterações muito importantes, tornando o código mais preciso e funcional, destinadas à protecção da saúde e segurança dos consumidores, bem como à defesa dos seus direitos e interesses (art. 12º.); proibiu a publicidade aos produtos «milagrosos» (art. 22º.-b); clarificou o conceito de publicidade enganosa (art. 11º.); harmonizou a legislação publicitária com as *Directivas comunitárias nºs 97/36/CE de 30/6, e 97/55/CE de 6/10*, concernentes à publicidade comparativa, e os termos em que devem ser ordenadas medidas cautelares de proibição, suspensão ou cessação (arts 16º. e 41º.); definiu a televenda e regulamentou as respectivas emissões (art. 25º.-A) e, em matéria de fiscalização e mecanismos cautelares e sancionatórios, concentrou no IC (arts 37º. e 38º.) a fiscalização das normas e a instrução dos consequentes processos de contra-ordenação, mantendo a competência sancionatória na *CACMP* (art. 39º.) actualizando os montantes mínimos e máximos das coimas aplicáveis.
[245] Uma vez que a existência no território nacional de dois fusos horários, suscitava dúvidas quanto ao horário da permissão publicitária das bebidas alcoólicas, passou a atender-se apenas à hora oficial do local de origem da emissão (art. 17º. nº. 3).
[246] Atenta a relevância da publicidade como factor de comunicação e o efeito persuasor que exerce junto dos consumidores mais jovens, o *Plano de acção contra o*

- DL n°. 81/02, de 4/4; [247]
- Lei n°. 32/03, de 22/8; [248]
- DL n°. 224/04, de 4/12. [249]

## 23. O conceito de publicidade na doutrina nacional e estrangeira

O vocábulo publicidade deriva de *público*, do latim *publicus* e expressa o acto de tornar público, vulgarizar, divulgar.

Quase todos os autores estrangeiros e nacionais que estudaram o direito da publicidade englobam no conceito de publicidade, quer o aspec-

---

*alcoolismo* determina a aprovação de medidas que visam assegurar a protecção destes consumidores nomeadamente, através da proibição do patrocínio por marcas de bebidas alcoólicas de quaisquer actividades desportivas, culturais ou recreativas praticadas pelos menores e pelo alargamento do período de proibição de transmissão de publicidade na rádio e na televisão, considerada a hora oficial do local de origem da emissão, alterando os arts. 17°. e 39°..

[247] Alteração da designação de *CACMP* para *CACMEP* – *Comissão de aplicação de coimas em matéria económica e publicidade*.

[248] Esta legislação é a nova *LTV*, que veio alterar o art. 40°. do *Cód. Pub.*, acrescentando o seguinte: em relação à fiscalização do disposto no art. 24°. do *Cód. Pub.* (patrocínio) quando efectuado através da televisão e nos arts 25°. (inserção de publicidade na televisão) e 25°.-A (televenda), ambos do *Cód. Pub.*, a instrução e aplicação das correspondentes coimas e sanções acessórias competem à entidade administrativa independente reguladora da comunicação social.

[249] Através deste diploma o legislador alterou os arts 5°. e 27°. do *Cód. Pub.* Acrescentou ao art. 5°. o n°. 2, onde refere que as publicações periódicas informativas editadas pelos orgãos das autarquias locais não podem ser suportes publicitários, salvo se o anunciante for uma empresa municipal de capitais esclusivamente públicos e o art. 27°. viu o seu texto legal ser radicalmente alterado, preceituando agora que legislação especial regulará a publicidade do Estado.

Em relação à distribuição das acções informativas e de publicidade do Estado, em território nacional, pelas rádios locais e pela imprensa regional, *vide* o *DL n°. 231/04, de 13/12*.

to comercial quer o aspecto informativo, pois o conceito de informação - das características do produto - aliado à necessidade de expansão da actividade económica, enformam o conceito de publicidade, ficando excluídas todas as informações não conexas com a actividade económica. Veja-se então concretamente, apesar de sistematicamente incluído nas notas de rodapé assinaladas, o conceito doutrinal de diversos autores, em países tão variados como: Espanha,[250] França,[251] Itália,[252] *EUA*,[253] Brasil,[254] Argentina[255] e Venezuela.[256]

---

[250] Em Espanha:

HONÓRIO CARLOS BANDO CASADO, *La publicidad y la protección jurídica de los consumidores y usuarios*, 3ª. ed., Instituto Nacional del Consumo, Madrid, 1991, p. 23, define publicidade como: *"o conjunto de técnicas e meios de comunicação dirigidos a captar a atenção do público ao consumo de determinados bens ou à utilização de certos serviços"*;

MANUEL SANTAELLA, op. cit., p. 164, entende por publicidade: *"qualquer informação elaborada por um sujeito técnico-publicitário, no interesse de qualquer sujeito de direito - anunciante - recorrendo a uma técnica especial que se comunica ou transmite através dos meios de comunicação, nos espaços ou tempos reservados à publicidade ou em meios de natureza exclusivamente publicitária, com uma finalidade informativo-persuasiva ou simplesmente informativa."*;

C. R. HAAS, op. cit., p. 11., citado por LUÍSA LOPES SOUSA, op. cit., p. 30, refere que: *"a ciência publicitária tem por objecto o estudo de procedimentos adequados para divulgação de certas ideias ou para estabelecer relações de ordem económica entre indivíduos em situação de oferecer mercadorias ou serviços e outros, susceptíveis de fazer uso de tais serviços ou mercadorias"*.

[251] Em França:

JEAN CALAIS-AULOY, op. cit., p. 86, define-a como: *"toda a mensagem dirigida por um profissional ao público, com a finalidade de estimular a demanda de bens ou serviços"*;

BERNARD CATHELAT, op. cit., p. 28, citado por LUÍSA LOPES SOUSA, op. cit., p. 32, entende a publicidade como: *"um conjunto de meios e técnicas postas ao serviço de uma empresa comercial, privada ou pública, que visa atingir o maior número possível de pessoas, sem intervenção directa do vendedor. Esta acção tem por objectivo angariar e desenvolver uma clientela, fazer conhecer uma empresa e vender produtos ou serviços"*.

[252] Em Itália:

MAURIZIO FUSI, *La comunicazione pubblicitaria nei suoi aspetti giuridici*, Giuffré Editore, Milano, 1970, pp. 8 e ss, entende que *"a função da publicidade é sem dúvida a de provocar nos membros da colectividade um impulso a cumprir um certo comportamento económico"*;

NICOLETTA CAVAZZA, *op. cit.*, p. 30, escreve: *"falar de comunicação persuasiva significa evocar como primeira associação mental a que existe com a publicidade (...) as estratégias persuasivas são empregues para atingir dois objectivos principais: um a curto prazo, que consiste em tornar mais provável o consumo de determinado produto, e outro, a longo prazo, que procura criar uma atitude favorável em relação ao produto a fim de reforçar os hábitos de consumo."*

[253] Nos *EUA*:

J. R. MARION HARPER, *La evolucion de la publicidad en América*, Madrid, 1966, p. 31, apresenta-nos o conceito de publicidade como: *"a arte, ciência e modo de comunicação através dos meios de comunicação massivos com a finalidade de venda de bens, serviços ou imagens institucionais"*.

[254] No Brasil:

VALÉRIA FALCÃO CHAISE, *op. cit.*, pp. 7 e ss, define-a como: *"a forma ou o meio de comunicação com o público que tem como objectivo promover a aquisição de um produto ou a utilização de um serviço."*;

CLÁUDIA LIMA MARQUES, *Contratos no código de defesa do consumidor: o novo regime das relações contratuais*, Revista dos tribunais, SP- Brasil, 1998, p. 345, inspirada na lei belga de 14/7/1971, sobre práticas comerciais, cujo art. 22º., define publicidade como: *"toute communication ayant comme but direct ou indirect de promouvoir la vente de produts ou de services, y compris les biens immeubles, les droits et les obligations, quel que soit le lieu ou les moyens de communication mis en oeuvre"* e no art. 37º. *CDCbrasileiro*, apresenta o conceito de publicidade como: *"toda a informação ou comunicação difundida com o fim directo ou indirecto de promover junto dos consumidores a aquisição de um produto ou a utilização de um serviço, qualquer que seja o local ou o meio de comunicação utilizado"*;

ANTÔNIO HERMAN DE VASCONCELLOS E BENJAMIM, *O controle jurídico ..., cit.*, p. 30, entende por publicidade: *"qualquer forma de oferta, comercial e massificada, tendo um patrocinador identificado e objectivando, directa ou indirectamente, a promoção de produtos ou serviços, com utilização de informação e/ou persuasão"*;

MARIA ELISABETE VILAÇA LOPES, *O consumidor e a publicidade*, Revista de Direito do Consumidor, nº. 1, SP – Brasil, 1992, p. 151, identifica a publicidade como: *"o conjunto de meios destinados a informar o público e a convencê-lo a adquirir um bem ou serviço."*;

GINO GIACOMINI FILHO, *Consumidor versus propaganda*, Summus, SP - Brasil, 1991, pp. 15 e ss, define-a como uma *"forma de comunicação identificada e persuasiva empreendida, de forma paga, através dos meios de comunicação de massas."*;

PAULO JORGE SCARTEZZINI GUIMARÃES, *op. cit.*, pp. 95 e ss. e MARCO ANTÓNIO MARCONDES PEREIRA, *op. cit.*, pp. 34 e ss, muito pragmaticamente, advertem que no Brasil são usadas várias definições e nos meios publicitários utilizam-se os conceitos da *AAAA* (*American Association of Advertising Agencies*), no sentido em que *"publicidade é qual-*

No direito nacional existe um conceito dominante de publicidade entre os autores que se dedicam à matéria. Quase todos os autores nacionais trilham basicamente o mesmo caminho.

Desde 1985, JOÃO M. LOUREIRO[257] indica como conceito unanimemente aceite pela doutrina publicitária, o seguinte: *"a publicidade comercial é o conjunto de meios destinados a informar o público e a convencê-lo a adquirir um bem ou serviço"*; subscrevendo a mesma linha de pensamento, actualmente[258] define-a da seguinte forma: *"nas modernas sociedades da informação e economias de mercado, além de inquestionável motor da economia e força de comunicação ao serviço de empresas e outras entidades, uma inegável forma de expressão cultural."*

---

*quer forma paga de apresentação impessoal e promoção tanto de ideias, como de bens ou serviços, por um patrocinador identificado"* e o conceito previsto no art. 8º. do *Código brasileiro de autoregulamentação publicitária* aprovado pelo *CONAR - Conselho Nacional de Autoregulamentação Publicitária*, onde publicidade é definida como: *"toda a actividade destinada a estimular o consumo de bens ou serviços, bem como a promover instituições, conceitos ou ideias."*;

ADALBERTO PASQUALOTTO, *Os efeitos obrigacionais da publicidade no código de defesa do consumidor*, Revista dos Tribunais, SP – Brasil, 1997, p. 25, define-a como *"toda a comunicação de entidades públicas ou privadas, inclusive as não personalizadas, feita através de qualquer meio, destinada a influenciar o público em favor, directa ou indirectamente, de produtos ou serviços, com ou sem finalidade lucrativa"*.

[255] Na Argentina:

LUIS O. ANDORNO, *op. cit.*, p. 806, entende-a como: *"a actividad de divulgación de un producto o servicio com el propósito de llegar al consumidor o usuario com finalidad comercial"*.

[256] Na Venezuela:

FRANCISCO HUGH VAILLANT, *La regulation de la actividad publicitaria*, Universidad Central de Venezuela, Caracas, 1972, p. 11, considera que a publicidade é a *"comunicação de uma mensagem destinada a informar o público sobre a existência de bens ou serviços e a influenciar a sua conduta, divulgada por um meio, que é pago, com fins comerciais"*.

[257] JOÃO M. LOUREIRO, *Direito do marketing e da publicidade*, cit. , p. 14.

[258] JOÃO M. LOUREIRO, *A publicidade e o direito de autor – um cenário terceiro mundista em Portugal*, BOA, 21, Julho/Agosto, 2002, pp. 44 e 45, p. 44.

CARLOS FERREIRA DE ALMEIDA[259] inspirado no modelo de HAROLD LASSWELL,[260] propõe um conceito de publicidade distinto do que existia no DL nº. 303/83 de 28/6, referindo-se-lhe como: *"toda a informação dirigida ao público com o objectivo de promover, directa ou indirectamente, produtos, serviços ou uma actividade económica"*.

Para J. MARTINS LAMPREIA[261] a publicidade é *"a comunicação paga, feita por indivíduos, empresas ou organizações, através dos diversos meios, com o objectivo de promover a venda de produtos e de serviços ou divulgar ideias."*.

ANTÓNIO MARIA PEREIRA[262] escreve a propósito do direito de autor na publicidade que a *"criação literária e artística no campo publicitário, não é um fim em si mesma, porquanto tem antes como objectivo específico promover ou conseguir a venda de produtos"*.

PEDRO QUARTIN GRAÇA SIMÃO JOSÉ[263] entende que *"a publicidade tem como fim persuadir os receptores da mensagem que é emitida, da neces-*

---

[259] CARLOS FERREIRA DE ALMEIDA, *Conceito ...*, cit., p. 281.

[260] O modelo de HAROLD LASSWELL, com o intuito de estudar os vários aspectos do processo de comunicação e a forma como as mensagens vão perdendo informação ao longo do seu processo de transmissão, consiste na resposta a cinco questões, a que correspondem cinco fases distintas de todo o processo de comunicação: Quem diz - ?, o que diz - ?, por que canal ?, a quem o diz ?, com que efeito o diz ? – aplicando este modelo às acções publicitárias tem-se que: o conteúdo (o que diz ?) da mensagem publicitária refere-se a uma actividade económica; o destinatário (a quem o diz ?) é o público-alvo; o efeito é a intenção final, ou seja, a criação directa ou indirecta, de uma ideia promocional, isto é, incitativa de certos comportamentos; o sujeito (quem diz ?) é o anunciante no exercício de uma actividade económica; o canal é um qualquer suporte desde que tenha a aptidão de expressar o conteúdo perante o destinatário.

Cfr. para maior detalhe JOÃO CARDOSO DA CRUZ, *Introdução ao estudo da comunicação: imprensa, cinema, rádio, televisão, redes multimédia*, Universidade Técnica de Lisboa, Instituto Superior de Ciências Sociais e Políticas, 2002, p. 18.

[261] J. MARTINS LAMPREIA, *A publicidade moderna*, editorial Presença, 3ª. ed., Lisboa, 1992, p. 12.

[262] ANTÓNIO MARIA PEREIRA, *O direito de autor na publicidade*, ROA, ano 51, 1991, pp. 87 a 99, p. 87.

[263] PEDRO QUARTIN GRAÇA SIMÃO JOSÉ, *O novo direito da publicidade*, cit., p. 32.

*sidade da compra ou da utilização de bens ou serviços, persuasão publicitária essa que se realiza, normalmente, sem intervenção directa do vendedor".*

MÁRIO PAULO TENREIRO[264] dispõe que *"a publicidade constitui uma actividade fundamental no contexto dos sistemas económicos (...) tem como objectivo a promoção do fornecimento de bens ou de serviços, isto é, o funcionamento do próprio sistema económico. Ela informa, sugestiona, seduz, utilizando os mais variados meios técnicos ao seu dispôr".*

Na opinião de MARIA CARMEN SEGADE HENRIQUES[265] *"a publicidade é, na sociedade moderna, a mais influente instituição da socialização, ela estrutura o conteúdo dos suportes de comunicação de massas, e parece desempenhar um papel chave como condicionante directo do consumo".*

Também os autores publicitários que se movimentam fora da área jurídica, apresentam o conceito de publicidade da seguinte forma: para JORGE VERÍSSIMO[266] *"a publicidade como técnica de comunicação com fins comerciais e conteúdos persuasivos, (...) tem por meta alcançar o consumo massivo"* e ALEXANDRA MORAIS PEREIRA[267] considera-a *"... como uma técnica que visa informar o público sobre um determinado produto ou serviço, desencadeando o desejo pelo mesmo, com o principal objectivo de vender".*

Veja-se ainda o relevante parecer da *PGR*,[268] segundo o qual a *"publicidade consiste na acção dirigida ao público com o objectivo de promover, directa ou indirectamente, produtos, serviços ou certa actividade económica, procurando persuadir os respectivos destinatários da excelência dos seus produtos. (...) a publicidade demarca-se da comunicação de massa porque se reporta à actividade económica e é caracterizada pelo método divulgativo-retórico, imperativo e exortativo."*

---

[264] MÁRIO PAULO TENREIRO, *O regime comunitário da publicidade enganosa*, Comunicação e defesa do consumidor, FDUC, Actas do Congresso internacional organizado pelo Instituto Jurídico da Comunicação, 1996, pp. 199 a 228, p. 227.

[265] MARIA CARMEN SEGADE HENRIQUES, *op. cit.*, p. 411.

[266] JORGE VERÍSSIMO, *op. cit.*, p. 19.

[267] ALEXANDRA MORAIS PEREIRA, *op. cit.*, p. 37.

[268] Parecer da *Procuradoria Geral da República*, proc. nº. 30/91, Diário da República nº. 239, de 17/10, p. 10363.

Salientam-se dos conceitos apresentados, os elementos informativos e comerciais integrantes da noção de publicidade. São as duas faces desta actividade pois, para certa informação ser considerada como publicitária, tem que conter um objectivo comercial e o correspondente incentivo ao consumidor para aquisição dos produtos ou serviços. A ausência deste incentivo, faz com que a informação seja considerada apenas mera informação, como a veiculada através dos noticiários, dos livros, dos jornais ou do cinema. Por isso, nem toda a informação é publicidade, nem esta é só informação.

## 24. Publicidade versus propaganda

O termo *propaganda* deriva do latim *propagare*, que significa reproduzir por meio de mergulhia, criar raíz, plantar, reflectindo o sentido de implantar, incutir uma ideia ou crença em mente alheia. Deverá entender-se a propaganda como a divulgação de teorias, princípios e doutrinas, inicialmente de cariz religiosa, só tendo sido destacada do específico vocabulário eclesiástico para ingressar na linguagem comum em pleno séc. XX.

Foi em Roma, no ano de 1597, que o termo propaganda foi introduzido pelo *Papa Clemente VII*, quando fundou a *Congregação da Propaganda (Congregatio de propagande fide)*, organizada por *Gregório XV* em 1622, com o intuito de propagar a fé católica pelo mundo. Posteriormente, em 1740, o referido termo foi introduzido no dicionário da academia francesa com o significado eclesiástico.

Quanto aos objectivos, a propaganda visa influenciar ou modificar a opinião alheia acerca de determinada ideologia, enquanto que a publicidade pretende captar a atenção do público para o consumo de determinados bens ou a utilização de certos serviços. A propaganda tem claramente objectivos não comerciais, ao invés da publicidade cujo objectivo teleológico consiste na divulgação de produtos e/ou serviços.[269]

---

[269] Neste sentido *vide* VALÉRIA FALCÃO CHAISE, *op. cit.*, pp. 9 e ss e PAULO JORGE SCARTEZZINI GUIMARÃES, *op. cit.*, pp. 93 e ss.

O advento da propaganda moderna ocorreu na primeira grande guerra, quando os governos dos países beligerantes sentiram necessidade de manipular psicologicamente as tropas e as populações. Neste contexto, na Alemanha de 1917, foi criado directamente subordinado ao estado, um departamento de política e informação, cuja actividade consistia na organização de campanhas de propaganda com o objectivo de manter elevada a moral das tropas e reforçar o sentido cívico dos cidadãos. Na Inglaterra, nasceu em 1918 uma comissão de propaganda e, na Rússia a revolução de Outubro e a afirmação do pensamento marxista-leninista, provocaram uma intensa actividade propagandística pela destruição do capitalismo a favor do proletariado.

No Brasil, os termos publicidade e propaganda são usados indistintamente por muitos autores e profissionais da área, porém não são sinónimos. A lei brasileira utiliza-os como tal[270] mas os doutrinadores tentam definir e separar os conceitos.

SAMIR SUEIDEN, HERMANO DUVAL, PAULO VASCONCELOS JACOBINA[271] definem a propaganda como o conjunto de técnicas de acção individual utilizadas no sentido de promover a adesão a um dado sistema ideológico (político, social ou económico).

---

[270] Vejam-se os seguintes casos legais:

 a) o *DL nº. 4112 de 13/2/1942*, proíbe os médicos, dentistas e outros profissionais de divulgar anúncios com características de propaganda;

 b) a *Lei nº. 4680 de 18/6/1965*, conhecida como lei da propaganda, cujo art. 5º. define propaganda como *"qualquer forma remunerada de difusão de ideias, mercadorias ou serviços por parte de um anunciante identificado"*;

 c) a *Lei nº. 8078 de 11/9/1990*, que instituiu o *CDCbrasileiro*, colocou a publicidade entre as práticas comerciais, mas estabeleceu a confusão entre os conceitos ao mencionar no art. 60º., a sanção da contrapropaganda, em relação ao responsável pela difusão de publicidade enganosa ou abusiva;

 d) o projecto do novo *Código Civil* brasileiro aprovado pelo Senado, utiliza no art. 18º. a expressão propaganda comercial.

[271] SAMIR SUEIDIN, *As ligações perigosas na publicidade e propaganda: um estudo de caso*, editora Saraiva, SP – Brasil, 1980, p. 9; HERMANO DUVAL, *A publicidade e a lei*, Revista dos Tribunais, SP – Brasil,1975, p. 1; PAULO VASCONCELOS JACOBINA, *op. cit.*, pp. 7 e ss.

MARCO ANTÓNIO MARCONDES PEREIRA[272] na mesma linha de pensamento, entende que publicidade e propaganda possuem conceitos distintos, justificando o indiscriminado uso das expressões pela dificuldade de separar com nitidez, o carácter ideológico do mercadológico.

INÊS SILVIA VITORINO SAMPAIO[273] analisa e divide o termo propaganda em três classificações: propaganda de produtos e serviços, a que também denomina publicidade, como aquela cujo objectivo consiste na promoção e aquisição de produtos; propaganda de opinião, com a finalidade de promover mensagens; e propaganda de relações públicas, com o objectivo de promoção de pessoas e instituições.

Em contrapartida, propaganda e publicidade possuem características semelhantes no que concerne:

*a)* à acção psicológica que exercem nos seus destinatários;
*b)* às técnicas comuns que utilizam;
*c)* e à capacidade para criar, transformar ou confirmar certas opiniões, embora distintas quanto aos objectivos prosseguidos por cada uma.

Em Portugal, CARLOS FERREIRA DE ALMEIDA,[274] embora não a definindo, exclui a propaganda de ideias do conceito de publicidade porque não se refere à actividade económica.

JOÃO M. LOUREIRO[275] define-a como *"a técnica que visa obter a adesão a um sistema ideológico, político, social, económico ou religioso.*

---

[272] MARCO ANTÓNIO MARCONDES PEREIRA, *op. cit.*, pp. 34. e 44 e ss.
[273] INÊS SILVIA VITORINO SAMPAIO, *op. cit.*, p. 18.
*Vide* ainda sobre esta matéria MALENA SEGURA CONTRERA; OSVALDO TAKAOKI HATTORI; CARLOS MORENO; CELSO FIGUEIREDO NETO; CLEIDE RIVA CAMPELO; ESMERALDA RIZZO; LUIS CARLOS ASSIS IASBECK; MILTON LARA; NORVAL BAITELLO JÚNIOR, *Publicidade e cia.*, Thomson, SP - Brasil, artigo escrito por Esmeralda Rizzo, *Publicidade e sua história*, pp. 63 a 76, 2003.
[274] CARLOS FERREIRA DE ALMEIDA, *Conceito ..., cit.*, p. 120.
[275] JOÃO M. LOUREIRO, *Direito da publicidade, cit.*, p. 16.

*Utiliza meios idênticos aos da publicidade, tem a finalidade de provocar, do mesmo modo, uma decisão de adesão, mas o seu objecto é de natureza ideológica e não comercial".*

Ambos os autores distinguem a publicidade da propaganda, aliás em perfeita sintonia com o art. 3º. nº. 3 do *Cód. Pub.*, que expressamente exclui a propaganda política[276] do conceito de publicidade. Todavia, o legislador foi mais longe e equipara, para efeitos de aplicação das medidas cautelares, a publicidade de ideias de conteúdo político ou religioso ao regime da publicidade enganosa (art. 41º. nº. 9) e proíbe na al. h) do nº. 2 do art. 7º., a publicidade que tenha por *"... objecto, ideias de conteúdo sindical, político ou religioso."*.

Desta feita, se uma agência de publicidade for contactada para elaborar o plano de *marketing* de certa campanha eleitoral, para retocar a imagem de um político ou para criar os cartazes que farão parte integrante da campanha política, para a efectivação dos objectivos pretendidos, as partes celebrarão um contrato de prestação de serviços e nunca um contrato de publicidade, na medida em que estes objectivos não se enquadram no conceito de publicidade.

## 25. As noções legais de publicidade e de actividade publicitária

Na ordem jurídica nacional, constitui tradição a inclusão no texto legal da definição de publicidade e já o art. 1º. do *DL nº. 303/83 de 28/6* a definia, embora não a distinguindo da actividade publicitária, considerando-a como: *"... toda a divulgação que vise dirigir a atenção do público para um determinado bem ou serviço de natureza comercial com o fim de promover a sua aquisição."*

---

[276] O preceito citado exclui do seu regime, a propaganda política, mais especificamente a propaganda eleitoral, porque não possui cariz comercial. Está prevista nos seguintes diplomas: *DL nº. 319-A/76 de 3/5* - eleição do Pres. da Rep.; *Lei nº. 14/79 de 16/5* - eleição para a Ass. Rep.; *DL nº. 701-B/76 de 29/9* - eleição para as Autarquias Locais.

Hodiernamente, publicidade e actividade publicitária não se confundem. O *Cód. Pub.* considera-as em dois preceitos distintos, sendo a primeira qualificada segundo JOÃO M. LOUREIRO[277] como um acto de comunicação e a segunda como a prática organizada e sequencial de tal acto de comunicação.[278]

O conceito jurídico de publicidade, conforme definido no art. 3º. do *Cód. Pub.*, surgiu na sequência da aprovação da *Directiva nº. 84/450/CEE de 10/9*, e possui quatro elementos, a saber:[279]

a) *Estrutura* – é sempre um acto de comunicação, nas palavras da lei *"... qualquer forma de comunicação ..."*;
b) *Sujeitos* – as pessoas singulares ou colectivas, sejam de direito privado ou de direito público que nela participam, *"... feita por entidades de natureza pública ou privada..."*;
c) *Objecto* – a publicidade desenrola-se no âmbito de uma actividade comercial, industrial, artesanal ou liberal;
d) *Fim* – promoção de um acto de aquisição de bens ou serviços por parte do destinatário/consumidor e/ou, a adesão deste a ideias, princípios, iniciativas ou instituições.

Do exposto resulta que a publicidade é sempre um acto de comunicação, embora este acto nem sempre possa ser considerado como publicitário, se ocorrer fora do âmbito de qualquer actividade económica ou não tiver por fim a promoção dum acto de aquisição ou de adesão.

---

[277] JOÃO M. LOUREIRO, *Direito do marketing e da publicidade*, cit., p. 305 e *Regime jurídico da publicidade e da actividade publicitária*, Publicidade e comunicação, Texto editora, Lisboa, 1991, pp. 107 a 122, p. 112.

[278] Cfr. o Parecer da *Procuradoria Geral da República, proc. nº. 30/91, Diário da República nº. 239 de 17/10*, no qual se expõe o conceito de publicidade, distinguindo-a da propaganda, das relações públicas e da actividade publicitária. Este parecer foi emitido a propósito do concurso televisivo *"o preço certo"*, emitido pela *RTP*, por incluir publicidade no interior do próprio programa sem estar claramente identificada como tal.

[279] JOÃO M. LOUREIRO, *Marketing e comunicação ...*, cit., p. 73, e *O conceito jurídico de publicidade*, Lei magazine, nº. 2, Junho, 1995, pp. 58 e 59.

A lei contém um conceito amplo de publicidade, onde cabem as promoções e os patrocínios, mas não as relações públicas - cuja finalidade primacial é a obtenção de uma boa imagem empresarial - nem os actos cujo objectivo é a mera identificação ou apresentação de produtos - marcas, rotulagem, embalagem. A propaganda política nunca foi, nem é, considerada como um acto de comunicação publicitário em qualquer dos diplomas anteriores que regeram esta matéria.[280]

Existem vantagens na definição legal do conceito de publicidade e segundo CARLOS FERREIRA DE ALMEIDA[281] *"... a inserção de uma definição no Cód. Pub., deixando sempre algum campo aberto à interpretação e à evolução na aplicação da lei, constitui um ponto de apoio de política legislativa, conforme aos institutos de regulação jurídica por via legal."*

Por sua vez, a actividade publicitária prevista no art. 4º. do *Cód. Pub.*, possui um conceito diverso, sendo considerada como: *"o conjunto de operações (concepção, criação, produção, planificação e distribuição publicitárias) relacionadas com a difusão de uma mensagem publicitária junto dos seus destinatários, bem como as relações jurídicas e técnicas daí emergentes entre anunciantes, profissionais, agências de publicidade e entidades que explorem os suportes publicitários ou que efectuem as referidas operações".* Ou seja, traduz-se na organização prática de todas as operações indispensáveis à comunicação publicitária, que é a comunicação por excelência.[282]

### 25.1. Os sujeitos (activos e passivos) intervenientes na comunicação publicitária

O anunciante, o profissional, a agência de publicidade e o titular do suporte publicitário são os sujeitos activos da publicidade.

---

[280] Os diplomas anteriores referidos no texto são os *DL nº. 421/80 de 30/9*, e *DL nº. 303/83 de 28/6*.

[281] CARLOS FERREIRA DE ALMEIDA, *Conceito ..., cit.*, p. 116.

[282] Sobre este tema cfr. também PEDRO QUARTIN GRAÇA SIMÃO JOSÉ, *A publicidade e a lei, cit.*, p. 43; JOÃO MIGUEL DE SAMPAIO E MELO GALHARDO COELHO, *op. cit.*, p. 14; ANA LUÍSA GERALDES, *O direito da publicidade ..., cit.*, pp. 16 e ss.

O anunciante é a pessoa singular ou colectiva, que pretende publicitar os bens ou produtos relacionados com a sua actividade e que toma a iniciativa e a decisão da campanha publicitária, assumindo a consequente responsabilidade e demais encargos financeiros.[283] Ou seja, de acordo com a al. a) do nº. 1, do art. 5º. do *Cód. Pub.*, é a entidade *"... no interesse de quem se realiza a publicidade"*.

O profissional enquanto pessoa singular e a agência de publicidade como empresa, laboram na área da publicidade e por conta do seu cliente (anunciante), concebem, realizam, colocam e controlam a publicidade nos canais de transmissão. O anunciante, interessado em dirigir certa mensagem publicitária ao público-alvo, contrata uma agência de publicidade ou um profissional desta área que, por sua vez contratará para aquele fim, determinado suporte publicitário – veículo transmissor da mensagem pretendida pelo anunciante.

O titular do suporte (*media* ou canal de transmissão) é a pessoa singular ou colectiva, que põe à disposição do anunciante um meio material ou imaterial (canal) para transmissão da mensagem, isto é, de acordo com a definição legal, prevista na al. c) do art. 5º. do *Cód. Pub.*, *"... o veículo utilizado para a transmissão da mensagem publicitária"*.

Esta pode ser inscrita nos mais variados suportes,[284] tais como: anúncios, cartazes exteriores, circulares, panfletos. Como veículo de transmissão, podem ainda ser usados os meios de comunicação social tradicionais, a imprensa escrita, a televisão, o cinema, a rádio, ou ainda, mais recentemente a *Internet*. É também bastante frequente, o uso de edições próprias da actividade do anunciante (brochuras, catálogos) ou edições de informação geral (listas telefónicas). A aposição das mensagens publicitárias

---

[283] CARLOS FERREIRA DE ALMEIDA, *Conceito ...*, cit., p. 121 e *Contratos de publicidade*, Scientia Juridica, Revista de direito comparado português e brasileiro, tomo XLIII, (Julho/Dezembro), nºs 250/252, 1994, pp. 281 a 301, p. 283; JOSÉ OLIVEIRA ASCENSÃO, *Direito de autor e direitos conexos*, Coimbra editora, 1992, p. 534; JOÃO M. LOUREIRO, *Marketing e comunicação ...*, cit., p. 90.

[284] Sobre a melhor escolha dos suportes, *vide* BERNARD BROCHAND; JACQUES LENDREVIE; JOAQUIM VICENTE RODRIGUES; PEDRO DIONÍSIO, *A escolha dos suportes*, Publicitor, cit., pp. 371 a 390.

nos rótulos, etiquetas ou embalagens dos produtos comercializados, nas viaturas utilizadas para o transporte da produção (automóveis), nos veículos de comercialização (lojas de venda, montras), nos elementos de escrituração (facturas, recibos, notas de encomenda) e ainda, em fardas usadas pelo funcionários da empresa anunciante, são alguns dos suportes possíveis.

O canal publicitário, apesar de não ser fundamental, reveste-se de extrema importância na eficiência da mensagem publicitária. A estratégia de transmissão da mensagem, segundo MARGARIDA VIEGAS, MARIA DO ROSÁRIO PINTO CORREIA e ANTÓNIO SILVA GOMES[285] é importante pois que, os orçamentos disponibilizados por produto são muito limitados, daí sentir-se necessidade de rentabilizar ao máximo os recursos disponíveis. A análise concertada de factores tais como, a definição:

*a)* do público-alvo;
*b)* das áreas geográficas mais importantes;
*c)* da sazonalidade e distribuição no tempo da campanha;
*d)* da determinação de objectivos específicos para áreas específicas;
*e)* e de objectivos distintos para períodos distintos.

São alguns dos elementos relevantes para a prossecução dos objectivos a atingir.

Encontrados os factores essenciais e indispensáveis para a total eficiência da comunicação publicitária, o passo seguinte revela-se ainda mais delicado. Consiste na identificação de qual a solução de *media* que melhor se adapta às necessidades. Serão analisadas as vantagens e inconvenientes dos diversos canais – *televisão, imprensa, rádio, outdoor, Internet, marketing directo* – e só após, tomar-se-ão as decisões necessárias, seguramente acertadas, porque devidamente esclarecidas.[286]

---

[285] MARGARIDA VIEGAS, *A estratégia de media*, Publicidade e comunicação, coordenação de A. Silva Gomes, Texto editora, 1991, pp. 73 a 87; MARIA DO ROSÁRIO PINTO CORREIA, *Como planear uma estratégia de comunicação*, Publicidade e comunicação, coordenação de A. Silva Gomes, Texto editora, 1991, pp. 27 a 35; e ANTÓNIO SILVA GOMES, *op. cit.*, pp. 89 a 93.

[286] Os canais referenciados são os mais utilizados, no entanto, foi a publicidade exterior - *outdoors* - a que mais se desenvolveu nos últimos anos, principalmente em França,

O destinatário da publicidade, de acordo com a al. d) do art. 5º. do *Cód. Pub.*, é a pessoa singular ou colectiva, a quem a publicidade se dirige ou que por ela é atingida. Por outras palavras, o consumidor que todos os dias é alvo das mais diversas campanhas publicitárias. Todavia, não devem restringir-se os destinatários da publicidade aos consumidores definidos nos termos estritos da *LDC*, ou seja, às pessoas que adquirem os produtos para o seu uso privado, na medida em que se deixaria de lado uma panóplia de intermediários a quem interessa dirigir a publicidade, tais como o consumidor intermédio, a empresa e o profissional liberal, daí que o conceito alargado de consumidor seja o mais adequado.

Segundo CARLOS FERREIRA DE ALMEIDA[287] *"quanto ao seu destinatário, a mensagem publicitária há-de caracterizar-se por ser dirigida ao público, tal como a própria palavra sugere"* o público deve definir-se pela indeterminação e amplitude dos destinatários, independentemente de quem sejam os receptores.

Este público, escreve RITA BARBOSA DA CRUZ[288] *"pode ser constituído pelos clientes finais, quer actuais quer potenciais, pelos compradores, pelos influenciadores e pelos distribuidores (...)* e continua, *por mais per-*

---

seguida pelo Japão, EUA, Reino Unido, e Portugal cujo crescimento tem sido exponencial.

Os *outdoors* possuem três categorias:

*1.* Transporte: painéis de diversos tamanhos, colocados em estações de comboio, metro, autocarros;

*2. Roadside*: painéis de média e grande dimensão, colocados lateralmente nas ruas e estradas;

*3.* Mobiliário urbano: painéis e estruturas de média dimensão, paragens de autocarros, painéis rotativos, zeppelins, publicidade inserida nos pontos de venda.

[287] CARLOS FERREIRA DE ALMEIDA, *Conceito ..., cit.*, p. 125.

[288] RITA BARBOSA DA CRUZ, *op. cit.*, p. 1321. Esta autora, em nota de rodapé (nº. 64), explicita que a categoria dos compradores pode ser confundida com a dos clientes, por exemplo na publicidade ao tabaco, mas já o não será na publicidade a alimentos infantis em que os compradores serão os pais e os consumidores serão as crianças. Define a categoria dos influenciadores, como aqueles que prescrevem ou aconselham a marca na decisão da compra e do consumo (um médico exerce a função de prescritor quando determina em nome d'outrem o produto a que este tem de se submeter). Por último, define a categoria dos distribuidores que exercem grande influência sobre os consumidores.

*feitas e desenvolvidas que sejam as técnicas tendentes a segmentar o mercado e o destinatário da publicidade, a indeterminação numérica e mesmo pessoal mantém-se como característica da publicidade, embora o receptor da mensagem possa ser determinável, nomeadamente para efeitos de tutela jurídica."*

Actualmente, os destinatários não são definidos por países ou regiões, mas a nível mundial. A publicidade global preconiza o estabelecimento de um padrão mundial das campanhas e mensagens publicitárias.[289] Para ser identificada e aplicável aos vários países, a publicidade global tende a identificar atitudes e comportamentos comuns, que transcendem os limites espaciais e temporais, provocando as mesmas reacções junto dos destinatários/consumidores das diversas nacionalidades - é o caso da liberdade, da paz, da saúde, da união entre os povos, *etc.*.[290]

As vantagens da publicidade global consistem na diminuição de custos, dado a campanha ser una e os custos apenas os resultantes da adaptabilidade necessária para cada mercado; na diminuição de efectivos; e primacialmente no reforço da marca, resultante da coerência das mensagens veiculadas nos vários mercados.[291]

---

[289] Existem duas acepções relativamente à publicidade global:

*1.* A mesma campanha utilizada em vários países, com mínimas adaptações (é o caso da *Coca Cola* e da *Martini*);

*2.* A divulgação de um conceito geral, adaptado ou modificado em função das exigências dos diferentes destinatários (veja-se o caso da *Gilette*, cuja versão alemã é a versão europeia, com cenas de ciclismo e futebol, substituindo as cenas de baseball e futebol americano, utilizadas no filme original criado em Nova Iorque).

[290] Vejam-se os exemplos, entre outros, da *Benetton*, que nas suas campanhas publicitárias remete para o conceito de união entre os povos; da *Marlboro* (tabacos e roupas), que usa a sua origem territorial - *EUA* - para criar uma história e cultura específicas, e dos perfumes franceses cujas empresas utilizam imagens do seu país para se publicitarem.

[291] Cfr. MARIA ROMANA BUI, *Marketing global e publicidade global. Um mundo. Um mercado,* Publicidade e comunicação, coordenação de A. Silva Gomes, Texto editora, 1991, pp. 41 a 56, p. 53.

## 25.2. Princípios basilares do direito da publicidade

Os princípios constituem os alicerces de qualquer sistema jurídico, irradiando a sua influência ao longo de todo o sistema. Na ordem jurídica interna, com aplauso, os princípios base estão expressos no texto legal. No sistema jurídico brasileiro a tarefa de descortinar os princípios que regem a publicidade está confiada à doutrina, daí variarem os princípios de acordo com as interpretações de cada autor.[292]

---

[292] Na doutrina brasileira para:

MARIA ELISABETE VILAÇA LOPES, *op. cit.*, p. 157, os princípios base enformadores do direito publicitário, são os da liberdade, identificabilidade, veracidade, lealdade e ordem pública;

NELSON NERY, *Os princípios gerais do código brasileiro de defesa do consumidor*, Revista de direito do consumidor, n°. 3, SP - Brasil, citado por PAULO JORGE SCARTEZZINI GUIMARÃES, *op. cit.*, p. 102, entende serem os da identificação, vinculação contratual, veracidade, não abusividade, ónus da prova pelo fornecedor, correcção do desvio publicitário;

MARIA ANTONIETA ZANARDO DONATO, *Protecção do consumidor – conceito e extensão*, Revista dos Tribunais, SP - Brasil, 1994, citada por PAULO JORGE SCARTEZZINI GUIMARÃES, *op. cit.*, p. 102, identifica os princípios da vinculação, veracidade, não abusividade, inversão do ónus da prova e correcção do desvio publicitário;

VERA M. JACOB DE FRADERA, *A interpretação da proibição de publicidade enganosa e abusiva à luz do princípio da boa-fé: o dever de informar no código de defesa do consumidor*, Revista de direito do consumidor, n°. 4, Revista dos Tribunais, SP - Brasil, p. 183, expõe serem os da vinculação, veracidade, não abusividade, transparência, identificação, inversão do ónus da prova e protecção contra a publicidade enganosa;

ADALBERTO PASQUALOTTO, *op. cit.*, p. 83, identifica apenas dois, os da identificação e da veracidade;

PAULO JORGE SCARTEZZINI GUIMARÃES, *op. cit.*, pp. 102 e ss, elenca os princípios da liberdade, vinculação, identificação e lealdade;

PAULO VASCONCELOS JACOBINA, *op. cit.*, pp. 62 e ss, cita os princípios da liberdade e da boa-fé como fundamentais e os da veracidade, clareza, correcção, informação como adjuvantes;

MARCO ANTÓNIO MARCONDES PEREIRA, *op. cit.*, pp. 76 e ss, enumera os princípios da correcção profissional, veracidade e identificação.

Em Portugal, são quatro os princípios base a que publicidade deve atender, a saber:

*25.2.1. Princípio da licitude*[293]

Também designado por princípio da ordem pública[294] ou por princípio da não abusividade[295] é a máxima que enforma toda a actividade publicitária, como o princípio de todos os princípios.

O seu objectivo consiste na preservação da ordem pública social, que não poderá ser afectada pela publicidade ilícita. Tal implica o respeito pela lei, pelos valores, princípios e instituições fundamentais para a vida em sociedade, tais como a liberdade, a democracia, a igualdade, a privacidade, a dignidade humana, a paz, a segurança, etc., valores que estão consagrados constitucionalmente e cujas violações constituem infracções muito graves.

Em conformidade, este princípio proíbe a publicidade que, pela sua forma, objecto ou fim, ofenda os valores, princípios e instituições fundamentais constitucionalmente consagrados. Nestes termos, a publicidade não pode depreciar instituições, símbolos nacionais, religiosos e personagens históricas; nem apelar à violência, ou estimular qualquer actividade ilegal ou criminosa; atentar contra a dignidade da pessoa humana; conter discriminações em razão da raça, língua, religião, sexo, país; utilizar a imagem ou as palavras de outra pessoa, sem autorização; utilizar linguagem obscena; encorajar comportamentos prejudiciais à protecção do ambiente; ter por objecto ideias de conteúdo sindical, político ou religioso.

Toda a publicidade veiculada no território nacional deverá ser transmitida na língua portuguesa, permitindo-se a utilização de idiomas estrangeiros apenas quando estes sejam os exclusivos ou principais desti-

---

[293] Previsto nos arts 6º. e 7º. do *Cód. Pub.*
[294] Por CARLOS FERREIRA DE ALMEIDA, *Os direitos ...*, cit., p. 80.
[295] Por ANTÔNIO HERMAN DE VASCONCELLOS E BENJAMIM, *Código brasileiro da defesa do consumidor*, Forense universitária, 2ª. ed., SP – Brasil, 1992, p. 184.

natários, ou sempre que estritamente necessário à obtenção do efeito visado na concepção da mensagem.[296]

### 25.2.2. Princípio da identificabilidade [297]

Toda a publicidade deve ser inequivocamente identificada, independentemente do meio de difusão utilizado. O legislador pelo *DL n.º 6/95 de*

---

[296] Analisem-se os seguintes casos relativos ao princípio da licitude, decididos pela *CACMP*:

*1.* Num jogo de futebol entre as selecções da Áustria e de Portugal, emitido pela televisão, figura como publicidade lateral ao campo de futebol, duas faixas ao comprido, com as cores da bandeira portuguesa, tendo ao centro uma carica de cerveja, patrocinadora da selecção portuguesa de futebol. A *CACMP* considerou não haver fundamento para punição, por os factos descritos não integrarem o ilícito previsto no art. 7º. n°. 2, al. a) do *Cod. Pub.*;

*2.* Por uma estação televisiva, foi emitido um anúncio publicitário, inserido num bloco devidamente identificado, em que a única frase proferida: *Trésor, le parfum des instants précieux...* era dita em voz *off* e em idioma francês, depois do aparecimento no écran de um casal, seguidos do desenho de um frasco de perfume daquela marca. Ora, não é pelo facto de o perfume ser francês, que a sua identificação tem necessariamente de se operar em idioma francês, para melhor identificação e compreensão da mensagem. Daí considerou a *CACMP* ter sido violada a regra do n°. 3 do art. 7°., passível de condenação em coima, nos termos dos arts 34°. n°. 1 al. a) e 36°. todos do *Cód. Pub.*;

*3.* Num *spot* publicitário que promovia relógios da marca *Swatch*, em que a acção decorria à volta da pontualidade de quadros superiores e empresários nas reuniões laborais, foi utilizado em todo o anúncio unicamente a língua inglesa, através da seguinte frase: *Swatch, the others just watch.* A *CACMP*, entendeu neste caso, que apesar do trocadilho utilizado na mensagem *Swatch ... Watch*, constituir uma característica da marca, nem por isso se torna inteligível à maioria da população portuguesa que não é obrigada a conhecer outros idiomas além do nacional, por forma a poder beneficiar da excepção do n°. 4 do art. 7°. do *Cód. Pub.*, daí que não tenha sido aplicada coima mas a pena mais leve de advertência.

[297] Previsto nos arts 6°. e 8°. do *Cód. Pub.* – veja-se o caso da *cerveja superbock*, descrito em nota de rodapé.

Cfr. em relação ao princípio da identificabilidade conjugado com o princípio da dissimulação, o *Ac. RL de 10/3/99, BMJ, 485, 480,* dispondo que entre as normas do art. 8°. e as do art. 9°. há uma relação de conjunção, já que o valor jurídico tutelado é o mesmo:

*17/1*, vincou o princípio da identificabilidade da publicidade na rádio e na televisão, através da obrigatoriedade da existência de um separador no início e no fim do espaço publicitário. Na rádio, o separador é constituido por sinais acústicos, e na televisão por sinais ópticos ou acústicos, devendo ainda conter, de forma perceptível para os destinatários, a palavra «*publicidade*» no separador que precede o espaço publicitário. A sua violação dará origem a um ilícito contra-ordenacional, e consequentemente, a publicidade oculta ou dissimulada, prevista e proibida no art. 9º. do Cód. Pub..

### 25.2.3. Princípio da veracidade[298]

A publicidade deve respeitar a verdade não deformando os factos. As afirmações relativas aos bens ou serviços publicitados devem ser passíveis de prova perante as instâncias competentes. Assume a maior importância em termos publicitários, porque a sua formulação impõe o

---

a percepção cabal pelos destinatários da natureza publicitária das mensagens veiculadas pelos *media*. Sempre que na publicidade televisiva o separador contenha, expressa ou sublimadamente, mensagens publicitárias, não cumpre as suas funções, assim violando aqueles dois princípios e ainda o *Ac. RL de 4/11/98, BMJ, 481, 530*, também relativo ao princípio da identificabilidade, confirmando que a publicidade tem de ser inequivocamente identificada como tal, concretizado com a exigência de separador entre a emissão de um programa e a emissão de publicidade.

[298] Previsto nos arts 6º. e 10º. do *Cód. Pub.*.

Pela *CACMP* foi apreciado o seguinte caso: *acesso à expo 98* – a empresa organizadora desta exposição mundial, publicitou com ano e meio de antecedência, que as crianças com menos de 5 anos teriam entrada gratuita, sem discriminar a data exacta de nascimento que relevava e que permitiria essa gratuitidade. "*Para as crianças com menos de cinco anos de idade o acesso era gratuito*". Alguns meses antes do início da exposição, exigiu que as crianças nascidas em 1993 (e que podiam ter 4 ou 5 anos à data do início da exposição) teriam de pagar meio bilhete. A *CACMP*, considerou que a divulgação das condições de aquisição de quaisquer bens e serviços deve corresponder com exactidão àquelas que são publicitadas, para impedir que o consumidor seja induzido em erro. Cabia à entidade organizadora informar de forma explícita os consumidores, de molde a não frustrar expectativas entretanto criadas, e decidiu aplicar uma coima por violação do princípio da veracidade, por alteração das condições de entrada das crianças no recinto.

dever de respeito pela verdade e pela clareza da mensagem publicitária, proibindo a publicidade que possa ser total ou parcialmente falsa e ainda aquela que possa gerar dúvidas, induzindo ou sendo capaz de induzir em erro o destinatário sobre um produto ou serviço. A violação deste princípio, além da sanção prevista, dá origem à publicidade enganosa, proibida pelo art. 11º. do *Cód. Pub.*, por consistir na alteração da verdade ou numa menor clareza sobre as características do produto ou serviço, o que levará o consumidor a agir sob erradas premissas.

### 25.2.4. Princípio do respeito pelos direitos do consumidor[299]

Também denominado princípio da inofensividade,[300] tem como objectivo proibir a publicidade atentatória dos direitos do consumidor previstos na *LDC*, no art. 60º. da *CRP* e em demais legislação extravagante. A mensagem publicitária não poderá incitar à adopção de comportamentos prejudiciais ou que possam fazer perigar a própria saúde e segurança do consumidor.

Nos termos do art. 3º., al. d) da *LDC*, o consumidor tem *direito à informação*[301] para o consumo, e o art. 8º. estabelece que o prestador do bem ou serviço, deve informar de forma clara e objectiva o consumidor.[302]

---

[299] Previsto nos arts 6º., 12º. e 13º. do *Cód. Pub.*
[300] Por MÁRIO FERREIRA MONTE, *op. cit.*, p. 102.
[301] Este direito à informação está jurisprudencialmente consagrado, através da sentença do Tribunal Judicial de Coimbra de 22/5/97, nos seguintes termos: *"Só uma mente informada garante a liberdade de escolha do consumidor e evita eventuais surpresas em detrimento das legítimas expectativas do consumidor"*. Para maior detalhe sobre este direito cfr. PAULO LUIZ NETTO LÔBO, *op. cit.*, pp. 24 a 45.
[302] Pode equiparar-se a falta de informação, sempre que esta se apresente confusa, não esclarecedora, nem dê ao consumidor/destinatário o acesso real e efectivo às condições indispensáveis para poder decidir informada e conscientemente. A situação característica da descrição efectuada, acontece sempre que os consumidores assinam contratos, cujas cláusulas estão impressas em caracteres demasiado diminutos e/ou estão colocadas em local que passa despercebido. Esta prática, por não ser demonstrativa de uma vontade clara de informar, torna inacessível a leitura e impede a compreensão dos consumidores, por isso, infringe o disposto no art. 12º., sendo punida nos termos dos arts 34º. e 36º., todos do *Cód. Pub.*

O legislador procurou assegurar ao consumidor/destinatário uma informação precisa e entendível por forma a proporcionar-lhe uma escolha consciente, porquanto numa sociedade de consumo incentivada por um mercado aberto e em livre concorrência, impõe-se uma protecção adequada aos consumidores.

Ao consagrar no art. 12º. do *Cód. Pub.*, o princípio do respeito pelos direitos do consumidor, o legislador quis evitar a existência de situações enganadoras ou atentatórias dos direitos deste, por isso puniu com coima todas as infracções, mesmo quando resultem da deficiente informação acerca da perigosidade do produto ou da especial susceptibilidade da verificação de acidentes, em resultado da utilização que lhe é própria.[303]

O legislador brasileiro optou por uma solução diversa ao punir com pena de prisão de seis meses a dois anos e multa o infractor que faça *"publicidade que sabe ou deveria saber ser capaz de induzir o consumidor a se comportar de forma prejudicial ou perigosa para a sua saúde e segurança"*,[304] preferindo claramente uma escolha criminal em detrimento do ilícito de mera ordenação social.

*25.3. A publicidade enganosa*

O art. 11º. do *Cód. Pub.* proíbe a *publicidade enganosa*, isto é, aquela que utiliza artifícios que induzam ou possam induzir em erro os seus destinatários, independentemente de lhes causar qualquer prejuízo económico ou poder prejudicar um concorrente. Esta noção é perfeitamente coincidente com o art. 2º. da *Directiva nº. 84/450/CEE de 10/9*, relativa a esta matéria, posteriormente alterada pela *Directiva nº. 97/55/CE de 6/10*, na qual o legislador nacional se baseou para formular o preceito mencionado supra.

---

[303] Cfr. o art. 34º. nº. 1 al. a) do *Cód. Pub.*. O texto deste art. 12º., já foi alvo de alteração através do *DL nº. 275/98 de 9/9*, que o concretizou e lhe injectou firmeza que não possuía, na medida em que, agora, expressamente proíbe a publicidade que atente contra os direitos do consumidor, enquanto o anterior texto apenas continha a expressão, mais leve e com menor impacto, *"a publicidade não deve atentar ..."*

[304] Cfr. o art. 68º. do *CDCbrasileiro*.

O legislador, à semelhança do disposto na *Directiva n°. 84/450/CEE de 10/9*, optou por enumerar, exemplificativamente, algumas situações através das quais se pode averiguar sobre o carácter enganador da publicidade, por forma a dissuadir os publicitários de trilharem esse caminho e simultaneamente alertar e proteger o consumidor. A lista é longa, elaborada com minúcia e, na reforma de 1998 através do *DL n°. 275/98 de 9/9*, passou a abarcar as situações sobejamente conhecidas, em que são concedidos *prémios, ofertas ou promoções* aos consumidores, sempre com o intuito de deles obter a aquisição dos respectivos produtos e serviços.

A existir publicidade enganosa o *IC* poderá exigir que o anunciante apresente provas de exactidão material dos dados de facto contidos na publicidade. Se as não apresentar ou apresentando-as, forem consideradas insuficientes, a lei presume pela inexactidão das mesmas e poder-se-á concluir pela existência de um ilícito contra-ordenacional de publicidade enganosa.

O *DL n°. 6/95 de 17/1*, aditou o art. 41°. ao *Cód. Pub.*, com a epígrafe *"medidas cautelares"*, posteriormente modificado pelo *DL n°. 275/98 de 9/9,* preceituando que: nos casos de publicidade enganosa, ou que possa acarretar riscos para a saúde e segurança dos consumidores, a *CACMP*[305] poderá, querendo, ordenar *medidas cautelares de cessação*, *suspensão* e *proibição* dessa publicidade.

Tais medidas devem ser aplicadas, sempre que possível, após a audição do anunciante, do titular ou do concessionário do suporte publicitário. Se a medida cautelar aplicada for a de suspensão, o acto determinativo expressamente fixará o prazo de duração. Poderá, ainda, conceder-se prazo para supressão dos elementos ilícitos da publicidade. Se a gravidade da situação o exigir e sempre que daí resulte contribuição para a

---

[305] Entidade competente para aplicação das coimas, sob proposta das entidades fiscalizadoras, sem prejuízo, das competências próprias das autoridades administrativas, de acordo com o art. 37° do *Cód. Pub.*

Cfr. ANA LUÍSA GERALDES, *O direito da publicidade ..., cit.,* e em *A loja dos 500 – publicidade enganosa*, Caderno trimestral de Subjudice, 3, /Julho/Setembro), 1996, pp. 65 a 66; e ainda o nosso artigo: *A publicidade enganosa no direito português*, Revista Marketeer - revista de *marketing*, comunicação e vendas, ano 2, n°. 10, Abril, 1997, p. 96.

reparação dos efeitos nefastos da publicidade ilícita, poderá ser ordenada a difusão de publicidade correctora, determinando-se os termos da respectiva difusão.

Dão entrada na *CACMP*, elevado número de processos que têm por base a prática de factos que indiciam a existência de ilícitos contra--ordenacionais de publicidade enganosa, é mesmo um dos ilícitos mais frequentes. Tais práticas não se restringem às vendas por correspondência ou às vendas ao domicílio (as denominadas vendas à distância, que substituiram a venda convencional, realizada no estabelecimento comercial). Constantemente as pessoas são abordadas na rua, no domicílio, via postal ou por telefone, com o mesmo tipo de métodos agressivos, apenas com o intuito de manipularem os consumidores a adquirirem os produtos, pressionando-os através de sessões de "esclarecimento" ou submetendo-os a exposições prolongadas, criando um ambiente comprometedor e intimidatório que induz à obtenção de uma assinatura, num qualquer contrato de compra do bem ou serviço publicitado.[306]

---

[306] Eis alguns dos casos mais comuns de publicidade enganosa, apreciados pela *CACMP*:

*1.* São frequentes as campanhas publicitárias dos hipermercados, geralmente distribuidas nas caixas de correio dos consumidores, em que anunciam produtos a preços convidativos, com o objectivo de atraírem os consumidores às suas instalações. Inúmeras vezes os consumidores são confrontados com o facto dos produtos publicitados não estarem disponíveis, ou não possuirem as características anunciadas. Inquiridas as empresas sobre esta questão, limitam-se a responder que houve uma *ruptura de stock* ou *erro tipográfico* na redacção dos folhetos promocionais;

*2.* A publicidade a bens ou produtos compostos por substâncias naturais, fazendo crer aos consumidores que tais produtos asseguram resultados ou garantem a cura de doenças, ou que são os adequados para melhorar a aparência das pessoas; bem como a oferta de determinados serviços ditos *milagrosos*, explorando a ignorância, a crença e a superstição dos destinatários, levando-os a acreditar que em pouco tempo, obterão o efeito desejado, no amor, na saúde, nas finanças, *etc.*;

*3.* Os clubes de férias – é frequente os cidadãos receberem chamadas telefónicas, comunicando-lhes que ganharam um prémio e que para o receberem terão de se deslocar às suas instalações. Uma vez aí chegados, são confrontados com vendas de *time-sharing*, serviços de loiças, etc.;

*4.* Cursos com falta de reconhecimento oficial – dado certa instituição universitária não ter autorização, à data de publicação do anúncio, para leccionar cursos de mestrado e

Apesar deste tipo de publicidade lesar os consumidores/destinatários de forma directa e grave, poucos são os casos que chegam aos tribunais,

---

proporcionar aos seus alunos o grau académico de mestre, não lhe era lícito publicitá-lo, sem a inclusão na publicidade da frase «*sem homologação*», ao fazê-lo, induziu os consumidores em erro, incorrendo com o seu comportamento na prática de uma contra-ordenação de publicidade enganosa, por violação do art. 11º. nº. 1º. e nº. 2 al. a) do *Cód. Pub.*, porquanto lhes criou a convicção de que terão direito ao grau académico anunciado pelo simples facto de frequentarem com êxito o curso de pós-graduação. Em conformidade, foi decidido condenar a universidade numa coima, nos termos previstos no art. 34º. do *Cód. Pub.*, e nas custas respectivas;

5. Publicidade a cursos universitários – certa universidade divulgou uma campanha publicitária, onde foram publicadas mensagens publicitárias, pretendendo-se passar a imagem, junto dos jovens candidatos ao ensino superior, de que possuir uma licenciatura conferida por aquela universidade lhes assegurava, desde logo, um bom emprego com boas regalias salariais. *"São procurados pelas maiores empresas do país"*, *"Oferece-se carro, boas regalias e salário compatível"*, entre outras. Tais factos não correspondem à realidade porque a anunciante não apresentou elementos objectivos comprovativos da exactidão material dos dados de facto contidos na publicidade, nem identificou as empresas que dão preferência aos seus licenciados. Nestes termos, as afirmações são inverídicas, deformam a realidade dos factos e assumem um carácter enganador, quer pelo seu conteúdo quer pela sua apresentação e são susceptíveis de prejudicar outros concorrentes – as outras universidades privadas que conferem as mesmas licenciaturas. Desta feita, a *CACMP* decidiu existir infracção contra-ordenacional de publicidade enganosa, punindo com coima quer a universidade, quer a agência de publicidade e os suportes publicitários, todos em co-autoria material, nos termos do art. 36º. do *Cód. Pub.*;

6. A loja dos 500 – Num estabelecimento de venda a retalho, anunciava-se num *"placard"* no exterior do mesmo «*loja dos 100 a 500*». Foi verificado, que no interior do estabelecimento, se encontravam expostos, para venda ao público, diversos produtos com preços que ultrapassavam os valores referidos, tais como 1.250$, 2.450$, 2.480$, *etc*. Feita a denúncia, foi pela *CACMP* entendido que os factos descritos integram o conceito de publicidade (art. 3º. nº. 1 do *Cód. Pub.*), não respeitam o princípio da veracidade (art. 10º. do *Cód. Pub.*) e são considerados como publicidade enganosa (art. 11º. do *Cód. Pub.*), na medida em que a expressão *"loja dos 100"*, ou *"loja dos 200"*, ou *"loja dos 500"*, possui um relevante efeito publicitário, o comerciante ao utilizar esta menção está a publicitar esses preços, como chamariz para proceder à venda dos seus produtos por valores mais altos, o que viola o princípio da veracidade, dado existir uma desconformidade com o preço real dos bens colocados à venda. Daí ter-lhe sido aplicada uma coima nos termos do art. 34º. nº. 1 al. a), do *Cód. Pub.*

o último conhecido remonta a 1988, proferido no domínio da legislação anterior ao actual *Cód. Pub.*, mas mantém contudo a sua actualidade.[307]

O *CDCbrasileiro* proíbe no art. 37º. a publicidade enganosa, caracterizando-a como *"qualquer modalidade de informação ou comunicação de carácter publicitário, inteira ou parcialmente falsa, ou, por qualquer outro modo, mesmo por omissão, capaz de induzir em erro o consumidor a respeito da natureza, características, qualidade, quantidade, propriedades, origem, preço e quaisquer outros dados sobre produtos e serviços."*

Tal como no ordenamento jurídico nacional, também no Brasil a principal característica da publicidade enganosa reside na probabilidade de indução do destinatário em erro, não se exigindo para a qualificar como tal, que efectivamente o destinatário seja induzido em erro, bastando a simples possibilidade, sem necessidade que o erro se consume. Torna-se pois, irrelevante, a intenção dolosa do anunciante, da agência de publicidade, do publicitário, ou mesmo do titular do suporte, para caracterizar e definir certa publicidade como enganosa, apenas terá relevo em termos indemnizatórios perante os destinatários eventualmente lesados.

*25.3.1. A publicidade enganosa por omissão*

Acerca da publicidade enganosa, a primeira ideia que surge, consiste justamente numa atitude positiva, numa acção que vise efectivamente lograr o destinatário. De facto, em Portugal, o *Cód. Pub.* não se lhe refere expressamente, diversamente do que acontece no *CDCbrasileiro*, cujo nº. 3 do art. 37º. dispõe sobre a publicidade enganosa por omissão, nos seguintes termos: *"é enganosa por omissão quando deixar de informar sobre dado essencial do produto ou serviço"*. Também em Espanha, o art. 4º. da *Ley General de Publicidad* preceitua sobre publicidade enganosa

---

[307] Cfr. *Ac. RL de 13/4/88, CJ, XIII, tomo 2, 159*, onde se decidiu constituir prática de publicidade enganosa ou fraudulenta, a exposição para venda de produto alimentar em que, com propósito de obtenção de lucro e sem que tal corresponda à realidade, esteja colocado um rótulo em que se afirme que o mesmo é recomendado pelas maiores sumidades médicas a todas as crianças, pessoas nervosas e de avançada idade.

por omissão, da seguinte forma: *"es asimismo enganosa la publicidad que silence datos fundamentales de los bienes, actividades o servicios cuando dicha omisión induzca a error de los destinatarios"*.

Contudo, o ordenamento jurídico nacional parece encontrar a mesma solução através do texto das als a) a d), do n°. 2 do art. 11°.. Ora, se para aquilatar sobre a enganosidade de certa mensagem publicitária, é necessário além do conhecimento concreto da mensagem em causa, as indicações que respeitem às características essenciais do produto ou serviço; ao preço e modo de fixação e pagamento; ao conhecimento da identidade do anunciante, suas características e qualificações; aos direitos e deveres do destinatário. Basta a omissão sobre algum dado essencial relativo ao produto ou serviço, para a publicidade ser considerada enganosa por omissão e ainda, por violação do princípio da veracidade, previsto no art. 10°. do *Cód. Pub.*, segundo o qual a publicidade deve respeitar a verdade e não deformar os factos.

A medida padrão determinativa da enganosidade da publicidade, será o *destinatário médio*. Conceito difícil de explicar, na medida em que o público-alvo da mensagem publicitária nem sempre é o mesmo.[308]

---

[308] O direito brasileiro refere-se ao "consumidor médio" porque grande parte das regras sobre o direito da publicidade estão incluídas no *CDCbrasileiro*. Em Portugal deve-se falar em "destinatário médio", porque é a expressão legal utilizada.

CLÁUDIA LIMA MARQUES, *op. cit.*, p 8, entende que o parâmetro determinativo sobre a enganosidade da publicidade deveria ser o "observador menos atento".

MARIA ELIZABETE VILAÇA LOPES, *op. cit.*, p. 166, explicita que o conceito de "consumidor médio" é intuitivo: trata-se de um homem comum, normalmente crédulo e de poucas letras. De acordo com o público-alvo identificar-se-á o "consumidor médio".

No direito argentino, segundo GABRIEL A. STIGLITZ, *Protección jurídica del consumidor*, Depalma, Buenos Aires, 1986, p. 19, não se deve descuidar da flexibilização do conceito de "consumidor médio", devendo-se maximizar a protecção dos indivíduos pertencentes à parte inferior da escala social.

Na ordem jurídica alemã coloca-se a ênfase no consumidor menos educado e menos crítico. Basta que 10% a 15% dos consumidores possam ser enganados para que se justifique o tratamento da mensagem publicitária como enganosa. Cfr. GERHARD SCHICKER, *Einfuhrung in das recht der Werbung*, Internationales und Europaisches Recht, Nomos, Baden-Baden, 1995, pp. 22 a 23.

Na Argentina, seguindo o trilho do *CDCbrasileiro* e da *Ley General de Publicidad*, a publicidade enganosa, por omissão, vem prevista no art. 9º. da *Ley de Lealtad Comercial, nº. 22.802*, nos seguintes termos: *"Queda prohibida la realización de cualquier clase de presentación, de publicidad o propaganda que mediante inexactitudes u ocultamientos pueda inducir a error, engaño o confusión respecto de las características o propiedades, naturaleza, origen, calidad, pureza, mezcla, cantidad, uso, precio, condiciones de comercialización o técnicas de producción de bienes muebles, inmuebles o servicios."*

*25.3.2. A publicidade enganosa e o direito comunitário (sistemas de controlo)*

Ao longo dos anos e em matéria publicitária, os orgãos comunitários têm aprovado medidas destinadas à harmonização legislativa entre os estados membros, e simultaneamente influenciado os diversos regimes jurídicos. A publicidade tendo como finalidade a promoção do fornecimento de bens ou serviços, pode revelar-se contrária às disposições do tratado *CEE*, sobre a livre circulação de bens e a livre prestação de serviços (arts. 30º. e ss e 56 e ss, respectivamente).[309]

---

Segundo a opinião de ADELAIDE MENEZES LEITÃO, *op. cit.*, p. 148, o critério da mediania não deve ser adoptado, pois sacrifica aqueles que, por estarem abaixo da média, são os que mais necessitam de protecção, adoptando o critério do "consumidor desatento", pois que é esta a categoria que mais necessita de tutela.

[309] Segundo o art. 30º., do Tratado *CEE*, são proibidas, entre os estados membros, as restrições quantitativas à importação, bem como todas as medidas de efeito equivalente. Baseada nesta proibição, foi estabelecida jurisprudência conhecida como *"Cassis de Dijon"* - Ac. TJCE, de 20/2/1979, *Rewe Zentral AG*, proc. nº. 120/78, 1979, p. 662, consagrando o princípio do reconhecimento mútuo entre as legislações dos estados membros, em que todo o produto legalmente fabricado e comercializado num estado membro deve ser, em princípio, admitido no mercado de qualquer um dos outros estados membros. No que respeita à jurisprudência sobre a livre circulação de serviços, o *TJCE* empregou o mesmo raciocínio.

Cfr. MÁRIO PAULO TENREIRO, *O regime comunitário da publicidade enganosa, cit.*, pp. 199 a 228.

Em relação à publicidade o *TJCE* considerou que, uma legislação limitativa ou proibitiva de certas formas de publicidade ou de certos modos de promoção de vendas, poderá entravar o comércio entre os estados membros, porquanto afecta a possibilidade de comercialização de produtos oriundos de outros estados membros.[310]

A política da comissão europeia, muitas vezes em reacção contra as iniciativas legislativas dos estados membros, pretende justamente evitar a aprovação de legislações divergentes e que possam entravar o comércio entre estes.

A *Directiva nº. 84/450/CEE de 10/9* sobre publicidade enganosa transposta para o nosso direito interno pelo *DL nº. 330/90 de 23/10,* (o actual *Cód. Pub.* apesar de alterado por diplomas posteriores) impõe aos estados membros a obrigação de encontrar meios adequados e eficazes para a controlar (art. 4º., nº. 1). Os meios deverão permitir aos interessados obter uma decisão de cessação ou de proibição de difusão da publicidade enganosa, podendo os estados optar por um sistema judicial ou por um sistema administrativo, prevendo-se ainda um sistema autodisciplinar (art. 5º.).[311]

---

[310] Ac. TJCE, de 15/12/1982, *Oosthoek's*, proc. nº. 286/81, p. 4575.

[311] Em Espanha, previamente à instauração da acção judicial, o interessado solicitará por escrito ao anunciante, a cessação ou rectificação da publicidade enganosa, que possui três dias para responder. Só após o decurso deste prazo, sem resposta ou com resposta negativa, a acção judicial poderá ser intentada. Cfr. *Ley General de Publicidad,* título IV, arts 25º. a 33, com a epígrafe *"De la acción de cesación y rectificatión y de los procedimientos"* e CARLOS LEMA DEVEZA, JESÚS GÓMES MONTERO, *op. cit.,* pp. 111 e ss.

Em França, o sistema permite optar entre a acção civil e a queixa criminal. A cessação será judicialmente ordenada como sanção acessória do *délit de escroquerie.* Cfr. PIERRE GREFFE, FRANÇOIS GREFFE, *op. cit.,* pp. 309 e ss e CAROLINE CARREAU, *Publicité et escroquerie,* Recueil Dalloz Sirey, nº. 30, 1996, pp. 257 a 262. – É o art. L. 121-1, do *Code de la consommation,* que define a *"publicité mensongère ou trompeuse"* e o art. 405º. do *Code Pénal,* que define a *"escroquerie".*

Em Itália, o art. 2598º. do *CCitaliano,* divide em três categorias os actos de concorrência desleal e numa delas encontra-se a publicidade enganosa, mas também está regulada nos arts 13 a 15º., do *CAP- Codice di Autodisciplina Pubblicitaria.* Cfr. PIERRE GREFFE, FRANÇOIS GREFFE, *op. cit.,* pp. 736 e 737, artigo elaborado por MAURIZIO FUSI; VINCENZO FRANCESCHELLI, EMILIO TOSI, *op. cit.,* pp. 193 e ss, relativas ao *CCitaliano* e pp. 1373 e ss referentes ao *CAP.*

Em Portugal, a publicidade enganosa é considerada como contra-ordenação, sendo que o art. 41°. do *Cód. Pub.*, introduzido no nosso ordenamento jurídico através do *DL n°. 6/95 de 17/1*, já alterado pelo *DL n°. 275/98 de 9/9*, instituiu um mecanismo de suspensão, cessação ou proibição da publicidade enganosa, bem como da publicidade comparativa ilícita e daquela que acarrete ou possa acarretar riscos para a saúde e segurança dos destinatários, dos menores ou do público em geral.

O sistema autodisciplinar previsto na directiva, reside no controlo voluntário da actividade, baseado em códigos de conduta de adesão voluntária, criando-se uma entidade encarregada da fiscalização, que recebe e aprecia as queixas apresentadas, mas que também poderá emitir pareceres prévios, a pedido do próprio anunciante. Estes organismos de autodisciplina, porque resultantes da vontade dos elementos que os compõem, revelam-se extremamente eficazes na resolução e prevenção de conflitos no âmbito da actividade publicitária.[312]

### 25.3.3. O controlo da publicidade transfronteiriça

Terminar com determinada campanha publicitária enganosa, com origem no território de um estado, mas que afecta consumidores residentes noutro estado diverso do anterior, levanta problemas fronteiriços de difícil resolução, daí o interesse deste assunto. Cada vez mais as campanhas publicitárias ignoram os limites fronteiriços. O conceito da publicidade global, a internacionalização dos meios de comunicação e a *Internet* vieram acentuar esta globalização. Este contexto origina conflitos transfronteiriços, que urge regular.[313]

---

Na Alemanha, a publicidade enganosa cai no âmbito do instituto da concorrência desleal. Cfr. PIERRE GREFFE, FRANÇOIS GREFFE, *op. cit.*, p. 580, artigo elaborado por GEERT SEELIG E CHRISTIAN HERTZ-EICHENRODE.

[312] Em Inglaterra a entidade mais conhecida é a *ASA – Advertising Standards Authority*; em Itália, o *IAP – Instituto dell'Autodisciplina Pubblicitaria*; em Portugal, o *ICAP – Instituto Civil de Autodisciplina da Publicidade*; em França, o *BVP – Bureau de vérification de la publicité*.

[313] ÉLISABETH DURIEUX, *Propos critiques sur la directive du 6 de Octobre de 1997: le problème en suspens des publicités transfrontalières*, REDC, 1998, pp. 92 a 101, p. 93.

A *Directiva 84/450/CEE de 10/9*, relativa à publicidade enganosa - alterada pela *Directiva n°. 97/355/CE de 6/10* - não regula a cessacção, suspensão ou proibição da publicidade enganosa, com carácter transfronteiriço. Daí que, os interessados em fazer cessar a campanha publicitária, poderão actuar através de acção proposta:[314]

> *a) no país destinatário da campanha publicitária* - onde a publicidade opera os seus efeitos. Coloca-se, todavia, a questão da eficácia da decisão tomada pela autoridade competente. É praticamente impossível executar uma decisão, proferida no âmbito de um processo que correu os seus trâmites dentro dos limites territoriais de um estado, no território de outro estado membro;
> *b) no país de origem da campanha publicitária* – os interessados residentes e nacionais de outro estado, ver-se-ão confrontados com três questões:
> > *1)* o problema do reconhecimento da sua legitimidade activa, pelo sistema jurídico estrangeiro (o do país de origem da publicidade);
> > *2)* a questão da determinação da lei aplicável;
> > *3)* a questão da competência da autoridade do país de origem, quando a campanha publicitária em causa, não produz qualquer efeito nesse território.

A nível comunitário surgiram duas iniciativas, uma de índole privada, proveniente das entidades de autodisciplina dos diversos países europeus e outra de cariz público, oriunda das entidades responsáveis pelo controlo das práticas comerciais, nos diversos países. Assim:

> *a)* Foi criada em 1991, pelos organismos privados que actuam na área da publicidade a *EASA - European Advertising Standards Alliance* - resultante da conjunção de esforços dos organismos de

---

[314] MÁRIO PAULO TENREIRO, *O regime comunitário da publicidade enganosa, cit.*, pp. 223 e ss.

autodisciplina dos diversos estados membros. Esta entidade recebe e encaminha as queixas relativas à publicidade transfronteiriça, mas não lhe compete efectuar o controlo. Limita-se a receber as queixas dirigidas aos orgãos nacionais de controlo e a transmiti-las aos orgãos de controlo competentes do outro país. Os interessados na cessação de uma campanha publicitária com sede noutro país, dirigir-se-ão ao organismo de controlo voluntário do seu próprio país. Este, por sua vez, transmitirá a queixa recebida à *EASA*, que a dirigirá ao organismo de controlo do país de origem da publicidade. Este, por sua vez, contactará o anunciante e tentará solucionar o problema;[315-316]

*b)* Foi criado o *IMSN - International Marketing Supervision Network* - organismo cuja composição ultrapassa o âmbito dos países membros da união europeia. É constituído pelas autoridades nacionais encarregadas da vigilância do mercado e o seu objectivo primacial consiste na prevenção de práticas fronteiriças ilegais, não se restringindo, portanto, ao controlo da publicidade. O *IMSN* mantém uma lista actualizada dos contactos nos diversos países membros, que asseguram a adequada notificação dos pedidos de informações e assistência em caso de práticas fronteiriças ilegais. Estas notificações são enviadas directamente entre os membros, sem que a entidade actue como intermediária.

---

[315] Sobre o esforço europeu de coordenação para regulação eficaz dos litígios transfronteiriços, *vide* ÉLISABETH DURIEUX, *op. cit.*, p. 95.

[316] Através da *Resolução do conselho de ministros nº. 18/01, de 21/2*, o IC e a *Direcção-geral da Administração extrajudicial*, foram incumbidos de desenvolver as diligências necessárias à participação portuguesa na rede europeia de organismos nacionais de resolução extrajudicial de conflitos de consumo e o *IC* foi designado o ponto de contacto nacional dessa rede, competindo-lhe a articulação com os outros pontos de contacto dos estados membros, nomeadamente através da prestação de informações e da recepção e encaminhamento das reclamações que forem veiculadas pelos mesmos.

*25.3.4. A publicidade enganosa e a concorrência desleal*

Não poderá iniciar-se o tratamento, não exaustivo, desta questão sem antes citar as sábias palavras de JOSÉ DE OLIVEIRA ASCENSÃO[317] que, no prólogo da sua obra sobre concorrência desleal, a dada altura afirma *"a concorrência desleal traz um elemento humano à vida dos negócios. Assenta numa valoração que supõe valores espirituais – desde logo a lealdade. Representa assim uma clareira na selva das relações humanas."*

Com total acerto, a citação supra invoca a vital necessidade de regulamentação das relações humanas na área da concorrência desleal, sem esquecer a conveniente interacção com o direito da publicidade.

Numa economia de mercado livre em que impera a produção em série, com a consequente normalização e produção em massa, a concorrência entre os produtos deixa de resultar directamente da qualidade de fabrico destes, cabendo à publicidade e às vendas com prémios ou brindes, reintroduzir no mercado a dinâmica comercial própria da luta pelos clientes e pela melhor posição estratégica.

Desta forma, instituem-se ligações entre os regimes da concorrência desleal e da publicidade que foi necessário regulamentar, caracterizando-se como ilícitas certas práticas concorrenciais e algumas práticas publicitárias mais agressivas.[318]

A propósito NOGUEIRA SERENS[319] afirma que: *"a inexistência de uma disciplina jurídica da publicidade no primeiro período do capitalismo industrial significa que o problema da publicidade como meio de concorrência, se não põe quando a concorrência é livre, mas quando esta já não pode ser livre"* e continua explicando, que a disciplina jurídica publicitária não poderá interligar-se à possibilidade dos empresários concorrerem pelos meios que lhes aprouver, ao invés, decorrerá da eliminação, quer por via legal, contratual ou judicial dos outros meios concorrenciais.

---

[317] JOSÉ DE OLIVEIRA ASCENSÃO, *Concorrência desleal*, Almedina, Coimbra, 2002, p. 7.

[318] Cfr. ADELAIDE MENEZES LEITÃO, *op. cit.*, p. 138.

[319] NOGUEIRA SERENS, *op. cit.*, p. 4 e pp. 13 e ss e também publicado em Actas do Congresso Internacional organizado pelo IJC - FDUC, *cit.*, p. 231 e pp. 238 e ss.

Portanto, num sistema moderno e actual em que desaparece a concorrência originada pela qualidade e pelo preço dos produtos, só a marca e a publicidade surgem como elementos diferenciadores, num mercado vincado pela restrição legal da concorrência. Por isso, a publicidade torna a concorrência mais eficaz e profícua e esta, por sua vez, exige a disciplina jurídica publicitária.

A marca, do ponto de vista económico, desempenha funções diversas, tais como:

> *1) função indicadora da origem ou proveniência do produto* - o consumidor estabelecerá uma ligação imediata entre o produto e a empresa que o produz;
>
> *2) função de garantia da qualidade do produto* - o consumidor, conhecendo a marca, interliga-a com a empresa produtora e certamente inferirá sobre a constância dos padrões de qualidade e manutenção das características dos produtos que ostentam aquela marca;
>
> *3) função sugestiva* - influencia a preferência do consumidor por aquele produto. Todavia, os produtos, apresentando características muito idênticas e perfeitamente normalizadas, enquanto reflexo da utilização da "máquina" no sistema produtivo, fazem com que a marca perca a função determinadora da escolha do produto: os produtos são iguais no preço, qualidade e características. A insuficiência das marcas, advinda da produção em série e do desenvolvimento produtivo e social, será suprida pelo recurso à publicidade. Esta centrando-se na marca e no produto correspondente, fornece-lhe poder de venda ou na terminologia anglo saxónica, *selling power*. O poder sugestivo da publicidade e a influência psicológica que esta exerce sobre o consumidor, permite anexar à marca um conjunto de factores ideais, não utilitários, mas que emprestam ao produto a sedução que o torna apetecível e com uma personalidade própria.[320]

---

[320] Cfr. RITA BARBOSA DA CRUZ, *op. cit.*, p. 1301 que perfilha a opinião de NOGUEIRA SERENS.

Por isso, a publicidade aparece associada às marcas e o seu regime jurídico é influenciado por princípios fundamentais do sistema da concorrência e pelos interesses que nele se movem.

Entre o regime da concorrência e o direito da publicidade existem algumas ligações recíprocas nas áreas da *publicidade enganosa*, da *publicidade comparativa* e da utilização de *métodos publicitários indesejados*.

Vejam-se os seguintes casos:

> a) *Publicidade enganosa* – Após a publicação do *DL nº. 36/03, de 5/3 (CPI)*, que entrou em vigor em 1/7/03, e que revogou o *DL nº. 16/95, de 24/1* e diplomas posteriores que o alteraram, registaram-se algumas modificações quanto à interacção com o regime da publicidade enganosa.

Ora vejamos:

A alínea e) do art. 317º. do *CPI/03*, engloba as alíneas e) e f) do art. 260º., do *CPI/95*. Nesta alínea e) estavam previstos os *reclamos dolosos*, como actos de concorrência desleal e tipificados como crimes, o que suscitava sérias dificuldades e obrigava a doutrina a uma composição jurídica por forma a enquadrar aquela alínea (art 260º., al. e) do *CPI/95* - ora revogado) com o art. 11º. do *Cód. Pub.*, que por sua vez qualifica a publicidade enganosa como um ilícito de mera ordenação social.

Todavia, não deixa de ser pertinente mencionar a construção jurídico-doutrinal dominante durante a vigência do *CPI/95*, que propugnava a seguinte solução para a interpretação dos preceitos do *CPI/95* e do *Cód. Pub.*, relativas à publicidade enganosa:

> 1. O art. 11º. nº. 1, *in fine*, do *Cód. Pub.*, relativo à proibição da publicidade enganosa, consagra a possibilidade desta *"... poder prejudicar um concorrente"*, punindo-a como ilícito contra-ordenacional;
>
> 2. O art. 260º. al. e) do *CPI/95*, sob a epígrafe *"concorrência desleal"*, punia como ilícito criminal, *"... a intenção de causar prejuízo a outrem (...) ao praticar qualquer acto de concorrência contrário às normas e usos honestos de qualquer

*ramo de actividade, nomeadamente: (...) os reclamos dolosos ...".*[321]

Note-se que já o *CPI* de 1940, no art. 212º. nº. 5., previa os reclamos dolosos.

Neste sentido, o legislador ao publicar posteriormente o *Cód. Pub.* parecia querer revogar o referido art. 212º. nº. 5, do *CPI* de 1940, na sua referência aos reclamos dolosos.

Todavia, o *CPI* de 1995, manteve justamente a mesma referência aos reclamos dolosos, apenas com alteração do número do preceito (agora o art. 260º., al. e.).

Não parece, pois, que o legislador tenha pretendido revogar o art. 11 nº. 1 do *Cód. Pub.*, no que respeita à coincidência de matérias. A legislação posterior que alterou o *Cód. Pub.* manteve a mesma situação, inferindo-se daqui que se pretendeu manter as duas referências, em dois diplomas distintos.

Concluiu JOSÉ DE OLIVEIRA ASCENSÃO,[322] que a inclusão no texto do art. 11º. nº. 1, do *Cód. Pub.*, da referência ao *"prejuízo do concorrente"*, resultou da transposição por mera cópia para o direito interno, da directiva sobre publicidade enganosa. E afirma que na ordem jurídica nacional, o trecho em causa não deveria ter sido transposto - o que não acontece

---

[321] JOSÉ DE OLIVEIRA ASCENSÃO, *Concorrência desleal, cit.*, p. 521, analisou e confrontou as expressões "reclamos dolosos", contida no art. 260º. al. e) do *CPI/95*, e "publicidade enganosa" prevista no art. 11º. do *Cód. Pub.*, concluindo que a segunda além de mais extensa que a primeira, é acompanhada de esclarecimentos que não deixam dúvidas quanto à sua abrangência.

A expressão "reclamos dolosos" por sua vez deixa dúvidas. Refere-se expressamente à vontade de enganar, ao elemento volitivo e subjectivo de causar engano a terceiros. Daí a tipologia legal somente abranger o dolo e não a negligência.

Pelo contrário, a publicidade enganosa enquanto ilícito contra-ordenacional, por força do disposto no art. 34º. nº. 2 do *Cód. Pub.*, está abrangida também pela negligência. É uma diferença substancial permitindo afirmar que, em termos do *CPI/95*, a publicidade enganosa só poderia ser qualificada como ilícito penal de concorrência desleal, se contivesse a intenção de causar engano – o dolo.

[322] JOSÉ DE OLIVEIRA ASCENSÃO, *Concorrência desleal, cit.*, pp. 140 e ss.

noutras ordens jurídicas – porque o instituto da concorrência desleal já assegura, como sempre assegurou, a devida protecção ao concorrente contra a publicidade enganosa.

De acordo com as posições assumidas por JOSÉ DE OLIVEIRA ASCENSÃO e por ADELAIDE MENEZES LEITÃO,[323] entendeu-se que os dois preceitos mantinham a sua vigência e que o art. 260º. al. e) do *CPI/95*, face ao art. 11º. nº. 1 do *Cód. Pub.*, deveria ser considerado como um reforço na defesa directa do concorrente e reflexa do consumidor, na medida em que o art. 11º. nº. 1, defende em primeiro lugar o consumidor.

Verificou-se também que a violação do art. 11º., consubstancia a prática dum facto ilícito contra-ordenacional, por força do art. 34º. nº. 1 al. a), do *Cód. Pub.* e a violação do art. 260º. do *CPI/95* integrava a prática de um ilícito criminal de concorrência desleal, previsto na secção II, do título III, do *CPI*.

O legislador ao introduzir as alterações ao *CPI/40*, através do *DL nº. 16/95 de 24/1*[324] não só perdeu a oportunidade de descriminalizar esta matéria, como optou pela manutenção do ilícito criminal quanto aos actos de concorrência desleal, em especial quanto aos reclamos dolosos.

Contudo, a existirem situações concretas que se subsumissem simultaneamente na previsão legal das duas normas – o art. 11º. nº. 1 do *Cód. Pub.* e o art. 260º. al. e) do *CPI/95*, aplicar-se-ia a sanção penal e não a contra-ordenacional, por força do art. 20º., do *DL nº. 433/82 de 27/10*, sob a epígrafe *"concurso de infracções"*. Todavia, o preceito referido permite combinar a repressão penal com as medidas cautelares do art. 41º. do *Cód. Pub.*, e com as sanções acessórias dos arts 34º. e 35º. do mesmo diploma, por expressamente referir *"... sem prejuízo da aplicação das sanções acessórias previstas para a contra-ordenação."*.

Em suma, sempre que através da violação do art. 11º. nº. 1 do *Cód. Pub.*, o agente praticar um dos actos de concorrência desleal, previstos no art. 260º. al. e) do *CPI* e se verifique a existência de dolo, caberá aplicar

---

[323] JOSÉ DE OLIVEIRA ASCENSÃO, *Concorrência desleal*, cit., p. 142 e ADELAIDE MENEZES LEITÃO, *op. cit.*, p. 153.

[324] Actualmente revogado pelo *CPI/03*.

a sanção criminal. Pelo contrário, esta sanção será inadequada quando inexistir dolo pois que, aos actos de concorrência desleal negligente não se aplica a tutela criminal.

Hodiernamente, com a publicação do *CPI/03*, esta dupla previsão normativa desapareceu, pois que o legislador optou por excluir do texto legal - art. 317º. al. e) - a expressão reclamos dolosos, logo, as questões jurídicas acima referenciadas deixaram de ter sentido.[325]

b) *Publicidade comparativa* - o legislador não integrou a prática de publicidade comparativa como um acto de concorrência desleal. É permitida pelo art 16º. do *Cód. Pub.*, desde que respeite as condições previstas no nº. 2 deste preceito. A sua violação acarreta a prática de um ilícito contra-ordenacional. A doutrina divide-se em relação a considerá-la ainda, como concorrência desleal.

ADELAIDE MENEZES LEITÃO[326] é da opinião que, fora dos limites em que é legalmente admitida, poderá ser intencionalmente enganadora e assim configurar a prática de um ilícito de concorrência desleal, podendo levar à aplicação do art. 317º. al. c) do *CPI/03*, (anterior art. 260º., al. c) do *CPI/95)*.

Em sentido diverso, JOSÉ DE OLIVEIRA ASCENSÃO[327] defende que *"a admissão, limitada embora, da publicidade comparativa não pode deixar*

---

[325] Segundo JORGE PATRÍCIO PAÚL, *Breve análise do regime da concorrência desleal*, ROA, Lisboa, ano 63, Abril, 2003, pp. 329 a 343, p. 337, *a mais significativa alteração do art. 317º. traduziu-se na eliminação da referência aos «reclamos dolosos», que no CPI/95 configurava uma injustificada intromissão no domínio da publicidade enganosa, regulada no art. 11º. do Cód. Pub., agravada pela circunstância de esta última ser qualificada como ilícito de mera ordenação social e os reclamos dolosos tipificados como crime. Esta dupla previsão normativa suscitava dificuldades na precisão dos dois conceitos e na delimitação de fronteiras entre os dois regimes, os quais cessaram com a feliz opção legislativa de excluir os reclamos dolosos do domínio da concorrência desleal.*

[326] ADELAIDE MENEZES LEITÃO, *op. cit.*, p. 156.

[327] JOSÉ DE OLIVEIRA ASCENSÃO, *Concorrência desleal, cit.*, p. 494. Opinião emitida durante a vigência do *CPI/95*. mantém contudo a sua pertinência e actualidade, care-

*de restringir o art. 317º. al. c) do CPI/03 (anterior art. 260º. do CPI/95). Se uma lei nos vem dizer que certas modalidades são lícitas, deixa de haver base para arquitectar sobre elas a concorrência desleal. No âmbito que o art. 16º. do Cód. Pub. a autoriza, não vemos como pode ainda ser contrária às normas e usos honestos e taxada de concorrência desleal. No limite, uma situação de publicidade comparativa proibida que não seja contrária às normas e usos honestos não deixa de ficar submetida à previsão do art. 16º. do Cód. Pub.".*

c) *Métodos publicitários indesejados* - estes métodos abrangem a publicidade directa e a utilização de métodos como os referenciados supra[328] acerca da publicidade domiciliária por telefone e por telefax.

É no domínio da publicidade directa que se vai colocar a problemática dos métodos publicitários indesejados. Este tipo de publicidade poderá apresentar vantagens para os empresários, levando à poupança de recursos financeiros e de mão de obra, mas geralmente o consumidor sente-se incomodado por a sua privacidade ser invadida.

Como tal, o legislador regulamentou esta matéria, quer através da *Lei nº. 6/99 de 27/1*, quer considerando estes métodos publicitários como actos de concorrência desleal. A justificação para os considerar como tal, assenta na protecção da liberdade de decisão e da esfera privada do consumidor e ainda, no risco de proliferação de uma conduta que poderá levar ao descrédito de toda a actividade económica.

O recurso ao proémio do art. 317º. do *CPI/03* (anterior art. 260º. do *CPI/95)*, na opinião de ADELAIDE MENEZES LEITÃO[329] poderá ferir de ilici-

---

cendo apenas de actualização, já efectuada no texto, no que se refere aos preceitos em causa.

[328] *Vide* os nºs 17.4, 17.4.1., 17.4.2. desta tese.

[329] ADELAIDE MENEZES LEITÃO, *op. cit.*, p. 160. A opinião constante do texto foi emitida pela autora durante a vigência do *CPI/95*. Entendemos, contudo, que continua com plena actualidade na medida em que, com a ressalva dos números dos preceitos, o proémio do art. 317º. do *CPI/03*, é semelhante ao do art. 260º. do *CPI/95*.

tude civil alguns dos comportamentos concorrenciais adoptados, que sejam contrários aos usos e costumes do ramo de actividade em causa, sempre que através deles, se alcance um prejuízo alheio ou benefício próprio que não assente nas próprias prestações oferecidas.

Para além das situações descritas, outras existem que utilizam métodos publicitários importunos, tais como o arrastamento das pessoas para sítios de venda e o recurso à publicidade que acentua os sentimentos, como por exemplo: a protecção do meio-ambiente, a venda de postais elaborados por artistas deficientes, a publicidade que apela ao sexo.

São alguns destes casos, que a jurisprudência alemã tem julgado conformes ou não com os bons usos e costumes sociais. JOSÉ DE OLIVEIRA ASCENSÃO[330] refere existir um apelo à adequação social da publicidade.

Cada vez mais se discute se constituem actos de concorrência desleal, aqueles acima descritos. Certo é que, fora dos casos em que se ponha em causa a liberdade de escolha, através do carácter opressivo do meio utilizado ou em que se obrigue o consumidor à aceitação, com o fim de pôr termo à pressão, não se pode falar em concorrência desleal, mesmo que os métodos sejam importunos. Todavia, tais métodos poderão ser proibidos, restringidos ou limitados, sempre pela via do direito da publicidade ou da disciplina das vendas e nunca através do direito da concorrência.[331-332]

---

[330] JOSÉ DE OLIVEIRA ASCENSÃO, *Concorrência desleal, cit.*, pp. 560 e ss.

[331] Através do *DL nº. 10/03, de 18/1*, foi criada a *Autoridade da Concorrência (AC)*, à qual cabe assegurar o respeito pelas regras da concorrência, tendo em vista o funcionamento eficiente dos mercados, a repartição eficaz dos recursos e os interesses dos consumidores (art. 1º.).

A *Lei nº. 18/03, de 11/6*, aprova o *regime jurídico da concorrência* e é aplicável a todas as actividades económicas exercidas nos sectores privado, público e cooperativo. O respeito pelos comandos normativos previstos neste diploma é assegurado pela *AC*, que anualmente elaborará um relatório sobre as suas actividades e em especial, quanto aos seus poderes sancionatórios, de supervisão e de regulamentação, que enviará ao Governo e à Assembleia da República.

[332] Cfr. ainda LUIS MENEZES LEITÃO, *A protecção do consumidor contra as práticas comerciais desleais e agressivas,* Estudos de direito do consumidor, FDUC, Centro de Direito do Consumo, nº. 5, 2003, pp. 163 a 181.

## 25.4. A publicidade oculta ou dissimulada

É o art. 9º. do *Cód. Pub.* que regula a publicidade oculta ou dissimulada. Veda o uso de imagens subliminares ou outros meios dissimuladores que explorem a possibilidade de transmitir publicidade, sem que os destinatários se apercebam da natureza publicitária da mensagem.[333] Neste sentido, escreveu MOITINHO DE ALMEIDA[334] que *"a publicidade subliminar é aquela que procura agir sob o indivíduo abaixo do limiar das percepções sensíveis ..."*.

A lei fundamental no art. 60º. nº. 2, expressamente proíbe todas as formas de publicidade oculta, indirecta ou dolosa e já a *Lei nº. 58/90 de 7/9*,[335] proíbia a publicidade subliminar difundida através da televisão, frequentemente inserida em filmes, ocupando escassos milésimos de segundos, levando a que o espectador conscientemente não se aperceba dela.

Por sua vez, o art. 34º. nº. 1 al. a), do *Cód. Pub.*, dispõe que a violação do art. 9º., do mesmo diploma, constitui infracção contra-ordenacional, punida com coima.

Como já vimos, a publicidade tem de respeitar o princípio da identificabilidade. Em conformidade, todos os canais televisivos conceberam separadores coloridos e atractivos, com o objectivo de separar a publicidade da restante programação. Contudo, a inclusão destes separadores tem constituído uma prática ilícita, sendo frequentes as situações de inserção de publicidade entre os programas, sem identificação e/ou sem precedência do separador, e mesmo situações de confusão entre o sepa-

---

[333] Cabe ainda neste conceito a *publicidade estática*. O *Cód. Pub.* proíbe a focagem directa e exclusiva da publicidade existente na transmissão de um evento desportivo. É, todavia usual, embora não o devesse ser, que no início e no final de programas desportivos, em emissão de estúdio, onde são efectuadas entrevistas e comentários, surjam como cenário de fundo, logotipos de empresas, quando o apresentador ou os convidados aparecem no *écran*.

[334] MOITINHO DE ALMEIDA, *Publicidade enganosa*, Arcádia, Lisboa, 1974, pp. 28 e 29.

[335] Anterior legislação reguladora do regime da actividade de televisão, que foi revogada pela *Lei nº. 31-A/98, de 14/7*, e esta pela *Lei nº. 32/03, de 22/8*, (actual *LTV*) onde não existem referências à publicidade subliminar.

rador e a própria publicidade. Daí ter a *CACMP* intervindo e punido as situações violadoras da lei.[336-337]

---

[336] *Vide* o caso da publicidade à *cerveja superbock:* Por um canal televisivo, foi repetidamente utilizado um separador de publicidade, em que o próprio separador, apresentava características semelhantes ao *spot* da cerveja, com semelhanças a nível de som, côr, imagem e movimento. Apresentava escrita a palavra *publicidade* no interior de uma gota de água, que se formava e avolumava à medida que deslizava desde a parte superior, para a parte inferior do écran. A publicidade respectiva era inserida imediatamente antes ou após a inserção desse separador, o que ao invés de servir de separador, servia como prolongamento dessa publicidade.

Esta situação concreta, foi objecto de condenação em elevadas coimas, pela *CACMP*, que entendeu violar o princípio da identificabilidade, que tem de ser observado em qualquer anúncio publicitário, nos termos definidos pelo *Cód. Pub.*. Mas, a publicidade tem ainda de respeitar os restantes princípios, e a proibição da publicidade oculta ou dissimulada, está prevista no art. 9º. nº. 1 do *Cód. Pub.*, vedando o uso de imagens subliminares, ocultas, encobertas e dissimuladas. O *IC*, no auto de notícia que apresentou à *CACMP*, salientou que estavam perante uma modalidade que, *"ao fazer uso das técnicas de produção de estímulos de intensidades fronteiriças com os limites dos sentidos e mediante a utilização de meios dissimuladores ao nível da imagem e do som, tende genericamente a actuar sobre o público destinatário sem que ele se aperceba, de forma consciente. (...) Prolongado o tempo útil da mensagem, existe utilização ilícita do separador que funciona como uma extensão ilícita dessa publicidade."* A *CACMP*, condenou o canal televisivo em coima, acrescida das respectivas custas, decisão que foi confirmada pela sentença do Tribunal Judicial de Oeiras de 23/3/1998, e também pelo *Ac. RL de 10/3/99*, que aumentou a coima aplicada, por ter entendido que desde 1997 (altura da decisão da *CACMP*) até 1999, a arguida obteve melhoria da sua situação económica. Cfr. ANA LUÍSA GERALDES, *O direito da publicidade ..., cit.*, pp. 67 a 72.

[337] Outras situações relacionadas com os separadores publicitários, que foram punidas como contra-ordenações pela *CACMP* e judicialmente confirmadas, dizem respeito à inserção de um cartão publicitário com a denominação comercial de uma marca de vestuário, imediatamente após a transmissão dos blocos informativos, sem qualquer separador a precedê-las ou a indicar o início da publicidade. A questão colocada é a seguinte: será que tais cartões poderão ser considerados *mensagens publicitárias isoladas (art. 25º. nº. 8 do Cód. Pub.)* e desta forma poderão assim ser inseridos ou deverão ser integrados nos respectivos blocos publicitários. Foi decidido que esta situação viola o estatuído nos arts. 8º. e 25º., nºs 1 e 2, sendo punido como contra-ordenação, de acordo com o art. 34º. nº. 1 al. a), todos do *Cód. Pub.*

A sanção descrita, foi também aplicada no seguinte caso: com bastante frequência, os diversos canais televisivos emitiram publicidade em simultâneo com o sinal horário.

Também no país vizinho a *Ley General de Publicidad*, no art. 7º., define como ilícita a publicidade subliminar, considerando-a como a *"que mediante técnicas de producción de estímulos de intensidades fronterizas com los umbrales de los sentidos o análogas, pueda actuar sobre el público destinatario sin ser conscientemente percibida."*

No Brasil, esta matéria está devidamente prevista no *Código Brasileiro de Autoregulamentação Publicitária (CBAP)*, que regula as normas éticas aplicáveis à publicidade comercial (art. 8º.), referindo expressamente que a actividade publicitária será sempre ostensiva (art. 9º.) e autêntica, com indicação clara da marca, da firma ou da entidade patrocinadora, sem subterfúgios relativamente ao carácter publicitário da mensagem. Exceptua, todavia, as campanhas em fase de *teaser* - técnica publicitária concebida para criar expectativa ou curiosidade em torno de produtos a serem lançados no mercado, o que obviamente impede a identificação imediata do produto. Os arts 28º. a 30º. do *CBAP*, referem que o anúncio deverá ser claramente distinguido como tal, seja qual for a sua forma ou canal de transmissão. O anunciante deverá estar perfeitamente identificável, bem como a agência de publicidade, que deverá identificar-se nos anúncios veiculados sob a sua responsabilidade.

Para evitar a confusão com matérias editoriais e a indução dos consumidores em erro, o art. 30º. impõe que qualquer peça jornalística sob a forma de reportagem, artigo, nota ou qualquer outra que se veicule mediante pagamento (chamada publicidade redacional que consiste inquestionavelmente num anúncio dissimulado e, assim, violador do princípio da identificação), deve ser identificada para que se distinga das editoriais e não confunda o consumidor.

Também o *CDCbrasileiro* no art. 36º., inspirado no art. 46º. do projecto francês do *Code de la Consommation*, expressamente se reporta ao princípio da identificabilidade, onde consta que *"a publicidade deve ser veiculada de tal forma que o consumidor, fácil e imediatamente, a identifique enquanto tal."*

---

Assim, parte do écran é ocupada por um relógio digital e a restante parte, por um quadro onde decorre publicidade.

## 25.5. Restrições ao conteúdo e ao objecto da mensagem publicitária

### 25.5.1. Relativas ao conteúdo

#### 25.5.1.1. A publicidade dirigida a menores

O problema do efeito da publicidade sobre as crianças foi sempre objecto das preocupações da opinião pública e dos estudiosos. Constatou-se que as crianças, desde cedo distinguem a publicidade televisiva da restante programação e, à medida que a idade avança, diminui a atenção prestada à publicidade e inversamente, aumenta a capacidade de memorização do seu conteúdo. A agradabilidade do produto tende a coincidir com a característica do *spot*: os preferidos são os que promovem brinquedos ou publicitam a alimentação preferida pelas crianças. Para a criança, a publicidade tem uma função socializadora e didáctica, influencia a imagem sobre o mundo que a rodeia e permite a apreensão de novas palavras, aumentando a sua aptidão linguística.

Através de uma imagem estereotipada da realidade, os anúncios dirigidos às meninas utilizam o cor de rosa e músicas suaves, enquanto que os dirigidos aos rapazes utilizam cores vivas e diversificadas e músicas ritmadas, atraindo-os para um convívio extra-familiar, onde a linguagem publicitária é adoptada nas conversações de grupo.

As próprias crianças participam nos anúncios. Quando se dirigem aos rapazes, provocando o processo de identificação entre a fonte e o receptor, os protagonistas serão rapazes. Mas, nem sempre as crianças têm ligação ao produto publicitado, são escolhidas apenas para evocar a associação mental positiva provocada nos adultos a quem o anúncio se destina. O reconhecimento do importante papel que a criança assume no mercado de consumo, impulsiona a sua maior visibilidade e a sua utilização pelos diversos canais de transmissão de mensagens. A criança é o consumidor do futuro, tem imenso poder de decisão sobre a compra de artigos infantis e um poder extremo de influência sobre os produtos consumidos pela família em que se insere. As crianças assumem hoje um papel de "ditadoras" dos padrões de consumo dentro dos seus lares e significam um mercado potencial para uma série de produtos e serviços. Daí que, seja cada vez maior a opção pela utilização da criança na publicidade, já que esta cria empatia com os destinatários da mensagem, emociona e sensibiliza os adultos e contribui para o rejuvenescimento da marca publicitada.

Contudo, a criança necessita de crescer e amadurecer, para poder defender-se dos aspectos negativos da exposição publicitária. Nestes termos, sentiu o legislador a necessidade de a proteger e, em Portugal, os menores[338] só podem intervir nas mensagens publicitárias quando exista uma relação directa entre estes e o serviço publicitado. O legislador no art. 14º. do *Cód. Pub.* - baseado na *Directiva nº. 89/552/CEE, de 3/10* - exemplificativamente, descreveu algumas situações que se lhe afiguram como atentatórias da credulidade, inexperiência, integridade física ou moral dos menores.

Assim, a publicidade dirigida a menores deve abster-se, nomeadamente:

*a)* de incitar directamente os menores, explorando a sua inexperiência ou credulidade, a adquirirem determinado bem ou serviço; ou a

*b)* persuadirem os seus pais ou terceiros a comprarem os produtos ou serviços em questão;

*c)* de conter elementos susceptíveis de fazerem perigar a integridade física ou moral destes, designadamente pelo incitamento à violência;

*d)* de explorar a confiança especial que os menores depositam nos seus pais, tutores ou professores.[339]

---

[338] JÚLIO REIS SILVA, *Os menores e a publicidade. Que direitos?*, Revista infância e juventude, nº. 3 (Julho/Setembro), 1995, pp. 59 a 64, entende que a imagem do menor deve ser mais protegida quando este participa em filmes, defendendo uma atitude especial e um acrescido cuidado com a vulnerabilidade física e psicológica do menor e dá alguns exemplos: na Grécia o protagonismo de crianças em filmes é permitido, sem mais; na Bélgica, é necessária uma autorização especial do Ministério do Trabalho; em França, só com uma autorização formal dos pais do menor de 16 anos e com adequada cobertura médica e escolar; na Alemanha, só com autorização das autoridades civis, designadamente a secção de família do Supremo Tribunal, são permitidas filmagens com crianças.

[339] Analisem-se mais dois casos concretos, todavia contraditórios:

1. *a utilização dos bebés nadadores* – A *Expo 98*, subordinada ao tema "*os oceanos*", divulgou através de vários suportes, entre os quais a televisão, um anúncio em

Também o *CPLMP* no art. 13º., dispõe sobre esta matéria nos mesmos moldes do *Cód. Pub.*, aliás como em Espanha, França, Itália e Brasil.[340]

---

que os protagonistas eram quatro crianças de tenra idade. Essas crianças, de várias raças, nadavam harmoniosamente nas profundezas do oceano, rodeado de vasta fauna e flora marinha e, simultaneamente, em voz *off*, escutava-se *"os oceanos onde toda a vida começou. Os oceanos, um património para o futuro (...) um pequeno passo para Portugal, um grande espaço para o mundo (...) venha mergulhar no futuro."* Participada esta situação, a *CACMP*, decidiu não condenar as denunciadas (o anunciante e a agência de publicidade) pela violação do disposto no art. 14º. nº. 2, do *Cód. Pub.*, porque uma exposição com as dimensões desta, não se circunscrevia apenas aos interesses dos adultos, abarcando igualmente as crianças e menores, enquanto participantes e guardiãs do património mundial.

2. Em sentido contrário, e noutro caso, a *CACMP* decidiu pela violação objectiva e directa, das restrições ao conteúdo da publicidade, nomeadamente o art. 14º. nº. 2 al. c), conduta punida pelo art. 34º. nº. 1 nos termos do art. 36º., todos do *Cód. Pub.*, aplicando coimas à agência de publicidade, ao anunciante e ao suporte publicitário. Eis o caso: Numa publicidade a um supermercado foi utilizado um menor, com idade compreendida entre os 12 e os 16 anos, como interveniente principal. Este circulava pela rua e a certa altura pára em frente à porta de um salão de jogos, entra, introduz numa das máquinas uma moeda de 100$, jogando entusiasticamente. O jogo era de combate e de artes marciais e neste jogo o menor gastou todo o dinheiro resultante do troco da lista de compras, que a mãe lhe tinha entregue. No final, após ter gasto o dinheiro, ouvia-se uma voz *off* dizendo: *"gente inteligente compra nos supermercados x e y"*, acompanhada de uma mensagem escrita com os mesmos termos. O contexto em que o menor foi utilizado e a mensagem visual, não apresentava qualquer relação directa com os bens alimentares enumerados na lista de compras pela mãe do menor, e todo o *spot* está centrado no salão de jogos e na utilização das máquinas electrónicas pelo menor. Além disto, a actividade que o menor praticava era interdita por lei.

[340] No Brasil, o *CBAP* regula esta matéria no art. 37º.; em Itália, o *DL nº. 74 de 25/1/1992, Códice della pubblicitá*, no art. 6º.; em Espanha, na *Ley General de Publicidad*, o art. 3º., considera publicidade ilícita a que desrespeite a dignidade das pessoas e os valores e direitos legalmente reconhecidos, em especial os relativos aos menores, aos jovens e às mulheres; em França, o *Decreto nº. 87/37 de 26/1/87*, regula a participação dos menores em mensagens publicitárias, não devendo a publicidade explorar a inexperiência e especial credulidade das crianças e adolescentes e as mensagens não devem induzir em erro os jovens. Quanto à participação dos menores em filmes ou em mensagens publicitárias, não poderão ser actores principais, salvo se entre eles e o produto ou serviço publicitados existir uma relação directa.

Nos *EUA* tal como nos países europeus supra referidos, também as crianças são especialmente protegidas, face à elevada susceptibilidade psicológica, para não serem atingidas pelos malefícios da publicidade. Foi criado pelo *Children's Advertising Review Unit - (CARU)*, um código de autodisciplina que resultou da aliança entre a indústria publicitária e o Conselho de *Better Business Bureaus - (BBB)*. Versa sobre vários temas relacionados com os menores e contém seis princípios básicos, que se traduzem da seguinte forma:

*a)* tendo em conta a vulnerabilidade das crianças, os publicitários assumem especiais responsabilidades protectoras em relação aos malefícios eventualmente causados pela publicidade ilegal;
*b)* os publicitários não deverão explorar a fértil imaginação das crianças;
*c)* a publicidade deverá conter e comunicar as informações numa linguagem verdadeira, correcta e acessível para as crianças;
*d)* os publicitários deverão conduzir e introduzir nas suas mensagens sentimentos positivos, tais como: amizade, honestidade, justiça, generosidade e respeito pelos outros;
*e)* os estereótipos criados pela publicidade deverão respeitar a modelos socialmente aceites;
*f)* os publicitários deverão auxiliar os pais na preparação e educação das crianças, de forma construtiva.[341]

### 25.5.1.2. A publicidade testemunhal

A publicidade testemunhal prevista no art. 15º. do *Cód. Pub.*, só pode integrar depoimentos personalizados quando forem genuínos e comprováveis, e estejam ligados à experiência do depoente ou de quem ele

---

[341] Cfr. sobre este assunto CARLOS TEIXEIRA ALVES, *Comportamento do consumidor, análise do comportamento de consumo da criança*, Escolar editora, Lisboa, 2002 e LINDA LEE WILSON, *The advertising law guide*, Allworth, Press, New York, EUA, 2000, pp. 198 e ss.

represente. O depoimento despersonalizado é permitido desde que, não seja atribuído a uma testemunha especialmente qualificada, designadamente em razão do uso de uniformes, fardas ou vestimentas características de determinada profissão.

### 25.5.1.3. A publicidade comparativa

Por sua vez, a publicidade comparativa é aquela que identifica, explícita ou implicitamente, um concorrente ou os bens ou serviços oferecidos por um concorrente, só sendo consentida quando respeite as condições exaradas no n°. 2 do art. 16°., do *Cód. Pub.*.

É também uma forma de informação dos consumidores e de defesa dos seus reais interesses, estimulando a própria concorrência que se pretende sã e leal. Daí ser desejável, desde que não distorça a concorrência e não influencie negativamente a escolha dos consumidores. O legislador afastou os conceitos vagos e imprecisos com que definia este tipo de publicidade e através do *DL n°. 275/98 de 9/9*, introduziu este apertado regime, procurando evitar confrontos directos entre produtos similares de marcas diferentes, gerando confusão no consumidor, descrédito dos produtos publicitados e da própria actividade.

Por JOÃO M. LOUREIRO[342] é definida como a comparação estabelecida na mensagem publicitária entre certos produtos ou serviços, ou entre produtos ou serviços do anunciante com outros indeterminados, podendo também revestir a forma de comparação de sistemas técnicos ou métodos de fabrico do produto.[343]

---

[342] JOÃO M. LOUREIRO, *Direito do marketing e da publicidade*, cit., p. 316.

[343] Alguns exemplos práticos sobre publicidade comparativa:

*a) O caso da publicidade aos hamburgers:* uma campanha publicitária efectuada pela *Burguer King* foi objecto de denúncia porque confronta directamente, comparando, os *hamburgers* da sua marca com os da *McDonald's*. O anúncio é composto pelas imagens seguintes: contém um *hamburger* grande e colocado sobre o mesmo aparece um círculo mais pequeno, a tracejado, de cor branca, dando a imagem de um *hamburger* mais pequeno, com a inscrição do nome de marca. Esta imagem surge enquadrada com as seguintes frases: *"Na Burguer King reconhecemos que há uma grande diferença entre os nossos hamburgers e os da Mcdonald's, os nossos são muito maiores, contra factos não há argumen-*

## 25.5.2. Relativas ao objecto

*25.5.2.1. A publicidade a bebidas alcoólicas, tabaco, tratamentos e medicamentos, em estabelecimentos de ensino, jogos, cursos, automóveis, produtos e serviços milagrosos*

No que respeita à publicidade a bebidas alcoólicas o art. 17º. do *Cód. Pub.*[344] permite-a desde que: não se dirija especificamente a menores, nem

---

*tos. Os hamburgers e chesseburgers grelhados, 100% carne de vaca, da Burguer King aumentaram de tamanho e têm agora 50% mais carne em peso, depois de cozinhados, que os hamburgers equivalentes de quem você já sabe. Encare a verdade de frente. E de preferência grelhada".* A publicidade em questão, confronta *hamburgers* de marcas concorrentes, sob o ponto de vista do tamanho e do peso. Para prova dos dados de facto contidos na publicidade, a empresa anunciante apresentou um documento com os seguintes dados, resultantes de testes efectuados: *hamburger* comparado: peso líquido – 32,9 gr; diâmetro – 8,0 cm; *hamburger* da denunciada: peso líquido – 56,9 gr; diâmetro – 9,3 cm.

A *CACMP* decidiu estar perante um caso de publicidade comparativa lícita, não violando o art. 16º. do *Cód. Pub.*, porque respeita a características essenciais e objectivamente demonstráveis; e a comparação efectuada incide sobre bens que respondem às mesmas necessidades ou têm os mesmos objectivos, sendo as características representáveis e verificáveis.

*b) O caso das empresas de publicidade:* Em sentido diverso da decisão anterior, veja-se este caso em que a *APAP* apresentou denúncia contra uma empresa de publicidade, porque numa campanha de divulgação dos seus serviços, emitiu e divulgou publicidade comparando os seus serviços com os prestados pela maioria das agências multinacionais, suas concorrentes em termos depreciativos:

*1. "A ... adverte o abuso da publicidade das agências multinacionais pode prejudicar seriamente a saúde dos seus produtos. Antes de escolher a sua agência de publicidade, pense duas vezes e contacte ... pelo telefone ...";*

2. "No caso de você preferir uma agência de publicidade mais ágil, mais pequena, com uma estrutura mais flexível e uma administração menos voraz, ligue para ... pelo telefone .... Talvez você fique a perceber melhor as razões da extinção dos dinossauros.".

A *CACMP* decidiu condenar a empresa denunciada em coima, por violação do art. 16º. do *Cód. Pub.*, porque o simbolismo da linguagem usada apresentava-se eivada de comparações que se não apoiavam em características essenciais, afins e objectivamente demonstráveis dos bens ou serviços, e assumia um carácter depreciativo, com reflexos negativos sobre a imagem profissional e comercial das empresas concorrentes.

[344] Inspirado no art. 15º. da *Directiva nº. 89/552/CEE de 3/10*, que baliza a publicidade relativa a bebidas alcoólicas pelos mesmos critérios expressos nas als a) a g) do nº.

os apresente a consumir tais bebidas; não encorage consumos excessivos; não menospreze os não consumidores; não sugira sucesso por efeitos do consumo; não sugira a existência de propriedades terapêuticas; não associe o consumo ao exercício físico nem à condução de veículos; não sublinhe o teor de álcool como qualidade positiva. O legislador balizou o período horário, proibindo a publicidade a bebidas alcoólicas na televisão e na rádio entre as 07.00h e as 22.30h.

Em França, a proibição da publicidade a este tipo de bebidas é muito restritiva e existe desde 1987, através da *Lei n°. 87-588 de 30/7*, alterada mais recentemente pela *Lei n°. 91-32 de 10/1/1991*. Na televisão é proibida a publicidade a bebidas que comportem mais de um grau de alcool, mesmo que seja indirecta. A publicidade televisiva a alimentos cuja composição contenha algum teor de alcool (os chocolates com licor) só é permitida desde que não promova a bebida alcoólica contida neles.

A publicidade ao tabaco está proibida, se efectuada através de suportes sob a jurisdição portuguesa.[345] Também a publicidade a trata-

---

1 do art. 17°.. De acordo com o *Plano de acção contra o alcoolismo*, aprovado pela *Resolução do conselho de ministros, n°. 166/2000 de 29/11*, "*o alcoolismo é a maior dependência dos portugueses*". Como tal, a intervenção do governo nesta área, prevenindo os problemas ligados ao álcool, irá no sentido da limitação da publicidade e restrições nos horários e dias de venda de bebidas alcoólicas.

Com este desiderato foi publicado o *DL n°. 332/01 de 24/12*, tendo em conta as medidas previstas no *Plano de acção contra o alcoolismo*, de protecção dos consumidores mais jovens, que modifica os arts 17°. e 39°. do *Cód. Pub.*, proibindo o patrocínio por marcas de bebidas alcoólicas de quaisquer actividades desportivas, culturais ou recreativas, praticadas pelos menores e pelo alargamento do período de proibição de transmissão de publicidade na rádio e na televisão.

Cfr. ainda os *Ac. RL de 7/11/89 BMJ 391, 686*; *Ac. RL de 7/11/89, CJ, XIV, Tomo 5, 147* e *Ac. RL de 27/4/88, CJ, XIII, Tomo 2, 163*, todos relativos à proibição da publicidade a bebidas alcoólicas dentro do horário fixado por lei.

No que respeita à autodisciplina publicitária *vide* os arts 1°. a 20°., da 3ª. parte do *CCICAP*.

[345] Cfr. o art. 18°. do *Cód. Pub.*. Em França, o art. 2°. da *Lei n°. 91-32 de 10/1/1991*, relativa à luta contra o tabagismo e o alcoolismo, proíbe toda a publicidade, directa ou indirecta, ao tabaco ou seus derivados. Na televisão a interdição persiste desde a publicação da *Lei n°. 76-616 de 9/7/1976*, modificada pela *Lei n°. 89-18 de 13/1/1989*.

mentos e medicamentos que apenas possam ser obtidos mediante receita médica é proibida. [346] No que respeita à publicidade em estabelecimentos de ensino ou destinada a menores, o art. 20º. do *Cód. Pub.*, proíbe a publicidade a bebidas alcoólicas, tabaco ou material pornográfico em estabelecimentos de ensino ou em publicações especialmente destinadas a menores. Não podem ser objecto de publicidade os jogos de fortuna e azar enquanto objecto essencial da mensagem; [347] a publicidade a cursos deve conter de forma perceptível, a natureza e a duração dos mesmos e a expressão «*sem reconhecimento oficial*», quando for esse o caso; [348] a publicidade a veículos automóveis não pode pôr em risco a segurança dos utentes, nem ser perturbadora do meio ambiente, ou apresentar situações de infracção ao código estradal. Por último, o art. 22º.-B do *Cód. Pub.*, [349] proíbe a publicidade a produtos e serviços milagrosos, ou seja, aquela que, explorando a ignorância, o medo e a crença das pessoas, apresente bens, produtos ou serviços, como tendo efeitos específicos automáticos na saúde e bem estar das pessoas, por permitirem curar doenças e trazer outras vantagens de ordem profissional, económica ou social, sem que exista comprovação científica de tais propriedades ou características, sendo que o ónus da prova recai sobre o anunciante. [350]

---

[346] Cfr. o art. 19º. do *Cód. Pub.*, na esteira do art. 14º. da *Directiva nº. 89/552/CEE de 3/10.*

O *Code de la Santé Publique* proíbe em regra, toda a publicidade dirigida ao grande público a favor dos medicamentos reembolsáveis pela segurança social francesa. Quanto aos medicamentos não reembolsáveis, poderão ser objecto de publicidade desde que previamente autorizada pelo ministério da saúde, nas condições dos *Decretos de 23/9/1987 e 21/1/1991.*

[347] Cfr. o art. 21º. do *Cód. Pub.*
[348] Cfr. o art. 22º. do *Cód. Pub.*
[349] Incluído no *Cód. Pub.* através do *DL nº. 275/98 de 9/9.*
[350] Cfr. ANA LUÍSA GERALDES, *ilícitos contra-ordenacionais em matéria de publicidade*, BMJ, 448, Julho, 1995, pp. 53 a 68.

## CAPÍTULO V
### O DIREITO DE AUTOR FACE ÀS OBRAS PUBLICITÁRIAS

**26. A publicidade e o direito de autor**

O direito de autor não será objecto de análise exaustiva, porque se trata de uma matéria vasta, sendo por isso aflorada apenas nos aspectos que mais directamente reportam à actividade publicitária.

Na grande maioria das vezes, a criação publicitária acontece no seio de uma agência de publicidade, composta por departamentos devidamente organizados e com tarefas especificamente determinadas.[351] Este processo tem como escopo principal, servir o cliente o melhor possível e permitir-lhe o acesso ao maior número de serviços disponíveis pela agência sendo, neste âmbito, muito difícil pessoalizar e individualizar o processo criativo.

---

[351] Sobre a estrutura das agências de publicidade, o papel do pesquisador, a estratégia criativa e a de *"media"*, o relacionamento entre o cliente e a agência de publicidade, vide JOÃO SACCHETTI, *op. cit.*, pp. 11 a 25; MARIA DO ROSÁRIO PINTO CORREIA, *op. cit.*, pp. 27 a 35; MARIA ROMANA BUI, *op. cit.*, pp. 43 a 53; MARIA JOÃO FERREIRA, *O papel do research*, pp. 57 a 63; JOÃO CARLOS CABRAL, *A estratégia criativa*, pp. 65 a 71; MARGARIDA VIEGAS, *op. cit.*, pp. 73 a 87; ANTÓNIO SILVA GOMES, *op. cit.*, pp. 89 a 93, artigos publicados na obra conjunta, Publicidade e comunicação, coordenação de António Silva Gomes, Texto editora, 1991.

Os indivíduos mais intimamente relacionados com a criação publicitária são os criativos. Desempenham uma função nobre no seio de uma agência de publicidade e o que se lhes exige é, tão somente, uma ideia original e uma execução gráfica que permita atrair a atenção do público--alvo.

Para auxiliar o trabalho do criativo, é previamente organizado um processo do qual consta uma pesquisa sobre o mercado e as preferências do consumidor; a aceitação do produto no mercado face aos seus directos concorrentes; a vontade, gostos pessoais e opinião do anunciante; os interesses do consumidor; as características essenciais e específicas do produto; o orçamento disponível para a campanha. Como se verifica, existe um trabalho de equipa em que as prestações individuais são difíceis de apurar. Noutras situações, as agências de publicidade recorrem aos serviços de pessoal qualificado, externos aos seus quadros, mas também aqui, se aquilatará sobre a titularidade do direito de autor relativo à obra criada.

As ideias e o processo de criação, o trabalho de pesquisa, o trabalho administrativo, o acompanhamento musical e a estratégia delineada são, na maioria dos casos, partes componentes de um todo, que consiste na execução da melhor campanha publicitária possível. Dado que a actividade publicitária possui esta característica singular, coloca-se a questão sobre a aplicação das normas do direito de autor nesta actividade. A resposta tem de ser afirmativa pois, as obras publicitárias são criações do espírito humano logo, protegidas pelo art. 1º. do *CDADC*.[352] Protecção que é perfeitamente aceitável e pacífica na totalidade da doutrina, tanto mais que o art. 29º. do *Cód. Pub.*, sob a epígrafe *"criação publicitária"* remete nesta matéria para o *CDADC*, motivo pelo qual é trazido à colação.

Importa, assim, dissecar em termos de direito de autor alguns aspectos concernentes à protecção legal da criação publicitária.

---

[352] O *CDADC*, foi aprovado pelo *DL nº. 63/85 de 14/3*, alterado pela *Lei nº. 45/85 de 17/9*, pela *Lei nº. 114/91 de 3/9*, pelo *DL nº. 252/94, de 20/10*, *DL nº. 332/97 de 27/11*, *DL nº. 333/97 de 27/11*, *DL nº. 334/97 de 27/11*, pela *Lei nº. 62/98, de 1/9* e pela *Lei nº. 50/04, de 24/8*, que transpôs para a ordem jurídica nacional a *Directiva nº. 2001/29/CE, de 22/5*, relativa à harmonização de certos aspectos do direito de autor e dos direitos conexos na sociedade da informação.

## 27. A titularidade e o conteúdo do direito de autor - direitos patrimoniais e direitos morais

O titular do direito de autor sobre uma obra é em regra, o seu próprio criador ou seja, a pessoa de cuja inteligência a obra surgiu e de cujo espírito ela é o reflexo. No entanto, esta regra não é absoluta, na medida em que são transmissíveis os direitos de carácter patrimonial compreendidos no direito do autor, bem como os direitos morais que *mortis causa* se transferem para os sucessores do respectivo titular.

Seguindo nesta esteira, o art. 11º. do *CDADC*, dispõe que o direito de autor pertence ao criador intelectual da obra.

O direito de autor é essencialmente *"um direito de face dupla"* como o definiu J. KOHLER ou, como a *"patrimonialização de um direito da pessoa"* na opinião de RENÉ SAVATIER[353] e, neste sentido, aponta o nº. 1 do art. 9º. do *CDADC*, ao dispôr que o direito de autor abrange direitos de carácter patrimonial e direitos de natureza pessoal, denominados direitos morais.

No exercício dos direitos patrimoniais, o autor tem o direito exclusivo de dispôr da sua obra, de fruí-la, de utilizá-la ou autorizar a sua fruição ou utilização por terceiro (art. 9º. nº. 2 do *CDADC*). O art. 67º. n°. 1, na esteira do art. 9º., ambos do *CDADC*, atribui ao autor os direitos de fruir e utilizar a obra, mas adita-lhe as faculdades de a divulgar, publicar e explorar economicamente, dentro dos limites da lei. A garantia das vantagens patrimoniais resultantes da exploração da obra constitui, economicamente, o objecto fundamental da protecção legal que deriva do reconhecimento do direito de autor (art. 67º. nº. 2, do *CDADC*).

O autor goza ainda de direitos morais sobre a sua obra, designadamente o direito de reivindicar a respectiva paternidade e assegurar a sua genuinidade e integridade (nº. 3 do art. 9º., do *CDADC*). O direito moral

---

[353] RENÉ SAVATIER, *Le droit de l'art et des lettres*, Paris, 1953, ambos citados por LUIZ FRANCISCO REBELLO, *Código do direito de autor e dos direitos conexos*, Âncora editora, 2ª. ed., 1998, p. 49.

consiste no reconhecimento do carácter eminentemente pessoal da criação literária, artística e científica, com todas as consequências que daí derivam em relação à obra intelectual, como reflexo da personalidade do seu criador.[354] Este direito é inalienável, irrenunciável, imprescritível, perpetuando-se mesmo após a morte do autor, nos termos do art. 57º. do *CDADC* (nº. 2 do art. 56º., do *CDADC*).

O direito moral compreende duas vertentes fundamentais:

*a)* a reivindicação da paternidade da obra, que consiste num direito à menção do nome do autor na obra e a consequente reacção contra violações praticadas;[355]

*b)* o respeito pela genuinidade e integridade da obra, reflectindo-se na oponibilidade à sua destruição, mutilação, deformação ou outra qualquer modificação e, de um modo geral, a todo e qualquer acto que a desvirtue e possa afectar a honra e reputação do autor.[356]

---

[354] De acordo com a definição de *direito moral* dada por LUIZ FRANCISCO REBELLO, *Código do direito de autor e dos direitos conexos, cit.,* p. 50.

[355] Cfr. os arts 60º. nº. 3; 76º. nº. 1 a); 97º.; 101º. nº. 4; 115º. nº. 4; 122º. nº. 2; 134º.; 142º.; 154º; 160º. nº. 3; 161º.; 168º. e 171º., todos do *CDADC*.

[356] Vide os arts 15º. nº. 2; 45º. nº. 2; 60º.; 115º. nº. 3 e 146º., todos do *CDADC*.

Sobre o conteúdo dos direitos pessoais (morais) e patrimoniais cfr. JOÃO CALVÃO DA SILVA, *Anotação – direitos de autor, cláusula penal e sanção pecuniária compulsória,* ROA, ano 47, 1987, pp. 129 a 156, p. 133; ANTÓNIO MARIA PEREIRA, *Propriedade literária e artística – conceito e tipos legislativos,* ROA, ano 40, 1980, pp. 485 a 501, pp. 489 a 490.

Ainda relativo à estrutura do direito de autor, cfr. JOSÉ ALBERTO COELHO VIEIRA, *A estrutura do direito de autor no ordenamento jurídico português,* AAFDL, Lisboa, 1992 e LUIS BRITO CORREIA, *Direito da comunicação social,* Almedina, Coimbra, 2005, pp. 32 e ss.

## 28. A violação do direito de autor

Estão tipificados os crimes de usurpação[357] e de contrafacção[358] punidos com pena de prisão até 3 anos e multa de 150 a 250 dias.[359] Mas, também os crimes de violação de direito moral[360] e de aproveitamento de obra contrafeita ou usurpada,[361] são punidos com a mesma moldura penal dos anteriores. São considerados crimes públicos, excepto quando disserem respeito à violação de direitos morais, caso em que serão qualificados como crimes semi-públicos, necessitando de queixa do ofendido para que o procedimento criminal se inicie.[362] O art. 198º. do *CDADC*, sob a epígrafe *"violação do direito moral"*, pune quem se arrogar a paternidade de uma obra ou de prestação que sabe não lhe pertencer, e quem atentar contra a genuinidade ou integridade da obra ou prestação, praticando acto que a desvirtue e possa afectar a honra ou reputação do autor ou do artista. O art. 202º. do *CDADC*, possui um regime especial no caso de violação do direito moral, permitindo que a destruição dos exemplares apreendidos por força do art. 201º. do *CDADC*, seja substituída pela entrega dos mesmos ao autor, a requerimento deste, se for possível restituir a forma original a esses exemplares.

O legislador pretendeu separar a responsabilidade civil, da responsabilidade criminal resultante da violação dos direitos de autor, podendo aquela, contudo, ser exercida conjuntamente com a acção criminal.[363]

---

[357] Cfr. o art. 195º. do *CDADC*.
[358] Cfr. o art. 196º. do *CDADC*.
[359] Cfr. o art. 197º. do *CDADC*.
[360] Cfr. o art. 198º. do CDADC.
[361] Cfr. o art. 199º. do CDADC.
[362] Cfr. o art. 200º. do *CDADC*.
[363] Cfr. o art. 203º. do *CDADC*. Para maior desenvolvimento sobre a violação do direito de autor, *vide* JOSÉ DE OLIVEIRA ASCENSÃO, *Direito penal de autor*, Lex edições jurídicas, Lisboa, 1993.

## 29. A duração do direito de autor

O direito de autor caduca, na falta de disposição especial, setenta anos após a morte do criador da obra, mesmo que se trate de obra divulgada ou publicada postumamente.[364] Tratando-se de obra feita em colaboração e de obra colectiva,[365] o direito de autor caduca após setenta anos da morte do colaborador que falecer em último lugar, e setenta anos após a primeira divulgação ou publicação,[366] respectivamente.

## 30. O regime do direito de autor face às obras publicitárias

O art. 1º. do *CDADC* define *obras* como *"as criações intelectuais do domínio literário, científico e artístico, por qualquer modo exteriorizadas"*, devendo ser originais e reflectir a personalidade do seu autor.[367]

---

[364] Cfr. o art. 31º. do *CDADC*, na redacção alterada pelo *DL nº. 334/97 de 27/11*, que transpôs para o direito interno a *Directiva nº. 93/98/CEE de 29/10*, relativa à harmonização do prazo de protecção dos direitos de autor e de certos direitos conexos, que veio alargar o prazo de caducidade do direito de autor de cinquenta para *setenta anos*, por considerar que o aumento da duração média de vida na Comunidade Europeia fez com que o prazo de cinquenta anos tenha deixado de ser suficiente para abranger duas gerações.

*Vide* sobre este tema ANTÓNIO MARIA PEREIRA, *Problemática internacional do direito de autor*, ROA, ano 55, 1995, pp. 567 a 580, p. 578.

[365] Cfr. os arts 16º. a 19º., do *CDADC*.

[366] A distinção entre obra publicada e obra divulgada encontra-se expressa no art. 6º. do *CDADC*, para o qual se remete. Cfr. o art. 32º. do *CDADC*, na redacção alterada pelo *DL nº. 334/97 de 27/11*.

[367] Cfr. o Tratado de propriedade literária e artística do Visconde de Carnaxide, citado por LUIZ FRANCISCO REBELLO, *Código do direito de autor e dos direitos conexos*, Âncora editora, 2ª. ed., 1998, p. 30; JOSÉ MANUEL DE CARVALHO PINHEIRO, sentença do 1º. juízo cível da comarca de Lisboa, CJ, Tomo IV, ano 1981, pp. 321 a 329, onde refere que: *"uma obra será intelectual, literária ou artística, desde que seja a emanação dum esforço*

No art. 2º. nº. 1, al. m), inclui como obra original os *"lemas ou divisas, ainda que de carácter publicitário, se se revestirem de originalidade"*, e no art. 163º., sob a epígrafe *"extensão da protecção"*, aplica aos desenhos publicitários o regime previsto para as artes plásticas, gráficas e aplicadas. Contudo, a criação publicitária não se esgota por aqui, já que a obra publicitária pode consistir numa obra originária ou derivada, simples ou compósita.[368]

Daí que o art. 29º. do *Cód. Pub.*, em relação à criação publicitária, remeta para as regras relativas ao direito de autor. Ora, se estas regras se aplicam, então o titular originário da criação publicitária é o seu criador intelectual, não sendo necessária a norma prevista no nº. 2 deste preceito. Quanto ao nº. 3 do art. 29º., também não se vislumbra o seu alcance, na medida em que a regra que aí está inserida, é um princípio fundamental da disciplina jurídica do direito de autor, o que a torna numa mera repetição.[369]

---

*criador da inteligência do espírito humano"*; CRISTOPHE BIGOT, *Droit de la creation publicitaire*, Droit des Affaires, Librairie Générale de droit et jurisprudence, E.J.A., Paris, 1997, p. 12 e ANTÓNIO MARIA PEREIRA, *Propriedade literária e artística* ..., cit., pp. 485 a 487.

[368] A noção de obra compósita consta do art. 20º. do *CDADC*, sendo considerada como aquela em que se incorpora, no todo ou em parte, uma obra preexistente com autorização, mas sem a colaboração do autor desta.

[369] Partilham da mesma opinião LUIZ FRANCISCO REBELLO, *Introdução ao direito de autor*, vol. I, Témis, SPA, Publicações Dom Quixote, Lisboa, 1994, p. 129, ao referir que:
*"Em 1990 foi publicado o Cód. Pub., aprovado pelo DL nº. 330/90 de 23/10,* - ainda não tinha sido alterado pelo *DL nº. 6/95 de 17/1*, no entanto este diploma, apesar das críticas, não veio alterar o art. 29º. pelo que a opinião transcrita mantém toda a sua pertinência - *cujo artigo 29º., nº. 1, manda aplicar à criação-publicitária "as disposições legais sobre direitos de autor, sem prejuízo do disposto nos números seguintes". Dava-se assim a entender que haveria um regime especial para estas obras, por desvio àquelas normas. Mas não. O nº. 2, com uma redacção imperfeitíssima, dispõe que "os direitos de carácter patrimonial sobre a criação publicitária presumem-se, salvo convenção em contrário, cedidos em exclusivo ao seu criador intelectual". Isto é: o criador da obra teria adquirido, por cessão, um direito de que nos termos gerais (artigos 11º. e 27º.) é titular originário! Aliás, mesmo que o preceito quisesse reportar-se às obras publicitárias criadas por encomenda, a presunção estabelecida no art. 14º., nº. 2, já era favorável ao criador,*

A criação publicitária é fruto de um trabalho de equipa em que as ideias, a estratégia, a investigação, estão todas direccionadas para o mesmo resultado - a comunicação publicitária.

O art. 16º. do *CDADC*, considera duas categorias de obras: as *obras de colaboração*, divulgadas e publicadas em nome dos que nelas colaboraram ou de alguns deles e as *obras colectivas*, organizadas por uma entidade singular ou colectiva e divulgada e publicada em seu nome.

Nos termos do art. 19º. do *CDADC*, o direito de autor sobre uma obra colectiva é atribuído à entidade organizadora, daí ser a agência de publicidade, a titular do direito de autor sobre essa obra.

No entanto, também os criadores das obras publicitárias, poderão ser titulares do direito de autor. Para tal, é necessário conhecer o seu *modus*

---

*sem que tivesse cabimento falar-se em "cessão". Quanto ao nº. 3, em que se declara "ilícita a utilização de criações publicitárias sem a autorização dos titulares dos respectivos direitos", ele limita-se a repetir um princípio fundamental do direito de autor, pelo que não se alcança a sua utilidade. Portanto, o trecho final do nº. 1 não tem sentido porque deixa antever um desvio às regras do direito de autor que os dois números seguintes não contêm (...)",*

e JOSÉ DE OLIVEIRA ASCENSÃO, *Direito de autor e direitos conexos*, cit., p. 533, que se cita: *"O art. 29º. do Cód. Pub., sob a epígrafe «criação publicitária», contém disposições em matéria de direito de autor sobre obra publicitária que são um mimo. O nº. 1, faz aplicar as disposições legais sobre «direitos» de autor, «sem prejuízo do disposto nos números seguintes». Vejamos então qual o regime especial. Dispõe o nº. 2: «os direitos de carácter patrimonial sobre a criação publicitária, presumem-se, salvo convenção em contrário, cedidos em exclusivo ao seu criador intelectual». Vê-se e não se acredita. Pressupõe-se que os direitos são de outrem que não o criador intelectual. Presume-se que este os cede ao criador intelectual; logo, o criador intelectual fará uma aquisição derivada. (...) Por outro lado, não se pode pretender que o preceito se limita a estabelecer a presunção de que os direitos pertencem ao criador intelectual e não àquele para que os produz, por afastamento dos arts 14º. e 15º. do CDADC. Pois que, dos arts 14º. e 15º. consta expressamente a mesma presunção em benefício do criador intelectual. (...) O art. 29º., nº. 3, do mesmo Cód. Pub. dispõe que é ilícita a utilização de criações publicitárias sem a autorização dos titulares dos respectivos direitos. Portanto: neste caso, o afastamento das disposições legais sobre direitos de autor, prometido no nº. 1, consiste na repetição de um princípio básico do direito de autor. Não há forma de descobrir um sentido útil para o preceito."*

*operandi*, ou seja, será conveniente destrinçar se estão vinculados à agência de publicidade por um contrato de trabalho ou se, pelo contrário, criaram as obras por encomenda, sem qualquer ligação à agência.[370] Na falta de convenção, conforme preceitua o art. 14º. do *CDADC*, à semelhança do direito francês e alemão e no que respeita às obras por encomenda, a titularidade pertence ao autor. Já quanto às obras efectuadas por conta da agência de publicidade, no desenrolar de um contrato de trabalho, presume-se que o direito de autor pertence à agência de publicidade.[371]

Na prática, os anúncios, os cartazes e as campanhas publicitárias no seu conjunto, resultam do trabalho intelectual de várias pessoas que

---

[370] Sobre a obra colectiva e os seus traços distintivos e individualizantes, *vide* JOSÉ DE OLIVEIRA ASCENSÃO, *Direito de autor hoje, - publicações periódicas e obra colectiva*, ROA, ano 54, Lisboa, Abril, 1994, pp. 5 a 25, p. 10.

Sobre os contratos relativos ao direito de autor, *vide* ANTÓNIO DE MACEDO VITORINO, *A eficácia dos contratos de direito de autor*, Almedina, Coimbra, 1995, pp. 83 e ss.

A *Lei nº. 83/01 de 3/8*, veio regular a organização e funcionamento das entidades de gestão colectiva do direito de autor e dos direitos conexos, cuja competência se reporta à gestão dos direitos patrimoniais que lhe sejam confiados e a prossecução de actividades de natureza social que beneficiem colectivamente os seus associados (arts 1º. e 3º.). Poderão, ainda estas entidades, exercer e defender os direitos morais dos seus associados, quando estes assim o requeiram. Os princípios e critérios de gestão expressos no art. 4º., correspondem aos anseios dos autores de obras publicitárias, que há muito reclamam mas sem sucesso. Entre outros, transcrevem-se alguns dos mais relevantes: justiça na repartição e distribuição dos rendimentos cobrados; equidade, razoabilidade e proporcionalidade na fixação de comissões e tarifas; gestão eficiente e económica dos recursos disponíveis; não discriminação entre titulares nacionais e estrangeiros; informação pertinente, rigorosa, actual e acessível aos terceiros interessados na celebração dos contratos; celeridade no pagamento das quantias devidas aos legítimos titulares dos direitos. No entanto, esta novel legislação ainda não foi posta em prática, aguardando melhores dias.

Cfr. sobre a matéria JOÃO M. LOUREIRO, *A publicidade e o direito de autor...*, *cit.*, pp. 44 e 45 e ainda LUIS FRANCISCO REBELLO, *Gestão colectiva do direito de autor: um requiem adiado*, Estudos de direito da comunicação, Instituto Jurídico da Comunicação, FDUC, pp. 163 a 183, Coimbra, 2002.

[371] Cfr. ANTÓNIO MARIA PEREIRA, *O direito de autor na publicidade*, *cit.*, pp. 92 a 96.

actuam em grupo, sob a égide de uma agência de publicidade, organizada em departamentos.[372-373]

---

[372] Em regra as agências de publicidade estão organizadas em quatro departamentos: departamento de contacto, que assegura as relações com o cliente; departamento criativo, onde se desenvolve o produto publicitário; departamento de media, que executa os planos de meios e compra o espaço; departamento administrativo e financeiro, referente ao pessoal, facturação e cobrança. Para maior detalhe *vide* JOÃO SACCHETTI, *op. cit.*, p. 18.

[373] Dá-se conhecimento de jurisprudência relevante sobre esta matéria: Parecer da PGR nº. 41/1992, de 16/3/93, Pareceres, vol. II, p. 507 ou em Sentença do 12º. juízo cível de Lisboa, CJ, XVIII, tomo III, 313; Ac RP de 20/10/92, CJ, XVII, tomo IV, 257; Ac STJ de 14/12/95, CJ -Ac STJ- III, tomo III, 163; Ac RL de 13/7/95, CJ, XX, tomo IV, 87; Ac RL de 28/9/95, CJ, XX, tomo IV, 92; Ac RL de 28/5/92, CJ, XVII, tomo III, 193; Ac RL de 27/3/90, Ac RL de 22/4/04, Ac RL de 12/10/95, CJ, XX, tomo IV, 109; Ac RL de 26/4/94, CJ, XIX, tomo II, 130; Ac RL de 19/3/92, CJ, XVII, tomo II, 141; Ac RL de 3/11/94, CJ, XIX, tomo V, 87; Ac STJ de 31/10/91, Ac STJ de 25/11/93, Ac RL de 23/9/1998, CJ, XXIII, tomo IV, 144; Ac RE de 13/4/1999, CJ, XXIV, tomo II, 278; Ac RL de 10/5/1995, BMJ 447, 553; Ac RC de 28/2/01, Ac RP de 8/3/1995, CJ, XX, tomo II, 224; Ac STJ de 11/3/97, Ac RL de 9/2/1988, CJ, XIII, tomo I, 124; Ac RC de 22/1/02, CJ, XXVII, tomo I, 21; Ac RL de 2/7/02, CJ, XXVII, tomo IV, 63; Ac STJ de 11/2/03, CJ, XXVIII, tomo I, 93; Ac STJ de 14/12/95, Ac STJ de 23/3/00, CJ, VIII, tomo I, 143; Ac STJ de 30/1/01, ; Ac STJ de 6/6/90, Ac STJ de 21/5/98, Ac STJ de 7/7/99, CJ, VII, tomo III, 23; Ac RL de 5/7/00, Ac STJ de 21/4/88, Ac STJ de 24/5/83, Ac RL de 2/3/04, Ac RL de 2/3/04, CJ, XXIX, tomo II, 71; Ac RL de 19/11/ 1998, CJ, XXIII, tomo V, 97; Ac RC de 4/11/1997, CJ, XXII, tomo V, 7; Ac STJ de 17/6/1998, CJ -Ac STJ, VI, tomo II, 112 e em Ac RL de 13/11/1997, CJ, XXII, tomo V, 83; Ac RL de 26/3/1998, CJ, XXIII, tomo II, 100; Ac RE de 10/3/1998, CJ, XXIII, tomo II, 295; Ac STJ de 14/12/95, BMJ 452, 451; Ac STJ de 21/5/96, BMJ 457, 406; Ac STJ de 15/12/1998, CJ -Ac STJ- VI, tomo III, 148 e BMJ 482, 266; Ac STJ de 23/9/1998, CJ -Ac STJ- VI, tomo III, 27; Ac STJ de 2/7/1998, CJ -Ac STJ- VI, tomo II, 169; Ac RL de 15/12/1994, BMJ 442, 248; Ac RL de 28/2/84, CJ, IX, tomo I, 145; Ac STJ de 7/12/83, ;

# CAPÍTULO VI
## OS CONTRATOS PUBLICITÁRIOS

**31. O conceito geral - os contratos publicitários em especial**

O *Código Civil* português não adoptou uma definição de contrato mas, seguindo a linha germânica, qualifica-o como negócio jurídico bilateral, tendo regulado na parte geral (arts 217º. e ss) os aspectos comuns à sua formação, validade, conteúdo e efeitos. Todavia, inclui outras regras contratuais, embora sistematicamente dispersas das anteriores, nos arts. 405º. e ss e 874º. e ss.

A disciplina contratual nacional não se limita ao direito civil, abrange os contratos de direito comercial, os contratos de trabalho e os contratos de direito público. A qualificação conceitual básica é a mesma para todos os ramos do direito – um contrato consiste num negócio jurídico bilateral. Segundo CARLOS FERREIRA DE ALMEIDA[374] um contrato será *"o acordo formado por duas ou mais declarações que produzem para as partes efeitos jurídicos conformes ao significado do acordo obtido."*

Após esta pequena introdução conceitual, cabe aprofundar em concreto a matéria dos contratos de publicidade e enquadrá-los na disciplina geral contratual, por remissão do art. 2º. do *Cód. Pub.*, onde se dispõe que

---

[374] CARLOS FERREIRA DE ALMEIDA, *Contratos I – conceito, fontes, formação*, Almedina, Coimbra, 2000, p. 30.

a publicidade[375] se rege pelas suas regras próprias e subsidiariamente pelas regras de direito civil ou comercial, apesar de apresentarem diferenças que os distanciam da tipicidade contratual prevista nestes regimes.

Também nos contratos publicitários vigora o princípio da liberdade contratual, podendo as partes fixar livremente o conteúdo destes. A tipologia contratual nesta matéria é vasta. O seu objecto reside na prática de actos publicitários; são celebrados apenas pelos sujeitos publicitários, aquando do exercício da actividade publicitária com a finalidade específica de promoção de determinado produto ou serviço.

*As partes ou sujeitos nos contratos de publicidade são: o anunciante e a agência de publicidade ou o profissional de publicidade, que entre si contratam, vinculando-se a agência ou o profissional, a estudar, investigar, idealizar e/ou a executar a campanha publicitária, e o anunciante à contraprestação relativa ao pagamento da retribuição correspondente; o titular do suporte publicitário, ou canal de transmissão da mensagem, perante o qual a agência de publicidade ou o profissional por conta do anunciante, contrata a aquisição de espaço publicitário (jornal, revistas, outdoors, Internet) ou tempo de emissão (rádio, televisão), em regra através da concessionária; bem como, outras entidades e indivíduos (patrocinadores, criativos, free lancers, etc.) cuja participação se torne indispensável na preparação, desenvolvimento e execução da campanha.*

Na generalidade das ordens jurídicas, com a honrosa excepção castelhana na qual o legislador optou por tipificar os contratos de publicidade, regulando-os através de preceitos imperativos, a tipologia contratual estabelecida no âmbito da actividade publicitária não está legalmente consagrada.

Para CARLOS FERREIRA DE ALMEIDA,[376] *"os contratos de publicidade são contratos socialmente típicos, cuja análise, qualificação e regime,*

---

[375] O termo *publicidade* adoptado pelo legislador pretende abarcar a própria comunicação e o conjunto de operações destinadas a levar a cabo a mensagem publicitária, ou seja, abarca quer a publicidade em si mesma considerada, quer a actividade publicitária que, como referido, a partir da publicação do actual *Cód. Pub.*, possuem conceitos diferenciados.

[376] CARLOS FERREIRA DE ALMEIDA, *Contratos ..., cit.*, p. 285.

*pressupõem o conhecimento da «praxis» social, que neste caso se revela em contratos singulares, cláusulas contratuais gerais e modelos de contratos (fornecidos pelas organizações de profissionais da publicidade) e nos usos."*

Em relação aos usos, o meio mais adequado para o seu efectivo conhecimento consiste no estudo da jurisprudência, apesar de nesta matéria revelar-se de pouca utilidade, porque muito escassa. Os publicitários nacionais preferem resolver os litígios extrajudicialmente, tendo por isso despontado um forte sentimento de autodisciplina em que os conflitos são resolvidos pelos próprios profissionais, por melhor compreenderem as características específicas do fenómeno publicitário.[377]


## 32. A inexistência de menção expressa ao regime contratual, no código português da publicidade

A legislação publicitária nacional, como já se referiu, não faz menção à tipologia contratual publicitária, salvo uma breve alusão prevista nos arts 4º. e 28º., o primeiro relativo às relações jurídicas emer-

---

[377] Citam-se quatro escassos acórdãos sobre o contrato de publicidade:
1. Ac. STJ de 17/12/1985, BMJ, 322, 339, sobre a natureza jurídica do contrato de publicidade, considerando como prestação de serviços o contrato cujo objecto consiste na transmissão radiofónica de publicidade mediante retribuição;
2. Ac. RC de 12/1/1993, CJ, 1993, tomo I, pp. 17 e ss, relativo a uma incorrecta inserção publicitária nas páginas amarelas de dados relativos a dois médicos;
3. Ac. RP de 13/7/1993, CJ, 1993, Tomo IV, pp. 200 e ss, sobre um clube de futebol e um pretenso patrocinador de publicidade nas respectivas camisolas do clube, circunscrevendo-se o litígio à questão de saber se fora ou não celebrado algum contrato de patrocínio;
4. Ac. RL de 30/4/1998, CJ, Tomo II, pp. 135 e ss, respeitante ao contrato de patrocínio, incluindo-o no âmbito dos contratos de difusão publicitária, reconduzindo-o a um contrato de prestação de serviços.

gentes entre as entidades participantes nas operações de difusão da mensagem publicitária e o segundo ao princípio do respeito pelos fins contratuais, que proíbe a utilização para outros fins diversos dos acordados de qualquer ideia, informação ou material publicitário, fornecidos com determinado escopo contratual.

Impera no sector o princípio da autonomia privada, limitado pelas normas gerais do direito civil e indirectamente restringido pelas regras previstas na *LDC* e pelas normas autodisciplinares previstas no *CCICAP*, às quais se vinculam os respectivos membros.

A legislação espanhola no título III da *Ley General de Publicidad*, intitulado *"de la contratación publicitaria"* e no capítulo II, sob a epígrafe *"de los contratos publicitarios"*, contém o regime jurídico aplicável aos contratos de publicidade, de difusão publicitária, de criação publicitária e de patrocínio.

Nas disposições gerais sobre os contratos, verifica-se que a contratação publicitária é regida pela *Ley General de Publicidad* e pelas regras de direito comum. O legislador espanhol, para melhor atender às especificidades contratuais publicitárias, previu regulamentação específica, para além da expressa nos direitos civil e comercial. A certeza e a segurança do comércio jurídico assim aconselharam, daqui decorrendo o esclarecimento sobre a qualificação jurídico-contratual e sobre qual o regime aplicável.

Contudo, só este ordenamento jurídico os tipificou, nem as directivas comunitárias, nem as restantes ordens jurídicas europeias e mesmo americanas o fizeram. Nestas, o mercado publicitário funciona livre, por os princípios da autonomia privada, da liberdade contratual e da livre modelação do conteúdo contratual o permitirem.

## 33. Tipologia contratual publicitária

Com o apoio da legislação publicitária espanhola e da prática contratual nacional, pelo menos no que respeita aos contratos de difusão publicitária e de publicidade propriamente dito, analisar-se-ão algumas das cláusulas mais importantes neles inseridas para melhor se compreender a prática publicitária portuguesa. Os contratos serão apresentados arbitrariamente, apesar dos contratos de publicidade e de difusão serem os mais importantes no panorama contratual publicitário, porque a interligação existente entre eles representa o impulso publicitário com o correspectivo resultado.

## 33.1. O contrato de criação publicitária.

São os arts 22º. e 23º. da *Ley General de Publicidad* que em Espanha regulam este tipo contratual. O art. 22º. define-o como: *"aquel por el que, a cambio de una contraprestación, una persona física o jurídica se obliga en favor de un anunciante o agencia a idear y elaborar un proyecto de campaña publicitaria, una parte de la misma o cualquier outro elemento publicitario."*

Este conceito, originário e consagrado na legislação espanhola, pode aplicar-se inalterado à realidade jurídica e factual portuguesa em que, mediante o pagamento de uma retribuição, um indivíduo ou empresa, obriga-se a favor de um anunciante, agência de publicidade ou profissional, a idealizar e a elaborar, na totalidade ou apenas em parte, um projecto de campanha publicitária.

A actividade criativa é puramente técnica, mas fundamental para o sucesso da comunicação aliás, é a originalidade da obra que cria o impacto nos destinatários. Os objectivos contratuais consistem na elaboração dos elementos necessários para tornar efectiva a comunicação, excluindo a sua difusão. A agência de publicidade poderá idealizar e conceber a campanha através de profissionais ao seu serviço, vinculados ou não por contrato de trabalho, ou contratar, fora do seu núcleo profissional, alguém que o faça.

A validade deste contrato não está dependente da observância de forma especial, pelo que tem plena aplicação o princípio da liberdade de forma, expresso no art. 219º. do *CC*. Desta feita poderá adoptar-se a forma escrita ou verbal, sendo que esta última originará dificuldades probatórias, justamente no que concerne à estipulação de limites à utilização da criação publicitária.

Para resolver esta questão dos direitos de exploração da criação publicitária, o art. 23º. da *Ley General de Publicidad* remete para as regras protectoras da propriedade industrial ou intelectual e ainda, salvo convenção em contrário, concede os direitos de exploração das criações publicitárias em exclusivo ao anunciante ou à agência de publicidade, em virtude da celebração do contrato de criação publicitária e para os fins constantes do mesmo.[378]

A ordem jurídica nacional regula a matéria da utilização dos direitos de exploração no art 28º. do *Cód. Pub.*, onde consagra o princípio geral de *respeito pelos fins contratuais*, proibindo a utilização, para fins diversos dos convencionados, das ideias, informações ou material publicitário fornecido para fins contratuais publicitários (art. 4º., nº. 2, do *Cód. Pub.*) O art. 29º. do *Cód. Pub.*, à semelhança da congénere espanhola, remete a criação publicitária para as regras referentes ao direito de autor, com a diferença que este preceito presume-os cedidos ao criador intelectual, salvo convenção em contrário (arts 9º. e 11º. do *CDADC*).

## 33.2. O contrato de patrocínio

A prática empresarial consagra e desenvolve a existência de várias relações jurídicas, pelas quais uma pessoa singular ou mesmo colectiva (patrocinador), com o objectivo de incrementar a sua notoriedade ou renovar, melhorar ou modificar a sua imagem institucional perante o público, contra correspectivo pecuniário, associa o seu nome, marca, imagem ou símbolo, à actividade, imagem, nome ou empresa d'outrem (patrocinado).[379]

---

[378] Cfr. neste sentido PIERRE GREFFE, FRANÇOIS GREFFE, *op. cit.*, p. 661, artigo elaborado por JAVIER PERZE-ARDA; CARLOS LEMA DEVEZA, JESÚS GOMEZ MONTERO, *op. cit.*, p. 121.

[379] Sobre a análise detalhada desta forma de comunicação, seu conceito, tipo e estrutura, bem como a sua incidência na sociedade brasileira, *vide* FRANCISCO PAULO DE MELO NETO, *Marketing de patrocínio*, Sprint, RJ, 2000.

Cfr. ainda sobre o tema FRANCISCO COSTA PEREIRA e JORGE VERÍSSIMO, *Publicidade – o estado da arte...*, *cit.*, pp. 154 a 158.

Por regra, como resultado de certa desorientação disseminada, os autores procuram distinguir o patrocínio da publicidade, induzidos em erro por o termo *sponsoring* poder significar quer o próprio contrato de patrocínio – celebrado entre patrocinador e patrocinado, quer o resultado comunicacional advindo da celebração do contrato, quando na verdade, o patrocínio e a publicidade se encontram em planos distintos.

Para ANTÓNIO PAYAN MARTINS[380] *"a publicidade é uma actividade comunicacional que resulta de um acto negocial e o patrocínio é fundamentalmente um acto negocial do qual resulta um facto comunicacional"*.

Nos mesmos termos, MATTEO VITALI[381] distingue patrocínio de publicidade da seguinte forma: *"la pubblicità è un'attività commerciale che consegue un atto negoziale; la sponsorizzazione invece è un atto negoziale che consegue un fatto comunicazionale."*

Estas duas realidades, são efectivamente distintas:

a) a publicidade *(*o termo inglês *advertising)* caracteriza-se fundamentalmente pela transmissão de mensagens, com carácter informativo e escopo comercial, através dos meios de comunicação de massas;

b) o patrocínio não possui característica informativa, reduzindo-se ao símbolo, marca, nome ou produto comercializado pelo patrocinador e o suporte dessa mensagem tem quase sempre carácter acidental e precário;

c) o patrocínio, ao contrário da publicidade, caracteriza-se pela duração, frequência e intensidade da mensagem não dependerem directamente do patrocinador, mas apenas do impacto do evento ou da pessoa patrocinada;

d) o patrocínio impõe limitações ao patrocinador quanto ao controlo da mensagem, que inexistem na publicidade;

---

[380] ANTÓNIO PAYAN MARTINS, *O contrato de patrocínio – subsídios para o estudo de um novo tipo contratual*, Direito e Justiça, Revista da Faculdade de Direito da Universidade Católica Portuguesa, Lisboa, 1998, pp. 187 a 243, p. 190.

[381] MATTEO VITALI, *op. cit.*, pp. 97 e ss.

*e)* a pessoa ou o evento patrocinados são os factores que determinam a atenção do público, enquanto que na publicidade, a mensagem e o seu poder sugestivo são os elementos mais atractivos;
*f)* no patrocínio a mensagem possui carácter indirecto, não sendo reconhecida como tal, inversamente ao que acontece na publicidade em que as mensagens são facilmente reconhecidas e identificáveis.[382]

Veja-se no país vizinho a definição de patrocínio, prevista no art. 24º. da *Ley General de Publicidad*: " *el contrato de patrocínio publicitario es aquel por el que el patrocinado, a cambio de una ayuda economica para la realización de su actividad deportiva, benéfica, cultural, científica o de outra índole, se compromete a colaborar en la publicidad del patrocinador. El contrato de patrocínio publicitário se regirá por las normas del contrato de difusión publicitaria en quanto le sean aplicables.*"

Este conceito poderá ser devidamente transposto e enquadrado na ordem jurídica nacional, em que as partes contratuais são o patrocinador *(sponsor)* e o patrocinado *(sponsorizzato ou sponsee)* interessado na ajuda financeira (objecto do contrato) que o patrocinador lhe irá proporcionar, em troca de colaboração na sua publicidade.

Esta colaboração insere-se na fase final de difusão do processo de comunicação publicitária, por isso, podemos enquadrá-lo como um tipo específico do contrato de difusão publicitária, aliás, o preceito transcrito embora referente à legislação castelhana manda aplicar-lhe as regras relativas ao contrato de difusão publicitária.[383]

No direito comunitário a *Directiva nº. 89/552/CEE de 3/10*, relativa às actividades de radiodifusão televisiva, na al. d) do art. 1º., define patrocínio como: *"... qualquer contribuição feita por uma empresa pública ou privada que não exerça actividade de radiodifusão televisiva ou de*

---

[382] Cfr. ANTÓNIO PAYAN MARTINS, *op. cit.*, p. 191.

[383] Cfr. neste sentido PIERRE GREFFE, FRANÇOIS GREFFE, *op. cit.*, p. 661, artigo elaborado por JAVIER PERZE-ARDA; CARLOS LEMA DEVEZA, JESÚS GOMEZ MONTERO, *op. cit.*, p. 121.

*produção de obras audiovisuais para o financiamento de programas televisivos, com vista a promover o seu nome, marca, actividade ou realizações."*

No direito nacional, anteriormente à vigência do *Cód. Pub.*, o contrato de patrocínio, em especial o televisivo, assumia contornos muito diversos. Era frequente a constante e repetida menção do nome do patrocinador e a atribuição dos seus produtos como prémios.

Este panorama foi radicalmente alterado com a publicação do actual *Cód. Pub.*, que fixou no art. 24º. os limites da sua permissão. O nº. 1 definiu-o como:

*"a participação de pessoas singulares ou colectivas que não exerçam a actividade televisiva ou de produção de obras áudio-visuais no financiamento de quaisquer (...) programas, independentemente do meio utilizado para a sua difusão, com vista à promoção do seu nome, marca ou imagem, bem como das suas actividades, bens ou serviços"*. Os restantes números do preceito em causa (nºs 2 a 6), na esteira do art. 17º. da directiva supra, introduzem regras que visam a transparência de procedimentos, traduzidas:

*a)* na proibição de patrocínio dos telejornais e dos programas televisivos com cariz político;

*b)* no impedimento dos patrocinadores influenciarem o programa patrocinado;

*c)* na obrigação de identificação dos programas patrocinados, com o nome ou logotipo do patrocinador, no início e/ou no final do programa;

*d)* na proibição do incitamento à compra ou locação dos bens ou serviços do patrocinador ou de terceiros;

*e)* no estabelecimento duma proibição genérica às marcas de tabaco e outros produtos derivados, de patrocínio de programas televisivos.[384]

---

[384] Em França, a *Lei de 10/1/1991*, art. L. 17, contém uma interdição absoluta, sem excepções, do patrocínio de bebidas alcoólicas e a *Lei de 9/7/1976*, referente ao tabagismo, proíbe o patrocínio ao tabaco ou a produtos derivados deste. Cfr. PIERRE GREFFE, FRANÇOIS GREFFE, *op. cit.*, p. 477 e p. 487.

A expressa previsão do patrocínio no *Cód. Pub.* permite enquadrá-lo na ampla categoria dos contratos de publicidade, por existir uma relação próxima que justifica a sujeição dos contratos de patrocínio às normas publicitárias. Também no patrocínio existem restrições previstas para o tabaco e seus derivados e são aplicáveis as regras do art. 11º., relativas à publicidade enganosa, sempre que potencie o engano, induza ou seja susceptível de induzir em erro os seus destinatários, crie confusão entre os produtos, marca ou símbolo do patrocinador e de entidades concorrentes.

No entanto, a ordem jurídica publicitária refere-se apenas ao aspecto comunicacional externo e não ao regime jurídico, que terá de ser encontrado recorrendo à previsão estipulada nas próprias cláusulas contratuais resultantes do princípio da liberdade contratual.

No plano internacional, a *Convenção Europeia sobre a Televisão Transfronteiriça*, assinada em Estrasburgo em 5/5/1989, cujo art. 17º. relativo ao patrocínio televisivo, reitera o conteúdo do art. 24º. do *Cód. Pub.* e o art. 18º. por remissão para o art. 15º., proíbe o patrocínio de indivíduos ou empresas cuja actividade principal seja a produção ou venda de bebidas alcoólicas, de tabaco e seus derivados, de medicamentos e prestação de serviços e/ou tratamentos médicos, sujeitos a prescrição médica.

Em Itália, é apelidado de *contratto de sponsorizzazione* e GIOVANNA SAVORANI[385] qualifica-o como um contrato atípico, socialmente tipicizado, a título oneroso e com prestações recíprocas.

---

[385] GIOVANNA SAVORANI, *La notorietá della persona da interesse protetto a bene giuridico*, 60, CEDAM, 2000, pp. 213 e ss.

Na doutrina nacional, *vide* ANTÓNIO PAYAN MARTINS, *op. cit.*, pp. 208 e ss, que refere ser o contrato de patrocínio, no que respeita à sua tipicidade ou atipicidade uma *"figura contratual que emergiu na prática negocial, e que pela sua frequência e difusão, adquiriu uma fisionomia bem delineada. Será assim possível que um contrato que se apresenta como atípico face aos modelos legais conhecidos num determinado ordenamento jurídico se manifeste como típico e nominado na realidade do tráfego jurídico. Surge assim o conceito de tipicidade social, enquanto expressão da prática negocial, tipicidade reconhecida, mais cedo ou mais tarde, pela doutrina e pela jurisprudência e muitas vezes pelo próprio legislador que, por via de regra, acaba por regular o contrato procedendo à sua tipicização legislativa".*

Por sua vez, MATTEO VITALI[386] escreve que este contrato não é uma alternativa à publicidade, mas uma forma diversa de comunicação. O contrato de *sponsorizzazione* é uma forma de publicidade indirecta, porque o retorno publicitário não é percebido directamente do evento patrocinado, mas de forma difusa, para o qual o evento patrocinado contribuiu.

### 33.2.1. Patrocínio vs mecenato

As origens do patrocínio já foram tratadas supra. Cabe agora distingui-lo do mecenato. É frequente a utilização indistinta destes termos, embora seja aceitável que ambos têm um desígnio comum – a associação a um acontecimento.

O termo mecenas *(maecenas)* resulta do nome dum ministro do imperador Augusto, grande apoiante das letras e das artes e que por isso originou o mecenato.

No que respeita à distinção entre ambos verifica-se que o patrocinador perspectiva unicamente uma estratégia de valorização comercial da marca e da empresa, enquanto que o mecenas idealiza uma estratégia institucional de valorização da empresa junto do público-alvo. De facto, apesar da existência de alguma similitude entre as duas formas de comunicação, por ambas visarem a ascensão social e económica, a diferenciação deverá ser conseguida através do recurso aos seguintes critérios:[387]

*a)* A intenção ou motivação da comunicação.
*b)* os objectivos da comunicação.
*c)* O público-alvo.
*d)* A mediatização da acção.
*e)* A mensagem transmitida.
*f)* Os resultados.

---

[386] MATTEO VITALI, *op. cit.*, pp. 97 e ss.
[387] Cfr. BERNARD BROCHAND; JACQUES LENDREVIE; JOAQUIM VICENTE RODRIGUES; PEDRO DIONÍSIO, *Patrocínio e mecenato,* Publicitor, *cit.*, pp. 559 a 582, p. 563.

Estabelecendo-se um paralelo entre ambos verifica-se que se apresentam distintos e se destinam a públicos diversos. Ora vejamos:

*1)* A motivação do patrocínio é estritamente comercial enquanto que no mecenato é social.
*2)* O objectivo do patrocínio consite na criação de elos entre uma marca e um acontecimento mediático, enquanto que no mecenato procura-se uma identidade para uma empresa enquanto instituição.
*3)* No patrocínio a mensagem é comercial e no mecenato é social e cívica.
*4)* O patrocínio pretende atingir uma faixa de mercado, potenciando a clientela, enquanto que o mecenato abrange o público em geral.
*5)* Através do patrocínio pretende-se atingir um resultado e valorização comerciais imediatas, ao passo que no mecenato os resultados são projectados a longo prazo.

O mecenato, enquanto forma de comunicação delimitada à transmissão de valores sociais, apresenta-se com a seguinte classificação:

*a) de beneficiência* – quando se pretende unicamente desenvolver um acto de pura generosidade e altruísmo, com total ausência de comunicação (Apoio dos *CTT – Correios de Portugal* ao *Banco alimentar contra a fome*);
*b) de compromisso* – sempre que se apoia uma empresa, uma causa ou uma instituição, sem esperar retorno, embora exista uma comunicação indirecta com possíveis proventos a longo prazo (Apoio dos *CTT – Correios de Portugal* ao restauro *da Igreja de São Roque*);
*c) de intenção* – o apoio a uma causa, pessoa, instituição ou empresa com o objectivo claro de retirar benefícios. A comunicação visa promover o parceiro e o mecenas, com proventos para ambos.

O estatuto do mecenato está previsto no *DL n°. 74/99, de 16/3*, alterado pelas *Leis n°s 160/99, de 14/9*; *176-A/99, de 30/12*; *3-B/00, de 4/4*; *30-C/00, de 29/12*; *30-G/00, de 29/12*; *109-B/01, de 27/12*; *107-B/03, de 31/12* e *26/04, de 8/7*.

## 33.3. O contrato de difusão publicitária

### 33.3.1. Noção. Características

A ordem jurídica nacional não o define, nem se lhe refere. Todavia, o seu regime consta dos arts 19º. a 21º. da *Ley General de Publicidad*, que o define da seguinte forma: *"aquel por el que, a cambio de una contraprestación fijada en tarifas preestabelecidas, un medio se obliga en favor de un anunciante o agencia a permitir la utilización publicitaria de unidades de espacio o de tiempo disponibles y a desarrollar la actividad técnica necesaria para lograr el resultado publicitario"*. Este conceito tem plena aplicação no ordenamento jurídico interno português e constitui uma referência a ter em conta.

O contrato de difusão publicitária autonomiza-se do contrato de publicidade porque, para além de não necessitar de ser celebrado por uma agência de publicidade, não possui uma relação de dependência directa com aquele. Todavia, mesmo que a contratação seja assumida por uma agência, este reger-se-á por normas distintas, próprias e adequadas à prossecução dos objectivos para que foi celebrado.

Insere-se na última e decisiva fase do processo comunicativo, permitindo que a mensagem alcance os seus destinatários, tornando possíveis os resultados comerciais. Radica na permissão por parte do suporte ou veículo de transmissão da mensagem, da utilização publicitária de espaço ou tempo disponíveis e no desenvolvimento da actividade técnica necessária para atingir o objectivo pretendido, a troco da contraprestação préfixada. Note-se que não é relevante para a caracterização deste contrato, a espécie do suporte utilizado na difusão. Basta que sirva de veículo à transmissão da publicidade.

### 33.3.2. Partes

As partes contratuais são o titular do suporte publicitário (último responsável pela difusão da mensagem – jornais, rádio, televisão, revistas, *site*, *Internet*) que muitas das vezes é representado por uma empresa concessionária; o anunciante quando contrata directamente com os titulares dos suportes; o profissional ou agência de publicidade que actuam em nome próprio mas por conta do anunciante; e ainda a central de compras de espaço e/ou tempo publicitário.

*33.3.3. Designações específicas*

Face ao suporte de difusão escolhido, o contrato de difusão possuirá designações adequadas, tais como:

a) *Contrato de inserção* - quando se utiliza a imprensa escrita como suporte da mensagem. Através deste, o editor de um jornal ou revista obriga-se, mediante contraprestação, a publicar as mensagens publicitárias com as específicas características contratadas;
b) *Contrato de difusão radiotelevisiva* - sempre que o suporte utilizado é a rádio ou a televisão, através do qual o emissor se compromete, mediante contraprestação, a transmitir a mensagem publicitária do anunciante, na sua onda ou frequência;
c) *Contrato de publicidade cinematográfica* – o suporte escolhido consiste na projecção da mensagem publicitária contratada, na tela de cinema, no início da sessão;
d) *Contrato de publicidade externa* - o proprietário ou o concessionário do espaço exterior e público, compromete-se mediante contraprestação, a afixar e manter bem visível, a mensagem publicitária do anunciante.

*33.3.4. Qualificação jurídica*

Em Itália, qualifica-se este contrato como *prestação de serviços* (*appalto di servizi*).[388] A doutrina e a jurisprudência espanholas qualificam

---

[388] A noção está prevista no art. 1655º. do *CCitaliano*, da seguinte forma: *"L'appalto è il contratto col quale una parte assume, con organizzazione dei mezzi necessari e con gestioni a proprio rischio, il compimento di un'opera o di un servizio verso un corrispettivo in danaro."*

os contratos de difusão via imprensa, televisão, rádio ou cinema, como *contratos de empreitada* e a publicidade exterior, como *contratos de locação*.

A doutrina portuguesa e de acordo com os pareceres de JOÃO DE MATOS ANTUNES VARELA e JOSÉ DE OLIVEIRA ASCENSÃO,[389] que apreciam a questão concreta suscitada em tribunal, em que o proprietário de um imóvel concede a outrem o direito de ocupar, com exclusividade, durante o prazo de cinco anos e para fins de publicidade luminosa, o terraço de cobertura de um edifício, são unânimes na qualificação jurídica deste contrato como *locação* e, porque efectivamente versa sobre um imóvel, como *arrendamento*. O contrato celebrado pertence à categoria geral dos contratos de difusão publicitária e, em geral, a doutrina nacional qualifica os contratos de difusão através da afixação de cartazes, como contratos de *locação*, e os contratos de difusão através da imprensa, rádio, televisão como contratos de *empreitada*.

No que respeita à natureza jurídica dos contratos de difusão, CARLOS FERREIRA DE ALMEIDA[390] qualifica-os essencialmente como *"contratos de troca, porque a sua função económico-social traduz-se em vantagens e sacrifícios recíprocos das partes."*

É opinião deste ínsigne autor que não podem ser considerados, apesar da designação correntemente usada na prática e nos textos contratuais, como contratos de compra e venda de espaço e/ou tempo, porque não está em causa nem a transferência de propriedade sobre algo, nem a transferência definitiva de direitos. Como tal, para devidamente os qualificar, será necessário recorrer à *natureza da prestação do titular dos direitos de difusão*. Assim, os contratos de difusão serão considerados como *contratos de locação*,[391] quando apenas exista a concessão do uso temporário

---

[389] JOÃO DE MATOS ANTUNES VARELA e JOSÉ DE OLIVEIRA ASCENSÃO, *Contrato de arrendamento de terraço para instalação de publicidade luminosa*, CJ, 1993, III, pp. 5 a 14 e pp. 15 a 22, respectivamente.

[390] CARLOS FERREIRA DE ALMEIDA, *Texto e enunciado na teoria do negócio jurídico*, Almedina, Coimbra, 1992, vol I, p. 407 e *Contratos ..., cit.*, pp. 297 e ss.

[391] O regime jurídico da locação está previsto nos arts 1022º. e ss do *CC* e é definido como o *"contrato pelo qual uma das partes se obriga a proporcionar à outra o gozo temporário de uma coisa, mediante retribuição"*.

de uma coisa e como *contratos de empreitada*[392] sempre que seja necessário para a difusão da mensagem, a realização de uma obra.

Como é evidente, o conteúdo da prestação e o modo de difusão das mensagens, diverge em função da natureza do suporte (imprensa, rádio, televisão, cartazes) pelo que, admitir-se-á sempre a diversidade da natureza contratual, face às características específicas do suporte.

Certo é que, seja qual for o suporte difusivo da mensagem, o uso do espaço e/ou tempo pelo anunciante só se efectivará através da actividade desenvolvida pelo suporte para divulgar a mensagem, o que permite qualificar os contratos de difusão *"como prestação de serviços, com uma natureza intermédia ou mista, entre a prestação de uso, do contrato de locação e a prestação de uma obra ou serviço indiferenciado."*

---

[1] PEDRO ROMANO MARTINEZ, *Direito das obrigações – parte especial - contratos*, Almedina, Coimbra, pp. 155 e ss, classifica-o como um negócio jurídico sinalagmático, por implicar a obrigação de proporcionar o gozo de uma coisa como contrapartida do dever de pagar a retribuição; oneroso, porque dele emergem vantagens patrimoniais para ambas as partes; comutativo, porque as prestações de ambas as partes estão determinadas e são de antemão conhecidas; de execução continuada, na medida em que a sua realização se protela no tempo; quanto ao fim, como resulta do art. 1027º. do *CC*, a coisa locada pode ser usada para qualquer fim, desde que seja lícito. Daí que este contrato poderá ter finalidade comercial, rural, habitacional, ou a que directamente respeita ao escopo do presente estudo, a colocação de cartazes publicitários.

[392] O contrato de empreitada está regulado no *CC*, arts 1207º. e ss, e definido no art. 1207º., como o *"contrato pelo qual uma das partes se obriga em relação à outra a realizar certa obra, mediante um preço"*.

Segundo PEDRO ROMANO MARTINEZ, *Direito das obrigações ...*, cit., pp. 333 e ss, são três os elementos constantes deste contrato: os sujeitos, a realização de uma obra e o pagamento do preço. Caracteriza-se como um contrato sinalagmático, na medida em que dele emergem obrigações recíprocas e interdependentes; oneroso, porque o esforço económico é suportado por ambas as partes; comutativo, na medida em que as vantagens patrimoniais das partes são conhecidas desde as negociações; e consensual, por não ser estabelecida forma especial para a sua celebração, nos termos do art. 219º. do *CC*. Segundo o art. 1207º. do CC, que segue de perto o art. 1396º. do *CC* de Seabra, no objecto do contrato de empreitada não se incluem, pois, os serviços, mas apenas as obras, entendidas como resultado de certa acção ou como trabalho científico, artístico, literário.

Esta qualificação justifica a aplicação supletiva do regime locativo relativamente à inserção do anúncio e do regime da empreitada, em relação ao desenvolvimento da actividade técnica necessária para a efectiva divulgação da mensagem. A obrigação do suporte poderá comportar quer a disponibilização do espaço e/ou tempo (característica específica da locação, aplicando-se supletivamente este regime) quer a prestação de uma obra ou serviço indiferenciado, necessárias à difusão da mensagem, que se traduzem na actividade técnica desenvolvida (aplicação supletiva do regime da empreitada).

Escreve ainda este autor na mesma obra que: *"esta aproximação entre a locação, empreitada e prestação de serviço não constituirá aliás mais do que o regresso, através de nova síntese, à categoria una da «locatio-conductio», que no direito romano integrava precisamente a «locatio rei», a «locatio operis» e a «locatio operarum», cada um dos quais esteve na génese respectivamente dos contratos de locação, de empreitada e de prestação de serviço."*

*33.3.5. Não cumprimento ou cumprimento defeituoso*

No que concerne à responsabilidade civil pela errada difusão ou pela não difusão da comunicação publicitária, a *Ley General de Publicidad* prevê expressamente, nos arts 20º. e 21º., o seguinte:

*a)* O suporte que, com culpa, difundir publicidade com erros essenciais, alterações ou defeitos, ficará obrigado perante o anunciante ou a agência, a *redifundi-la* nos precisos termos contratados. Caso seja impossível nova difusão, o anunciante ou a agência de publicidade poderão exigir daquele uma *redução do preço* e a consequente *indemnização* pelos prejuízos causados;

*b)* No caso do suporte não difundir a campanha publicitária contratada, o anunciante ou a agência poderão optar pela *difusão posterior* nas precisas condições contratadas, ou pela *denúncia* do contrato com a respectiva *devolução* do preço pago. Em qualquer dos casos, o suporte deverá *indemnizar* os lesados pelos danos e prejuízos causados;

*c)* Sempre que a difusão se tornar impossível por causa imputável ao *anunciante* ou à *agência*, estes deverão *indemnizar* o suporte e satisfazer *integralmente o preço* contratado, salvo se o suporte conseguir ocupar o tempo que lhe era destinado com outra mensagem publicitária.[393]

O *Cód. Pub.* nacional, ao contrário da *Ley General de Publicidad*, não prevê expressamente as situações de responsabilidade indemnizatória derivadas do incumprimento ou do cumprimento defeituoso do contrato. Todavia, de acordo com as regras gerais da responsabilidade civil, aplicáveis por expressa remissão do art. 2º. do *Cód. Pub.*, o titular do suporte será responsável pelos prejuízos causados ao anunciante e/ou à agência de publicidade resultantes do incumprimento contratual ou do defeituoso cumprimento do contrato celebrado. Aplicam-se, pois, as regras previstas nos arts 798º. e ss do *CC* relativas ao incumprimento das obrigações por parte do devedor.

Se porventura a falta de difusão da mensagem, ou a difusão com erro ou defeito, ou ainda tardia, for imputada a factos praticados pelo anunciante ou pela agência de publicidade, já o suporte se eximirá da responsabilidade indemnizatória, alegando culpa dos lesados e pelo contrário, terão estes de o indemnizar pelos prejuízos causados.

Contudo, quanto à responsabilidade do suporte relativamente ao incumprimento ou cumprimento defeituoso do contrato, da prática contratual resulta, embora excepcionalmente por força do art. 809º. do *CC*, a estipulação de cláusulas que nos termos do nº. 2, do art. 800º. do *CC*, exoneram ou limitam a responsabilidade do suporte, conferindo apenas ao anunciante o direito de obter a repetição da difusão da mensagem. A estrutura sistemática deste estudo compreende, já em seguida, a análise e indagação sobre a licitude ou ilicitude da inclusão destas cláusulas nos contratos de difusão.

---

[393] Cfr. neste sentido PIERRE GREFFE, FRANÇOIS GREFFE, *op. cit.*, p. 660, artigo elaborado por JAVIER PERZE-ARDA; CARLOS LEMA DEVEZA, JESÚS GOMEZ MONTERO, *op. cit.*, p. 121.

## 33.3.6. Cláusulas contratuais gerais

### 33.3.6.1. Características gerais

Os contratos de difusão funcionam, por regra, à base de *cláusulas contratuais gerais*, que devem ser dadas a conhecer ao anunciante ou à agência de publicidade no momento da emissão da ordem de transmissão da publicidade.

As *CCG* resultam da aceitação sem reservas, pelo anunciante, pela agência ou pelo profissional e pela central de compras, das respectivas cláusulas, e consequentemente, ficam os contraentes abrangidos pelo regime legal das cláusulas contratuais gerais, ao qual se fará breve referência.

Estas *CCG* resultam de situações típicas do tráfego negocial de massas, em que as declarações negociais de uma das partes se caracterizam pela *pré-elaboração, generalidade* e *rigidez*. As cláusulas redigidas sem negociação, aplicam-se genericamente a qualquer contraente, sem que lhe seja concedida outra possibilidade que não seja a de adesão ou de rejeição, estando portanto, vedada a hipótese de negociação do conteúdo contratual.[394]

---

[394] Cfr. neste sentido:
- LUIS MANUEL TELES DE MENEZES LEITÃO, *Direito das obrigações*, vol. I, 2ª. ed., Almedina, Coimbra, 2002, p. 30;
- SARA LUÍSA BRANCO DANTAS, *As cláusulas contratuais gerais*, Estudos de direito do consumidor, FDUC, Centro de Direito do Consumo, n°. 4, 2002, pp. 273 a 316, pp. 273 e ss.;
- MÁRIO JÚLIO DE ALMEIDA COSTA, *Direito das obrigações*, cit., pp. 220 e ss, depois de explicitar a noção de *CCG* e de precisar que o fenómeno deriva de múltiplos sectores da sociedade, define como traço comum a superação do processo contratual clássico;
- CARLOS FERREIRA DE ALMEIDA, na sua obra *Texto e enunciado...*, cit., vol. II, p. 877, atribui às *CCG* as características de *predisposição unilateral, rigidez e unilateralidade*, todavia, posteriormente, na obra *Contratos I – conceito ...*, cit., pp. 117 e 118, entendeu ser mais rigoroso atribuir-lhes apenas duas características elementares: *"predisposição unilateral e generalidade. A rigidez (no sentido de inalterabilidade, de mera possibilidade de aceitação ou de recusa das cláusulas em bloco) não constitui requisito jurídico essencial, mas sim uma característica tendencial, embora com elevada probabilidade fáctica. (...) A*

Em termos gerais, a *LCCG*[395] permite a inclusão das *CCG* nos contratos singulares, desde que sejam respeitados os seguintes requisitos:

*1.* aceitação por parte do aderente;
*2.* comunicação na íntegra ao aderente, de forma adequada e com a antecedência necessária.

Por sua vez, o art. 8º. da *LCCG*, exclui-as dos contratos singulares se:

*a)* não forem comunicadas ao aderente;
*b)* violarem o dever de informação sobre o conteúdo, de molde que não seja de esperar o seu conhecimento efectivo;
*c)* pela apresentação gráfica ou pelo contexto, passem despercebidas a um contraente normal;
*d)* forem inseridas em formulários após a assinatura de algum dos contraentes.

O capítulo VI da *LCCG*, sob a epígrafe *"disposições processuais"*, consagra em matéria processual, a nulidade das *CCG* já integradas nos contratos singulares (arts. 12º. e 24º.) e a verificação judicial, a título preventivo, da legalidade das *CCG* ainda não integradas em contratos singulares ou independentemente dessa integração. Este controlo exerce-se mediante uma acção judicial (declarativa de condenação) destinada a obter o não uso de *CCG* que o tribunal considere ilícitas – *a acção inibitória* (art. 25º.).

---

*predisposição unilateral inclui a ideia de pré-elaboração (...) e a generalidade justifica-se como meio de afastar a ideia de que o instituto exige indeterminação do número e da identidade dos potenciais concorrentes"*;
- ANTÓNIO PINTO MONTEIRO, Contratos de adesão/cláusulas contratuais gerais, Estudos de direito do consumidor, FDUC, Centro de Direito do Consumo, nº. 3, 2001, pp. 131 a 163, p. 135, atribui três características essenciais às *CCG*: *"pré-disposição, unilateralidade e rigidez. A pré-disposição consiste na elaboração prévia de cláusulas que irão integrar o conteúdo de todos os contratos."*

[395] *DL nº. 446/85 de 25/10, alterado pelo DL nº. 220/95 de 31/8, alterado pelo DL nº. 249/99 de 7/7.*

Neste diploma, o legislador ocupou-se ainda da legitimidade activa e passiva;[396] da *lex fori*;[397] da forma do processo e isenções;[398] da parte decisória da sentença e sua publicidade;[399] de uma eventual proibição provisória, com natureza cautelar;[400] da proibição definitiva de inclusão das *CCG*;[401] das sanções e do registo.[402]

---

[396] Nos arts 26º. e 27º.. A acção inibitória só poderá ser intentada por associações de defesa do consumidor, por associações sindicais ou profissionais, pelo Ministério Público, oficiosamente ou por indicação do provedor de justiça, contra quem, predispondo *CCG*, proponha contratos que as incluam ou aceite propostas feitas nos seus termos; ou ainda as recomende a terceiros.

[397] O art. 28º., dispõe ser competente o tribunal da comarca onde se localiza o centro da actividade principal do demandado ou, não se situando em Portugal, o da comarca da sua residência ou sede. Se estas estiverem localizadas no estrangeiro, será competente o tribunal do lugar em que as *CCG* foram propostas ou recomendadas.

[398] No que respeita à forma processual que a acção inibitória deverá respeitar, rege o art. 29º., estipulando que esta acção segue os termos do processo sumário, possui o valor da alçada da Relação excedendo *0.01 euros* e está isenta de custas, justamente para permitir uma maior facilidade de acesso à justiça e consequentemente melhor defender os interesses em causa.

[399] A sentença que lhes ponha termo especificará o âmbito da proibição e poderá, a pedido do autor, condenar o réu a dar publicidade à proibição, pelo modo e durante o tempo determinado pelo tribunal (art. 30º.).

[400] Esta proibição expressa no art. 31º., possui natureza cautelar porque motivada num fundado receio das *CCG* virem a ser incluídas nos contratos individuais, violando a *LCCG*. A legitimidade activa recai sobre as mesmas entidades previstas para a propositura da acção inibitória, seguindo a tramitação prevista no *CPC*, para os procedimentos cautelares não especificados.

[401] As consequências da proibição definitiva, por decisão transitada em julgado, resultam na não inclusão das *CCG*, objecto da proibição, nos contratos que o demandado futuramente celebre e na proibição da recomendação destas (art. 32º.).

[402] O art. 33º. contém uma sanção pecuniária compulsória, que não ultrapassará o dobro da alçada da Relação por cada infracção, aplicável ao demandado que infringir a obrigação de se abster de utilizar ou recomendar *CCG* objecto da proibição.

Para efeitos de registo das decisões judiciais, os tribunais deverão remeter em 30 dias, cópias das decisões transitadas em julgado que tenham proibido o uso ou a recomendação das *CCG*, ou declarem a nulidade das *CCG* inseridas em contratos singulares. Trata-se, tal como no *Cód. Pub.* e na *LDC*, de uma responsabilidade contra-ordenacional em que incorre o infractor.

## 33.3.6.2. Recusa do titular do suporte em contratar

É comum nestes contratos de difusão inserir-se uma cláusula pela qual o suporte se reserva o direito de não aceitar a transmissão da publicidade, quando esta não corresponda às especificidades técnicas do suporte ou à sua orientação comercial e artística, e ainda quando desrespeite os requisitos legais ou contratuais, nomeadamente, por não ter sido atempadamente entregue o material necessário à difusão. Trata-se de uma verdadeira recusa em contratar, legitimada pela co-responsabilização civil dos titulares dos suportes publicitários pela difusão de mensagens publicitárias ilícitas, plasmada no art. 30º. do *Cód. Pub.*.

## 33.3.6.3. Exoneração da responsabilidade do titular do suporte

Outra cláusula usualmente inserida nos contratos de difusão, prevê a exoneração da responsabilidade do titular do suporte pelo incumprimento ou cumprimento defeituoso do contrato. É evidente que a validade desta cláusula terá de ser avaliada à luz da *LCCG*, do tipo contratual em causa e do princípio da boa-fé.

Assim, e face à *LCCG*, torna-se necessário averiguar sobre a admissão ou rejeição da inserção de cláusulas de exclusão ou de limitação da responsabilidade nos contratos de difusão. As als c) e d), do art. 18º. da *LCCG*, sob a epígrafe *"cláusulas absolutamente proibidas"*, excluem a possibilidade de limitação ou exclusão da responsabilidade por incumprimento definitivo, mora ou cumprimento defeituoso, em caso de dolo ou culpa grave, mesmo que estes actos sejam praticados por representantes ou auxiliares.

Defende o ilustre professor ANTÓNIO PINTO MONTEIRO[403] que: *"em princípio, cláusulas limitativas ou de exclusão da responsabilidade em*

---

[403] ANTONIO PINTO MONTEIRO, *Contratos de adesão – o regime jurídico das cláusulas contratuais gerais, instituido pelo DL nº. 446/85, de 25 de Outubro*, ROA, Ano 46, Dezembro, 1986, pp. 756 e ss; *Cláusula penal e indemnização*, Almedina, Coimbra, 1990, p. 255 e *Cláusulas limitativas do conteúdo contratual*, Instituto Jurídico da Comunicação, FDUC, Coimbra, 2002, pp. 185 a 205.

*situações de não cumprimento, devido a simples culpa leve não são proibidas"*, podendo por isso, ser incluídas nos contratos, desde que respeitem o princípio geral da boa-fé, ínsito no art. 15º. da *LCCG*. E continua, *"é de concluir, parece-nos, fornecer o actual art. 18º., als c) e d), um novo e importante factor, de natureza sistemática, a considerar na interpretação do art. 809º., do CC. (...) De outro modo, seria flagrante a contradição no seio do ordenamento jurídico, passando as partes a dispor de maior liberdade em contratos de adesão do que em contratos negociados, no que concerne às possibilidades de autodisciplina dos efeitos do não cumprimento".*

Manifestando opinião contrária, LUIS MANUEL TELES DE MENEZES LEITÃO[404] escreve que: *"pareceria assim possível estipular CCG a excluir ou limitar a responsabilidade do devedor em caso de culpa leve. No entanto, se as cláusulas de limitação de responsabilidade por culpa leve parecem admissíveis, já se colocam alguns obstáculos às cláusulas de exclusão da responsabilidade. Se elas serão permitidas em relação à responsabilidade por actos dos auxiliares ou representantes, atento o que se dispõe no art. 800º., nº. 2 do CC, já parece haver obstáculos à sua aplicação à responsabilidade pessoal do devedor, uma vez que o art. 809º., do CC, proíbe qualquer cláusula de exclusão directa da responsabilidade obrigacional nos contratos singulares e seria uma absurda contradição valorativa que fossem admitidas, nas CCG, disposições que são proibidas nos contratos singulares. Por outro lado, o carácter especial da LCCG não permite considerar derrogado o CC nessa matéria. Entendemos assim que, por força do art. 809º. do CC, qualquer cláusula de exclusão*

---

No mesmo sentido *vide* ANA MAFALDA CASTANHEIRA NEVES DE MIRANDA BARBOSA, *Os contratos de adesão no cerne da protecção do consumidor*, Estudos de direito do consumidor, FDUC, Centro de Direito do Consumo, nº. 3, 2001, pp. 389 a 424, pp. 407 e 408.

[404] LUIS MANUEL TELES DE MENEZES LEITÃO, *Direito das obrigações*, cit., pp. 35 e 36;

Ainda no sentido da proibição da inclusão de cláusulas que excluam ou limitem a responsabilidade, *vide* JOAQUIM DE SOUSA RIBEIRO, *Responsabilidade e garantia em cláusulas contratuais gerais*, Coimbra, 1992, pp. 15 e ss, embora referente à versão original do DL nº. 446/85 de 25/10; ALMENO DE SÁ, *Cláusulas contratuais gerais e directiva sobre cláusulas abusivas*, Almedina, Coimbra, 1999, pp. 219 e ss.

*directa da responsabilidade pessoal do devedor, mesmo que baseada em culpa leve continua a ser proibida".*

Também na mesma linha de pensamento, JOÃO CALVÃO DA SILVA[405] destaca e inclui na lista negra de cláusulas que são em absoluto proibidas, entre outras, as previstas nas als c) e d) do art. 18º., e MÁRIO JÚLIO DE ALMEIDA COSTA[406] escreve que, a *LCCG* estabelece *"a título exemplificativo determinadas proibições que se bifurcam em cláusulas absolutamente proibidas (art. 18º.), que não podem incluir-se a nenhum pretexto, nos contratos celebrados por adesão (...)".*

Parece contudo excessivo, permitir o afastamento da responsabilidade do suporte pela falta de difusão da mensagem ou pela errada difusão da mesma, pois apesar de ser aceite uma cláusula que permita a não transmissão da mensagem, por motivos urgentes e atendíveis, deverá essa mesma cláusula conceder ao anunciante o direito de exigir uma *difusão posterior de substituição*. No entanto, este tipo de cláusula jamais terá o alcance de afastar uma possível indemnização a favor do anunciante pelos danos eventualmente sofridos.[407]

Ainda com muito interesse para o estudo deste contrato, poder-se-á indagar sobre a autonomia que o suporte possui para a colocação espacial e temporal da mensagem publicitária, e questionar se o suporte poderá inserir a mensagem aleatoriamente ou terá de se vincular às regras contratuais? e no silêncio do contrato?

Para tentar responder a estas questões, terá de se partir da análise em concreto, da ordem de compra de espaço e/ou tempo emitida pela agência de publicidade ou pelo anunciante, e aí procurar referências sobre a exacta localização espacial ou temporal da mensagem publicitária. Sendo a resposta afirmativa, significa que se encontrou estipulação precisa sobre a localização da mensagem, que o suporte deverá cumprir, sob pena de

---

[405] JOÃO CALVÃO DA SILVA, *Compra e venda de coisas defeituosas ..., cit.*, pp. 126 e 127.

[406] MÁRIO JÚLIO DE ALMEIDA COSTA, *Direito das obrigações, cit.*, pp. 244 e ss e *Síntese do regime jurídico vigente das cláusulas contratuais gerais*, 2ª. ed., Universidade Católica Editora, Lisboa, 1999, pp. 23 e 24.

[407] No mesmo sentido, RITA BARBOSA DA CRUZ, *op. cit.*, p. 1371.

incorrer em responsabilidade, por cumprimento defeituoso ou mesmo em incumprimento contratual. No silêncio do contrato, conclui-se que o suporte possui a autonomia técnica necessária para colocação da mensagem no melhor enquadramento possível.

Todavia, a doutrina italiana tem desenvolvido a ideia de que existe um *dever geral de correcção*, e que por isso, o suporte possui a obrigação de não colocar a mensagem junto de outra que respeite a produto concorrente, pois assim prejudicaria a eficácia da mesma, mesmo quando tal não se encontre estipulado no contrato. Parece que este dever, em resultado do princípio da boa-fé, ínsito no art. 762º. nº. 2 do *CC*, possui plena aplicação na ordem jurídica nacional.

Por último, estes contratos de difusão prevêem, muitas vezes que, em caso de danos causados a terceiros, a responsabilidade recaia exclusivamente sobre o anunciante. Já se viu que este tipo de cláusula não deverá ser contratualmente inserida, até porque a lei é clara e imperativa – arts 30º., 36º. e 41º. do *Cód. Pub.* – ao estipular a responsabilidade solidária de todos os intervenientes na difusão da mensagem publicitária ilícita, por danos causados a terceiros.

*33.3.7. A melhor escolha sobre o suporte de difusão*

A escolha sobre o melhor suporte para a transmissão da mensagem, é difícil e reveste-se de extrema importância, na medida em que poderá contribuir para o sucesso ou insucesso da campanha. Todos os suportes possuem características peculiares e específicas, bem como clientela de estratos e gostos muito diversos, factores que deverão ser conhecidos e estudados, para que no momento da decisão esta se faça conscientemente.

Assim, na imprensa escrita, poderemos destrinçar entre:

*a)* os jornais diários - que permitem uma leitura rápida e são considerados instrumentos publicitários muito flexíveis e adaptáveis a vários tipos e estilos de comunicações, fornecendo ainda, uma considerável cobertura do mercado;

*b)* os periódicos, semanais ou mensais - que possuem as vantagens duma leitura mais lenta e atenta, da conservação durante certo período de tempo, de oferecerem côr e imagens mais nítidas e se destinarem a um segmento do público com interesses mais específicos.

Na publicidade externa, os *outdoors* ou cartazes, são considerados como a mais antiga apresentação de publicidade e permitem uma grande variedade de formas, cores, posições, localizações e exposições.

O cinema traz as vantagens do grande impacto visual, da selectividade, da flexibilidade e traduz-se, em termos práticos, num elevado índice de memorização. Já a rádio não é um dos melhores suportes difusores da publicidade, e quase nenhuma campanha a escolhe como base de apoio ou mesmo ponto de partida. Poderá, contudo, ser um óptimo complemento dos *spots* televisivos que possuem um forte impacto.

A televisão é assim, o meio de difusão publicitário mais apetecido e procurado, porque cobre todo o território nacional e possui elevados índices de audiência.[408]

Por último, a *Internet*, de grande aceitação entre as camadas mais jovens da população, possui a vantagem de interligar as pessoas, independentemente do lugar onde se encontrem e, com a utilização das técnicas audiovisuais e informáticas mais recentes, colocadas ao serviço da publicidade, as mensagens publicitárias apresentam-se extremamente apelativas e muito sugestivas.

*33.4. O contrato de concessão publicitária*

Da *Ley General de Publicidad* não consta expressamente este contrato, porque o reconduz a uma modalidade do contrato de difusão publicitária.

É prática corrente os suportes entregarem a sua contratação ou venda de espaço e/ou tempo às empresas concessionárias, daí que, o contrato de difusão possa ser concluído directamente com o suporte ou com o seu concessionário de publicidade - empresas especialmente organizadas e vocacionadas para a angariação e aquisição de publicidade, para posterior difusão através dos suportes.

---

[408] Cfr. MATTEO VITALI, *op. cit.*, pp. 43 e ss.

Parece ser mais cómodo e vantajoso, porque mais económico e funcional, que a contratação publicitária a difundir nos seus espaços e/ou tempos, fique a cargo destas empresas. Os suportes não se dedicam exclusivamente à actividade publicitária, são primacialmente veículos de informação que injectam os recursos financeiros provenientes da publicidade, na sua actividade principal – a informação.

Quanto à natureza das prestações que o compõem, não oferece dúvidas que se trata de um contrato oneroso, por existirem prestações recíprocas e equivalentes entre si. A concessionária retém uma percentagem (cerca de 40%) em função da facturação resultante das mensagens publicitárias difundidas, para fazer face à sua remuneração, transferindo o restante para o suporte.

Em França e de acordo com JEAN-JACQUES BIOLAY,[409] estes contratos são denominados *contrats de régie*, em que o *régisseur publicitaire* é uma pessoa singular ou colectiva que gere e administra por conta do suporte e a título exclusivo, o espaço publicitário disponível neste. Existem as *régie* de imprensa, de rádio, de televisão, de cinema, de recintos desportivos, *etc.*.

A *régie* recebe do anunciante, e por conta do suporte, o preço das inserções publicitárias, sempre estipulado por este e, a remuneração da *régie* efectua-se através de comissão sobre o preço pago pelo anunciante.

Em Itália, os *concessionari*, que poderão ser pessoas singulares ou colectivas, com base num acordo celebrado com os suportes, que prevê a realização dum valor anual mínimo de negócios e uma percentagem sobre os negócios efectivamente celebrados, contratam com os anunciantes ou agências de publicidade, a venda do espaço publicitário dos suportes que representam.

MATTEO VITALI[410] apresenta a seguinte noção de contrato de concessão publicitária: *"è il contratto mediante il quale un'impresa (concessionaria) si obbliga, dietro corrispettivo, nei confronti di un mezzo (testata giornalistica, emittente radiotelevisiva, circuiti cinematografici, ecc...) o di enti che offrono la disponibilità di spazi pubblicitari (amministrazioni*

---

[409] JEAN-JACQUES BIOLAY, *op. cit.*, pp. 75 e ss.
[410] MATTEO VITALI, *op. cit.*, pp. 59 e ss.

*pubbliche per la pubblicità stradale, società ad organizzazione sportiva per la pubblicità negli stadi, aziende municipali per la pubblicità sulle linee tramviarie, ecc...) a promuovere e stipulare in nome proprio, ma nell'interesse del mezzo o dell'ente stesso, dei contratti di diffusione pubblicitaria (aventi cioé ad oggetto inserzioni su stampa, spot televisivi, radiocomunicati, affissioni) con gli utenti e le loro agenzie".*

Trata-se de um contrato qualificado pelo *CCitaliano* como atípico e são-lhe aplicadas as regras gerais em matéria contratual. A doutrina italiana divide-se quanto à natureza jurídica deste. Alguns autores qualificam-no como um contrato de *agência* (arts 1742º. e ss do *CCitaliano*); outros como *prestação de serviços* (arts 1655º. e ss do *CCitaliano*); outros como *mandato* (art. 1703º. do *CCitaliano*); e ainda outros, como *comissão*. Não requer formalidades especiais para a sua celebração, sendo sempre mais segura a redução a escrito, o que obviará a dificuldades probatórias que porventura surjam.

Por não estar tipicizado na lei civil portuguesa, será forçosamente qualificado como atípico, mas parece mais correcto qualificá-lo como *contrato socialmente típico*. O contrato de concessão possui características específicas, que não se enquadram nos regimes legalmente tipificados, por isso, aplicar-se-ão as regras jurídicas do contrato de *mandato*,[411] ou do contrato de *comissão*,[412] por serem as mais próximas dos interesses tidos em vista com a sua celebração.

Importa ainda salientar a questão da responsabilidade civil da empresa concessionária face ao anunciante, agência de publicidade ou profissional e central de compras, no caso da mensagem não ter sido difundida nos termos contratados. Ora, a concessionária, estando vinculada com as entidades supra através de contrato devidamente celebrado, por conta do

---

[411] O contrato de mandato está previsto nos arts 1157º. e ss do *CC*, e a sua noção é a seguinte: *"é o contrato pelo qual uma das partes se obriga a praticar um ou mais actos jurídicos por conta da outra".*

[412] O contrato de comissão está regulado nos arts 260º. e ss do *CCom.*, cuja noção é a seguinte: *"dá-se o contrato de comissão quando o mandatário executa o mandato mercantil, sem menção ou alusão alguma ao mandante, contratando por si e em seu nome, como principal e único contraente".*

suporte, mas em nome próprio, terá de assumir a eventual responsabilidade contratual que ao caso couber. O suporte conferiu à concessionária um mandato sem representação (art. 1180º. do CC) para agir no seu interesse e por sua conta, mas sem ficar vinculado perante o anunciante, agência ou profissional e central de compras. Contudo face à concessionária, o suporte não ficará desresponsabilizado, na medida em que, aquela possui direito de regresso sobre este, por tudo quanto haja pago, por efectivamente o suporte ter inviabilizado a difusão da mensagem.

### 33.5. *O contrato de utilização da imagem*

Frequentemente, na área da publicidade são utilizadas imagens e nomes de figuras públicas reconhecidas e célebres numa das áreas da vida social, para publicitarem um bem ou serviço. O objectivo em vista com a participação destas personalidades, consiste na estimulação do consumidor para a aquisição do produto, serviço ou bem publicitado, convencendo-o que aquela personalidade o utiliza e se satisfaz com ele. Daí terem-se regulamentado as relações existentes entre aquele que utiliza a imagem de alguém e o que nisso consente já que, através do *direito à imagem*, consagrado constitucionalmente, as pessoas têm o direito à reserva da sua imagem que só poderá ser difundida com a sua autorização ou consentimento.

O contrato de utilização de imagem pode ser definido como a convenção bilateral e onerosa, através da qual o titular do direito à imagem consente que a sua imagem ou nome sejam utilizados para fins publicitários. Neste mesmo sentido, VICENTE HERCE DE LA PRADA[413] caracteriza-o justamente como um contrato sinalagmático e consensual em que a vontade das partes e o consentimento destas são requisitos indispensáveis para a sua concretização.

---

[413] VICENTE HERCE DE LA PRADA, *El derecho a la propria imagen y su incidencia en los medios de difusion*, José Maria Bosch Editor, Barcelona, Espanha, 1994, pp. 72 e ss.

As partes deste contrato são, por um lado, o titular do direito à imagem e por outro, o anunciante, a agência de publicidade ou o profissional.

Por acordo, resultam deste contrato obrigações recíprocas e equivalentes para as partes. O titular do direito à imagem consente na utilização desta para fins publicitários e obriga-se a desenvolver uma actuação (filme publicitário, fotografia, *etc.*); por sua vez, a prestação da contraparte consiste no pagamento da quantia acordada, acrescida do reembolso de eventuais despesas.

Neste contrato, tal como nos demais, vigora o princípio da liberdade de forma, todavia, as partes e com muito acerto, celebram-no por escrito, face aos interesses em causa e à maior facilidade de prova das condições contratuais, em caso de litígio.

Normalmente é inserida uma cláusula resolutiva, através da qual o contrato terminará se o titular do direito à imagem se mostrar indisponível, por forma a impedir a execução do contrato no tempo e modalidade estabelecidos; ou no caso da imagem da personalidade estar de tal modo negativamente afectada que, a sua participação poderá prejudicar a venda do produto ou serviço publicitado.

É ainda comum as partes preverem uma cláusula de exclusividade, que pode ser total ou absoluta, o que implica a impossibilidade de utilização da imagem noutras campanhas publicitárias, ainda que de produto não concorrente; ou limitada, caso em que é possível a utilização da imagem noutras campanhas, desde que não sejam produtos concorrentes.[414]

### 33.5.1. O direito à imagem como bem da personalidade humana

O direito à imagem nasce historicamente com o corpo. Os egípcios embalsamavam o corpo na convicção de que a pessoa sobreviveria. A imagem de uma pessoa identifica-a, marca a sua identidade. É um dos elementos de reconhecimento mais importantes e, com o advento da fotografia, que através de um processo mecânico consegue reproduzir

---

[414] Segundo a opinião de LUÍSA LOPES SOUSA, *op. cit.*, p. 126, o contrato de utilização da imagem não é um contrato publicitário porque o seu titular não é um sujeito publicitário e por isso não se enquadra no conceito de contrato de publicidade, embora verse sobre matéria publicitária e os seus fins sejam publicitários.

fielmente a imagem de alguém, o direito à imagem tornou-se juridicamente importante e digno de tutela jurídica.

Através do princípio da licitude,[415] o legislador assegura algumas situações que a publicidade deve respeitar, entre as quais: *"a utilização, sem autorização da própria, da imagem ou das palavras de alguma pessoa."*

Para este estudo tem particular interesse o direito à imagem, consagrado no art. 26º. da *CRP*[416] e no art. 79º. do *CC*, com um duplo conteúdo: o direito que toda a pessoa tem a que a sua imagem não seja tornada pública ou por qualquer forma difundida *(conteúdo positivo)*, sem a sua autorização ou consentimento *(conteúdo negativo)*.[417] O cidadão comum tem o direito a não ver o seu retrato exposto em público, sem o seu consentimento, bem como o direito a não o ver apresentado em forma gráfica ou montagem ofensiva e malevolamente distorcida ou infiel.[418]

O respeito pela imagem de uma pessoa, é uma particular forma de apreço pela sua personalidade, o que leva ao direito de cada indivíduo a se opôr à divulgação da sua imagem física, se para tal não tiver prestado consentimento.

Segundo RABINDRANATH CAPELO DE SOUSA,[419] este direito, tal como os demais direitos de personalidade, é considerado como um verdadeiro direito absoluto, dado não se lhe contrapôr um dever jurídico de pessoas determinadas, mas antes uma obrigação universal de respeito, pois, a mera captação da imagem sem autorização, pode constituir um ilícito penal.

---

[415] Cfr. o art. 7º. nº. 2 al. e), do *Cód. Pub.*

[416] A *CRP* reconhece expressamente neste preceito, os direitos à identidade, ao bom nome e reputação, à imagem, à palavra e à reserva da intimidade da vida privada e familiar, como garantia dos direitos dos cidadãos, enquanto direitos de personalidade, que possuem eficácia externa em relação a terceiros: dirigem-se quer contra o estado, quer contra os particulares.

[417] Cfr. CLÁUDIA TRABUCO, *Dos contratos relativos ao direito à imagem*, O Direito, ano 133º., (Abril-Junho), tomo II, 2001, p. 405; e CLEMENTE CREVILLÉN SÁNCHEZ, *Derechos de la personalidad. Honor, intimidad personal y familiar y propria imagen en la jurisprudencia*, Madrid, 1995, p. 93.

[418] J. J. GOMES CANOTILHO, VITAL MOREIRA, *Constituição da República portuguesa anotada*, 2ª. ed., vol. I, Coimbra editora, p. 196.

[419] RABINDRANATH CAPELO DE SOUSA, *O direito geral de personalidade*, Coimbra, 1995, p. 401 e p. 246.

É habitual e compreensível que actores, modelos ou desportistas, façam um uso comercial da sua imagem, sendo na maioria das vezes através de anúncios publicitários. No entanto, tal possibilidade de aproveitamento económico não faz daquela, um bem patrimonial, porque quando negociada, não se opera uma transferência da titularidade sobre ela. É sempre um bem pessoal, o que justifica a possibilidade de revogação a todo o tempo, do consentimento prestado ainda que, com direito a ressarcimento dos prejuízos causados à contraparte.

A violação do direito à imagem de uma pessoa, pode ocasionar danos patrimoniais e não patrimoniais, assumindo esta questão extrema relevância em relação às pessoas que adquiriram, pela sua vida pessoal ou profissional, grande notoriedade e projecção social.

Assim sendo, é ilícita a publicidade que utilize a imagem de certa pessoa sem a correspondente autorização, por violação do princípio da licitude e sancionada como contra-ordenação, aplicando-se-lhe a respectiva coima.

As pessoas consomem imagens. "À mulher de César não basta ser honesta, tem de o parecer." Não existe produto sem imagem, o produto tem de ser e parecer, o que o consumidor espera dele, daí a capacidade criativa ser muito importante na imagem publicitária, porque o melhor património que um produto, um serviço ou uma empresa pode conseguir é a sua imagem, que demora anos a construir e a manter, mas que em segundos se pode desmoronar.[420-421]

---

[420] Para maior desenvolvimento sobre a intervenção do criativo na imagem publicitária, vide JOÃO CARLOS CABRAL, op. cit., pp. 65 a 71 e HENRI JOANIS, O processo de criação publicitária, 2ª. ed., edições CETOP, Mem Martins, 1998.

[421] Cfr. JOÃO M. LOUREIRO, As personagens públicas e a publicidade, Lei magazine, nº. 1, Março, 1995, p. 51, acerca da protecção do nome próprio: numa campanha publicitária, uma marca de meias para homem, utilizou os nomes Mário e Anibal e a seguinte frase: Mário e Anibal estão de acordo, Goldfox meias, exibindo uma imagem dos joelhos para baixo de duas pessoas, sentadas em dois cadeirões institucionais, mostrando parte das calças, as meias e os sapatos. Esta campanha gerou grande controvérsia relativamente à protecção dos nomes próprios, cuja utilização seja qual for, a lei não proíbe, pois que ninguém é identificado apenas pelo nome próprio. Embora a generalidade dos destinatários da mensagem, possa entender que existe no anúncio uma alusão a duas persona-

*33.5.2. O direito à imagem como direito fundamental e sua eficácia externa*

Conforme já se viu, o art. 26º. nº. 1 da *CRP*, integrado no capítulo dos direitos, liberdades e garantias pessoais estabelece, entre outros direitos, o reconhecimento à identidade pessoal, à imagem.

Por sua vez, o nº. 1 do art. 18º. da *CRP* prescreve que: *"os preceitos constitucionais respeitantes aos direitos, liberdades e garantias são directamente aplicáveis e vinculam as entidades públicas e privadas".*

Na avalisada opinião de JORGE MIRANDA[422] *"uma fórmula como a do nosso art. 18º., nº. 1, não tem paralelo noutras constituições"*, pois o dispositivo é inovador e a sua redacção não levanta dúvidas sobre a aplicação dos preceitos constitucionais relativos aos direitos, liberdades e garantias às entidades públicas e privadas, terminando com a querela existente noutros países.

No entanto, apesar da existência do dispositivo, a questão colocou-se em Portugal e, entre os defensores da eficácia directa e imediata dos direitos fundamentais encontram-se GOMES CANOTILHO e VITAL MOREIRA[423] para os quais, o art. 18º. nº. 1 da *CRP* " *é uma das normas constitucionais que mais profundamente implica com os limites da relevância da Constituição no contexto da ordem jurídica global. Designadamente, ao fazer aplicar directamente nas relações entre particulares (e não apenas nas relações entre estes e o Estado) os preceitos relativos aos direitos liberdades e garantias, com a extensão que este conceito tem no art. 17º., este preceito transforma a Constituição em estatuto fundamental da ordem jurídica geral, das relações sociais em geral, e não apenas da ordem jurídica do Estado e das suas relações com a sociedade."*

---

lidades importantes do país. A inexistência do direito subjectivo ao nome próprio, descaracteriza qualquer tipo de ilicitude. O art. 72º. do *CC*, não abrange o nome próprio no âmbito da sua protecção.

[422] JORGE MIRANDA, *Manual de direito constitucional*, vol. IV, Direitos Fundamentais, Coimbra Editora, 1988, p. 292; na 2ª. ed., 1998, p. 278.

[423] J.J.GOMES CANOTILHO e VITAL MOREIRA, *Constituição da República portuguesa anotada*, 3ª. ed., Coimbra Editora, 1993, pp. 144 e ss. No mesmo sentido, sem significativas alterações JOSÉ JOAQUIM GOMES CANOTILHO, *Direito constitucional*, 6ª. ed. revista, Almedina, 2002, pp. 590 e ss.

Na mesma linha de pensamento ANA PRATA[424] defende que: *"o art. 18º. nº. 1 da CRP, estabelece a eficácia perceptiva imediata das normas constitucionais respeitantes aos direitos, liberdades e garantias, estendendo essa imediata perceptividade do domínio público ao domínio privado"*. Também JOSÉ JOÃO ABRANTES[425] defende a eficácia dos direitos fundamentais nas relações entre sujeitos privados, como uma *"... eficácia directa, isto é, irradiante directamente dos próprios preceitos constitucionais, sem necessidade de qualquer transposição para a ordem jurídica privada através dos mecanismos próprios desta."*

Em sentido oposto, defendendo a aplicabilidade mediata dos direitos fundamentais às relações entre entidades privadas, através dos mecanismos estabelecidos no direito privado, encontram-se autores como CARLOS ALBERTO DA MOTA PINTO,[426] FRANCISCO LUCAS PIRES[427] e ANTÓNIO MENEZES CORDEIRO[428] que, em nome da liberdade negocial, invocam a inaplicabili-

---

[424] ANA PRATA, *A tutela constitucional da autonomia privada*, Almedina, Coimbra, 1982, p. 137.

[425] JOSÉ JOÃO ABRANTES, *O direito do trabalho e a constituição*, Direito do Trabalho, Ensaios, Cosmos, Lisboa, 1995, p. 58.

[426] CARLOS ALBERTO DA MOTA PINTO, *Teoria geral do direito civil*, 3ª. ed., Coimbra Editora, Coimbra, 1958, pp. 71 e ss. É opinião deste autor que a aplicação imediata dos direitos fundamentais no domínio privado conduz à *rigidez, inautenticidade e irrealismo* da vida jurídica privada, tem de passar pelos institutos e figuras próprios do direito privado, designadamente através de uma conformação com o princípio da liberdade contratual e o da boa-fé.

[427] FRANCISCO LUCAS PIRES, *Uma constituição para Portugal*, Coimbra, 1975, p. 89., defende que a aplicação imediata dos direitos fundamentais nas relações entre privados levaria a uma *"rigidez da vida social, invertendo o sentido dos direitos e liberdades constitucionais"* devendo ser transpostos para o domínio privado, através dos mecanismos próprios deste ramo de direito.

[428] ANTÓNIO MENEZES CORDEIRO, *Teoria geral do direito civil*, I, Lisboa, AAFDL, 1994, pp. 327 e ss e *Da boa-fé no direito civil*, Almedina, Coimbra, 1997, pp. 1274-1278. Afirma este insígne autor que a actuação estatal é qualitativamente diferente da das pessoas privadas, não podendo, por isso, ser feitas transposições automáticas. As prevenções feitas pela doutrina actual contra uma eficácia civil dos direitos fundamentais têm razão de ser.

dade imediata dos direitos fundamentais às relações entre privados, sob pena de limitação da autonomia da vontade e da liberdade individual dos cidadãos, asfixiando-se a liberdade de criação dos agentes privados.

*33.5.3. A tutela civil dos direitos de personalidade*

A protecção juscivilista dos direitos de personalidade está prevista no art. 70º. do *CC* que, em termos gerais, proclama o respeito pelo indivíduo, protegendo-o contra qualquer ofensa ilícita ou ameaça de ofensa, à sua personalidade física ou moral.

A tutela civil consubstancia-se, quer no direito de exigir do infractor uma indemnização nos termos da responsabilidade civil (arts 483º. e ss do *CC*) quer ainda, de acordo com o nº. 2 do art. 70º. do *CC*, no direito de requerer as providências adequadas, com o fim de evitar a consumação da ameaça ou de atenuar os efeitos da ofensa já cometida. São para isso utilizados os meios processuais civis, previstos nos arts 1474º. e 1475º. do *CPC*, relativos à *tutela da personalidade, do nome e da correspondência confidencial*, onde se prevê um processo especial de jurisdição voluntária, pouco complexo e de execução lenta.

Assim, dissecando o nº. 2 do art. 70º. do *CC*, verifica-se existirem três linhas de actuação protectora dos direitos de personalidade: a responsabilidade civil com a finalidade do ressarcimento das danos provocados à vítima; a tutela preventiva, para evitar a concretização das ameaças; e as medidas atenuantes, destinadas a actuar após a consumação da ofensa.

*33.5.4. O direito à imagem – intromissões ilegítimas*

Resulta do art. 81º. nº. 1 do *CC*, que toda a limitação voluntária ao exercício dos direitos de personalidade é nula, se for contrária aos princípios de ordem pública. Do nº. 2 consta que a limitação voluntária, quando legal, é sempre revogável.

O direito à imagem é um direito moral de personalidade, cuja intromissão ilegítima consiste na exposição, reprodução ou publicação da imagem de uma pessoa, sem o seu consentimento. A tutela das pessoas contra a exposição e divulgação ilícita da sua imagem justifica-se, porque protege o seu titular contra a violação da sua vida privada, pela revelação, através da imagem, de uma faceta da vida privada que o público não tem interesse legítimo em conhecer.

Em regra, as intromissões ilegítimas no direito à imagem acontecem quando se ultrapassam os limites do consentimento dado pelo titular, que delimita o exercício legítimo do direito à imagem. O consentimento pode existir apenas destinado à publicação de imagem concreta, que sendo divulgada inconsentidamente, produzirá uma violação do direito à imagem do retratado; o que também acontecerá se se fizer uso do consentimento com um fim distinto daquele para que foi prestado.

Todavia, existem situações em que o consentimento do titular do direito à imagem é dispensado, sempre que esteja enquadrado pelo interesse público e por fins de interesse científico, didáctico e cultural (n°. 2 do art. 79°. do *CC*).

Quando acontece uma ilegítima intromissão no direito à imagem, este direito moral pode ser valorado economicamente, sendo justo que o lesante indemnize a pessoa ofendida. A determinação do *quantum* indemnizatório dependerá da apreciação em concreto da situação. A indemnização que resultar da violação do direito à imagem será agravada, se também forem lesados o direito à privacidade e o direito à honra (n°. 3 do art. 79°., do *CC*).

## 33.6. O contrato de publicidade

### 33.6.1. Designação

Constitui este contrato a base da tipologia contratual existente, por ser o instrumento jurídico que regula os termos em que uma agência de publicidade ou um profissional deve elaborar o estudo, a criação, a programação, a realização e o controlo de uma campanha publicitária relativa a produtos comercializados pelo anunciante, por forma a que este obtenha a finalidade a que se propõe. Ao anunciante cabe a realização da correspectiva contraprestação.

É o único contrato que interliga o anunciante e a agência de publicidade ou o profissional. O seu objecto, mais ou menos amplo, consiste na concepção e produção de uma mensagem publicitária, pela agência ou pelo profissional.

A designação pela qual é identificado não é linear. Para CARLOS FERREIRA DE ALMEIDA[429] a denominação adequada será a de *contrato de concepção e distribuição publicitária*; a *APAN* designa-o como *contrato de prestação de serviços publicitários* entre um anunciante e uma agência de publicidade; e a doutrina italiana denomina-o de *contrato de agência publicitária*.

Qualquer destas designações acarreta dificuldades. Pela primeira delimita-se o objecto quando este pode ser muito mais amplo; na segunda, nada impede que o contrato seja celebrado com um profissional de publicidade; e na terceira pode erradamente confundir-se com o contrato de agência regulado no direito comercial.

Por isso, na esteira de RITA BARBOSA DA CRUZ,[430] a melhor designação será a de *contrato de publicidade em sentido estrito*, distinguindo no seu âmbito:

*a)* o *contrato de serviço completo*, sempre que a agência assuma as tarefas de estratégia de comunicação e de *marketing*, concepção, criação, produção, distribuição e difusão através dos suportes, acompanhada pelo posterior controlo e avaliação dos resultados;

*b)* o *contrato de serviço limitado*, quando a agência apenas assuma a concepção e produção da campanha e, eventualmente, o controlo sobre a actividade difusiva dos suportes, sendo o anunciante responsável por contratar a difusão directamente com estes.

Através da análise da prática contratual portuguesa é de concluir que a crescente complexidade da actividade publicitária faz com que o anun-

---

[429] CARLOS FERREIRA DE ALMEIDA, *Contratos ...*, cit., p. 287. Este autor não o define, descrevendo-o como *"aquele em que a agência assume obrigações que consistem em conceber e planificar as campanhas publicitárias relativas a um produto, a um serviço ou a uma empresa, durante um determinado período; ou promover todos os meios necessários para realizar uma campanha publicitária completa."*.

[430] RITA BARBOSA DA CRUZ, *op. cit.*, p. 1312.

ciante celebre com a agência de publicidade o denominado *contrato de serviço completo*. Este é o instrumento que obriga a agência:

a) na *fase preliminar ou de conselho* – a analisar as informações e as necessidades do cliente, bem como a definir os objectivos e estratégias a prosseguir;
b) na *fase de concepção e criação das mensagens* – a criar, idealizar, elaborar as *maquettes* e apresentar ao cliente os projectos de textos e de *story board*;
c) na *fase de produção e de execução* – a efectuar o devido planeamento dos suportes publicitários a utilizar, a distribuição, o controlo sobre a difusão e a facturação.

## 33.6.2. Conceito e características

O art. 15º. da *Ley General de Publicidad* define-o da seguinte forma: *"es aquel por el que un anunciante encarga a una agencia de publicidad, mediante una contraprestación, la ejecución de publicidad y la creación, preparación o programación de la misma. Cuando la agencia realice creaciones publicitarias, se aplicarán también las normas del contrato de creación publicitaria.*"[431] contendo os arts 16º. a 18º. as regras que lhe são aplicáveis.

Na doutrina italiana, MATTEO VITALI[432] intitula-o como *contratto di agenzia pubblicitaria* e define-o como o contrato estipulado entre o anunciante e a agência de publicidade para a idealização e realização da campanha publicitária. O *CCitaliano* não o consagra expressamente pelo que, a doutrina considera-o como um contrato atípico, juridicamente regulado pelas normas contratuais gerais, insertas no *CCitaliano* (arts 1321º. e ss) e pelas convenções das partes.

---

[431] Cfr. sobre o contrato de publicidade em Espanha, PIERRE GREFFE, FRANÇOIS GREFFE, *op. cit.*, p. 660, artigo elaborado por JAVIER PERZE-ARDA; CARLOS LEMA DEVEZA, JESÚS GOMEZ MONTERO, *op. cit.*, pp. 119 e 120.
[432] MATTEO VITALI, *op. cit.*, pp. 15 e ss.

Da sua formulação poderão constar elementos próprios do contrato de *prestação de serviços* (arts 1655º. e ss do *CC italiano*) e do contrato de *mandato oneroso* (arts 1703º. e ss do *CC italiano*), considerando-se assim, um contrato misto, pois nele concorrem elementos de dois ou mais negócios típicos.

Não necessita da observância de forma especial e, na maioria das vezes, o anunciante limita-se a aderir a um contrato que lhe é apresentado, onde já constam as condições contratuais previamente elaboradas pela agência (art. 1342º. do *CCitaliano*).

Na doutrina nacional, CARLOS FERREIRA DE ALMEIDA[433] ensina que: *"os contratos de publicidade relacionam juridicamente os intervenientes que se encontram em elos seguidos da cadeia publicitária. Várias são as relações possíveis conforme o grau de complexidade da concreta acção publicitária, geralmente determinante do número de participantes e de contratos a celebrar. Na sequência mínima o anunciante contrata exclusiva e directamente com o meio. Na sequência clássica para campanhas publicitárias com alguma elaboração, a agência interpõe-se entre o anunciante e o meio, dando lugar à celebração de um contrato entre o anunciante e a agência e de um ou mais contratos entre o anunciante (ou agência) e cada um dos titulares dos meios utilizados na difusão da publicidade."*

Para JOÃO M. LOUREIRO[434] o contrato de publicidade é aquele mediante o qual *"o anunciante encarrega a agência de preparar a criação, programação e execução de uma campanha publicitária mediante uma contraprestação remuneratória, que normalmente consiste numa comissão calculada sobre o valor da dita campanha."*

O contrato de publicidade é extremamente relevante no âmbito da disciplina contratual publicitária nacional. À semelhança das definições encontradas em Espanha e em Itália, o seu conceito agrupa vários elementos, e poder-se-á sintetizar na seguinte fórmula: convenção pela qual um anunciante encarrega uma agência de publicidade ou um profissional,

---

[433] CARLOS FERREIRA DE ALMEIDA, *Contratos* ..., *cit.*, p. 284.
[434] JOÃO M. LOUREIRO, *Direito do marketing e da publicidade*, *cit.*, pp. 23 e ss.

mediante contraprestação com carácter remuneratório, de idealizar, preparar, executar e controlar certa campanha de publicidade.

Trata-se de um contrato sinalagmático e oneroso, regido pelo princípio da liberdade contratual. O seu objecto consiste na realização técnica destinada a tornar efectiva a comunicação publicitária. A agência de publicidade ou o profissional idealizam e concebem e/ou executam a campanha publicitária com a contraprestação monetária a cargo do anunciante.

É claro que existe um dever recíproco de fidelidade: o anunciante não utilizará para fins diversos dos acordados, ideias, informações ou materiais prestados pela agência ou profissional, e estes por sua vez, não utilizarão os dados que o anunciante lhes tenha facultado para outros fins, que não sejam os contratuais.[435]

*33.6.3. O anunciante enquanto parte contratual. O controlo sobre a execução da mensagem publicitária*

O anunciante é a parte principal deste contrato porque é o titular incontestável do interesse publicitário. Tomando a iniciativa e a decisão de avançar com a campanha publicitária, assume todos os encargos financeiros, porque dela retira os proventos traduzidos no incremento das vendas. Consequentemente, possui o direito de controlar a execução da campanha publicitária. A agência de publicidade fica assim mais protegida assegurando a responsabilidade civil solidária deste (art. 30°., n°. 2, do *Cód. Pub.*) em caso de difusão de mensagem ilícita.

Na génese do contrato de publicidade, por regra, encontra-se a iniciativa do anunciante, que pretendendo encarregar a agência de publicidade da concepção e execução de determinada campanha, apresenta-lhe um *briefing*[436] onde constem as informações preliminares necessárias.

---

[435] Cfr. neste sentido, o art. 28°. do *Cód. Pub.* e o 16°. da *Ley General de Publicidad*.

[436] Documentação que o anunciante entrega à agência de publicidade, na qual compila as informações sobre o produto a publicitar e sobre a empresa, que considere mais relevantes e de interesse para a campanha que a agência deverá conhecer. Não se trata de um documento que restrinja a acção da agência, pelo contrário, é um poderoso auxiliar a partir do qual a agência desenvolverá o planeamento publicitário. É fácil de entender que

Perante a entrega do *briefing*, a agência apresenta um orçamento específico com todos os materiais e serviços a prestar, bem como um projecto de anúncio, concretizado em *maquettes* e *story boards*, que deverão ser expressamente aprovados pelo anunciante antes da passagem para a fase da execução. Qualquer alteração deverá ser feita sempre com a anuência do anunciante e este aprovará, a final, antes da sua difusão, a produção concreta do anúncio, podendo sempre rejeitá-lo se não corresponder à encomenda efectuada.

Além desta expressa aprovação, o anunciante tem ainda o poder de fiscalizar todos os elementos da campanha, recaindo sobre a agência de publicidade, o dever de o informar de todos os aspectos de criação e programação da mesma.

*33.6.3.1. A qualificação jurídica da aprovação pelo anunciante da campanha apresentada*

A falta da expressa aprovação da campanha pelo anunciante impede a agência de transitar para a fase da execução. Como tal, deverá reorganizar a campanha de modo a satisfazer as pretensões do anunciante ou, se tal for inviável, deverão as partes terminar com o contrato.

Durante algum tempo, debateram-se na doutrina italiana duas posições antagónicas, sobre a qualificação da aprovação como condição suspensiva ou resolutiva do contrato. Hoje é pacífica a qualificação da aprovação do anunciante como *condição resolutiva*. Em Portugal,

---

quanto mais completo e elucidativo for o *briefing*, maiores serão as probabilidades da agência satisfazer as pretensões do anunciante.

RITA BARBOSA DA CRUZ, *op. cit.*, pp. 1330 e ss., refere que *"um briefing completo é aquele em que o anunciante descreve o produto, realçando as particularidades que pretende publicitar, faz o historial da marca, descreve a concorrência, analisa o mercado e o respectivo comportamento dos consumidores. Em seguida, deve traçar as linhas gerais da sua estratégia de marketing, estabelecer as orientações gerais da campanha a realizar, o que muitas vezes exigirá uma reflexão comum com a agência, determinando quais os alvos publicitários que se propõe atingir, quais os objectivos ou os efeitos que pretende colher da publicidade e, por fim, as limitações inerentes a essa possibilidade, quer do ponto de vista orçamental, quer do ponto de vista jurídico."*.

entende-se que se trata de uma verdadeira *condição resolutiva, expressa* ou *tácita*, conforme esteja ou não consagrada nas cláusulas contratuais ou resulte dos usos do sector.

Considerando o *briefing* como proposta contratual, seguida da aceitação pela agência e consequente encomenda aos criativos do projecto, então a rejeição pelo anunciante do anúncio apresentado, terá as características de uma verdadeira condição resolutiva.

Aceitando o *briefing* como preliminar, por não possuir todos os elementos necessários para o qualificar como proposta contratual, então a apresentação pela agência do orçamento e do projecto de anúncio assumirá a função de proposta contratual, cuja não aprovação, será uma rejeição.

Parece que a entrega do *briefing* pelo anunciante à agência configura uma verdadeira proposta contratual, e o contrato conclui-se com a correspondente aceitação pela agência. Verifica-se que o anunciante, de facto, quis contratar com aquela agência pois a ela se dirigiu, por isso, o contrato produzirá efeitos imediatos e gerará obrigações para ambas as partes.

O mesmo não acontece quando, inversamente, o anunciante recorrer a um concurso para promover o aparecimento de vários interessados e escolher um, dos projectos apresentados. Esta situação, desresponsabiliza o anunciante pelas despesas efectuadas pelos candidatos com a apresentação do projecto, já que nenhum contrato foi assinado. Só após a escolha do candidato que melhor sirva os propósitos do anunciante, o contrato produzirá os seus efeitos.

*33.6.3.2. A validade da renúncia do anunciante à aprovação ou à aceitação prévia e final da campanha e ao direito de fiscalização*

Face à responsabilidade do anunciante sobre a campanha difundida, alguns autores, nomeadamente em Espanha, onde o anunciante assume plena responsabilidade, são da opinião que este direito de controlo da campanha é básico e irrenunciável, mormente devido às acções de cessação e rectificação que contra ele podem ser intentadas. Daí ser inválida qualquer cláusula contratual que o limite ou exclua.

Em Portugal, vigorando o princípio da livre modelação do conteúdo contratual e uma vez que a responsabilidade civil, decorrente da difusão de mensagens publicitárias ilícitas, está repartida entre os vários intervenientes, não se vislumbra qualquer entrave a que o anunciante possa incluir no contrato, uma cláusula renunciando à aprovação e/ou à aceitação prévia e final da publicidade.

*A inserção desta cláusula equivale à aprovação tácita dos trabalhos efectuados pela agência e torna ilegítima a pretensão do anunciante a reclamar posteriores vícios, bem como a invocação da mesma, para se eximir da responsabilidade face a terceiros, nos termos do n°. 2 do art. 30°. do Cód. Pub.*, alegando falta de conhecimento prévio da mensagem veiculada.

Por regra, a contraparte do anunciante neste contrato é uma agência de publicidade, dotada de infraestrutura técnica e humana capaz de idealizar, preparar, acompanhar o projecto e executar a campanha publicitária contratada. Todavia, também o profissional de publicidade poderá celebrar este contrato com o anunciante.

### 33.6.4. O profissional de publicidade

Como referido, a contraparte poderá ainda ser um profissional de publicidade, frequentemente mencionado no decurso deste estudo, todavia sem a devida análise.

Passou a integrar o elenco do art. 5°. do *Cód. Pub.*, por introdução do *DL n°. 275/98 de 9/9*, sendo que, até então, apenas figurava como sujeito publicitário a agência de publicidade, enquanto sociedade comercial devidamente organizada para desempenhar eficientemente tal tarefa. Pelo diploma referido, o legislador abrangeu também as pessoas singulares, reconhecendo-lhes as mesmas incumbências previstas para as agências, considerando quer o profissional, quer a agência de publicidade, como entidades capazes do exercício da actividade publicitária. Todavia, aos profissionais não lhes é exigida a dedicação exclusiva à publicidade, o que torna difícil a sua delimitação, ficando por saber quantas vezes será necessário intervir em operações publicitárias para se ser considerado como profissional.[437]

---

[437] Cfr. no mesmo sentido RITA BARBOSA DA CRUZ, *op. cit.*, p. 1313.

A equiparação legal entre o profissional e a agência de publicidade, acentua a identidade do objecto a que se dedicam – a actividade publicitária. Contudo, o legislador ao introduzir esta figura, não pretendeu incluir os sujeitos que intervêm pontualmente na formação da mensagem, tais como os ilustradores, o realizador e outros colaboradores dos quadros da agência de publicidade, porque estes já se encontram abrangidos pelo n°. 1 do art. 4°., *in fine*, do *Cód. Pub.*.

*33.6.5. Remuneração*

Um outro elemento crucial para a qualificação deste contrato de publicidade consiste na contraprestação do anunciante, ou seja, na remuneração da agência ou do profissional.

Existem vários modos de remunerar a agência pelos serviços prestados. De acordo com LUÍSA LOPES SOUSA[438] as partes poderão:

*a)* Acordar numa percentagem fixa sobre o investimento global da campanha publicitária, a que se chama *remuneração percentual*, que poderá ser estipulada de forma decrescente, ou seja, quanto maior o investimento, menor a percentagem auferida pela agência;

*b)* Estipular uma *remuneração percentual com mínimo garantido*, idêntica à anterior, com a particularidade da agência possuir sempre uma remuneração mínima garantida, mesmo que o valor percentual seja inferior ao mínimo;

*c)* Acordar num *montante fixo convencionado*, independente do valor da facturação e do custo da campanha, que consiste no pagamento de certa quantia mensal, trimestral, semestral ou anual, até perfazer o total contratado. Este tipo remuneratório é muito utilizado quando a agência apenas se encarrega da elaboração do projecto criativo;

---

[438] LUÍSA LOPES SOUSA, *op. cit.*, pp. 136 e ss.

*d)* Fixar uma remuneração em *função do tempo de trabalho* dispendido pela agência, não sendo contudo de utilização frequente, por ser de difícil contabilização;
*e)* Convencionar a entrega pelo anunciante à agência de certas quantias fixas, durante o decurso do trabalho, prolongadas no tempo, como provisões para despesas e antecipações do pagamento final (*cost plus*);
*f)* Acordar numa *remuneração mista*, composta por um montante fixo convencionado e uma percentagem reconhecida à agência, em função dos resultados obtidos pelo anunciante com a campanha.

Todavia, na maioria das vezes, o anunciante não entrega qualquer valor à agência para pagamento dos honorários. Este pagamento provém duma percentagem sobre a facturação dos suportes, que estes reservam e entregam à agência. É a chamada *comissão de agência*. No entanto, é sempre o anunciante que suporta este pagamento, embora de forma indirecta.

Esta prática surgiu nos países anglo-saxónicos, alargando-se para a generalidade dos países e passou a fazer parte dos usos publicitários. Em concreto, esta percentagem é fixada em 15% sobre a facturação efectivamente recebida pelos suportes, quando o anunciante lhes efectuar o pagamento.

Verifica-se com certa perplexidade que o elemento fundamental deste contrato de publicidade - a remuneração – seja efectivamente recebido por terceiro, estranho às partes contratuais, quando foi a agência de publicidade que idealizou e concretizou toda a campanha. O entendimento geral neste sector de actividade, é que a agência desenvolve uma tarefa por conta do anunciante, mas que também favorece os suportes e por isso, deverá ser remunerada.

Na prática, verifica-se que a agência só é retribuída pela *comissão de agência*, traduzida num desconto dos suportes, no caso de agência ser a titular do contrato de difusão. Se o anunciante o celebrar directamente com os suportes, então, terá de pagar separadamente os honorários da agência, só que esta separação de quantias, não traduz para o anunciante qualquer benefício, porque este não aproveitará o desconto que seria efectuado à agência. No final, a quantia a pagar será praticamente a mesma.

Se o anunciante celebrar com a agência um contrato de serviço limitado, e com a central de compras, em complemento do anterior, um contrato de difusão, pagará à central uma percentagem sobre a facturação emitida pelos suportes, e à agência a remuneração acordada pelos seus serviços.[439]

Face ao silêncio contratual colocar-se-á a seguinte questão: Estarão os serviços especiais, tais como os estudos de mercado, testes aos produtos e demais despesas efectuadas pela agência de publicidade, incluídos nos custos ou facturação sobre a qual se aplica a percentagem que dará origem à comissão de agência? A prática revela que a orçamentação e facturação destes custos, porque são despesas, são efectuadas em separado. A maioria dos contratos assim o prevê, desde que o anunciante o aprove.

A jurisprudência italiana, mais concretamente o *Tribunal de Apelação de Florença*, chamado a pronunciar-se sobre a interpretação a dar à cláusula contratual que previa as duas espécies de serviços - geral e especial – determinando que a comissão seria fixada em 15% sobre o custo da despesa publicitária, sem fazer a distinção, considerou que, no caso concreto, deveria interpretar-se que a comissão de agência seria calculada sobre o inteiro *budget* publicitário, incluindo a prestação especializada da agência.[440]

O anunciante sendo o principal responsável, possui o direito de indemnização pelos prejuízos advindos do desajustamento da publicidade aos objectivos contratados. Nestes termos, poderá resolver o contrato e exigir a devolução de tudo quanto tiver prestado, bem como exigir uma indemnização por danos sofridos com o incumprimento contratual. Por outro lado, se o anunciante com culpa, injustificadamente resolver o con-

---

[439] CARLOS FERREIRA DE ALMEIDA, *Contratos* ..., *cit.*, pp. 289 e ss, relativamente aos contratos separados ou de serviço limitado, escreve que *"o conjunto das tarefas cometidas à agência nos contratos de serviço completo pode ser subdividido entre uma agência de publicidade e uma central de compra de espaço e tempo"*. Cfr. RITA BARBOSA DA CRUZ, *op. cit*, pp. 1334 e 1335.

[440] App. Firenze, de 17/4/1974. Jurisprudência citada por RITA BARBOSA DA CRUZ, *op. cit*, p. 1335 (nota 98).

trato, ou não cumprir as obrigações assumidas, poderá a agência, por sua vez, exigir uma indemnização pelos prejuízos sofridos.[441]

### 33.6.6. Exclusividade

Esta cláusula da exclusividade é usualmente inserida no contrato de publicidade e aplica-se quer à agência de publicidade quer ao anunciante. Assim, a agência compromete-se a não prestar, directa ou indirectamente, qualquer tipo de serviços relativos a objecto que possa ser considerado concorrente da actividade do anunciante. Mesmo perante o silêncio contratual, parece ser um princípio assente e aceite, cuja violação poderá acarretar um dever de indemnização a favor do anunciante.

Por sua vez, o anunciante obriga-se a não contratar com outra agência de publicidade, os serviços compreendidos no contrato celebrado e relativos ao mesmo objecto. A violação desta regra acarretará um dever indemnizatório a cargo do anunciante, por todos os danos eventualmente causados à agência.

### 33.6.7. Breve referência às doutrinas desenvolvidas em torno da qualificação jurídica do contrato de publicidade

São várias as perspectivas segundo as quais o contrato de publicidade é ou já foi compreendido, tais como:

a) *Contrato de mediação* - Já foi assim percebido. Hodiernamente esta concepção está ultrapassada, pois a agência de publicidade não se limita a intermediar a celebração contratual entre o anunciante e os suportes;

b) *Contrato de mandato* – qualificar desta forma o contrato de publicidade estará em certa medida correcto, porque a agência de publicidade pratica actos jurídicos por conta do anunciante. No

---

[441] Cfr. neste sentido o art. 18º. da *Ley General de Publicidad*, que no ordenamento jurídico espanhol, regula sobre esta matéria.

entanto, será redutor porque o contrato de publicidade não se esgota na figura do mandato. À agência é confiada a execução de inúmeras prestações relativas à criação, direcção, organização e estruturação da campanha que ultrapassam a mera celebração de actos jurídicos por conta de outrem, característica específica do mandato;

c) *Contrato de empreitada* – parte da doutrina italiana qualifica-o como contrato de empreitada atendendo à organização empresarial da agência, sendo certo que o *CC italiano* adoptou uma noção ampla de empreitada, abrangendo a realização de uma obra e a prestação de um serviço. Pelos mesmos motivos a legislação alemã oscila entre a aplicação das normas jurídicas do contrato de trabalho ou do contrato de empreitada.

Para que a ordem jurídica portuguesa qualifique o contrato de publicidade como um contrato de empreitada, é necessário aceitar que este se esgota na criação, concepção e produção da mensagem publicitária e ainda, que a empreitada tenha por objecto uma obra intelectual.

A propósito desta última questão, a anotação de A. FERRER CORREIA e M. HENRIQUE MESQUITA e o parecer de JOÃO DE MATOS ANTUNES VARELA, ao *Ac. STJ de 3/11/1983*,[442] são contraditórios, na medida em que os primeiros consideram que a empreitada pode ter por objecto uma obra intelectual ou artística, nomeadamente a produção de filmes para a televisão e o segundo rejeita a obra intelectual como objecto do contrato de empreitada, tendo o apoio de PEDRO ROMANO MARTINEZ,[443] *"que reconhece que o regime do contrato de empreitada foi pensado para a construção de coisa corpórea, em especial de edifícios, à qual se adequam as normas sobre a fiscalização da obra, a exigência de eliminação dos defeitos ou a trans-*

---

[442] *Ac. STJ, de 3/11/1983, Empreitada. Objecto-produção de filmes. Resolução do contrato e seus efeitos*, ROA, ano 45, Lisboa, 1985, pp. 113 a 127, com a anotação de A. FERRER CORREIA E M. HENRIQUE MESQUITA, pp. 129 a 158 e com o parecer de ANTUNES VARELA, pp. 159 a 197.

[443] PEDRO ROMANO MARTINEZ, *O contrato de empreitada*, Almedina, Coimbra, 1994, pp. 102 e ss e em *Direito das Obrigações ..., cit.*, pp. 356 e ss.

*ferência da propriedade. (...) a ampliação do contrato de empreitada às coisas incorpóreas desvirtuaria o próprio contrato por na prática, passar a abranger todo o conteúdo da prestação de serviço."*

RITA BARBOSA DA CRUZ,[444] aceitando os ensinamentos destes dois últimos juristas, considera que o contrato de empreitada, tal como está configurado, foi apenas pensado para a obra material, todavia, aplica analogicamente as regras deste à fase de concepção e produção de coisa intelectual do contrato de publicidade, nomeadamente quanto ao regime de desistência da obra, dadas as fortes semelhanças do conteúdo de cada um dos contratos. No entanto, o contrato de publicidade não se esgota na concepção e produção da mensagem publicitária, o que exclui a sua qualificação a um simples contrato de empreitada ou de prestação de serviços indiferenciados;

d) *Contrato atípico* – esta qualificação corresponde à impossibilidade de recondução deste, a um simples contrato de mandato ou de empreitada, porque a agência realiza uma série de tarefas que não se encaixam totalmente em nenhum dos contratos referidos;

e) *União de contratos* – Foi o autor italiano FUSI[445] quem inicialmente entendeu que o contrato de publicidade teria a natureza de união de contratos. Actualmente, admite a presença de um *contrato misto*, com elementos do contrato de obra intelectual, de empreitada e de mandato.

f) *Contrato socialmente típico* - Não contemplando a ordem jurídica publicitária nacional a regulamentação do contrato de publicidade, vigora em pleno o princípio da autonomia contratual, segundo o qual as partes livremente determinarão o conteúdo dos contratos, dentro dos limites legais. CARLOS FERREIRA DE ALMEIDA[446] aceita-o como um *contrato socialmente típico*. A constân-

---

[444] RITA BARBOSA DA CRUZ, *op. cit*, p. 1354.
[445] MAURIZIO FUSI, *I contratti di pubblicità*, Milano, 1968, p. 52, citado por RITA BARBOSA DA CRUZ, *op. cit*, p. 1356.
[446] CARLOS FERREIRA DE ALMEIDA, *Contratos ..., cit.*, p. 285.

cia das relações jurídico-contratuais e a uniformização da disciplina contratual, adoptada pelos diversos actores sociais, dá origem ao chamado tipo social. Torna-se necessária a existência de uma pluralidade de casos, traduzidos numa prática identificada socialmente como vinculativa, para poder existir o contrato socialmente típico.

Para o qualificar, JOÃO M. LOUREIRO[447] decompõe a relação jurídico-contratual estabelecida entre anunciante e agência de publicidade ou profissional em duas áreas:

a) *Estudo, programação e criação de campanhas publicitárias* – a agência ou o profissional comportam-se como consultores ou conselheiros publicitários, daí que a actividade se enquadre no conceito de *prestação de serviços*, sendo regulada pelas normas que o disciplinam (arts 1154º. e 1156º. do *CC*);

b) *Execução e distribuição das campanhas criadas, implicando o recurso à celebração contratual com os diversos suportes* – aqui importa considerar se a agência actua como mandatária ou como comissária, o que depende do conteúdo em concreto de cada contrato. A distinção essencial entre estes dois contratos reside no facto do mandatário praticar os actos em nome, no interesse e por conta do mandante e o comissário os praticar no interesse e por conta do comitente, mas em seu próprio nome.

Nestes termos, a agência de publicidade, ao emitir uma ordem para o suporte, poderá actuar sob as vestes de mandatária do anunciante ou assumir a figura de comissária do suporte, do qual recebe uma remuneração. O interesse prático desta distinção consiste na responsabilidade da agência, que se actuar como mandatária do anunciante fica desresponsabilizada perante o suporte, por exemplo, se o anunciante pagou à agência as quantias solicitadas por esta e, por sua vez, a agência indevidamente

---

[447] JOÃO M. LOUREIRO, *Direito da publicidade, cit.*, pp. 50 e 51.

não pagou ao suporte as quantias cobradas por este, então o suporte poderá exigir judicialmente do anunciante o pagamento. Ao invés, se a agência actuar como comissária do suporte, um pagamento efectuado pelo anunciante à agência libera-o face ao suporte.

No ordenamento jurídico francês e segundo os comentários de PIERRE GREFFE e FRANÇOIS GREFFE[448] a Lei de *29/1/1993*, no capítulo II, referente às prestações sobre a publicidade, regula o contrato de mandato nos arts 20º. e 21º., onde estatui que no caso de compra de espaço e/ou tempo, a agência de publicidade actua sempre na qualidade de mandatária do anunciante, de acordo com as regras impostas por contrato escrito, que precisa com rigor qual o conteúdo do mandato. Deste contrato constam as condições de remuneração da agência e demais prestações a que esta se obriga ao longo da campanha. A lei estipula ainda, o envio directo da facturação para o anunciante, endereçada pelo suporte, com cópia à agência. Está assim a agência interdita de receber qualquer remuneração, directa ou indirectamente, de qualquer outra pessoa que não o anunciante, sem menção expressa no contrato de mandato.

RITA BARBOSA DA CRUZ[449] qualifica o contrato de publicidade como um *contrato misto,* porque conjuga elementos do *contrato de prestação de serviços indiferenciados*, na fase de concepção, produção e planificação e nas funções da agência de preparação, planeamento dos suportes, avaliação dos resultados e controlo da difusão e do *contrato de mandato*, na fase de execução e na contratação de espaço e/ou tempo publicitários, porque envolvem a prática de actos jurídicos por conta do anunciante.

Em resumo, o contrato de publicidade é sem dúvida um contrato socialmente típico, mas legalmente atípico, onde predomina o princípio da liberdade contratual em que a vontade das partes impera nas próprias cláusulas integradoras do contrato, limitadas pela lei. As cláusulas assim inseridas, contêm a disciplina contratual vigente, e só a omissão justificará o recurso aos tipos legais semelhantes.

---

[448] PIERRE GREFFE, FRANÇOIS GREFFE, *op cit.*, pp. 20 a 25.
[449] RITA BARBOSA DA CRUZ, *op. cit*, p. 1361.

Como o contrato de publicidade está integrado na ampla categoria da prestação de serviços, deverão analogicamente ser aplicadas as figuras do *contrato de empreitada* na fase de concepção e produção da mensagem e as do *contrato de mandato* em toda a actividade da agência que envolva a prática de actos jurídicos por conta do anunciante. Também serão de aplicar as regras e princípios gerais dos contratos previstas no *CC* e ainda a vontade real e hipotética das partes de acordo com o princípio da boa--fé.

> # 3ª. PARTE
> ## DA RESPONSABILIDADE CONTRA-ORDENACIONAL, CIVIL E CRIMINAL

# CAPÍTULO VII
## DA RESPONSABILIDADE CONTRA-ORDENACIONAL

### 34. A responsabilidade contra-ordenacional

O direito penal e o direito de mera-ordenação social são realidades distintas. Em termos gerais de protecção do consumidor - destinatário das mensagens publicitárias - a ordem jurídica nacional, preterindo o direito penal, sanciona as infracções verificadas através do direito de mera ordenação social.

Também no *Cód. Pub.* o legislador qualifica as infracções praticadas como contra-ordenações. É justamente o n°. 1 do art. 34°. que o refere, ao determinar que *"a infracção ao disposto no presente diploma constitui contra-ordenação punível com as seguintes coimas ..."* . Optou assim, o legislador nacional pela descriminalização de qualquer ilícito relativo ao direito da publicidade.[450]

---

[450] MÁRIO FERREIRA MONTE, *op. cit.*, p. 49, discorda com a opção legislativa assumida no *Cód. Pub.*, porque contemplou infracções aos princípios basilares como o princípio da licitude, da veracidade, do respeito pelos direitos do consumidor, da identificabilidade, que encerram valores protegidos constitucionalmente e mesmo que o não estejam, são valores valiosos. O problema não pode, de facto, passar despercebido, se se atender que se trata de uma opção pela descriminalização, sem qualquer outra explicação ou remissão para outro tipo de normas (penais), quando envolva aqueles princípios, valores, instituições e interesses suficientemente dignos de tutela pelo direito criminal.

A atitude legislativa assumida, constituindo uma clara opção pela descriminalização das infracções perpetradas contra o *Cód. Pub.*,[451-452] encontra a sua justificação na capacidade protectora dos bens jurídicos violados, entendendo o legislador conseguir desta forma a necessária e suficiente protecção, mesmo sendo as sanções principais de natureza exclusivamente pecuniária.

Sem prejuízo da competência das autoridades policiais e administrativas, compete especialmente ao *IC*,[453] a fiscalização do cumprimento das

---

[451] As principais diferenças entre crime e contra-ordenação residem:

*1.* nas sanções aplicáveis, pois que à infracção criminal corresponde uma pena e à contra-ordenacional corresponde uma coima;

*2.* ao nível responsabilizatório dos agentes, na medida em que o direito penal nacional funda-se no princípio do carácter pessoal da responsabilidade, tendo a doutrina recusado a atribuição da qualidade de sujeitos activos das infracções criminais às pessoas colectivas, porque o fim da prevenção especial das penas seria inoperante; já no direito de mera ordenação social reconhece-se a possibilidade de responsabilização das pessoas colectivas e consequente punição;

*3.* ao nível processual, pois ao crime corresponde um processo criminal instaurado no seio das instâncias judiciais, enquanto que ao ilícito contra-ordenacional corresponde um processo administrativo, ainda que, com a aplicação da coima, possa existir recurso para os tribunais judiciais;

*4.* ao nível dos sujeitos participantes e responsáveis pela promoção processual e aplicação das sanções respectivas. No processo crime a entidade responsável pela fase investigatória e que poderá culminar com a acusação ou arquivamento dos autos é o Ministério Público, seguindo-se-lhe a magistratura judicial, enquanto que no procedimento contra-ordenacional, a instrução, fiscalização e aplicação de coimas é da responsabilidade de entidades administrativas.

[452] A coima consiste numa sanção pecuniária e neste sentido não existe diferença entre esta e a multa que é uma sanção criminal. No entanto, a utilização de nomenclatura diversa justifica-se para que não se confundam as duas sanções, tanto mais que apesar de pecuniárias, são efectivamente diferentes, porque a coima *"representa um mal que de nenhum modo se liga à personalidade ética do agente e à sua atitude interna, antes serve como mera "admonição", como um mandato ou especial advertência conducente à observância de certas proibições ou imposições legislativas."* Cfr. MÁRIO FERREIRA MONTE, *op. cit.*, p. 54.

[453] Em relação ao *IC* e respectiva actividade reguladora, *vide* ANTÓNIO M. BARBOSA DE MELO, *Aspectos jurídico-públicos da protecção dos consumidores*, Estudos de direito do consumidor, FDUC, Centro de Direito do Consumo, n°. 5, 2003, pp. 23 a 41.

regras do código e a instrução dos processos contra-ordenacionais, devendo-lhe ser remetidos os autos de notícia levantados ou as denúncias recebidas.

Serão punidos pela prática dos vários ilícitos contra-ordenacionais, todos os sujeitos activos intervenientes na publicidade, como sejam, o anunciante; o profissional; a agência de publicidade ou qualquer outra entidade que exerça a actividade publicitária; o titular do suporte publicitário ou o respectivo concessionário; bem como qualquer outro interveniente na emissão da mensagem publicitária.

Conforme se apura, o legislador permitiu um vasto campo de actuação ao julgador, possibilitando-lhe, após devida averiguação, punir os verdadeiros e efectivos responsáveis, sempre na proporção das respectivas culpas e assim, melhor proteger os interesses dos destinatários da publicidade, bem como as empresas e os produtos ou serviços concorrentes.[454]

O legislador optou pela punição em abstracto de todos os intervenientes na infracção, por se tornar difícil discernir qual o autor duma campanha publicitária, já que a maioria das vezes o trabalho é realizado em equipa. Acerca da prestação individual na actividade publicitária, ANTÓNIO MARIA PEREIRA[455] escreve que *"... na sua função de criação as agências publicitárias elaboram um projecto de mensagem publicitária. Os criativos, empregados da agência, participam na elaboração da criação artístico-literária, visualizando noções abstractas. Há aqui um trabalho de equipe, em que a prestação individual é, por vezes, difícil de determinar."*

### 34.1. Sanções principais e acessórias

A violação dos arts 7º. ao 25º. - A, expressamente previstos no art. 34º., todos do *Cód. Pub.*, constitui um ilícito contra-ordenacional e tem como sanção principal a aplicação de uma coima, cujos valores se dife-

---

[454] Cfr. o art. 36º. do *Cód. Pub.*.
[455] ANTÓNIO MARIA PEREIRA, *O direito de autor na publicidade, cit.*, p. 87.

renciam conforme a violação perpetrada e o infractor seja pessoa singular ou colectiva.[456]

Mas, poderá ainda acarretar a aplicação das seguintes sanções acessórias, conforme a previsão do art. 35°. do *Cód. Pub.*:

a) apreensão de objectos utilizados na prática das contra-ordenações;
b) interdição temporária do exercício da actividade publicitária;
c) privação do direito a subsídio ou benefício outorgado por entidades ou serviços públicos;
d) encerramento temporário das instalações ou estabelecimentos onde se verifique o exercício da actividade publicitária, bem como o cancelamento de licenças ou alvarás. Em casos graves e socialmente relevantes, poderá ser determinada a publicidade da punição, a expensas do infractor.

## 34.2. A comissão de aplicação de coimas em matéria económica e publicidade (CACMEP)

Através do *DL n°. 81/02 de 4/4*, foi alterada a designação e a orgânica da anterior *CACMP*, passando a designar-se por *CACMEP*, sendo que o presidente da *CACME* passou a presidir às duas comissões.

Conforme referido supra, compete especialmente ao *IC* a fiscalização do cumprimento das regras ínsitas no *Cód. Pub.*, bem como a instrução dos processos contra-ordenacionais, cabendo à *CACMEP* a aplicação das coimas e das sanções acessórias.

---

[456] Por força da adesão de Portugal ao *Euro* foram publicados os *DL n°. 117/01, de 17/4*; *DL n°. 323/01, de 17/12* e *DL n°. 136/02, de 16/5*, que mandam aplicar a taxa de conversão de *1 euro = 200$482*, a todas as referências monetárias em escudos contidas nos textos legais, em actos administrativos e em decisões proferidas em processos contra--ordenacionais.

*34.3. A publicidade correctiva ou rectificativa e as medidas cautelares*

Fruto da transposição para o ordenamento jurídico interno da *Directiva n°. 84/450/CEE de 10/9*, através do *DL n°. 6/95 de 17/1*, que aditou ao *Cód. Pub.* o art. 41°., que por sua vez, foi já alvo de revisão pelo *DL n°. 275/98 de 9/9*, sempre que a gravidade do caso o justifique ou daí possa resultar a minimização dos efeitos da publicidade ilícita, poderá a *CACMEP* ordenar ao anunciante, ao titular ou ao concessionário do suporte publicitário, a difusão a expensas suas, de publicidade correctora, determinando os termos da respectiva difusão.

Neste art. 41°. prevê-se ainda, a possibilidade de serem ordenadas medidas cautelares de cessação, suspensão ou proibição da difusão de publicidade enganosa, ou susceptível de pôr em risco a saúde e segurança dos consumidores.

A *CACMEP* poderá ordená-las, independentemente de culpa ou da prova de perda ou de prejuízo real. Estas medidas devem ser precedidas da audição do anunciante, do titular ou do concessionário do suporte publicitário. A medida cautelar de suspensão, a ser aplicada, terá obrigatoriamente de conter o prazo da sua duração.

A *CACMEP* poderá ainda, conceder um prazo para supressão dos efeitos ilícitos da publicidade.

## 35. A autodisciplina publicitária

A autodisciplina da publicidade ou autoregulação, consiste no controlo interno da publicidade realizado por um orgão ligado ao sector publicitário. É um fenómeno relativamente recente, tendo os primeiros organismos de autodisciplina sido implementados durante os anos sessenta, em resposta ao movimento dos consumidores em países como o Reino Unido, a Holanda e a Suíça, seguidos por outros países durante os anos setenta e oitenta. Em Portugal e na Grécia, os organismos de autodisciplina são mais recentes.

Nos *EUA*:

O primeiro sinal do que viria a ser a autodisciplina publicitária parece ter surgido no ano de 1911, quando se formaram comissões especiais com o objectivo de terminar com alguns excessos existentes no sector publicitário.

Desta iniciativa surgiram os *Better Business Bureaus (BBB)*,[457] hoje existentes em grande número nos *EUA* e no Canadá, que vieram a constituir o núcleo central do sistema de autodisciplina na América do Norte. A acção empreendida por este organismo foi de tal forma importante, que levou a *Federal Trade Comission (FTC)* a abster-se de intervir activamente no sector publicitário. A *FTC*, tendo sido criada pelo congresso norte-americano em 1914, supostamente para combater a violação das leis da concorrência desleal, por ironia, os dois primeiros casos apreciados respeitaram a publicidade enganosa.[458]

Nos países europeus:
Na Grã-Bretanha, foi em 1928 que uma associação de publicitários, aprovou a primeira comissão autodisciplinar de investigação da publicidade, da qual resultaram alguns anos após a sua fundação:

*a)* a publicação do primeiro *Code of Advertising Practice*;
*b)* a criação do *CAP – Committee of Advertising Practice*, em 1961;
*c)* e a criação da *ASA – Advertising Standard Authority*, em 1962.

A publicidade nos meios de comunicação social britânicos, com exclusão da rádio que é regida pelo *BACC – British Advertising Clearance Centre*, que aplica o *Broadcasting Act de 1990*, é regulada pelo

---

[457] PEDRO QUARTIN GRAÇA SIMÃO JOSÉ, *O novo direito da publicidade, cit.*, p. 65, cita o discurso de THOMAS J. BLILEY, na Câmara dos Representantes dos *EUA*, em 30/3/1995, acerca dos *BBB*: *"The mission of the council off the BBB is to promote and foster the highest ethical relationship between business and the public through voluntary self-regulation, consumer and business education, and service excellence."*

[458] Acerca da autodisciplina e da *FTC*, nos *EUA*, vide DEAN K. FUEROGHNE, *op. cit.*, pp. 2 e 6.

*BCAP – British Code of Advertising Practice*, datado de 1961 e revisto pela última vez em 1988, é da responsabilidade do *CAP*, que agrupa representantes dos meios de comunicação social, dos publicitários, das agências de publicidade e demais associações profissionais do sector. O *BCAP* foi moldado de acordo com o *CPLMP* da *CCI*.[459]

Já em França, e no ano de 1953, os organismos profissionais criaram o *BVP – Bureau de Verification de la Publicité*, que elabora as suas próprias recomendações e controla previamente e posteriormente a difusão da publicidade. Depois da sua fundação, passou a ser um instrumento essencial da autodisciplina publicitária, quer através da arbitragem junto dos anunciantes e das agências de publicidade, quer através dos pareceres emitidos.

Todas as agências de publicidade membros da *Association des Agences Conseils en Communication – AACC*, devem obrigatoriamente aderir ao *BVP* e consequentemente respeitar os conselhos e recomendações por este emitidos. O *BVP* criou comissões técnicas que produziram mais de cinquenta recomendações sobre diversos temas. Em 1977 foram editadas em livro que, constantemente revisto e actualizado constitui um precioso auxílio para os profissionais do sector.

Na área do audiovisual, o *Conséil Supérieur de l'audiovisuel (CSA)* sobre a égide da *Lei de 29/7/1982*, controla a aplicação das regras relativas à difusão da publicidade pelos meios de comunicação audiovisual.

Todavia, segundo JEAN CALAIS-AULOY, as regras de autodisciplina não foram suficientes para conter os abusos, pois o *Code des Pratiques Loyales en Matière de Publicité* é um guia destituído de força obrigatória e também o *BVP*, organismo que vigia o cumprimento das regras deontológicas, não dispõe de força coerciva.[460]

Em Itália foi em 1963, por ocasião do VII congresso nacional de publicidade, que o *IAP - Istituto di Autodisciplina Pubblicitaria -* se

---

[459] Sobre a matéria em Inglaterra, *vide* PIERRE GREFFE, FRANÇOIS GREFFE, *op. cit.*, pp. 675 e ss, artigo elaborado por R. G. LAWSON.
[460] Para maior detalhe sobre a matéria em França, *vide* PIERRE GREFFE, FRANÇOIS GREFFE, *op. cit.*, pp. 11 e ss; JEAN-JACQUES BIOLAY, *op. cit.*, pp. 65 e ss; JEAN CALAIS-AULOY, *op. cit.*, p. 97.

encarregou da elaboração e consequente aplicação do *Códice dell'Autodisciplina Pubblicitaria*, aprovado pela indústria do sector e promulgado em 12/5/1966, como resposta ao *CPLMP* da *CCI*, adaptado à realidade italiana. Desde 1975 tem sido alvo de várias alterações, sendo a última datada de 29/11/1998. Este código contém um elemento distintivo, já que entre as normas preliminares e gerais, encerra na al. d) uma *cláusula de aceitação*, que deverá constar de todos os contratos celebrados entre os suportes e os anunciantes, através da qual as partes se sujeitam às regras previstas no código, mesmo que não pertençam às associações constituintes do *IAP*.[461]

Em Espanha, existem o *Reglamento del Jurado de la Asociación de Autocontrol de la Publicidad* de 23/4/1997, e o *Código de Conducta Publicitaria (CCP)* de 19/12/1996. Neste último normativo constam as regras deontológicas aplicáveis a toda a actividade deste sector. Foi aprovado pela *AAP – Asociación de Autocontrol de la Publicidad*, cujos objectivos intimamente ligados à actividade publicitária resumem-se nos seguintes:

*a)* elaboração de códigos de ética publicitária gerais ou sectoriais;
*b)* resolução das controvérsias e conflitos resultantes da difusão de publicidade ilícita;
*c)* elaboração de pareceres e recomendações;
*d)* representação da *AAP* em tribunal através da constituição de assistente;
*e)* colaboração com a administração pública e instâncias internacionais em matérias publicitárias;
*f)* contribuição e auxílio na elaboração da legislação publicitária.

O *CCP* prevê a aplicação subsidiária do *CPLMP* da *CCI* e de todos os códigos deontológicos aprovados pela *AAP*, que regulem a actividade

---

[461] Em Itália e referente a esta matéria, *vide* PIERRE GREFFE, FRANÇOIS GREFFE, *op. cit.*, pp. 727 e ss, artigo elaborado por MAURIZIO FUSI; VINCENZO FRANCESCHELLI, EMILIO TOSI, *op. cit.*, pp. 1373 e ss.

publicitária em sectores específicos, sempre que as suas normas não se oponham às regras deste, nem da legislação vigente (no caso a *Ley nº. 34/1988 de 11/11, General de Publicidad)*.[462]

Na Alemanha, tal como em todos restantes países europeus, a profissão é exercida de forma livre. A maioria das agências de publicidade são membros do *GWA – Gesamtverband Werbeagenturen*, reagrupadas em torno do *ZAW – Vereinigung fur Offentlichkeitsarbeit*, que é o conselho de publicidade ao qual compete a elaboração de pareceres e recomendações dirigidas aos profissionais da área. São ainda aplicáveis as regras internacionais emanadas pela *CCI* e expressas no *CPLMP*. Porém, o sistema de autoregulamentação não produziu resultados satisfatórios.[463]

A opinião de EIKE VON HIPPEL traduz o evidente descontentamento com a autofiscalização preconizada pelo conselho de publicidade, visto este ser constituído unicamente por representantes daquele organismo e além disso, não dispôr de direitos e sanções suficientes.[464]

Também na Holanda a profissão é exercida livremente. Os numerosos profissionais da área estão agrupados em três conselhos: de publicidade, de *marketing* directo e de relações públicas, que por sua vez se reunem na *Associação Holandesa dos Conselhos de Publicidade (VEA)*.

Os holandeses preferiram ditar as suas próprias regras no que respeita à publicidade e, no seio das associações de meios de comunicação

---

[462] A matéria em Espanha está desenvolvida em PIERRE GREFFE, FRANÇOIS GREFFE, *op. cit.*, pp. 655 e ss, artigo elaborado por JAVIER PERZE-ARDA; CARLOS LEMA DEVEZA, JESÚS GOMEZ MONTERO, *op. cit.*, pp. 111 e ss e 710 e ss.

[463] Não partilha desta opinião GEORG JENNES, *Advertising Law in Europe and North America*, ed. James R. Maxeiner e Peter Schottofer, 1992, citado por RITA BARBOSA DA CRUZ, *op. cit.*, p. 1304, que refere ter a Alemanha o mais eficaz sistema de controlo da publicidade face aos países membros da União Europeia, e tal deve-se fundamentalmente ao facto de os concorrentes dos anunciantes e as associações terem o direito de acção e legitimidade processual para actuar em caso de ilicitude, o que tem funcionado como factor dissuasor da violação às regras da publicidade.

[464] Para mais detalhes sobre a matéria na Alemanha, *vide* PIERRE GREFFE, FRANÇOIS GREFFE, *op. cit.*, pp. 565 e ss, artigo elaborado por GEERT SEELIG E CHRISTIAN HERTZ-EICHENRODE; EIKE VON HIPPEL, *Defesa do consumidor*, Revista da Procuradoria-Geral do Estado, vol 10, nº. 26, Brasil, 1980, p. 19.

social, de anunciantes e de consumidores, constituiram uma fundação que elaborou o código da publicidade. Este código é aplicável a qualquer tipo de publicidade, independentemente do canal de difusão. A fundação, composta por treze organizações, constituiu uma comissão (*RCC*), da qual fazem parte representantes das categorias profissionais envolvidas e dos consumidores, para fiscalização do cumprimento das regras do código e para emitir recomendações a observar pelos conselhos de publicidade e pelas associações de anunciantes. As suas decisões permitem recurso para o colégio de apelação.

O código holandês da publicidade é composto por uma parte geral que contém dezoito normas relativas ao conteúdo das mensagens publicitárias, e paralelamente, por seis códigos particulares respeitantes a matérias específicas, tais como: a publicidade a medicamentos; cursos; concursos; trabalho ao domicílio; preços; bens imobiliários; tabaco e derivados. Existem ainda, mais sete códigos separados do anterior, relativos a: publicidade a bebidas alcoólicas; publicidade directa não desejada; difusão de publicidade escrita no domicílio; publicidade sobre jogos de casino; publicidade ambiental; publicidade relativa aos cigarros e tabaco de enrolar e ainda, referente aos produtos alimentares e de luxo desnecessários à dieta alimentar diária.[465]

Na Bélgica, as organizações profissionais agrupam-se em torno do Conselho da publicidade, constituído como associação, fundado em 1967, com o intuito de promover e valorizar a publicidade através da autodisciplina, baseando-se fundamentalmente no *CPLMP* aprovado pela *CCI*. O Conselho de publicidade prossegue actividades relacionadas com a defesa, pesquisa e documentação publicitárias. Elabora normas gerais ou particulares que são aceites e respeitadas pelos seus membros. No seu âmbito funciona o *JEP - Júri de Ética Publicitária*, que intervém preventivamente a pedido do anunciante, da agência de publicidade ou do suporte e oficiosamente quando assim o entender.[466]

---

[465] Sobre esta matéria na Holanda, *vide* PIERRE GREFFE, FRANÇOIS GREFFE, *op. cit.*, pp. 771 e ss, artigo elaborado por STANLEY S. H. WIBBENS.

[466] Na Bélgica, *vide* PIERRE GREFFE, FRANÇOIS GREFFE, *op. cit.*, pp. 591 e ss, artigo elaborado por FERNAND DE VISSCHER.

No Brasil:

A autoregulamentação publicitária é fruto de um movimento desta classe para evitar a ingerência estatal nos destinos da publicidade e a correspondente censura que ocorreu na década de setenta. O sistema de autodisciplina traduz-se no controlo interno da publicidade realizado por um orgão ligado ao sector, que a promove através da edição de códigos de ética ou conduta.

Em 1978, foi editado o *Código Brasileiro de Autoregulamentação Publicitária (CBAP)* que, tendo sido apresentado e consequentemente aprovado pelo *III Congresso Brasileiro de Propaganda*, passou a ser aplicado por uma comissão nacional. Mas os elementos representantes do governo exigiam a sua transformação em lei, por ser necessário conferir coercibilidade às suas sanções e por não haver qualquer estrutura apta à aplicação das regras éticas previstas no diploma. Como tal, para afastar a intervenção estatal foi fundado em 5/5/1980 o *CONAR – Conselho Nacional de Autoregulamentação Publicitária*, formado por entidades representativas das agências de publicidade, dos suportes e dos anunciantes, e ainda por entidades de defesa do consumidor.

O *CBAP* contém um conjunto de normas de carácter privado e sujeita os infractores a diversas penalidades previstas no art. 50º., tais como:

*a)* advertência;
*b)* recomendação para alteração ou correcção do anúncio;
*c)* recomendação para suspensão da divulgação do anúncio;
*d)* publicidade da decisão do *CONAR* através dos suportes, face ao desrespeito pelas medidas e providências recomendadas.

Os actos do *CONAR* não são vinculativos, constituem apenas recomendações, pareceres e conselhos destituídos de força coactiva. O controlo da publicidade através da autodisciplina não surtiu o efeito esperado e desejado, por serem frequentes os actos violadores dos valores previstos no *CBAP*.

Neste sentido a opinião de CARLOS ALBERTO BITTAR[467] é bastante explícita, pois, para este autor, a acção do *CONAR* por mais saneadora que

---

[467] CARLOS ALBERTO BITTAR, *O controle da publicidade: sancionamentos a mensagens enganosas e abusivas*, Revista de direito do consumidor, nº. 4, editora Revista dos Tribunais, SP – Brasil, 1992, p. 128.

tenha sido não impediu que *"inúmeras mensagens incompatíveis com os citados valores povoassem televisões, revistas, rádios, jornais, e outros veículos de comunicação, a exigir a criação de regime jurídico-estatal de controle da publicidade."* Porque se entendeu que o sistema autoregulamentar não era suficiente para punir os excessos, o *CDCbrasileiro* adoptou um sistema misto em que conjuntamente com a autoregulamentação funcionam os sistemas judiciais e administrativos.[468]

## 35.1. A autodisciplina da publicidade em Portugal

Em 1937, a *CCI* votou o *CPLMP*, que se mantém como o documento base em matéria de práticas correctas da publicidade. Aplica-se a qualquer tipo de publicidade e estabelece as regras de moralidade ao nível comercial, que são observadas pelos agentes do sector publicitário.

Contém igualmente as regras de conduta para a publicidade destinada a crianças, e estabelece princípios como a decência, a lealdade e a veracidade das mensagens publicitárias. Consagra ainda regras relativas a comparações, testemunhos, protecção à privacidade, *etc*.

Dado que a existência de publicidade enganosa consubstancia uma informação errónea do consumidor e uma concorrência desleal entre empresas, tornou-se indispensável a instituição de mecanismos proibitivos. É do interesse dos publicitários combatê-la, por razões ligadas à imagem da própria publicidade, à sua credibilidade e aceitação pelo público, que seriam postas em causa por força de uma publicidade desleal.

Daí que a autodisciplina seja o caminho a trilhar, sendo certo que a sua eficácia é plenamente reconhecida, na medida em que intervém no plano ético-deontológico, aquando da criação do anúncio, antes da difusão da mensagem ou mesmo no começo desta, impedindo a realização do delito e, consequentemente, os danos que poderia causar.[469]

---

[468] VALÉRIA FALCÃO CHAISE, *op. cit.*, pp. 28 e ss.

[469] Segundo o insígne professor de *derecho mercantil*, na Universidade de Santiago de Compostela, J. A. GOMES SEGADE, *La autodisciplina publicitaria en el derecho com-*

Foi a *APAN* que, nos finais de 1990, assumiu a criação e promoção de uma comissão de autodisciplina da publicidade, que mais tarde se converteu no actual *ICAP*, criado em 17/6/1991, e que reúne nos seus orgãos deliberativos e executivos os representantes dos anunciantes, agências de publicidade e meios de comunicação, com o primacial objectivo de defesa dos princípios éticos e deontológicos da comunicação publicitária. Compete-lhe elaborar, estabelecer e implementar normas e códigos ético--deontológicos; contribuir para o aperfeiçoamento legislativo; promover o entendimento e a cooperação visando dirimir conflitos; prestar informações; dar pareceres e propôr medidas.[470]

O *ICAP* aprovou o *Código de conduta em matéria de publicidade - CCICAP* e o *Código de práticas leais sobre publicidade ambiental – CPLMA/ICAP*, sendo este último aplicável a toda a publicidade que contenha, de forma explícita ou implícita, incluindo a sua apresentação, argumentos ambientais, e representa uma extensão do *CCICAP* apesar do carácter específico que lhe é conferido.

O *CCICAP*[471] tal como o *Cód. Pub.*, contém regras sobre decência, lealdade, honestidade e veracidade das mensagens publicitárias. Consequentemente, a publicidade não deve:

---

*parado y en el derecho espanhol*, ADI, 1987, pp. 31 e ss, a autodisciplina trouxe imensas vantagens para o sector:

   *1.* Criou regras éticas e comportamentos benéficos para os empresários e consumidores;

   *2.* A decisão tornou-se mais rápida devido à flexibilidade e ao empenhamento dos interessados na resolução do problema;

   *3.* A decisão tornou-se mais eficaz porque advém dum sistema autónomo e voluntário;

   *4.* As normas são claras e constantemente actualizadas;

   *5.* Tem a prevenção como objectivo principal;

   *6.* Os intervenientes na actividade publicitária têm facilidade de acesso ao sistema;

   *7.* Reduziu os custos financeiros do processo;

   *8.* Rapidez de intervenção e de definição dos casos;

   *9.* Especialização na matéria por parte dos membros do organismo de autodisciplina.

[470] Para uma análise mais detalhada *vide* os estatutos do *ICAP* em www.icap.pt.

[471] Também publicado em *www.icap.pt*.

*a)* ofender os bons costumes;[472]
*b)* abusar da confiança ou explorar a falta de experiência ou de conhecimentos do destinatário;[473]
*c)* explorar os sentimentos de medo e superstição nem apoiar ou estimular a prática de actos violentos;[474]
*d)* ser discriminatória em relação a raça, nacionalidade, religião, sexo ou idade;
*e)* explorar qualquer estado de necessidade ou de fragilidade em que o destinatário se encontre;
*f)* ser enganosa;[475]
*g)* ser ilicitamente comparativa, devendo obedecer aos princípios da concorrência leal;[476]
*h)* denegrir qualquer pessoa singular ou colectiva, actividade, profissão, marca, bem ou serviço, ridicularizando-os ou desrespeitando-os;[477]
*i)* no caso da publicidade testemunhal, conter testemunhos ou outras declarações efectuadas por uma pessoa, a não ser que sejam genuínos, autênticos, relevantes, responsáveis e relacionados com a pessoa que as faz;[478]
*j)* explorar a privacidade pessoal,[479] só se referindo a qualquer pessoa, com prévia autorização desta.

Ainda, o *CCICAP* dedica particular atenção aos princípios da imitação,[480] não devendo a publicidade imitar ilustrações, apresentações, textos, *slogans*, efeitos musicais e de sons, quando essa imitação possa con-

---

[472] Cfr. o art. 11º. do *CCICAP*.
[473] Cfr. o art. 12º. do *CCICAP*.
[474] Cfr. o art. 13º. do *CCICAP*.
[475] Cfr. o art. 14º. do *CCICAP*.
[476] Cfr. o art. 15º. do *CCICAP*.
[477] Cfr. o art. 16º. do *CCICAP*.
[478] Cfr. o art. 17º. do *CCICAP*.
[479] Cfr. o art. 18º. do *CCICAP*.
[480] Cfr. o art. 20º. do *CCICAP*.

fundir ou induzir em erro. A publicidade deverá ser correctamente identificada,[481] qualquer que seja a sua forma ou o suporte utilizado.

Quanto às crianças e jovens[482] a publicidade não deverá:

a) conter qualquer apresentação visual ou descritiva de práticas perigosas, ou de situações que demonstrem menosprezo pela segurança ou pela saúde de qualquer destinatário;
b) explorar a credulidade natural ou a inexperiência das crianças e jovens;
c) minimizar o grau de capacidade ou o nível de idade considerados para utilização do bem ou serviço;
d) induzi-las em erro quanto ao real valor do bem ou serviço, nomeadamente através do uso da palavra "só", bem como que se encontra ao alcance de qualquer orçamento familiar;
e) não cause qualquer dano mental, moral ou físico;
f) sugerir vantagens físicas, sociais ou psicológicas em relação às outras crianças e jovens, pela posse de determinado bem ou serviço;
g) subestimar a autoridade, responsabilidade, juízo ou critério dos pais.

O *CCICAP* contém ainda, regras sobre a responsabilidade[483] dos diversos intervenientes na divulgação da mensagem publicitária, que deverão respeitar as regras insertas no código.

A publicidade a bebidas alcoólicas está devidamente salvaguardada na 3ª. parte do *CCICAP*, - arts 1º. a 20º. - cujas regras evidenciam preocupações sociais, com a saúde e com os menores, idosos, grávidas e deficientes.

---

[481] Cfr. o art. 21º. do *CCICAP*.
[482] Cfr. os arts 22º. e 23º. do *CCICAP*.
[483] Cfr. o art 27º. do *CCICAP*.

## 35.2. O Júri de Ética Publicitária (JEP)

No âmbito e de acordo com os estatutos do *ICAP*, funciona o *JEP – Júri de Ética Publicitária*, com competência para a análise e emissão de pareceres finais sobre as matérias que lhe sejam submetidas. As suas decisões não comportam recurso para qualquer orgão do *ICAP*.

As deliberações do *JEP*,[484] compiladas e distribuidas periodicamente junto dos interessados, procuram constituir guias de ética e licitude das boas práticas publicitárias. Às infracções estatutárias e regulamentares e à não observância das decisões emanadas pelos orgãos do *ICAP*, o *JEP* aplica aos infractores, seus associados, as penas de:

a) advertência;
b) censura simples;
c) censura com publicidade;
d) suspensão dos direitos e regalias do associado até 6 meses;
e) expulsão.

## 35.3. O Centro de Arbitragem Voluntária (CAV)

Pelo *DL n°. 425/86 de 27/12*, foram estabelecidas as circunstâncias para a criação de centros de arbitragem, com natureza institucionalizada. Em consequência da actualização anual obrigatória foi publicada a *Portaria n°. 81/01 de 8/2*, que renova a autorização do *Instituto da Autodisciplina da Publicidade* para a realização de arbitragens voluntárias, com o objectivo da resolução de litígios entre os agentes no âmbito da actividade e comunicação publicitárias, envolvendo anunciantes, agências de publicidade, titulares dos suportes publicitários e respectivos concessionários.

O *ICAP* mantém em funcionamento o *Centro de Arbitragem Voluntária - CAV* e o *Tribunal Arbitral*, competindo àquele organizar e assegu-

---

[484] Também publicadas em *www.icap.pt*.

rar o funcionamento deste, que é dirigido por um conselho de arbitragem e dotado de secretariado administrativo e de um secretário geral. Ao tribunal arbitral compete a resolução dos litígios entre os agentes da comunicação publicitária surgidos no âmbito desta actividade e que por lei especial não estejam submetidos exclusivamente a tribunal judicial e não respeitem a direitos indisponíveis. A submissão de um litígio à arbitragem voluntária implica necessariamente a celebração de uma convenção nesse sentido[485] que, após ter sido celebrada, só com o acordo escrito das partes poderá ser revogada.

Esta convenção pode subdividir-se em duas categorias:

a) *compromisso arbitral* – com a finalidade de resolver um litígio actual, mesmo já em decurso no tribunal judicial;

b) *cláusula compromissória* – cujo objecto serão eventuais litígios decorrentes de determinada relação jurídica. A decisão arbitral possui a força executiva duma decisão judicial proferida por um tribunal de 1ª. instância, podendo por isso, ser instaurado processo de execução no caso de incumprimento.

## 35.4. A jurisprudência dos tribunais comuns e da CACMP[486]

Apesar do actual *Cód. Pub.* ter sido criado pelo *DL n°. 330/90 de 23/10*, e nele já estar prevista a criação desta comissão,[487] só efectivamente em 1995 foi fundada a *CACMP*, à qual foi atribuida competência sancionatória das infracções cometidas em matéria de publicidade.

Durante o período que mediou entre a aprovação do *Cód. Pub.*, a criação e o início de funcionamento da *CACMP*, verificou-se um hiato procedimental, dada a inexistência no terreno da entidade sancionadora

---

[485] Cfr. o art. 1°. da *Lei n°. 31/86 de 29/8*.

[486] Apesar do *DL n°. 81/02 de 4/4*, ter alterado a denominação da Comissão para *CACMEP*, aqui não é referida dessa forma, porque as decisões tomadas ainda não respeitam a esta nova entidade, mas à anterior.

[487] Cfr. o art. 39°. do *Cód. Pub.*.

das condutas infraccionais, de modo que o agente económico interpretava os princípios do *Cód. Pub.*, de acordo com as suas necessidades e conveniências.

Foi árduo o trabalho desenvolvido pela *CACMP* para combater a ideia instalada nos agentes publicitários, da ineficiência das normas sancionatórias e para decidir questões jurídicas sem precedentes doutrinais e jurisprudenciais. Contribuiram para o avolumar das questões apreciadas pela *CACMP*:

> *a)* o progresso e o desenvolvimento económico, resultante da integração de Portugal na Comunidade Europeia;
> *b)* a criação de novas formas de publicidade de bens e serviços;
> *c)* a evolução das técnicas de *marketing*;
> *d)* o incremento publicitário registado nos diversos meios de comunicação social;
> *e)* a criação de novos canais televisivos, fruto da abertura do sector à privatização;
> *f)* o aumento da concorrência;
> *g)* as práticas agressivas na colocação, comercialização e venda dos bens e serviços;
> *h)* o recurso a expedientes potenciadores do aumento das vendas e dos consequentes lucros.

A actuação da *CACMP* pautou-se pela tentativa de prevenção e educação dos agentes publicitários, com vista a desincentivar a prática de novas infracções e o sancionamento eficaz para os casos de maior gravidade ou para os agentes publicitários reincidentes.

De 1995 a Junho de 1999, foram mais de 1200 os processos submetidos à apreciação da *CACMP* e, de acordo com a sua presidente, ANA LUÍSA GERALDES[488] *"existiu um desajustamento dos valores legais fixados para a aplicação das coimas, apesar das alterações entretanto empreendidas, a inexistência de legislação eficaz e adequada para regular si-*

---

[488] ANA LUÍSA GERALDES, *O direito da publicidade ...*, cit., pp. 6 e 7.

*tuações novas relacionadas com as novas formas de consumo, a inexistência de jurisprudência e a ausência de doutrina, a manutenção do regime geral das contra-ordenações desajustado à realidade social, a ausência de uma lei orgânica da CACMP que contemple as reais necessidades dos serviços em termos administrativos e técnicos".*

Os aspectos negativos acima referenciados carrearam dificuldades acrescidas no julgamento destes processos. Contudo, o trabalho da *CACMP* foi pioneiro e muito meritório ao ponto de, em Portugal, não ter acontecido como no Brasil, na Alemanha e em França, em que o sistema da autodisciplina não resultou.

O sistema de autodisciplina nacional funciona e a sua actividade parece auxiliar no estabelecimento da ordem e do respeito pelos valores inscritos no *Cód. Pub.* e no *CCICAP*, impondo regras e formas leais de actuação no sector publicitário. Daí que sejam praticamente inexistentes as decisões judiciais sobre a matéria, apesar das decisões da *CACMP* serem já muitas e formarem uma espécie de jurisprudência, de fio condutor que deve ser respeitado.

# CAPÍTULO VIII
## DA RESPONSABILIDADE CIVIL

**36. Visão sumária sobre a responsabilidade civil decorrente da transmissão de publicidade ilícita, nas diversas legislações**

Da análise, ainda que breve, dos ordenamentos jurídico-publicitários de alguns países europeus e do brasileiro, retirar-se-á a conclusão que, por regra, sobre o anunciante impende a responsabilidade civil resultante da difusão de mensagens publicitárias ilícitas.

Nos países europeus:
Em Espanha, a *Ley General de Publicidad* dispõe sobre a responsabilidade civil nos arts 25º. a 33º., do capítulo sob a epígrafe *"De la acción de cesación y rectificación y de los procedimientos"*, atribuindo ao anunciante a total responsabilidade sobre os efeitos e as consequências da campanha publicitária por si comandada.[489] Como tal, os orgãos administrativos competentes, as associações de consumidores, os próprios consumidores ou as empresas que se encontrem afectados pela difusão de publici-

---

[489] Reproduz-se na íntegra o art. 25º., nº. 1, da *Ley General de Publicidad* - *"Los órganos administrativos competentes, las asociaciones de consumidores y usuarios, las personas naturales o jurídicas que resulten afectadas y, en general, quienes tengan un derecho subjetivo o un interés legítimo podrán solicitar del anunciante la cesación o, en su caso, la rectificación de la publicidad ilícita."*

dade ilícita, poderão requerer ao anunciante a cessação ou a rectificação desta.

Este princípio parte da consideração geral e elementar que a publicidade dimana da vontade do anunciante e serve os objectivos deste. A responsabilidade civil do anunciante é corolário da celebração do contrato de publicidade e do direito que lhe assiste de instruir a agência sobre o desenvolvimento da campanha, mas também, da celebração do contrato de difusão de publicidade com os suportes, e em certos casos, da celebração com os criativos dos contratos de criação publicitária.

*O anunciante possui igualmente o direito de supervisionar e controlar a execução da campanha por desta retirar todos os proventos. O legislador espanhol atribuiu-lhe total responsabilidade, não admitindo sequer, a inserção nos contratos publicitários, de cláusulas de exoneração ou limitação da responsabilidade face a terceiros. Consequentemente, as acções de cessação e de rectificação da campanha publicitária são propostas contra o anunciante.*[490]

No ordenamento jurídico francês, o art. L 121-5, da *Lei de 27/12/1973*, atribui a responsabilidade principal ao anunciante e pune a cumplicidade nos termos do direito comum.[491] Esta responsabilidade presumida do anunciante, mesmo quando a comunicação publicitária esteja a cargo duma agência, impõe-lhe os deveres de verificação do conteúdo da mensagem e de certificação sobre a transparência, sinceridade e legalidade da mesma. O anunciante, ao autorizar a difusão da mensagem, responsabiliza-se pela ilicitude desta e pelos danos que poderá causar a

---

[490] No mesmo sentido *vide* PIERRE GREFFE, FRANÇOIS GREFFE, *op. cit.*, pp. 655 a 673, p. 658, artigo elaborado por JAVIER PERZE-ARDA; CARLOS LEMA DEVEZA e JESÚS GÓMES MONTERO, *op. cit.*, pp. 111 e ss.

[491] Ao estabelecer que os demais causadores do dano serão puníveis nos termos do direito comum, a doutrina francesa tem entendido que se trata de responsabilidade subjectiva. Cfr. STÉPHANE CHATILLON, *Publicité, consommation et concurrence*, Entreprise Moderne d'Édition, Paris, 1981, p. 94.

Transcreve-se na íntegra o referido preceito: *"L'annonceur, pour le compte duquel la publicité est diffusée, est responsable, à titre principal, de l'infraction commise. Se le contrevenant est une personne morale, la responsabilité incombe à ses dirigents. La complicité est punissable dans les conditions du droit commum."*

terceiros. Sendo o anunciante uma pessoa colectiva os seus dirigentes serão igualmente responsabilizados pela publicidade ilícita difundida.[492]

Mas a legislação francesa responsabiliza também a agência de publicidade e os suportes por cumplicidade na difusão da publicidade ilícita, nos termos do direito comum. Recai sobre a agência de publicidade, que idealizou a mensagem e concebeu toda a campanha, a obrigação de fiscalizar os elementos fornecidos pelo anunciante e de lhe solicitar sérias justificações para as suas alegações, principalmente as que lhes parecerem suspeitas. As associações de consumidores possuem legitimidade activa para, em representação dos seus associados e em todas as jurisdições, proporem acções civis para protecção dos interesses dos consumidores lesados com a difusão de publicidade ilícita.

No sistema jurídico belga, as únicas regras gerais sobre o conteúdo da mensagem publicitária, estão previstas nos arts 22º. a 29º. da *Lei nº. de 14/7/1991*, sobre as práticas do comércio e a informação e protecção do consumidor. O art. 27º., referindo-se ao art. 23º.,[493] este último respeitante à difusão de publicidade enganosa, comparativa e depreciativa, estabelece uma responsabilidade em cascata, análoga ao sistema previsto na constituição belga para os delitos de imprensa.[494]

---

[492] Neste sentido vide PIERRE GREFFE, FRANÇOIS GREFFE, *op. cit.*, p. 393.

No que respeita à responsabilidade das pessoas colectivas e dos seus administradores, a *Cour de Cassation (Ch. crim. 2/2/1982, Gaz. Pal. 24/7/1982)* condenou o presidente do conselho de administração de uma sociedade imobiliária que agiu na qualidade de anunciante, por ter efectuado uma campanha publicitária com inúmeras inexactidões que poderiam induzir o público em erro, por não ter assegurado pessoalmente o controlo da mesma.

[493] O art. 23º. da referida lei, reporta-se à: *publicité trompeuse* (nºs 1 a 5); *comparative* (nº. 7) e *dénigrant* (nº. 6). O legislador belga proíbe a publicidade enganosa, comparativa e a depreciativa, entendida como a *"qui comporte des élements dénigrants à l'égard d'un autre vendeur, ses produits, ses services ou son activité."*

[494] Transcreve-se na íntegra o art. 27º.: *"L'action en cessation ne peut être intentée du chef de manquement aux dispositions de l'article 23 qu'à charge de l'annonceur de la publicité incriminée. Toutefois, lorsque l'annonceur n'est pas domicilié en Belgique et n'a pas désigné une personne responsable ayant son domicile en Belgique, l'action en cessation pourra également être intentée à charge de: - l'éditeur de la publicité écrite ou le producteur de la publicité audio-visuelle; - l'imprimeur ou le réalisateur, si l'éditeur ou le*

A responsabilidade civil dos anunciantes, dos conselhos de publicidade e dos suportes é regida pelas regras gerais da responsabilidade contratual e da responsabilidade aquiliana, devendo o lesado estabelecer o nexo de causalidade entre o dano e a responsabilidade do agente. As relações contratuais entre o anunciante e a agência de publicidade são regidas pelo direito comum, apesar de existir uma convenção tipo elaborada conjuntamente pela união dos anunciantes e pela câmara representativa das agências de publicidade que, todavia, não possui carácter obrigatório.[495]

Na Alemanha, a responsabilidade civil pela difusão de mensagens publicitárias ilícitas não recai apenas sobre o anunciante mas também sobre a agência de publicidade, o que permite ao anunciante, sendo condenado demandar a agência, desde que as cláusulas contratuais assim o prevejam.[496]

Na Dinamarca, a *Lei n°. 348/91 de 6/6,* sobre a responsabilidade dos meios de comunicação, contém regras responsabilizatórias face ao conteúdo das mensagens difundidas. Esta legislação inclui normas sobre responsabilidade civil e penal do anunciante, relativamente ao conteúdo ilícito da mensagem. A regra geral dispõe que a responsabilidade civil recaia sobre quem possua responsabilidade penal, por outras palavras, o anunciante em relação aos anúncios publicitários.[497]

---

*producteur n'ont pas leur domicile en Belgique et n'ont pas designé une personne responsable ayant son domicile en Belgique; - l'distributeur ainsi que toute personne qui contribue sciemment à ce que la publicité produise son effet, si l'imprimeur ou le réalisateur n'ont pas leur domicile en Belgique et n'ont pas désigné une personne responsable ayant son domicile en Belgique."*

[495] Na Bélgica, vide sobre esta matéria PIERRE GREFFE, FRANÇOIS GREFFE, *op. cit.*, pp. 591 a 633, pp. 591, 593, 596, 614 a 619, artigo elaborado por FERNAND DE VISSCHER.

[496] Sobre esta matéria na Alemanha, vide PIERRE GREFFE, FRANÇOIS GREFFE, *op. cit.*, pp. 565 a 590, p. 585, artigo elaborado por GEERT SEELIG e CHRISTIAN HERTZ-EICHENRODE.

[497] Para mais detalhes sobre a matéria na Dinamarca, vide PIERRE GREFFE, FRANÇOIS GREFFE, *op. cit.*, pp. 635 a 653, p. 637, artigo elaborado por PAUL KRUGER ANDERSEN.

*No Brasil:*
Já neste sistema jurídico a solução não é linear, conforme acontece nos países europeus mencionados. No *CDCbrasileiro* a responsabilidade civil é expressamente tratada apenas em relação aos defeitos e aos vícios dos produtos e serviços, aplicando-se estas regras às demais situações violadoras da lei. O *CDCbrasileiro* criou uma nova fonte de obrigações – a publicidade - decorrente do direito do consumidor a uma informação verdadeira e correcta. A ilicitude da mensagem publicitária acarretará a questão da responsabilidade civil, desde que preenchidos os pressupostos exigidos para a ocorrência da obrigação indemnizatória.

*O direito à indemnização está consagrado quer na Constituição brasileira quer no CDCbrasileiro*, todavia, estes diplomas não apresentam solução sobre quem deverá indemnizar o consumidor lesado, face à difusão de publicidade ilícita. No direito brasileiro, ao contrário das ordens jurídicas acima referenciadas e ainda do ordenamento jurídico português, não existe norma expressa sobre a matéria, o que não significa que os participantes na criação e difusão da mensagem publicitária não sejam por esta civilmente responsabilizados. Daí o art. 3º. do *Código de Ética Publicitária* dispôr que: *"todo o anúncio deve ter presente a responsabilidade do anunciante, da agência de publicidade e do veículo de divulgação junto ao consumidor"*; e o art. 45º., inserido no capítulo referente à responsabilidade em geral referir que: *"serão responsáveis pela observância das normas, o anunciante, a agência de publicidade e o meio."* Estas normas, apesar de não terem carácter obrigatório, reconhecem a importância da responsabilização civil da agência de publicidade e do suporte resultante da difusão de publicidade ilícita.[498]

---

[498] Cfr. PAULO JORGE SCARTEZZINI GUIMARÃES, *op. cit.*, pp. 142 e ss.

## 37. A responsabilidade civil prevista no art. 30º. do Cód. Pub. nacional em consequência da difusão de mensagens publicitárias ilícitas. O paralelismo com o art. 36º.

O estudo detalhado da responsabilidade civil na legislação publicitária nacional é de importância vital para protecção do destinatário, enquanto titular de um possível direito a indemnização, pela agressão injustificada aos seus direitos, praticada através da difusão de mensagem publicitária ilícita. O art. 30º. do *Cód. Pub.* regula abrangentemente a matéria, na medida em que responsabiliza civilmente, por danos causados a terceiros, os vários sujeitos publicitários, bem como as demais entidades participantes no processo de comunicação.

O nº. 1 dispõe que: *"Os anunciantes, os profissionais, as agências de publicidade e quaisquer outras entidades que exerçam a actividade publicitária, bem como os titulares dos suportes publicitários utilizados ou os respectivos concessionários, respondem civil e solidariamente, nos termos gerais, pelos prejuízos causados a terceiros em resultado da difusão de mensagens publicitárias ilícitas."*

Já o nº. 2 consagra uma excepção em relação ao anunciante, eximindo--o da responsabilidade civil, desde que prove *"não ter tido prévio conhecimento da mensagem publicitária veiculada."*

Às relações jurídicas entre os diversos agentes publicitários e entre estes e terceiros, é aplicável o instituto da responsabilidade civil, por o art. 2º. do *Cód. Pub.*, estabelecer que o direito civil e do direito comercial são de aplicação subsidiária. Assim, as normas sobre a responsabilidade contratual, oriunda do incumprimento das obrigações contratuais, de negócios unilaterais ou da lei; as normas sobre responsabilidade extracontratual, resultante da violação de direitos absolutos ou da prática de certos actos que, embora lícitos, causam prejuízo a outrem; e as regras sobre o risco,[499] que obrigam à indemnização independentemente de culpa, são frequentemente chamadas à colação no âmbito do direito de publicidade.

---

[499] Cfr. PIRES DE LIMA e ANTUNES VARELA, *Código Civil anotado*, 2ª. ed., vol. I, Coimbra editora, 1979, p. 416.

Na responsabilidade pela prática de factos ilícitos, cada um dos seus pressupostos desempenha um papel essencial no dever de reparação do dano, patrimonial ou não, causado pela prática de um ilícito publicitário, a saber:

a) *facto voluntário do lesante*, pois o elemento volitivo assume importância extrema face ao requisito da culpa do agente, à ilicitude do facto e à obrigação de reparação do dano;
b) *ilicitude*, porque não basta que um facto voluntário praticado pelo agente seja prejudicial aos interesses de outrem, para que este seja obrigado a compensar o lesado. Este acto tem ainda de ser ilícito;
c) *imputação do facto ao lesante*, sendo fundamental para que o facto ilícito gere responsabilidade indemnizatória, ter sido praticado por pessoa imputável;
d) *dano*, para haver obrigação de indemnizar é condição *sine qua non* que o facto ilícito culposo praticado pelo agente cause prejuízo a outrem;
e) *nexo de causalidade entre o facto e o dano*, porque só os danos causados directamente pelo facto ilícito praticado se incluem na responsabilidade do agente, excluindo-se os danos sobrevindos ou reflexos ao facto ilícito (art. 483º. do *CC*).

Também deverá ter-se em conta, no momento do apuramento da responsabilidade, a *teoria da causalidade adequada*, consagrada no art. 563º. do *CC*, relativa à obrigação de indemnização do autor do facto ilícito perante o lesado, pelos danos ocasionados pela lesão. Portanto, para que um dano seja reparável pelo autor da lesão, é necessário que o facto praticado tenha actuado como condição do dano, sendo ainda exigível que, abstractamente, o facto seja uma causa adequada desse dano.

Mas, para além da responsabilidade nas várias formas que pode revestir e acima sumariamente enunciadas, o *Cód. Pub.* vai mais longe ao preceituar o regime da solidariedade dos agentes pela prática de factos ilícitos publicitários, ou seja, em termos genéricos, o lesado poderá exigir de qualquer dos agentes/lesantes a prestação integral e esta uma vez efectuada, exonerará os restantes obrigados. Trata-se, indiscutivelmente, de mais uma forma protectora do consumidor/destinatário da publicidade.

O legislador, ao consagrar este regime indemnizatório em relação à difusão das mensagens face a terceiros lesados, pretendeu proteger os consumidores em geral, juntando um contributo não despiciendo, numa época em que o direito do consumidor desponta e caminha para a consagração como ramo de direito autónomo, e ainda, a absoluta necessidade de evitar a diluição da responsabilidade pelas várias entidades intervenientes no processo publicitário.

É evidente a preocupação legislativa em regular e consagrar expressamente a responsabilidade face a terceiros, por estes serem mais vulneráveis e obviamente necessitarem de protecção mas, também o regime responsabilizatório civil, aplicar-se-á nas relações entre os vários intervenientes na mensagem publicitária.

O preceito em causa refere-se à difusão de mensagens publicitárias ilícitas. Deverão ser assim consideradas todas as que, pelo conteúdo que apresentam, violem as várias diposições do *Cód. Pub.*, que por sua vez contêm princípios, regras e proibições, destinadas a tornar a comunicação publicitária límpida e transparente. Nestes termos, todas as práticas violadoras dos preceitos (conforme dispõem os arts 34º. a 36º.) qualificam-se como mensagens publicitárias ilícitas e constituem contra-ordenações puníveis com coimas, cujo produto é rateado entre a entidade autuante, o *IC* e o Estado. Nos casos da publicidade ao álcool, parte do produto das coimas é destinado a um fundo financiador de campanhas de promoção e educação para a saúde e desenvolvimento da investigação, tratamento e reabilitação de pessoas alcoólicas (art. 39º.).

Da análise comparada entre os dois preceitos - os arts 30º. e 36º. – verifica-se que o primeiro estabelece como responsáveis pelo pagamento das indemnizações a terceiros lesados, justamente as mesmas pessoas previstas no segundo, pelo que, conclui-se, poder haver lugar ao pagamento de coima por infracção contra-ordenacional, com o destino acima referido e, cumulativamente, ao pagamento de indemnização por lesão de direito de terceiro, afectado com a difusão da mensagem publicitária ilícita, nos termos gerais da responsabilidade civil.

## 38. A metodologia do Código Civil português sobre a responsabilidade civil

O *Código Civil* nacional optou pela consagração dum sistema dualista de responsabilidade civil, ao estipular nos arts 483º. e ss, as regras relativas à responsabilidade extracontratual e, nos arts 798º. e ss, as relativas à responsabilidade contratual ou obrigacional. Este tema não será explanado em toda a sua dimensão, porque extravasa o objecto deste estudo, mas será adaptado à conduta dos agentes publicitários que difundam mensagens publicitárias ilícitas e que causem lesões na esfera patrimonial de outrem.

A respeito do sistema dualista, ANTÓNIO MENEZES CORDEIRO[500] expende as seguintes considerações - o direito civil português corresponde a um sistema híbrido: a responsabilidade obrigacional segue o modelo napoleónico *(faute)*, enquanto que a responsabilidade delitual segue o germânico (em contraposição culpa e ilicitude). MANUEL A. CARNEIRO DA FRADA[501] diz *"corresponder a um reconhecimento tradicional que o código civil consagrou um sistema dualista da responsabilidade civil ao autonomizar, no plano sistemático da codificação, a responsabilidade obrigacional da responsabilidade aquiliana, sujeitando-a também a um conjunto de regras específicas."*

*38.1. Pressupostos de aplicação da responsabilidade civil*

No domínio do *Código Civil de Seabra*,[502] entendia-se que só a lesão de direitos subjectivos era pressuposto da responsabilidade civil. A ofensa doutras situações danosas, não dava lugar a responsabilidade civil.

---

[500] ANTÓNIO MENEZES CORDEIRO, *Da responsabilidade civil dos administradores das sociedades comerciais*, Livraria Lex, Lisboa, 1997, p. 469.

[501] MANUEL A. CARNEIRO DA FRADA, *Uma terceira via no direito da responsabilidade civil*, Almedina, Coimbra, 1997, p. 19.

[502] Cfr. o art. 2361º. inserto na parte IV, sobre a ofensa dos direitos e a sua reparação, do *CCSeabra*, que continha a seguinte regra: *"todo aquele que viola ou ofende direitos de outrem, constitui-se na obrigação de indemnizar o lesado por todos os prejuízos que lhe causa."*

O actual *CC* inovou nesta matéria, na medida em que o nº. 1 do art. 483º. não pressupõe necessariamente, a lesão de direitos subjectivos por isso, a ofensa doutras situações desde que possuam tutela ou protecção legal, poderá constituir fundamento para a responsabilidade civil. O art. 483º. do *CC*, converteu-se num princípio geral do direito ao adoptar a máxima *neminen laedere*[503] e os pressupostos que o enformam são: o *facto voluntário*, a *ilicitude*, a *culpa*, o *dano* e o *nexo causal*.

Assim, a responsabilidade civil poderá nascer da prática de um facto ilícito; da violação de cláusulas contratuais; da prática de um facto lícito e ainda, da existência de uma situação objectiva que independentemente de culpa, gere a obrigação indemnizatória.

*38.2. As funções preventiva, repressiva e compensatória*

O instituto jurídico da responsabilidade civil corresponde à ideia geral de prestação de contas pela assunção de determinado comportamento. Assume um conteúdo ético e social, na medida em que o agente imputável deverá ter consciência do acto que pratica e das lesões daí advindas, e possibilita à sociedade sancionar o agente do facto lesivo, em consequência da atitude tomada.

Por isso, a responsabilidade civil possui essencialmente duas funções:

a) uma *preventiva*, para desencorajar, desmotivar, quer o próprio agente da prática de novos comportamentos ilícitos causadores de danos - *prevenção individual*, quer qualquer outra pessoa – *prevenção geral*;
b) outra *reparadora*, que consiste na restituição do lesado à situação anterior em que estaria, se não tivesse havido a lesão.

---

[503] Não se deve causar dano a ninguém e, em caso afirmativo, este deve ser reparado pelo agente causador.

[504] JOÃO DE MATOS ANTUNES VARELA, *Das obrigações em geral*, 5ª. ed., Almedina, Coimbra, 1986, p. 495, e 10ª. ed., 2000, p. 542.

Como tal, JOÃO DE MATOS ANTUNES VARELA,[504] reconhecendo a existência das funções de prevenção e de repressão existentes no instituto da responsabilidade civil, explicita no excerto transcrito que:

> *"embora a responsabilidade civil exerça uma função essencialmente reparadora ou indemnizatória, não deixa de desempenhar, acessória ou subordinadamente, uma função de carácter preventivo, sancionatório ou repressivo."*.

Também o insígne jurista e professor JOSÉ CARLOS BRANDÃO PROENÇA,[505] acerca das questões da culpa, do nexo de causalidade e da extensão indemnizatória, admite a função sancionatória e preventiva da responsabilidade civil. Do mesmo modo, FERNANDO PESSOA JORGE[506] que, ao analisar sobre qual a função a atribuir à responsabilidade civil, se uma função punitiva, se uma função reparadora, concluiu pela segunda.

Da leitura dos arts 483º. e 562º. a 566º. do *CC*, resulta evidente que a existência de prejuízos é o requisito essencial da obrigação de indemnização decorrente da responsabilidade civil. A sua tarefa consiste na restituição do lesado à situação imediatamente anterior à lesão, em regra, através da reconstituição *in natura* ou sendo esta impossível, não repare integralmente os danos, ou excessivamente onerosa para o devedor, através da restituição por mero equivalente (art. 566º. do *CC*). Portanto, a função primária da responsabilidade civil reside na reparação da lesão.

No entanto, a existência de danos não patrimoniais abalou o sistema fundado na essência patrimonial da reparação. Como aqueles não serão em princípio quantificáveis, tornar-se-ão difíceis de reparar. Todavia, o 496º. do *CC* contemplou esta situação prevendo que, na fixação da indemnização também se deve atender aos danos não patrimoniais, que pela sua gravidade mereçam a tutela do direito. Daí a responsabilidade civil também possuir uma importante função compensatória, uma vez que seria injusta a não compensação dos danos não patrimoniais, sofridos pelo lesado em consequência da lesão.

---

[505] JOSÉ CARLOS BRANDÃO PROENÇA, *A conduta do lesado como pressuposto e critério de imputação do dano extracontratual*, Almedina, Coimbra, 1997, p. 22 e p. 144.

[506] FERNANDO PESSOA JORGE, *Ensaio sobre os pressupostos da responsabilidade civil*, Almedina, Coimbra, 1999, pp. 47 e ss.

## 38.3. A culpa

Para além da lesão perpetrada pelo lesante ao lesado, também a culpa é um pressuposto essencial para a aplicação das regras da responsabilidade civil. Todavia, na responsabilidade civil objectiva, ou seja, quando o dano é imputado independentemente da verificação da existência de mera culpa, ou de dolo, a culpa não é, em primeira linha, fundamental. Contudo, a responsabilidade objectiva assume carácter excepcional, só existindo nos casos especificados na lei (art. 483º., nº. 2 do *CC*), consagrando o direito português a responsabilidade subjectiva como regra. Na falta de previsão legal que aponte para a responsabilidade objectiva então, a responsabilidade do autor da lesão terá de ser forçosamente subjectiva.

A responsabilidade contratual (obrigacional) verificar-se-á sempre que as partes tenham celebrado um contrato pelo qual se devem reger, e o não respeitem.

Segundo MANUEL CARNEIRO DA FRADA,[507] *"À semelhança de qualquer outra forma de responsabilidade, a responsabilidade obrigacional requer, para poder afirmar-se, a verificação de uma situação de responsabilidade. Não é de facto qualquer dano que desencadeia a responsabilidade obrigacional, mas apenas o dano produzido com ofensa de uma situação jurídica creditícia. Só esta quando violada, dá lugar a responsabilidade obrigacional."*

A responsabilização do inadimplente será facilitada pelas presunções legais de ilicitude e de culpa, estabelecidas respectivamente, no art. 798º., e nº. 1 do art. 799º., ambos do *CC*, que impendem sobre o devedor, incumbindo-lhe fazer a prova que o incumprimento contratual ou o cumprimento defeituoso não procedem de culpa sua. A culpa é apreciada em face das circunstâncias de cada caso, de acordo com a diligência de um bom pai de família, por remissão do nº. 2 do art. 799º., para o nº. 2 do art. 487º., ambos do *CC*.

---

[507] MANUEL A. CARNEIRO DA FRADA, *Uma terceira via ...*, *cit.*, p. 23.

## 39. A responsabilidade pré-contratual

A doutrina da *culpa in contrahendo* foi exposta pela primeira vez no estudo de RUDOLPH VON JHERING, publicado em 1861, onde se colocou a questão da responsabilidade da parte que frustrou a consumação do contrato, e que por isso, seria obrigada a indemnizar a contraparte pelo trabalho e pelas despesas suportadas por ter confiado na conclusão do contrato. Assim, incorrerá em responsabilidade pré-contratual quem, ao negociar com outro se comportar de maneira inaceitável, originando a nulidade do contrato ou a sua não celebração.[508-509]

Em França, o art. 1599º. do *Code Civil*, ilustra o princípio da culpa *in contrahendo* ao dispôr que a venda de coisa pertencente a outra pessoa é nula se o comprador desconhecia a falta de título do vendedor, podendo assim recuperar os danos sofridos.

Em Itália, o art. 1337º. do *Codice Civile* de 1942, sob a epígrafe *"trattative e responsabilità precontrattuale"* subordina as partes ao princípio da boa fé, quer nos preliminares, quer no período formativo do contrato.

---

[508] Neste sentido MÁRIO JÚLIO DE ALMEIDA COSTA, *Direito das obrigações*, cit., p. 269; VALÉRIA FALCÃO CHAISE, *op. cit.*, pp. 43 e ss. e ANTÔNIO CHAVES, *Responsabilidade pré-contratual*, Forense, RJ – Brasil, 1959, p. 110.

[509] RUDOLPH VON JHERING, sintetizou os pontos principais desta teoria:

*a)* a *culpa in contrahendo* possui natureza contratual e respeita ao período de formação do contrato;

*b)* o mesmo grau de diligência deverá ser prestado quer no período de formação quer no decurso do mesmo;

*c)* somente as partes contratuais estão sujeitas a esta modalidade responsabilizatória;

*d)* só existe relativamente aos contratos;

*e)* a acção fundada na *culpa in contrahendo* é transmissível aos herdeiros;

*f)* só existirá se tiver havido oferta. As meras negociações não são susceptíveis de a originar.

Contudo, esta tese não está isenta de críticas porque esquece uma primeira etapa, anterior à oferta, em que as partes trocam ideias, discutem, projectam o contrato, concebem e elaboram as cláusulas respectivas, em que também existe a responsabilidade pré--contratual.

O *Código Civil* nacional prevê o princípio da responsabilidade pré-contratual no art. 227°., da seguinte forma:

*"1. Quem negoceia com outrem para conclusão de um contrato deve, tanto nos preliminares como na formação dele, proceder segundo as regras da boa-fé, sob pena de responder pelos danos que culposamente causar à outra parte. 2. A responsabilidade prescreve nos termos do art. 498°."*

Como se pode verificar a legislação nacional admite na fase negocial, a existência de direitos e deveres resultantes do princípio da boa-fé. Trata-se de uma responsabilidade que não deriva da violação contratual, mas da forma irregular como um dos interessados se conduz no percurso negocial, e fundamenta-se, de acordo com o estudo de ANA PRATA,[510] na *"tutela da confiança do sujeito na correcção, na honestidade, na lisura e na lealdade de comportamento da outra parte quando tal confiança se reporte a uma conduta juridicamente relevante e capaz de provocar-lhe danos, por ele ser o seu autor ou o seu destinatário (...) o problema tanto se coloca a propósito dos contratos como dos negócios unilaterais, ou até dos puros actos jurídicos, desde que tenham um destinatário."*

Segundo MÁRIO JÚLIO DE ALMEIDA COSTA[511] *"o n°. 1 do art. 227°., distingue, ele próprio, dois ciclos anteriores à formação do contrato: a fase negociatória (preparação do conteúdo do acordo) e a ulterior fase decisória (emissão das declarações de vontade: a proposta e a aceitação). Integram a fase negociatória, portanto, os actos preparatórios realizados sem intenção vinculante, desde os contactos iniciais das partes até à formação da proposta contratual definitiva. É o período da "trattative", conforme a terminologia italiana."*

Pode-se pois afirmar que, antes da conclusão do contrato existem efeitos jurídicos pré-contratuais. O contrato ainda não existe, ou porque não se concluiu ou se já se concluiu, é nulo. Na fase negociatória não se

---

[510] ANA PRATA, *Notas sobre responsabilidade pré-contratual*, Lisboa, 1991, p. 25.
[511] MÁRIO JÚLIO DE ALMEIDA COSTA, *Direito das obrigações, cit.*, p. 270.

configura uma vinculação contratual, mas uma vinculação *obrigacional*, donde emanam deveres e responsabilidades, que podem conduzir a um dever indemnizatório.

A responsabilidade *in contrahendo* supõe a verificação cumulativa dos requisitos comuns da responsabilidade civil em termos gerais: um facto voluntário do agente, ilicitude, culpa, dano e nexo de ligação do dano ao acto praticado. O art. 227º. do *CC* acima descrito, não enuncia especificamente as obrigações que impendem sobre a parte que negoceia ou conclui o contrato, recorrendo para a caracterização delas à cláusula geral da boa-fé.

Este instituto da boa-fé aplicado às partes, exprime uma concreta exigência de solidariedade contratual. As partes deverão considerar-se vinculadas à boa-fé a partir do momento em que surja nelas a *"confiança na conduta leal, honesta, responsável e íntegra da contraparte, sendo o apuramento do surgimento dessa confiança resultado da análise dos actos e comportamentos das partes e da sua apreciação objectiva no quadro do ambiente económico-social em que o processo formativo do contrato tem lugar."*[512] Como se constata, o momento preciso em que surge a confiança nas relações, é de dificil apuramento e só pode ser ponderado face ao caso concreto.

A culpa é um requisito importante na verificação desta responsabilidade, sendo imprescindível a violação culposa do dever pré-contratual, a existência de dano e o nexo de causalidade entre o incumprimento do dever pré-contratual e o dano verificado, para que possa existir responsabilidade pré-contratual.

A doutrina tem procurado, quer no plano contratual, quer no plano extra-contratual, um fundamento para responsabilizar directamente o produtor-anunciante ainda que este não seja parte no contrato celebrado com o consumidor, tentando encurtar a longa cadeia que separa estes dois intervenientes no comércio jurídico-publicitário. Por isso, alguns autores procuram estender a responsabilidade pré-contratual a quem, de acordo com a boa-fé, esteja em situação de gerar uma justificada confiança que possa influir na celebração de contratos.

---

[512] ANA PRATA, *Notas sobre responsabilidade pré-contratual*, cit., p. 43.

Do exposto se infere que qualquer sujeito publicitário, ou mais concretamente, o anunciante, a agência de publicidade ou o profissional, porque são entidades mais interventivas na comunicação publicitária, deverão observar no momento imediatamente anterior à celebração dos contratos, aquando da formação do contrato de publicidade e dos deveres que impendem sobre as partes, as regras relativas à responsabilidade pré-contratual. O anunciante deverá prestar uma informação adequada, precisa e concreta, bem como atempada e diligente, sobre as características, qualidades e composição dos produtos ou serviços a publicitar. Não o fazendo comprometerá a qualidade do serviço prestado pela agência de publicidade ou pelo profissional e prejudicará o consumidor, que verá goradas as expectativas criadas pela mensagem publicitária em redor de determinado bem ou serviço publicitado.

*39.1. Relevância jurídico-contratual das mensagens publicitárias*

Em termos de direito civil, a publicidade tem escapado às malhas de uma disciplina eficaz, sendo o seu tratamento jurídico orientado para os ramos do direito contraordenacional e comercial, sempre direccionado para a protecção dos interesses estratégicos do mercado e da livre concorrência. A ordem jurídica portuguesa no que respeita ao texto constitucional, consagra os princípios da identificabilidade e da veracidade (nº. 2 do art. 60º. da *CRP*), incluindo-os nos direitos económicos dos consumidores, elevando a dignidade constitucional, o que já antes constava da *LDC* e do *Cód. Pub.*.

Desta feita, os consumidores transitaram de simples receptores das mensagens publicitárias, sem direitos reconhecidos, para titulares de direitos constitucionalmente protegidos. As eventuais decepções causadas por mensagens publicitárias inverídicas e enganosas, traduzidas nas diferenças existentes entre a publicidade e a realidade dos produtos, serviços ou preços, deixaram de apenas fundamentar a aplicação das sanções contra-ordenacionais e passaram a responsabilizar civilmente os lesantes perante os danos causados aos consumidores, enquanto destinatários desses produtos ou serviços.

Daí a expressa imputação do art. 30°. do *Cód. Pub.*

*"... respondem civil e solidariamente, nos termos gerais, pelos prejuízos causados a terceiros em resultado da difusão de mensagens publicitárias ilícitas"*.

Como o preceito remete para o direito comum, alarga o âmbito de uma discussão que em certos países europeus se incrementou a partir dos anos oitenta, mas que em Portugal ainda está em fase embrionária, relativa à relevância contratual da mensagem publicitária.

Na avalisada opinião de CARLOS FERREIRA DE ALMEIDA[513] e como resultado da procura de soluções para compensar a frustação do consumidor, causada pela publicidade inverídica, *"a invocação da figura do erro defronta-se com dificuldades na prova dos requisitos exigidos por lei e não permite, por si só, mais do que a solução radical da anulação, deixando por cobrir os eventuais prejuízos decorrentes da acção publicitária inverídica."*

Na doutrina pretérita excluía-se o dolo e considerava-se o fenómeno publicitário alheio à fase preparatória do contrato e ainda enquadrava-se a persuasão publicitária na figura do *dolus bonus*.[514]

A doutrina e a jurisprudência contemporâneas, induzidas por mensagens publicitárias fora dos padrões sociais e legalmente aceites, chamaram à colação o instituto da *responsabilidade pré-contratual* para solucionar os danos causados por mensagens publicitárias inverídicas. Fundamenta-se na violação dos deveres de informação e de outros deveres de protecção por parte dos anunciantes e outros sujeitos publicitários, que se encontrem em posição de gerar uma justificada confiança e por isso

---

[513] CARLOS FERREIRA DE ALMEIDA, *Texto e enunciado ...*, cit., pp. 897 e ss.

[514] MICHAEL R. WILL, *A mensagem publicitária na formação do contrato*, Comunicação e defesa do consumidor, FDUC, Actas do congresso internacional organizado pelo Instituto Jurídico da Comunicação, 1996, pp. 259 a 281, p. 261, esclarece que os ingleses falam de *mere puffing*, e os franceses como já os romanos faziam, apelidam de *dolus bonus*, o exagero publicitário que faz parte do negócio, com respeito pelos limites e sem afectar o bom curso dos negócios, da formação do contrato ou do contrato já formado. A validade dos contratos já formados será posta em causa quando as alegações se tornam duvidosas e susceptíveis de enganar as pessoas de bem. É então que o *dolus bonus* se converte em *dolus malus*.

capazes de influenciar a decisão de contratar do consumidor. A *culpa in contrahendo* vem assim proteger o consumidor prejudicado por ter agido em função do incentivo contido na mensagem publicitária. Pretende-se, pois, ressarcir quem se decepcionou com uma mensagem publicitária inverídica ou irregular e repôr o património deste, na situação em que estaria antes da mensagem publicitária o ter sensibilizado.

Com excepção dos *EUA*,[515] onde a jurisprudência responsabiliza o anunciante pelo conteúdo da mensagem publicitária e de Espanha,[516] onde o *Supremo Tribunal* prepara o caminho para a consagração legislativa da *eficácia jurídico-contratual da publicidade*, o desinteresse pelo assunto é generalizado.

Alinham-se na doutrina argumentos contra a relevância contratual da mensagem publicitária:

*a)* O primeiro argumento, perfeitamente refutável, fundamenta-se na mensagem publicitária não constituir uma proposta contratual mas, quando muito, um *convite a contratar (invitatio ad offerendum)*

Para averiguar se uma mensagem poderá servir como proposta ao público ou como mero convite a contratar terá, primeiramente, de se indagar se a mensagem está provida de todos os elementos estritamente necessários à elaboração do projecto de um contrato.

---

[515] No caso *Baxter* vs *Ford Motor Co.*, o tribunal de Washington responsabilizou a *Ford* pelos danos causados ao lesado por estilhaços do pára-brisas, quando tinha anunciado, em folhetos de propaganda e num rótulo afixado no vidro como "inestilhaçável". citado por CARLOS FERREIRA DE ALMEIDA, *Texto e enunciado* ..., *cit.*, p. 901.

[516] Por sentença do Supremo Tribunal, de 14/6/1976, considerou como incumprimento pelo vendedor, a deficiência, em rendimento horário, de uma máquina, em comparação do que tinha sido anunciado em publicidade gráfica e fotográfica.

Por sentença de 27/1/1977, o mesmo tribunal entendeu serem relevantes para efeitos de indemnização, as deficiências no sistema de aquecimento, ar condicionado, escoamento da piscina e outras quando comparadas com os termos publicitados pelo vendedor. Acordãos citados por CARLOS FERREIRA DE ALMEIDA, *Texto e enunciado* ..., *cit.*, p. 902.

MICHAEL R. WILL[517] escreve que a tradição francesa considera a mensagem publicitária, que contenha todos os elementos do contrato visado (designadamente a indicação do preço), como uma verdadeira proposta de contrato, e que a tradição italiana vai mais longe, por não insistir sempre na indicação de um preço determinado.[518]

Em Portugal, a prática ensina que a maioria das mensagens contêm a totalidade dos componentes de futuros contratos como os referentes ao objecto, à identificação do anunciante, ao preço, modo e lugar de pagamento, prazo de entrega ou data de início da prestação de serviços e regime da assistência pós-venda, por forma a que qualquer pessoa possa limitar-se a produzir uma declaração de aceitação, para que o contrato se torne perfeito.

A própria legislação (arts 11º. e 23º. do *Cód. Pub.*; *art. 7º. nº. 5* da *LDC; DL nº. 272/87 de 3/7,* alterado pelo *DL nº. 243/95 de 13/9,* relativo ao regime das vendas ao domicílio, por correspondência[519] e às vendas em cadeia ou forçadas) impõe que a mensagem publicitária seja completa e que para isso contenha todos os elementos identificativos do anunciante, a descrição rigorosa e fiel do bem ou serviço publicitados, o preço e a respectiva forma de pagamento, as condições de aquisição do serviço, de garantia e de assistência pós-venda.

---

[517] MICHAEL R. WILL, *op. cit.*, p. 265. Cfr. no mesmo sentido, RITA BARBOSA DA CRUZ, *op. cit.*, p. 1380.

[518] Cfr. sentença do Trib. Milano, de 3/8/1948, Giur. it., 1949, I, 2, p. 154, com anotação de PAOLO FORCHIELLI. O *CC italiano* prevê no art. 1336º. que: *"la offerta al pubblico, quando contiene gli estremi essenziali del contratto alla cui conclusione è diretta, vale come proposta, salvo che risulti dalle circostanze o dagli usi."*

[519] No regime das vendas por correspondência, a lei obriga a que a oferta seja clara e completa, contendo um determinado número de informações para que se consubstancie uma verdadeira proposta contratual, excluindo do seu âmbito de aplicação as mensagens publicitárias genéricas que não incluam uma proposta concreta para a aquisição de bens ou prestação de serviços. Além disso, o legislador afirma no art. 9º. da citada legislação, que as ofertas de produtos feitas por catálogo ou outros meios análogos podem e devem consubstanciar verdadeiras propostas contratuais, obrigando à inclusão de determinados elementos por forma a garantir uma completa e esclarecida informação do consumidor sobre o produto a adquirir.

Demonstra-se assim que a mensagem publicitária será um meio apropriado e adequado para emitir propostas contratuais ao público. Consequentemente, todas as características publicitadas constarão do texto contratual resultante da aceitação da proposta, sempre que se pretender contratar.

Mas nem sempre assim acontecerá e o facto de o destinatário reagir favoravelmente à mensagem publicitada não significa que aceita a proposta contratual.

Sendo a mensagem publicitária considerada como um mero convite a contratar, se o convite já incluir um formulário destinado a subscrever a proposta,[520] o proponente preencherá os espaços em branco, individualizará o objecto contratual e demais circunstâncias predispostas, optando por umas em detrimento de outras e neste caso, a proposta contratual ficará concluída, nos termos do art. 234º. do *CC*, dispensando-se a declaração de aceitação.

Se o formulário não existir ou não for utilizado pelo destinatário, mas se este, dirigindo-se ao anunciante para celebrar um contrato, se referir aos artigos contidos no catálogo recebido, estará a reproduzir o que consta do anúncio publicitário e o anunciante que aceita a proposta estará a reconhecer os elementos do produto anunciado. Pelo que, o contrato que daí resultar retomará e será celebrado com base no anúncio publicitado.

Parece-nos pois indiferente que a mensagem publicitária seja considerada como proposta ou como convite a contratar, porque valerá sempre como um enunciado negocial atendível na composição do clausulado de todos os contratos dela resultantes. O nº. 5 do art. 7º. da *LDC*, sob a epígrafe *direito à informação em geral*, dispõe justamente que: *"as informações concretas e objectivas contidas nas mensagens publicitárias de determinado bem, serviço ou direito consideram-se integradas no conteúdo dos contratos que se venham a celebrar após a sua emissão, tendo-se por não escritas as cláusulas contratuais em contrário"*.

---

[520] Por exemplo, os catálogos de modas incluem no seu interior um destacável para o destinatário preencher e encomendar os artigos que pretende. Este destacável será posteriormente enviado para a sede do anunciante, assim se formalizando o contrato de compra e venda.

b) O segundo argumento respeita ao anunciante, por este não agir com o intuito de se vincular pela mensagem difundida *(falta de consciência da declaração* - art. 246º. do *CC)* ou mesmo da *declaração não séria* – art. 245º. do *CC)*

Parece também um argumento pouco sólido porque toda a mensagem publicitária, relativa à actividade económica, tem por finalidade a conclusão de negócios, espelhados em contratos e o consequente incremento das vendas com aumento da facturação. Com este objectivo, o anunciante publicita os seus produtos e serviços logo, terá todo o interesse em vincular-se. A este propósito CARLOS FERREIRA DE ALMEIDA[521] escreve: *"no que à publicidade diz respeito, o limiar mínimo da consciência negocial está ultrapassado por natureza. Todo o reclame de uma actividade económica denota a intenção genérica de concluir negócios (...)"* e continua, *"quem alicia outrem a comprar um certo produto, exaltando-lhe as qualidades, sabe que a eficácia da sua mensagem tem como reverso a expectativa criada quanto à efectiva existência dessas qualidades, com as quais o comprador conta e que, como tal, refere na sua declaração contratual, por remissão para o anúncio do vendedor"*.

c) Por último, argumenta-se que as mensagens publicitárias possuem conteúdos e objectivos diversos que as distanciam das declarações negociais

A publicidade possui as características da *informação* e da *persuasão*. Ora, só através da informação poder-se-á definir o objecto contratual. Toda a declaração negocial assenta numa base comum que resulta da troca de informações, da comunicação entre as partes e sem estas não existirá contrato.[522] Na interpretação de uma mensagem publicitária, a ten-

---

[521] CARLOS FERREIRA DE ALMEIDA, *Texto e enunciado ...*, cit., p. 908.

[522] Vejam-se os exemplos encontrados por CARLOS FERREIRA DE ALMEIDA, *Texto e enunciado...*, cit., p. 910, acerca da inserção das referências informativas no texto contratual: a informação publicitada por um construtor-vendedor de um empreendimento turístico sobre as características dos apartamentos e dos equipamentos colectivos ou por um produtor-vendedor de materiais para a cobertura de edifícios, é o único meio adequado e,

são entre a informação e a persuasão tem de ser devidamente apreciada, e cada uma das características reconduzida à sua sede própria. O intérprete deverá separar a informação da fantasia. O *CC*, no art. 236º., determina que a declaração negocial vale com o sentido que um declaratário normal, colocado na posição do declaratário real, possa deduzir do comportamento do declarante, salvo se o declarante não puder razoavelmente contar com ele. O declarante (anunciante) deverá sempre contar com a possibilidade do declaratário assumir as informações veiculadas, pois, para isso se serviu da publicidade. O declaratário normal, encontrado entre o público-alvo a que a mensagem se destina, deverá interpretar o sentido da mensagem conforme o faria o consumidor médio e sempre com o significado mais imediato e perceptível da mensagem.

É por vezes suscitada a questão das mensagens publicitárias constituirem simples recomendações, auto-elogios com intuitos persuasivos para a aquisição dos bens ou serviços e que, pelo seu exagero não são entendidas de forma séria, nem suscitam a confiança do público. Parece incorrecta esta afirmação porque o anunciante, por imposição legal do art. 10º. do *Cód. Pub.*, está vinculado ao princípio da veracidade, consequentemente, todas as acções e afirmações produzidas sobre o bem ou serviço publicitado, serão passíveis de prova perante as instâncias competentes. Por isso, a publicidade não se reduz a um apelo persuasivo à compra, ela procura simultaneamente satisfazer os interesses dos destinatários e respeitar a verdade, porque só assim conseguirá eficaz persuasão.

No ordenamento jurídico nacional o art. 485º. do *CC*, dispõe que as simples recomendações, conselhos ou informações, vinculam quem os presta apenas quando exista o dever de os prestar.[523] Na área publicitária o

---

por vezes, o único meio completo para emitir os sinais cujo significado integrará o texto dos contratos que tenham aqueles bens por objecto.

[523] Acerca da responsabilidade por informações e o art. 485º. do *CC*, vide MANUEL A. CARNEIRO DA FRADA, *Uma terceira via ...*, cit., pp. 68 e 69, onde admite a possibilidade de poderem emergir de um contrato deveres de protecção e eficácia para terceiros. Diz não

anunciante tem o dever de os prestar. Está vinculado ao dever de informar com rigor, não deformando os factos, por decorrência quer do princípio da veracidade já assinalado; quer do art. 227º. do *CC*, através do qual o anunciante deverá proceder segundo as regras da boa-fé; quer ainda, através da remissão para a *LDC*, efectuada pelos arts 12º. e 13º. do *Cód. Pub.*, onde o art. 3º. contém os direitos mais elementares dos consumidores, quais sejam, entre outros, o direito à qualidade dos bens e serviços; à protecção da saúde e segurança; à formação, informação e educação para o consumo.

Conforme verificado, parece não se justificar a exclusão da eficácia contratual das mensagens publicitárias apenas porque estas também contêm apelos promocionais. Assim, para que a mensagem publicitária adquira relevância contratual, basta que seja a expressão concreta e determinada da qualidade assegurada, sem imprecisões; anterior ou contemporânea do contrato e exista uma adequada interligação e coesão entre o conteúdo da mensagem e os textos negociais que lhe sucedam.

A relevância contratual da publicidade vai tendo alguns reflexos normativos:

*a)* Na *Directiva nº. 90/314/CEE de 13/6*, que no âmbito das viagens organizadas prescreve que *"as informações contidas nas brochuras vinculam o organizador ou a agência"*;

*b)* No *Livro verde sobre as garantias dos bens de consumo e serviços pós-venda*, organizado em 1993 no âmbito da *CEE*, que num estudo efectuado sobre a garantia legal e comercial dos bens de consumo, com o objectivo da formulação de uma garantia europeia válida em todos os países, concluiu que um dos requisitos essenciais a essa uniformização seria que: *"a publicidade não deverá ser susceptível de induzir os consumidores em erro*

---

ser uma eficácia tipicamente delitual, mas como também não é contratual, por não existirem relações contratuais entre os terceiros protegidos e o sujeito vinculado à observância desses deveres, resta qualificá-la como *tertium genus* de algum modo intercalado entre as formas de responsabilidade contratual e delitual.

*em relação às condições reais existentes nos documentos de garantia ...";*

c) Na Lei luxemburguesa de 25/8/1983, relativa à protecção jurídica do consumidor que prevê *"toda a descrição das características e qualidades de um produto ou serviço feita em documentos e meios de publicidade, tal como a garantia aí oferecida, são reputadas parte integrantes do contrato relativo a este produto ou a este serviço...";*

d) Em Espanha, na *Ley General* nº. 20/1984 de 19/7, *para la defensa de los consumidores y usuarios* ao dispôr que a *"oferta, promoção e publicidade dos produtos, actividades ou serviços corresponderão à sua natureza, características, condições, utilidade ou finalidade, sem prejuízo do estabelecido nas disposições sobre publicidade. O seu conteúdo, as prestações próprias de cada produto ou serviço e as condições e garantias oferecidas serão exigíveis pelos consumidores ou utilizadores, mesmo quando não figurem expressamente no contrato celebrado ou no documento ou comprovante recebido."*

## 40. A responsabilidade por conselhos, recomendações ou informações

Entre os preceitos do *CC* nacional atinentes à responsabilidade civil pela prática de factos ilícitos, encontra-se o art. 485º. referente aos *"conselhos, recomendações ou informações"*.

A questão da responsabilidade civil resultante da violação do princípio da confiança não é recente e já muitas legislações abordam este assunto. O *CC* nacional refere-se-lhe no art. 485º.;[524] na legislação alemã repor-

---

[524] *"1. os simples conselhos, recomendações ou informações não responsabilizam quem os dá, ainda que haja negligência de sua parte. 2. A obrigação de indemnizar existe, porém, quando se tenha assumido a responsabilidade pelos danos, quando havia o dever jurídico de dar o conselho, recomendação, ou informação e se tenha procedido com ne-*

tava-se-lhe o art. 676º. do *BGB*;[525] e na legislação austríaca está expressa no art. 1300º. do *ABGB*.[526]

Nos países acima referenciados, o entendimento básico é que a simples informação, recomendação ou conselho, mesmo que prestados negligentemente não geram qualquer responsabilidade para o dador, salvo se houver a obrigação de dar a informação, o conselho ou a recomendação, seja por disposição legal ou por previsão contratual.[527]

No ordenamento jurídico brasileiro, para AGOSTINHO ALVIM[528] a informação, sendo um dever jurídico, mesmo que onerosa ou gratuita, não pode ser falsa. Este autor resolve o problema com base no art. 1057º. do *CCbrasileiro* da seguinte forma: se o contrato for bilateral, o dador da informação responderá por simples culpa, se unilateral, responderá somente em caso de dolo.

Em Portugal, JORGE FERREIRA SINDE MONTEIRO,[529] adverte que a lei não define os conceitos de conselho, recomendação ou informação e que estes devem ser entendidos com o significado e alcance que lhes cabem na linguagem vulgar. Assim:

---

*gligência ou intenção de prejudicar, ou quando o procedimento do agente constitua facto punível."*

[525] *" aquele que dá a uma outra pessoa um conselho ou recomendação não fica obrigado, sem prejuízo da responsabilidade resultante de uma relação contratual ou de um acto ilícito, à reparação do dano nascido do seguimento do conselho ou da recomendação."*

[526] *"um perito é também responsável se, contraremuneração, presta por descuido um conselho prejudicial em assuntos da sua arte ou ciência."*

[527] CARLOS FERREIRA DE ALMEIDA, *Os direitos ...*, cit., p. 182, em breve análise ao art. 485º. do *CC* português, prelecciona que *"contra a regra do art. 485º. nº. 1 do CC, (...) deve entender-se que a falta ou incorrecção de informações na actividade empresarial dirigida aos consumidores constitui facto ilícito, susceptível de gerar responsabilidade civil."*

[528] AGOSTINHO ALVIM, *Da inexecução das obrigações e suas consequências*, 4ª. ed., Saraiva, SP – Brasil, 1972, p. 254, citado por PAULO JORGE SCARTEZZINI GUIMARÃES, *op. cit.*, p. 165.

[529] JORGE FERREIRA SINDE MONTEIRO, *Responsabilidade por conselhos, recomendações ou informações*, Almedina, Coimbra, 1989. pp. 14 a 18.

a) Conselho significa *"dar a conhecer a uma outra pessoa o que, na sua situação, se considera melhor ou mais vantajoso e o próprio faria se estivesse no seu lugar, a que se liga a exortação no sentido de que aquele que recebe o conselho agir (ou se abster) de forma correspondente"*;

b) Recomendação, que é apenas uma subespécie do conselho, traduz-se na *"comunicação das boas qualidades acerca de uma pessoa ou de uma coisa, com a intenção, de com isso, determinar aquele a quem é feita"*. A única distinção relativamente ao conselho, é que este implica uma exortação mais forte à sua adesão, do que a recomendação;

c) Informação, por sua vez, *"é a exposição de uma dada situação de facto, verse ela sobre pessoas, coisas, ou qualquer outra relação"*. Em oposição ao conselho e à recomendação, a pura informação esgota-se na comunicação de factos objectivos, estando ausente uma (expressa ou tácita) proposta de conduta.

Embora teoricamente a distinção seja fácil, já na prática se tornará difícil distingui-los, porque o conselho e a informação aparecem frequentemente ligados, um implica ou poderá implicar o outro, sendo certo que uma informação poderá ser prestada com o sentido de conselho ou recomendação. A circunstância dos três conceitos serem muito próximos, justifica o igual tratamento que lhes é tradicionalmente reconhecido.

Todavia, tendo em vista que tais informações são prestadas dentro de um contexto negocial, deve a pessoa que as presta, e que possui um interesse próprio na medida em que recebe o correspectivo benefício patrimonial, agir de forma a não causar dano ao destinatário da informação. É este comportamento sincero e verdadeiro que se espera do informante.

Esta questão tem sido analisada sob o prisma da conduta comissiva (por acção), ou seja, sempre que os anúncios publicitários dizem, exibem ou demonstram algo que é falso e que por isso pode induzir em erro o destinatário ou violar a ordem pública, os bons costumes e os princípios ético-sociais. Mas também a ilicitude publicitária poderá ocorrer por omissão. Neste caso, a indemnização acontecerá, se existir por força da lei ou do negócio, o dever jurídico de agir (art. 486º. do *CC*). Todos os participantes numa acção publicitária possuem a obrigação legal de prestar a informação de forma completa, impedindo que o destinatário possa ser, ou efectivamente seja, induzido em erro devido à ausência de dados.

JORGE FERREIRA SINDE MONTEIRO,[530] ao estudar a responsabilidade por prospectos no direito alemão, refere que uma das sentenças do *BuM*, de Julho de 1982,[531] vem aclarar a questão de saber quando um prospecto de emissão é inexacto ou incorrecto. Segundo o Tribunal Federal, o juízo não se prende apenas com os factos isolados descritos no prospecto, sendo antes decisiva a impressão global a respeito da situação patrimonial da empresa, cujos papéis são oferecidos para compra. Na apreciação desta imagem global, deve partir-se da perspectiva de um investidor medianamente dotado de conhecimentos e não da de um especialista. O *BGH* critica expressamente o tribunal recorrido, por ter seguido a opinião segundo a qual *"(...) somente dados incorrectos de origem factual, não porém juízos de valor ou prognósticos, podem dar origem a uma responsabilidade por prospectos."*[532]

Na realidade, o banco emissor não terá de responder por toda a previsão contida no prospecto. É todavia, responsável por as previsões ou juízos de valor estarem suficientemente apoiadas em factos e sejam comercialmente defensáveis. Por outro lado, um prospecto é incompleto quando silencia factos essenciais que, não sendo apenas os de comunicação obrigatória para a admissão na bolsa, têm especial relevância para uma decisão materialmente fundada do investidor. Ainda, JORGE FERREIRA SINDE MONTEIRO cita uma sentença do tribunal federal alemão, onde se entendeu que: *"se o êxito é duvidoso ou medida de recuperação depende da verificação de determinados pressupostos, que não é segura, deve existir alusão a estes riscos e cautela com os prognósticos."*

Mostra-se interessante a este respeito a decisão de um tribunal alemão,[533] também citada por JORGE FERREIRA SINDE MONTEIRO, em que um advogado aparecia num prospecto publicitário destinado à angariação de

---

[530] JORGE FERREIRA SINDE MONTEIRO, *op. cit.*, pp. 101 a 102 e 109.
[531] WM 1982, 862, 2ª. col.
[532] WM 1982, 865, 1ª. col.
[533] BGH NJW 1984, 865, sentença de 25/11/1983.

fundos, como titular de uma "conta separada" o que, no contexto do prospecto, tinha o significado de uma garantia adicional para os investidores, que o capital investido seria aplicado conforme o anunciado. Tal não era correcto, porque o advogado tinha concluído um acordo com a sociedade, nos termos do qual se obrigava a colocar imediatamente à disposição desta todas as quantias recebidas, tendo-se efectivamente verificado que o dinheiro recebeu aplicação diferente. Neste caso o tribunal considerou não estar o advogado obrigado a responder por todas as inexactidões contidas no prospecto mas, por ter assumido uma posição de garante, respondia pela exactidão dos dados contidos no prospecto, na medida em que eles se relacionavam com a sua pessoa, e assim lhe podiam ser atribuídos.

Em Portugal, justamente com o objectivo de evitar a generalização do abuso de confiança por parte das entidades bancárias, foi criado pela *DECO* em colaboração com uma instituição universitária nacional, o observatório da publicidade para os serviços financeiros. Este é constituído por um comité de observadores cuja função consiste na recolha dos anúncios aos produtos financeiros, para posterior análise por um comité de especialistas, a quem caberá indagar se a mensagem publicitária neles contida é saudável e socialmente útil ou se, pelo contrário, explora a boa-fé e a sã ingenuidade da maioria dos consumidores. Infelizmente a conclusão retirada do estudo é a segunda. É comum que, no crédito à habitação as entidades bancárias recorram a métodos agressivos e menos correctos para angariação de clientela. As entidades alimentam falsas expectativas nos destinatários e fazem promessas impossíveis ou de difícil cumprimento. São frequentes as mensagens publicitárias onde se oferecem viaturas, mobílias ou computadores, se os consumidores contraírem nessas instituições um crédito à aquisição ou construção de habitação própria. A ilusão criada no consumidor desprevenido leva-o a endividar-se ainda mais.[534]

---

[534] Cfr. MARIA MANUEL LEITÃO MARQUES, VITOR NEVES, CATARINA FRADE, FLORA LOBO, PAULA PINTO, CRISTINA CRUZ, *O endividamento dos consumidores*, Almedina, Coimbra, 2000, pp. 76 e ss, obra colectiva desenvolvida no Centro de Estudos Sociais da Faculdade de Economia da Universidade de Coimbra, onde se analisam os principais aspectos do

O *Cód. Pub.* contém os necessários dispositivos para combater este tipo ilícito de publicidade. Uma observação atenta de certas mensagens publicitárias, em particular a leitura das palavras escritas em letra miudinha, quase imperceptível, permite verificar que o conteúdo geral da mensagem é enganoso e por isso ilícito, porque associa os prémios e ofertas a condições muito difíceis de cumprir para o comum dos cidadãos.

O art. 11º. do *Cód. Pub.*, sob a epígrafe *"publicidade enganosa"*, proíbe, no nº. 1, a publicidade que por qualquer forma, incluindo a sua apresentação induza ou seja susceptível de induzir em erro os seus destinatários e o nº. 3, alarga a abrangência do número anterior às situações em que determinado prémio, oferta ou promoção será concedida. A violação deste preceito constitui um ilícito contra-ordenacional, punido pelos arts 34º. e 35º., sendo que o art. 36º. pune o anunciante (entre outros) como agente das contra-ordenações praticadas.

Poder-se-á ainda recorrer aos arts. 10º.;[535] 12º. e 13º.,[536] todos do *Cód. Pub.*, para punir estas situações transgressionais, porque todos se aplicam e para todos o legislador previu sanções, bastando apenas que a fiscalização seja eficaz e severa a aplicação das coimas.

---

endividamento e sobreendividamento dos consumidores e as formas de o combater. Resulta claro que o crédito para aquisição ou construção de habitação própria, é em Portugal, a principal fonte de endividamento das famílias. Em Dezembro de 1998, os dados do Banco de Portugal demonstram que os saldos em dívida de crédito bancário para a habitação, representavam 71% da dívida total dos agregados familiares e 33% do PIB, quando em 1990, não ia além dos 12%. O endividamento particular para a habitação, passou de 16% em 1990, para 49% em 1998.

[535] Relativo ao princípio da veracidade.

[536] Referentes ao respeito dos direitos e da saúde e segurança do consumidor.

## 41. A responsabilidade civil profissional da agência de publicidade ou do profissional

*41.1. Em relação ao anunciante*

No estrito cumprimento das suas actividades profissionais, a agência de publicidade ou o profissional deverão actuar com a máxima diligência profissional exigida pelo contrato celebrado com o anunciante, em representação do qual exercem a sua actividade, por forma a que a campanha resulte com a maior eficácia.[537] Na sua acção, a agência de publicidade deverá empregar toda a experiência conseguida para alcançar o objectivo final da campanha, evitando lesar os direitos de terceiros, do anunciante e ainda dos demais agentes publicitários envolvidos na campanha.

Cabe agora apurar sobre a natureza da obrigação assumida pela agência, se de *meios*, de *resultado* ou de *garantia*.

A doutrina italiana aceita que a agência assume uma obrigação de meios, pelo que não será responsabilizada pela falta de obtenção de um resultado útil, ou do resultado esperado pelo anunciante, a não ser que tal ineficácia resulte da violação da diligência profissional a que está adstrita.

Por sua vez, a *Ley General de Publicidad* espanhola, na mesma linha de pensamento, tem como não escritas quaisquer cláusulas que garantam o rendimento económico, o resultado comercial da publicidade ou ainda, que prevejam a assunção de responsabilidade por esse facto.

A obrigação contratual da agência de publicidade será sempre uma *obrigação de meios*,[538] isto é, a agência deverá empregar todo o seu poten-

---

[537] A cláusula 4ª. do contrato-tipo aprovado pela *APAN* dispõe o seguinte: *"a agência obriga-se a envidar os melhores esforços por que os serviços a prestar sejam da maior qualidade e eficácia, a executar por meio de uma adequada equipa em número, competência e disponibilidade, em ordem a contribuirem para a realização dos legítimos interesses comerciais do anunciante (...)"*.

[538] RITA BARBOSA DA CRUZ, *op. cit.*, p. 1340, aceitando que a agência de publicidade assume uma obrigação de meios, escreve que: *"a agência pode assumir uma obrigação de resultado (...) no sentido de finalizar, nos termos e segundo as condições acordadas, a*

cial criativo para melhor servir o cliente, procurando conseguir nos diversos suportes as melhores condições em termos de qualidade/preço para a difusão da campanha. Apenas se, nestes termos, não produzir os resultados aguardados, a agência será responsabilizada, pois a sua obrigação restringe-se ao cumprimento dos deveres inerentes à sua prestação.

Logo, a agência não se vincula para com o anunciante numa obrigação de resultado, até porque o aumento das vendas ou a melhor implantação da empresa no mercado, não resultam apenas da campanha publicitária produzida, mas também de outros factores relacionados com a qualidade intrínseca do produto, com a predisposição do público para a sua aceitação, com a existência concorrencial no mercado de outros produtos com as mesmas características, da imagem da empresa e ainda do estado da economia.

Estabelecendo-se a prova de que a falta de obtenção de um bom resultado se deveu ao incumprimento dos deveres contratuais da agência, então esta será contratualmente responsabilizada e deverá indemnizar o anunciante pelos danos causados. Para tal, será necessário estabelecer um nexo de causalidade entre o facto e o dano, ou seja, entre a falta de resultados positivos da campanha e a inobservância por parte da agência dos deveres a que está contratualmente vinculada.

Neste sentido, transcreve-se parte de uma sentença do tribunal de Milão que refere ser *"do conhecimento geral que a principal finalidade de qualquer iniciativa publicitária no campo comercial é incrementar a venda do produto (...) todavia, ainda que se atribua à publicidade a máxima força persuasiva que induza à aquisição, é evidente que um produto afirma-se ao consumidor enquanto for dotado de qualidades e características tais que o tornem preferível no mercado concorrencial em relação a outros de características análogas."* Em sentido diametralmente oposto, ainda a jurisprudência italiana decidiu face à ineficácia de

---

*obra publicitária e por este resultado pode ser responsabilizada. Pelo contrário, já não lhe é lícito assumir uma obrigação de garantia, comprometendo-se para com o cliente que, em consequência da acção publicitária, este obterá um aumento do volume de vendas ou uma maior percentagem de lucro.".*

certa campanha publicitária efectuada por uma agência de publicidade que: *"deve reconhecer-se que o mandante pode desvincular-se da relação por justa causa, pela incapacidade constatada pela agência em desenvolver oportunamente e proficuamente a campanha publicitada estabelecida."*[539] Parece, contudo, tratar-se de uma sentença isolada no espectro jurisprudencial italiano.

## 41.2. Em relação a terceiros

A responsabilidade da agência de publicidade ou do profissional face a terceiros, isto é, em relação aos destinatários/consumidores, nunca será excluída mesmo que o anunciante aprove sem reservas o projecto da campanha publicitária. O anunciante não tem a obrigação de conhecer as regras legais e deontológicas pelas quais a publicidade se rege, sendo que a sua única preocupação ao aprovar o projecto, prende-se com a aceitação e o impacto que este terá junto do público e não com a legalidade dos procedimentos. Esta preocupação com o aspecto legal cabe à agência, cujos profissionais deverão estar esclarecidos.

PAULO JORGE SCARTEZZINI GUIMARÃES,[540] relativamente à relação existente entre as agências de publicidade e o consumidor/destinatário, afirma que *"apesar de o consumidor não ter um contacto directo com elas e ser-lhe irrelevante quem tenha criado o anúncio publicitário, não se pode negar que são elas, em regra sob o comando do anunciante, que dão à publicidade a característica da ilicitude. Poderíamos dizer, sem medo de errar, que as agências são as autoras, ou, no mínimo, co-autoras do delito."* Alguns publicitários brasileiros tendem a excluir a responsabilidade das agências de publicidade, em resultado da difusão de publicidade enganosa, com a justificação de que as informações são prestadas pelos seus clientes/anunciantes. Todavia, aceitam a responsabilidade destas pela

---

[539] Sentenças do tribunal de Milão de 11/1/1988 e da *Corte d'apello di Venezia* de 19/8/1987, respectivamente, citadas por LUÍSA LOPES SOUSA, *op. cit.*, pp. 156 e 157.

[540] Cfr. PAULO JORGE SCARTEZZINI GUIMARÃES, *op. cit.*, pp. 152 e ss.

difusão de publicidade ilícita resultante da violação das normas, já que é da total responsabilidade dos criadores.

A confirmação das informações prestadas pelos anunciantes respeita, em última instância, à agência de publicidade. Os arts 36º. e 27º. do *CEP* respectivamente, atribuem ao anunciante o encargo da manutenção dos dados técnicos, fácticos e científicos relativos às mensagens publicitárias, e às agências de publicidade a prova de todas as alegações, descrições e comparações existentes na mensagem publicitária veiculada.

Em França a questão está solucionada através da circular de 1/10/1974. Apesar dos anunciantes serem os principais responsáveis pela difusão da publicidade ilícita, as agências de publicidade ou os suportes poderão ser considerados cúmplices do anunciante, e responsabilizados se não exigirem deste as provas e as justificações sobre as características dos produtos, principalmente em relação às situações suspeitas.[541]

Voltando ao ordenamento jurídico brasileiro, o art. 45º. al. b) do *CEP*, recomenda que as agências se identifiquem nos anúncios que criam, estabelecendo a sua co-responsabilidade juntamente com o anunciante, pela publicidade realizada e pela desobediência aos preceitos do *CEP*, prevendo ainda no art. 46º. que qualquer pessoa que tenha participado no planeamento, na criação e execução da campanha, responda na medida dos seus respectivos poderes.

No ordenamento português a questão é pacífica, na medida em que o nº. 1 do art. 30º. do *Cód. Pub.* resolve-a ao prescrever em termos gerais e face a terceiros prejudicados com a difusão de mensagens publicitárias ilícitas, uma responsabilidade civil e solidária. Assim, poderão ser responsabilizados face a terceiros, os anunciantes, os profissionais, as agências de publicidade, os titulares dos suportes publicitários ou os seus concessionários, bem como quaisquer outras entidades que participem na difusão daquelas. Este preceito é claro e visa fundamentalmente proteger os consumidores que, desta forma, poderão accionar judicialmente qualquer das entidades mencionadas.

---

[541] Cfr. PIERRE GREFFE, FRANÇOIS GREFFE, *op. cit.*, pp. 396 e ss.

## 42. A responsabilidade civil do anunciante

*42.1. Perante terceiros*

Seguindo a mesma linha de pensamento, o anunciante não é um perito ou mesmo um conhecedor da lei publicitária, pelo que a aprovação que conceda da campanha publicitária não deve, nem exime, a agência de publicidade ou o profissional de responsabilidade civil.

Já ficou referido que o art. 30º. do *Cód. Pub.*, no seu nº. 1, atribui uma responsabilidade solidária em relação a todos os intervenientes na difusão da mensagem ilícita. Todavia, o seu nº. 2 consagra uma excepção, justamente em relação ao anunciante e face à sua responsabilidade para com terceiros. Assim, este será desresponsabilizado pelos danos causados com a difusão de mensagens ilícitas, se provar que não teve prévio conhecimento da mensagem publicitária veiculada.

Contudo, a responsabilidade do anunciante, a existir, caberá no âmbito extra-contratual, pois entre este e os destinatários não foi celebrado qualquer contrato que legitime a aplicação das regras da responsabilidade contratual. O legislador optou ainda por responsabilizar, de forma solidária, os profissionais da área, na medida em que a responsabilidade destes é acrescida face à dos seus clientes (anunciantes).

*42.2. Perante a agência de publicidade ou o profissional*

A responsabilidade do anunciante face à agência de publicidade ou o profissional enquadra-se no âmbito da responsabilidade contratual, em virtude do vínculo entre as partes resultar da celebração do contrato de publicidade.

A principal obrigação do anunciante face à agência de publicidade, consiste no pagamento atempado da retribuição desta. Mas, ao anunciante competem ainda outros deveres decorrentes dos princípios da boa-fé e da mútua colaboração, sem os quais os contratos seriam letra morta.

Para que a agência de publicidade execute a campanha solicitada pelo anunciante, necessita que este lhe forneça elementos concretos relativos ao produto e suas características, à empresa que o comercializa, às metas e objectivos que se propõe alcançar e todos os demais indispensáveis à correcta idealização, criação, execução e distribuição da campanha. Estes dados são do exclusivo conhecimento do anunciante que tem de colaborar activamente com a agência de publicidade, fornecendo-lhe a matéria indispensável para que esta elabore a sua própria pesquisa e encontre a ideia que previsivelmente faça a diferença.

Não podemos esquecer que a criatividade se constrói através de um processo lento de preparação e estudo do dossier, com 90% de trabalho e 10% de genialidade. O cliente/anunciante que não colabore activamente com a agência, não poderá esperar resultados excelentes na promoção do produto ou na aceitação da campanha pelo público e consequentemente, não poderá responsabilizar a agência por inoperância, porque foi o principal culpado.

Mas como referido, a retribuição é também uma obrigação importante do anunciante face à agência ou ao profissional.[542] Caso o anunciante não cumpra este requisito indispensável estará a quebrar a lei contratual e permitirá à agência lançar mão dos institutos da *excepção do não cumprimento do contrato* ou da *resolução contratual*,[543] ou se a campanha publicitária já estiver terminada, utilizar os meios coercivos necessários para fazer valer o seu direito.[544]

---

[542] Relativamente às várias formas de remuneração da agência de publicidade pelos serviços prestados, remetemos para o estudo efectuado supra.

[543] Cfr. arts 428º. e ss e 432º. e ss, todos do *CC*, respectivamente. Em relação à figura da excepção de não cumprimento do contrato no direito civil, que consiste na faculdade de, nos contratos bilaterais, cada uma das partes recusar a sua prestação enquanto a outra, por seu turno, não a realizar ou não oferecer a realização simultânea da respectiva contraprestação, vide o estudo de JOSÉ JOÃO ABRANTES, *A excepção do não cumprimento do contrato no direito civil português - conceito e fundamento*, Almedina, Coimbra, 1986, pp. 37 e ss.

[544] Faz-se referência ao disposto nos arts 817º. e ss do *CC* e aos arts 462, 465º, 467º, e ss; e 801º. e ss, todos do *CPC*, conforme se trata de acção declarativa ou executiva.

## 43. A responsabilidade civil dos titulares dos suportes publicitários e dos respectivos concessionários

*43.1. Perante a agência de publicidade ou o profissional e o anunciante*

A responsabilidade dos titulares dos suportes e seus concessionários enquadra-se na responsabilidade contratual, na medida em que a agência de publicidade, em nome do anunciante, celebra com os suportes ou com os seus concessionários, um *contrato de difusão publicitária*. Através deste os concessionários obrigam-se a permitir a utilização publicitária de unidades de espaço e/ou de tempo disponíveis e a desenvolver as actividades técnicas necessárias para que a utilização possa acontecer, a troco de uma contraprestação pecuniária.

O titular do suporte ou o seu concessionário, serão responsabilizados pelo incumprimento contratual, se difundirem a publicidade em desacordo com o contrato, ou se nem sequer a difundirem. Em termos legais, o incumprimento contratual do suporte ou do seu concessionário gerará uma indemnização pecuniária por danos causados com a não difusão ou com a difusão defeituosa da campanha, nos termos do disposto no art. 798º. do *CC* ou poderá, se assim estiver clausulado, determinar a repetição da campanha nos termos contratados ou a não facturação da mesma, resolvendo-se o contrato.

*43.2. Perante terceiros*

É ainda o art. 30º. nº. 1 do *Cód. Pub.* que rege a situação, ao dispôr que os titulares dos suportes e os seus concessionários serão responsáveis de forma geral e solidária, juntamente com outras entidades que exerçam a actividade publicitária pelos danos causados a terceiros, em virtude da difusão de mensagens publicitárias ilícitas.

Esta responsabilidade está inserida no âmbito da responsabilidade extracontratual, dada a inexistência de vínculo entre os suportes ou os seus concessionários e os terceiros que legitime a aplicação das regras relativas à responsabilidade contratual, para reparação de eventuais prejuízos.

## 44. O contrato com eficácia de protecção para terceiros

A ideia base da eficácia de protecção para terceiros derivada da celebração de um contrato, consiste na possibilidade de certos negócios envolverem terceiros, alheios ao contrato, sob a sua manta protectora e conferir-lhes um direito indemnizatório face aos danos sofridos. Esta indemnização não deriva do incumprimento do dever de prestar, a que apenas as partes estão vinculadas mas, da violação de outros deveres integradores da relação contratual como um todo.

MANUEL A. CARNEIRO DA FRADA[545] sobre a concepção deste contrato de protecção para terceiros, entende ser *"tributária da constatação de que a relação obrigacional é, na realidade, complexa, e de que nela se podem distinguir entre os deveres de prestação e aqueloutros comportamentos que, embora independentes das prestações convencionadas, são ainda/também reclamados dos sujeitos da relação contratual. Tais comportamentos poderiam visar a protecção de terceiros alheios ao contrato, da sua pessoa ou dos seus direitos e interesses. O princípio da relatividade das convenções não constitui neste aspecto obstáculo algum, uma vez que a sua aplicabilidade se deve considerar restrita à relação de prestação."*.

Esta figura com bastante desenvolvimento na doutrina alemã, é fruto de uma criação dogmática sensível e muito útil, com o seu lugar consolidado na cultura jurídica europeia actual e constitui o regime regra, como excepção ao princípio da relatividade dos contratos.

JORGE FERREIRA SINDE MONTEIRO[546] esclarece que *"não se trata das hipóteses previstas no art. 443º. e ss do CC, em que um terceiro adquire o direito à prestação prometida no contrato. Apenas de estender o dever de cuidado, que o devedor sempre tem face ao credor, a um terceiro, o qual, no caso de violação deste dever, fica directamente legitimado a uma pretensão indemnizatória, portanto credor de um direito de prestação*

---

[545] MANUEL A. CARNEIRO DA FRADA, *Uma terceira via ...*, cit., p. 89.
[546] JORGE FERREIRA SINDE MONTEIRO, *op. cit.*, pp. 518 e ss.

*secundário"*. E continua: *"de certo modo, está-se em presença de um tipo mais fraco de contrato a favor de terceiro "em sentido amplo", não regulado na lei. Se às partes é lícito estipular uma prestação a favor do terceiro, parece dever sê-lo igualmente a inclusão daquele no âmbito de protecção do contrato"*.

O contrato com eficácia de protecção para terceiros situa-se numa área intermédia entre a responsabilidade contratual e a delitual e, de algum modo, deverá ser interligado com a autonomia contratual das partes, sob pena da sua própria designação ficar desajustada.

Para MANUEL A. CARNEIRO DA FRADA[547] os *"terceiros terão de ter um interesse substancialmente coincidente ou concordante com o do credor da prestação, só assim se compreende que, de um contrato alheio, um terceiro retire uma pretensão indemnizatória. De contrário, se os interesses ou as vantagens do credor e do terceiro eram, sob o aspecto concreto do resultado da prestação do devedor, não coincidentes ou até, contrários, não haverá pois, eficácia protectora para terceiros"*.

Defendendo posição contrária, JORGE FERREIRA SINDE MONTEIRO[548] escreve que *"a eventual presença de interesses contraditórios, não deve obstar à eficácia protectiva de terceiros (...) propendemos assim, admitindo possa o dever de protecção, resultar de estipulação contratual, interpretação ou integração negocial, a ver o fundamento desta relação obrigacional como resultando directamente do direito objectivo, em desenvolvimento da ratio subjacente ao art. 239º., e, por outro lado, como uma adaptação do instituto do contrato a favor de terceiro, regulado directamente na lei"*. Como apoio doutrinal, cita HANS JOACHIM MUSIELAK,[549] o verdadeiro impulsionador desta figura na área da responsabilidade por informações, que ao analisar a posição ocupada pelo terceiro face à prestação contratual, refere: *"se, de acordo com o fim e o conteúdo do contrato, o terceiro é atingido pela prestação de uma forma que o traz para uma posição comparável à que o credor ocupa normalmente*

---

[547] MANUEL A. CARNEIRO DA FRADA, *Uma terceira via ...*, cit., p. 92.
[548] JORGE FERREIRA SINDE MONTEIRO, *op. cit.*, p. 525.
[549] HANS-JOACHIM MUSIELAK, *Haftung fur Rat, Auskunft und gutachten*, Berlim, New York, 1974, pp. 32 e ss.

*a respeito da prestação, então é também justificado inclui-lo no âmbito de protecção do contrato".*

Por sua vez, LUIS MANUEL TELES DE MENEZES LEITÃO[550] refere que *"o contrato com eficácia de protecção para terceiros ocorrerá sempre que o terceiro apresente uma posição de tal proximidade com o credor que se justificará a extensão em relação a ele do círculo de protecção do contrato. Não se trata de um contrato a favor de terceiro, uma vez que o terceiro não adquire qualquer direito à prestação, sendo apenas tutelado pelos deveres de boa-fé, que a lei impõe em relação às partes, e cuja violação lhe permite reclamar indemnização pelos danos sofridos".*

Este contrato enquadra-se, juntamente com a responsabilidade pré-contratual, na denominada terceira via da responsabilidade civil, precisamente porque se movimenta na linha fronteiriça entre a responsabilidade contratual e delitual. O que releva para efeito do *onus probandi*, prazos prescricionais e responsabilidade pelos actos dos auxiliares. Em face do lesante, o terceiro lesado, é-lhe totalmente estranho, e apesar de não se poder justificar em pleno a protecção da responsabilidade por factos ilícitos, parece correcto, em termos de ónus da prova, deixar subsistir a regra do art. 342º., confirmada pelo art. 487º., nº. 1, ambos do *CC*. É esta a regra no direito inglês, onde a responsabilidade dos profissionais por conselhos e informações em relação a terceiros que não os próprios clientes, é considerada como delitual. Quanto ao prazo prescricional valerá o prazo delitual, por força do art. 227º., nº. 2, que remete para o art. 498º., ambos do *CC*.

Em termos do direito da publicidade nacional, esta figura do contrato com eficácia de protecção para terceiros, terá um vasto campo de aplicação, na medida em que os contratos celebrados entre os anunciantes e as agências ou os profissionais, têm como principais destinatários o público-alvo, os consumidores em geral, que apesar de não serem partes contratuais, são quem sente em primeiro lugar os efeitos positivos e principalmente os negativos, se existirem.

---

[550] LUIS MANUEL TELES DE MENEZES LEITÃO, *Direito das obrigações, cit.*, p. 340.

Nesta situação e sempre que sofram danos, poderão os lesados ser directamente indemnizados pelo lesante, juntamente com a parte contratual, também lesada, porque os efeitos contratuais se lhes estenderão. Vejamos, o seguinte acórdão do *STJ*, como exemplo concreto e com elevado grau de similitude, dado serem escassas as decisões judiciais sobre publicidade:[551] a indicação dos números telefónicos de determinado assinante foi inserida com incorrecções em diversas edições das páginas amarelas. Este assinante (autor) pretendia dos *TLP* (com base no contrato assinado), e da *Imprimarte* (empresa encarregada pelos *TLP* pela elaboração das listas), uma indemnização pelos prejuízos sofridos. Sendo os assinantes os principais atingidos com a preparação e apresentação das listas telefónicas, parece justo incluí-los no âmbito de protecção do contrato celebrado entre os *TLP* e a *Imprimarte*, a que eles são alheios (terceiros). Procurou o *STJ* justificação para um contrato a favor de terceiro que responsabilizasse directamente a *Imprimarte* pelos prejuízos causados, mas não encontrou. Todavia, a aceitação de um contrato com eficácia de protecção para terceiros, teria, naturalmente, fornecido ao tribunal o processo técnico que lhe faltava, permitindo-lhe responsabilizar directamente a *Imprimarte* pelos danos causados ao assinante dos *TLP*.

Trata-se de matéria que a área publicitária para já não contempla mas, dado o forte sistema de autoregulação do sector e a vontade das partes em dirimirem os litígios extrajudicialmente, será mais um contributo para melhor delimitar os eventuais lesados por danos ocorridos em virtude da celebração do contrato de publicidade ou de outro qualquer tipo contratual acima definido.

---

[551] *Ac. STJ de 17/6/1982*, BMJ, *318, 437* e RLJ, *119, 112 e ss*, com anotação de JOÃO DE MATOS ANTUNES VARELA.

## 45. A responsabilidade civil das pessoas públicas (celebridades) que participam na difusão da publicidade ilícita

Existem certas figuras que, por influenciarem directamente a decisão do consumidor, participam activamente na mensagem publicitária e são muito requisitadas pelos publicitários, auferindo elevados honorários - os artistas, os desportistas e as pessoas que em geral se tornaram socialmente conhecidas e famosas.

Estas celebridades exercem forte influência sobre os consumidores/destinatários da publicidade, muitas das vezes atribuindo falsa segurança acerca da qualidade dos produtos ou serviços que promovem, seja por afirmações, conselhos ou recomendações, ou através da simples associação da sua imagem ou nome, ao bem ou serviço. Estas personalidades garantem o produto ou o serviço publicitados, gerando imediata resposta do consumidor devido ao prévio conhecimento deste, sobre aquela pessoa que testemunha a favor de certo produto ou serviço, associando-lhe valores como a juventude, a riqueza, o prestígio, a alegria, a notoriedade, *etc*.

O destinatário da publicidade confia na sinceridade, competência e lealdade do informante e segundo PETER CORNELIUS HEESCH, citado por JORGE FERREIRA SINDE MONTEIRO,[552] *"o tomador da informação submete-se voluntariamente à influência do informante, porque confia na sua competência e conhecimento profissional; o iludir dessa confiança para causar danos ao consumidor/destinatário contradiz grosseiramente as expectativas que seria legítimo pôr num comportamento honesto."*

No Brasil, o *CEP* reconhecendo o testemunho como uma *"técnica capaz de conferir maior força de comunicação, persuasão e credibilidade à mensagem publicitária"* apresenta várias recomendações relativas ao anúncio:

---

[552] PETER CORNELIUS HEESCH, *Privatrechtliche Haftuug fur fehlerhafte Informationem, Eine rechtsvergleichende Untersuchung am Beispiel des englischen Rechts*, Munster, 1982, pp. 23 e 24, citado por JORGE FERREIRA SINDE MONTEIRO, *op. cit.*, p. 38 (nota 12).

*a)* deverá sempre nomear o depoente e apresentar com fidelidade a sua qualificação profissional ou técnica;
*b)* o produto anunciado deverá ter estreita relação com a especialidade do depoente;
*c)* o anúncio que se apoiar em testemunho isolado de especialista ou perito não deverá causar a impressão de que este reflicta o consenso generalizado da categoria profissional, da entidade ou da associação a que eventualmente pertença.

O anúncio em que participem pessoas famosas, deverá observar rigorosamente as regras do *CEP* e será estruturado de molde a não inibir o senso crítico do destinatário em relação ao produto.

Em Portugal a publicidade testemunhal está regulada no art. 15º. do *Cód. Pub.*, da seguinte forma:

*"(...) deve integrar depoimentos personalizados, genuínos e comparáveis, ligados à experiência do depoente (...) sendo admitido o depoimento despersonalizado, desde que não seja atribuido a uma testemunha especialmente qualificada, designadamente em razão do uso de uniformes, fardas ou vestimentas características de determinada profissão."*

O Instituto brasileiro *Ipsos-Asi*, que realiza medições sistemáticas de anúncios comerciais em todo o mundo, efectuou um estudo comparativo entre as performances dos anúncios em que participam celebridades e a média da performance dos demais, tendo verificado que apesar de algumas situações não serem favoráveis à presença de figuras públicas, por ofuscarem o produto, por regra, as celebridades garantem efectivo impacto e ampla visibilidade. O director deste instituto ALAN LIBERMAN[553] refere que: *"o apelo deste recurso pode persuadir os consumidores, por mecanismos como a credibilidade e a atracção. A credibilidade actua para gerar aceitação da influência desta celebridade, que pode ocorrer pela sua "expertise" ou pela sua confiabilidade. A atracção age por meio da imitação de um comportamento, da percepção de sucesso e realização associadas à posição desta celebridade, influenciando entre outros factores a sua empatia, familiaridade e admiração."*

---

[553] Depoimento citado por PAULO JORGE SCARTEZZINI GUIMARÃES, *op. cit.*, p. 156.

A celebridade que, não sendo obrigada a participar na campanha publicitária, a aceita a troco de elevados honorários, deverá arcar com as consequências negativas que daí poderão advir, caso o produto não corresponda às expectativas criadas pela publicidade nos destinatários. As repercussões negativas poderão existir quer para a imagem pública da celebridade, quer para o consumidor/destinatário que é a parte mais débil do sistema e que por isso tem de ser especialmente protegido. A este propósito, CARLOS ALBERTO BITTAR[554] face à legislação brasileira, refere que: *"(...) desde que conscientemente participem da veiculação, todos os que actuam na gestação e na comunicação da mensagem atentatória podem vir a enredar-se nas malhas do regime repressivo da defesa do consumidor (...) incluem-se todos os que colaborarem para o advento da mensagem ilícita, bem como de sua posterior colocação ao público."*

## 46. O onus probandi no direito da publicidade

A realidade dos factos invocados necessita de ser demonstrada por aqueles que os invocam. No ordenamento jurídico nacional, o ónus da prova cabe a quem invoca um direito (art. 342º., nº. 1, do *CC*) em relação aos factos integradores desse direito. A parte contrária terá de provar, por sua vez, os factos anormais que excluem ou impedem a eficácia dos elementos constitutivos do direito invocado.

Nos termos da responsabilidade civil subjectiva, por força dos arts 483º. e 487º., ambos do *CC*, é ao lesado que incumbe a prova de culpa do autor da lesão, salvo havendo presunção legal de culpa. Já no que respeita à responsabilidade contratual, as regras são diversas na medida em que, por força do disposto no art. 799º. do *CC*, caberá ao devedor provar que a falta de cumprimento ou o cumprimento defeituoso, não procedem de culpa sua, por existir uma presunção de culpa em relação a este. Esta situação consubstancia a inversão do ónus da prova, prevista no art. 344º. do *CC*.

---

[554] CARLOS ALBERTO BITTAR, *op. cit.*, pp. 129 a 131.

É justamente o que acontece no direito da publicidade nacional. Veja-se o disposto no:

a) art. 16º. nº. 5, do *Cód. Pub.*, relativo à publicidade comparativa, em que o *onus probandi* da veracidade da comparação recai sobre o anunciante;
b) art. 11º. nºs 4 e 5, do *Cód. Pub.*, sobre a publicidade enganosa, em que o anunciante terá de apresentar provas de exactidão material dos factos contidos na publicidade, que se presumirão inexactos se as provas não forem apresentadas ou forem insuficientes, invertendo-se o princípio geral de direito;
c) art. 10º. nº. 2, do *Cód. Pub.*, sobre o princípio da veracidade, em que as afirmações devem ser exactas e passíveis de prova a todo o momento, perante as instâncias competentes;
d) art. 22º.- B nºs 3, 4 e 5, do *Cód. Pub.*, sobre produtos e serviços milagrosos, em que o *onus probandi* sobre a comprovação científica recai sobre o anunciante.

As entidades competentes para a instrução dos processos contra-ordenacionais, poderão exigir ao anunciante as provas científicas e as de exactidão material dos factos contidos na publicidade, que se não forem entregues ou consideradas insuficientes, presumir-se-ão inexistentes ou inexactos os factos constantes da publicidade, com as devidas consequências para o anunciante. Nestas situações, o legislador estabeleceu a inversão do *onus probandi* justamente para proteger a parte mais vulnerável - o consumidor/destinatário da publicidade. Bastar-lhe-á, por isso, a apresentação duma queixa formal às entidades competentes ou qualquer acção judicial destinada a efectivar os seus direitos violados, *de per si* ou através das associações representativas dos consumidores com legitimidade para intervir em juízo, e porque o ónus da prova cabe ao anunciante, competir-lhe-á apenas provar os danos e lesões sofridos em consequência da difusão de publicidade ilícita.

## 47. A determinação da indemnização – danos patrimoniais e não patrimoniais

A indemnização civil pela difusão de publicidade ilícita nos termos do *Cód. Pub.* competirá, conforme o art. 30º. nº. 1, aos anunciantes, profissionais e agências de publicidade, aos titulares dos suportes publicitários ou seus concessionários, bem como a quaisquer outras entidades que exerçam a actividade publicitária, que solidariamente responderão perante os lesados (destinatários das mensagens publicitárias) pela respectiva difusão.

Esta indemnização poderá resultar do apuramento de responsabilidade contratual, face ao incumprimento dos contratos celebrados, ao cumprimento defeituoso, ou à mora, sendo que os danos patrimoniais quantificáveis resultantes destas situações serão devidamente indemnizáveis, nos termos dos arts 798º. e ss do *CC*.

A obrigação indemnizatória poderá decorrer, ainda, da verificação dos pressupostos enformadores da responsabilidade civil pela prática de factos ilícitos e o agente, nos termos dos arts 483º. e ss do *CC*, indemnizará os titulares dos direitos violados com a sua conduta imprópria.

Em último lugar, poderá ainda resultar da responsabilidade objectiva, desde que preenchidos os requisitos previstos nos arts 499º. e ss do *CC*.

Para que se efective a indemnização proveniente da responsabilidade civil, é necessária a existência de um dano, na esfera jurídica de terceiro, e que possa ser imputável a determinado agente. Os danos podem revestir a qualidade de não-patrimoniais (morais) e patrimoniais, incluindo-se nestes, a subdivisão em danos emergentes e lucros cessantes, considerados os primeiros como a perda patrimonial, correspondente ao prejuízo causado nos bens ou nos direitos do lesado, já existentes à data da lesão, e os segundos como os benefícios que o lesado deixou de obter em consequência da lesão, mas que ainda não tinha direito à prática da referida lesão.[555]

---

[555] JOÃO DE MATOS ANTUNES VARELA, *Das obrigações em geral*, cit., 5ª. ed., 1986, p. 559; 10ª. ed., 2000, p. 599.

Paralelamente aos danos patrimoniais que podem ser efectivamente reparados porque susceptíveis de indemnização pecuniária, encontram-se os danos não patrimoniais (morais), que correspondem em regra ao desgosto, à humilhação, à perda de prestígio, insusceptíveis de avaliação pecuniária, por atingirem bens como a imagem, a saúde, a liberdade, a honra, o bom nome (direitos de personalidade que nos termos do art. 70º. do *CC*, dão lugar a responsabilidade civil) e por não integrarem o património do lesado. Por isso, apenas poderão ser compensados através de uma obrigação pecuniária imposta ao agente, considerando-se mais como uma satisfação do que uma indemnização.[556]

A obrigação indemnizatória tem como regra, a reconstituição natural prevista no art. 562º. do *CC*. Todavia, sempre que não seja possível, não repare integralmente os danos ou seja excessivamente onerosa para o devedor, será fixada em dinheiro, tendo como medida a diferença entre a situação patrimonial do lesado, na data mais recente que puder ser atendida e a que teria nessa data se não existissem danos (art. 566º. nºs 1 e 2, do *CC*).

O montante indemnizatório calcula-se pelo critério previsto no art. 564º. do *CC*, mas enquanto que, no caso de dolo, o julgador ficará limitado ao valor dos danos causados, no caso de negligência, por força do art. 494º. do *CC*, o julgador poderá equitativamente, fixar a indemnização em montante inferior aos danos, desde que o grau de culpabilidade do agente, a situação económica deste e do lesado e as demais circunstâncias do caso o justifiquem.

Se em face de situação certa e determinada, não se apurar a existência de dolo ou negligência, não existirá responsabilidade nos termos do art. 483º. do *CC*. A culpa será apreciada em concreto, de acordo com o nº. 2 do art. 487º., do *CC*, segundo a diligência do bom pai de família, quer em relação à responsabilidade extracontratual quer face à contratual, por força, em relação a esta última, da remissão prevista no art. 799º. nº. 2 do *CC*.

---

[556] JOÃO DE MATOS ANTUNES VARELA, *Das obrigações em geral*, cit., 5ª. ed., 1986, p. 561; 10ª. ed., 2000, p. 601.

A possibilidade de compensação por danos não patrimoniais (morais), resulta claramente do art. 496º. do *CC*, sendo a sua admissibilidade pacífica na doutrina e na jurisprudência. O nº. 1 deste preceito, restringe a sua aplicação aos danos que, pela sua gravidade, mereçam a tutela do direito. O legislador pretendeu adequar o montante da indemnização à gravidade do dano, apelando no nº. 3, para um juízo de equidade do julgador. Estes danos apresentam especial dificuldade na sua valoração, pelo que utilizam-se os seguintes critérios para apuração do *quantum* indemnizatório:

*a)* as circunstâncias concretas do caso;
*b)* a gravidade da lesão efectivamente produzida;
*c)* o suporte ou meio através do qual foi perpetrada a lesão;
*d)* o benefício que da lesão obteve o agente;
*e)* o prejuízo que da lesão adveio para o lesado;
*f)* a situação económica do agente e do lesado.[557]

## 48. Tipos de danos mais frequentes na difusão de mensagens publicitárias ilícitas

O dano constitui um dos elementos fundamentais para o estabelecimento da responsabilidade civil indemnizatória. Em relação ao consumidor, a divulgação de uma mensagem publicitária ilícita, violadora das regras previstas no *Cód. Pub.*, acarretará danos individuais e transindividuais, quer sejam patrimoniais ou morais.

O dano transindividual resulta do mundo moderno, em que o consumo de massa abre espaço à grande colectividade de pessoas, que vivem

---

[557] Cfr. RUI MANUEL DE FREITAS RANGEL, *A reparação judicial dos danos na responsabilidade civil – um olhar sobre a jurisprudência*, Almedina, Coimbra, 2002, visão pragmática do autor sobre a matéria indemnizatória na responsabilidade civil.

num aglomerado, unidas por factores comuns e que se não confundem com os indivíduos que a compõem. Esta colectividade possui valores que merecem protecção. Estes valores não respeitam a uma só pessoa, são pertença geral da colectividade, o que significa que a protecção de um membro, origina a protecção de todos.

A simples divulgação de uma mensagem ilícita, discriminando os judeus, os católicos, os negros ou os ciganos, ou uma publicidade enganosa que indique características falsas dos produtos, causará de forma geral e abstracta um dano não patrimonial a todos os expostos à mensagem, que poderá ser reparado através de compensação em dinheiro ou através de publicidade correctora. Poderá também, ocorrer um dano patrimonial colectivo mas, neste caso, terá de ser quantificado face aos elementos de prova carreados para o processo pelos lesados.

No caso da publicidade enganosa, não se vislumbra a possibilidade de existir um dano moral individual causado pela simples transmissão da mensagem, porque a falsidade ou o carácter enganador que induza ou possa induzir em erro o consumidor, só releva em termos individuais se produzir algum efeito concreto. Por isso, se em resultado da publicidade enganosa, o consumidor adquirir, de facto, o produto ou o serviço publicitados, poderá ocorrer quer um dano patrimonial quer um dano moral, susceptíveis de reparação a ser efectuada pelo agente causador dos danos, de entre todos os sujeitos publicitários e entidades que participem na difusão da mensagem (art. 30º. *Cód. Pub.*).

Mas também poderão ocorrer danos nas esferas jurídicas dos anunciantes, agências de publicidade ou profissionais, titulares dos suportes ou seus concessionários e nos demais intervenientes na difusão da mensagem publicitária ilícita. Crê-se que o primeiro impacto negativo será suportado pelo anunciante que se traduzirá posteriormente, num dano patrimonial. Poderá consistir na perda de reputação comercial, em resultado da fraca imagem que a publicidade transporta, por ser ilícita. Os consumidores criarão de imediato obstáculos psicológicos aos produtos ou serviços publicitados, destruindo num "segundo" uma imagem e uma marca que provavelmente terá demorado anos a construir. As consequências patrimoniais para o anunciante poderão ser muito negativas, e os únicos beneficiários serão os seus directos concorrentes, que assistirão ao crescimento das vendas dos seus produtos e serviços. O grau de exigência do consumidor aumenta de dia para dia, este é incentivado a reivindicar os seus direitos, não tolerando o desrespeito e o engano. Aliás, se esses expedientes forem necessários para a promoção de determinado produto ou serviço, então a qualidade destes é fraca, porque não conseguem impôr-se no mercado pelas suas especiais características.

Também para a agência de publicidade ou para o profissional é negativa a difusão de mensagens violadoras das regras publicitárias. Revela falta de preparação, de estudo e de conhecimentos técnicos indispensáveis para a realização da actividade a que se propõe. Tal impreparação acarretará, em princípio, danos patrimoniais e morais ao anunciante e contribuirá para a criação de uma má imagem comercial de si própria, o que se traduzirá em perdas de clientes e consequentemente de ganhos.

Os titulares dos suportes ou os seus concessionários serão também negativamente afectados, sofrendo danos patrimoniais, na medida em que a lei estabelece a responsabilização solidária pelo pagamento da indemnização a terceiros, advinda da difusão ilícita das mensagens.

Em resumo, os danos mais frequentes traduzem-se na diminuição do património dos intervenientes na difusão de mensagens ilícitas, por a lei estipular a sua responsabilização solidária face a terceiros. O mais afectado pela ilicitude da mensagem, será o anunciante, apesar de, nas relações com os outros participantes na difusão da mensagem, poder ressarcir-se da indemnização prestada, todavia, os lucros cessantes e os danos morais sofridos serão difíceis de recuperar. Também as restantes entidades, em relação aos demais intervenientes e tendo em conta os contratos celebrados, poderão ser titulares de eventuais direitos de regresso, desde que apuradas as respectivas culpas.

# CAPÍTULO IX
## DA RESPONSABILIDADE CRIMINAL

### 49. A responsabilidade criminal

Paralelamente às responsabilidades contra-ordenacional e civil, o *CP* prevê no art. 183°., o crime de publicidade e calúnia, através do qual qualifica os crimes de difamação e injúria[558] se cometidos através dos meios de comunicação social que, por natureza, facilitam e promovem a divulgação da ofensa. Nestes casos, a moldura penal aplicável é de prisão até dois anos ou multa não inferior a 120 dias.

### 50. O crime de publicidade enganosa

A publicidade enganosa constitui, em termos publicitários, a infracção mais frequente de todas. Por isso, a autora francesa MIREILLE DELMAS MARTY[559] considera o direito penal da publicidade especialmente

---

[558] Previstos nos arts 180°. a 182°. do *CP*.
[559] MIREILLE DELMAS MARTY, *Droit pénal des affaires*, 2, Thémis Droit, PUF, 3ª. ed., Paris, 1990, p. 443.

direccionado para a *"publicité mensongère ou trompeuse"*. Consiste basicamente na alteração da verdade ou numa menor clareza, que levará o consumidor/destinatário a agir sob erro por falsidade ou por ser induzido a tal, podendo causar-lhe prejuízos económicos e danos na sua segurança e/ou na sua saúde.

Para se falar do "crime" de publicidade enganosa, dois elementos fundamentais necessitam de coexistir na atitude do agente:

> *a)* o elemento *material*, que se prende com o facto de existirem alegações, indicações ou apresentações falsas, que induzam ou possam induzir o consumidor em erro;
>
> *b)* e o elemento *psicológico*, relativo ao carácter volitivo da conduta do anunciante ou de outro sujeito publicitário interveniente.

Para existir publicidade enganosa, basta a verificação do elemento *material*, mas que *de per si* não permite falar de "crime" de publicidade enganosa.

Só o concurso simultâneo do elemento material e do elemento psicológico, de modo a permitir a formulação de um juízo de culpabilidade e censurabilidade por o agente não ter agido doutra forma, como efectivamente podia e devia, permitiriam a criminalização da publicidade enganosa.

Em teoria, a verificar-se apenas o elemento *material*, a conduta será punida como ilícito civil ou administrativo e apenas com a prova da existência concorrencial do elemento psicológico, a conduta do agente será punida criminalmente, a título de dolo ou negligência. É claro que a concretização efectiva desta teoria, que resulta na punição da publicidade enganosa através dos meios civis ou administrativos e dos meios criminais, para ser validada teria de ser compatível com a política criminal seguida pelo legislador nacional que, desde já se adverte, não trilhou esta direcção, preferindo o caminho da descriminalização.

---

Ambos os adjectivos reflectem a existência de engano, embora a *publicité mensongère*, seja efectivamente falsa enquanto a *publicité trompeuse*, seja ambígua, não necessariamente falsa, mas enganosa ou susceptível de o ser.

*50.1. O crime de publicidade enganosa como crime de perigo*

Dever-se-á classificar o crime de publicidade enganosa, como crime de perigo ou como crime de dano? Para o classificar como um crime de dano, é necessária a efectiva lesão de um bem jurídico, pelo contrário, qualificando-o como um crime de perigo, será suficiente a existência de um perigo de lesão, sem que tal lesão se torne efectiva. Parece acertado considerar o crime de publicidade enganosa como um *crime de perigo comum*, porque contrariamente ao crime de dano, só assim o assumindo poderão ser eficazmente protegidos os interesses dos consumidores. Desta forma poder-se-á actuar preventivamente, antes da verificação da lesão de qualquer bem jurídico-penal, partindo da existência do perigo que o envolve. Se porventura a punição só ocorresse após a consumação da lesão, estar-se-ia a admitir a produção desta, com os consequentes prejuízos advindos para os consumidores.

*50.2. O crime de publicidade enganosa e o crime de burla – analogias e diferenças*

Dado que, em sede criminal, o crime de publicidade enganosa é entendido como de perigo comum, poder-se-á ir mais além e averiguar se a consumação de um crime de burla através da publicidade, necessita da existência do crime de publicidade enganosa, ou se pelo contrário, são independentes.

Para que as respostas possam ser adequadas às questões levantadas, é necessário caracterizá-los. São elementos constitutivos e de verificação cumulativa do crime de burla,[560] os seguintes: *a)* intenção de obtenção de lucro ou enriquecimento patrimonial a favor do agente ou de terceiro; *b)* engano ou erro criados no lesado através de meios astuciosos ou manobras fraudulentas; *c)* prejuízo patrimonial do lesado ou de terceiro; *d)* nexo de causalidade entre o prejuízo sofrido e o engano ou erro provocados.

---

[560] Cfr. art. 217º., do *CP* português.

Por sua vez, o crime de publicidade enganosa não preenche todos os elementos enumerados todavia, *a)* a intenção de lucro parece comum aos dois crimes. O mesmo não acontece quanto ao erro e ao engano: *b)* o erro implica a descoincidência com a realidade concreta, sem que necessariamente a vítima tenha sido induzida a tal; logo existirá erro, independentemente da acção de terceiro. Consequentemente, inexistirá o crime de burla, porque neste crime além da lesão patrimonial, é relevante o modo como se produziu tal lesão. O crime de burla implica que o infractor atinja o seu objectivo através de *"... erro ou engano sobre factos que astuciosamente provocou ..."*. Os franceses chamam *mise en scène* à provocação astuciosa que originou a lesão patrimonial; *c)* O engano, por sua vez, corresponde à mentira. Mas este tem de ser capaz de induzir a vítima em erro. Tem de possuir idoneidade suficiente para aliciar a vítima, tem de ser premeditado, intencional, doloso. Não basta a existência de um simples engano, ou uma simples mentira, sem premeditação.

Não existe portanto total coincidência quanto a este requisito entre a burla e a publicidade enganosa. Esta acontece sempre que a publicidade seja falsa, por contrária à verdade, não necessitando que tal falsidade seja provocada por manobras fraudulentas ou astuciosas, podendo por isso, existir o crime de publicidade enganosa através de negligência ou dolo eventual, o que não ocorre no crime de burla.

Mesmo quando a publicidade não é totalmente falsa, mas apenas susceptível de induzir em erro, não existe total coincidência. A indução em erro poderá resultar da violação do dever informativo subjacente à publicidade e não de manobras fraudulentas e artificiosas características do crime de burla; *d)* No que tange ao prejuízo patrimonial, sendo certo que no crime de burla o bem protegido é o património, torna-se imperiosa a sua existência, sendo consequência directa do engano ou do erro provocados pelo agente; pelo contrário, na publicidade enganosa este requisito não existe, porque se consuma com a própria acção, independentemente da lesão patrimonial dos consumidores (dado ser qualificada como crime de perigo).

Todavia, a publicidade enganosa pode afectar os direitos dos consumidores e os interesses do mercado. Quando assim se verifique, existem analogias com o crime de burla, de tal forma que, segundo PIERRE GREFFE e FRANÇOIS GREFFE[561] de acordo com os ditames da jurisprudência francesa,[562] poderá perspectivar-se a publicidade enganosa como uma das manobras fraudulentas ou um dos factos astuciosamente provocados para a consumação do crime de burla. Mas, na realidade tal não acontece. O crime de burla raramente é preenchido através da publicidade enganosa, porque esta não necessita da efectiva lesão dos bens jurídicos para se consumar. Por outro lado, o crime de burla só se consuma com a efectiva lesão dos interesses patrimoniais da vítima, pelo que pode existir publicidade enganosa, sem existir crime de burla.

É nesta situação que MÁRIO FERREIRA MONTE[563] entende justificar-se a existência autónoma do "crime" de publicidade enganosa, por este crime visar bens jurídicos que não se reduzem inteiramente ao património. Por outro lado, a exigência do prejuízo patrimonial na publicidade enganosa seria em termos criminais descabida, porque estar-se-ia a permitir a existência de um prejuízo patrimonial de massas, dada a publicidade ser uma comunicação de massas, que o direito criminal já não conseguiria evitar. Todavia, a existência do crime de burla "publicitária" em paralelo com o "crime" de publicidade enganosa, conseguiria uma efectiva protecção do consumidor.

O direito francês abrange estas duas vias: o art. 405º. do *Code Penal (escroquerie)* pune o infractor pela prática de burla publicitária e o art. 44º., da *Lei nº. 73/1993 de 27/12*, que alterou a *Lei de 2/6/1963*, pune-o por publicidade enganosa. No direito nacional não existem estas duas vias por o legislador ter optado pela descriminalização da publicidade enganosa como seguidamente melhor se verá.

---

[561] PIERRE GREFFE, FRANÇOIS GREFFE, *op. cit.*, pp. 309 e ss.
[562] Cfr. por exemplo *Ac. da Cass. Crim. de 11/6/1974, JCP 74, IV, 277*.
[563] MÁRIO FERREIRA MONTE, *op. cit.*, p. 141.

## 51. A descriminalização

O art. 40º. do *DL nº. 28/84 de 20/1*, (hoje revogado) relativo à publicidade fraudulenta, criminalizava toda a publicidade traduzida em comparações enganosas ou depreciativas, em falsas afirmações relativamente a outros bens ou serviços, bem como a publicidade enganosa ou desleal, desrespeitadora das normas específicas contidas em legislação especial. Além de, no nº. 1, considerar criminosa a publicidade que violasse dolosamente as disposições contidas nos arts 7º., 12º. e 16º. do *DL nº. 303/83 de 28/6* (*Cód. Pub.* já revogado). A sanção consistia em pena de prisão até 1 ano e multa não inferior a 50 dias.

Com a publicação do *DL nº. 330/90 de 23/10*,[564] o art. 34º. veio determinar que a infracção aos preceitos nele referidos constitui contra-ordenação punível com coima, o que levantou uma questão jurídica quase inultrapassável.

Por um lado, este diploma não previa a revogação expressa do art. 40º. do *DL nº. 28/84 de 20/1*, e por outro o *DL 330/90 de 23/10*, é um diploma aprovado pelo governo, por força do art. 198º. nº. 1 al. b) da *CRP*. Porém, a opção pela descriminalização é da competência da *ARep*. (art. 165º. nº. 1 al. c) da *CRP*), logo, o governo só poderá descriminalizar uma conduta com a autorização legislativa da *ARep*., porque só esta pode definir se um facto é qualificado como crime ou não.

Se o governo pretendesse revogar o art. 40º. do *DL 28/84 de 20/1*, através do art. 11º. do *DL 330/90 de 23/10*, por regularem a mesma matéria, tal revogação implicaria uma descriminalização para a qual não teria competência, por lhe faltar autorização da *ARep*. que nunca existiu.

Logo, duas hipóteses se aventaram:

*1.* ou o art. 11º. não revogou o art. 40º. e este continuou em vigor e, consequentemente, os artigos do novo código que regulam esta matéria seriam letra morta;

---

[564] O actual *Cód. Pub.* português, embora já tenha sido posteriormente alterado.

*2.* ou o legislador entendeu que o art. 40°. estaria tacitamente revogado com a entrada em vigor da nova lei – *DL n°. 330/90, de 23/10*. Só que, neste caso, estar-se-ia perante uma inconstitucionalidade, por o governo não poder descriminalizar sem a autorização da *ARep*..

Na altura, a doutrina dominante trilhava o caminho da não revogação do art. 40°. do *DL n°. 28/84 de 20/1*, pelo que o novo *Cód. Pub.* não seria aplicado nessa parte.

Hoje a questão está totalmente ultrapassada, pois o *DL n°. 6/95 de 17/1*, diploma decretado pelo governo no uso de autorização legislativa concedida pela *Lei n°. 16/94 de 23/5* veio, através do art. 4°., revogar expressamente o art. 40°. do *DL n°. 28/84 de 20/1,* optando pela tendência actual da descriminalização, já que todas as infracções perpetradas contra o disposto no *Cód. Pub.* tipificam ilícitos de mera ordenação social.

Contribuiu para a atitude descriminalizadora o facto da actividade publicitária ser exercida a maioria das vezes em conjunto, no âmbito das agências de publicidade e apenas as pessoas singulares estarem sujeitas à responsabilidade criminal, conforme o art. 11°., do *CP* que consagra o princípio do carácter pessoal da responsabilidade
criminal, já perfilhado pelo *CP* de 1886 e também consagrado na generalidade dos sistemas jurídico-criminais doutros países. Por regra, a doutrina criminal tem recusado a atribuição da qualidade de sujeitos activos das infracções criminais às pessoas colectivas, quer porque o fim de prevenção especial das penas seria inoperante quanto a elas, quer porque são insusceptíveis de imputação moral.[565] Reconhece-se às pessoas

---

[565] Como se acentua no parecer da Câmara Corporativa, n°. 54/X, sobre o projecto de proposta da lei de bases da reforma penal, n°. 9/X, acta de 23/10/1973, esta orientação prende-se até certo ponto com o problema da natureza real ou fictícia das pessoas colectivas. Partindo da ficção ou da realidade destas, tem-se tendido a admitir ou recusar-lhes a qualidade de sujeitos jurídico-penais, ou ainda a restringir esta qualidade ao campo contravencional. Mas nota-se, em primeiro lugar, que este ponto de partida se não apresenta como indiscutível. A personalidade jurídica das pessoas colectivas constitui o núcleo legal bastante para a aplicação das sanções adequadas às suas diversas formas de actuação

colectivas na generalidade dos países uma responsabilidade de direito público, na qual só excepcionalmente se pode incluir a responsabilidade criminal, por isso o legislador, ainda no art. 11º. do *CP*, ressalvou disposições legais em contrário, em que a lei mande punir pessoas colectivas, cabendo-lhes então penas pecuniárias ou medidas de segurança.

---

ilegal. Parecer citado por M. MAIA GONÇALVES, *Código penal português*, 10ª. ed., Almedina, Coimbra, 1996, p. 134.

Neste sentido, cfr. CARLOTA PIZARRO DE ALMEIDA, *Direito penal do consumo, algumas questões*, Estudos do Instituto de Direito do Consumo, Faculdade de Direito da Universidade de Lisboa, coordenação de Luis Menezes Leitão, vol. I, Almedina, Coimbra, Julho, 2002, pp. 255 a 278, pp. 264 e ss, onde refere que em Portugal, a responsabilização penal das pessoas colectivas surge consagrada em moldes ainda modestos.

A nível do direito europeu, pode dizer-se que a tendência é para um enfraquecimento do princípio *societas delinquere non potest*, que em alguns países já foi completamente postergado. Vejam-se os casos do Reino Unido, que desde o séc. XIX, prevê a responsabilização penal das pessoas colectivas; da Holanda, desde 1950 e da França, desde 1994. Em sentido contrário, não existindo a responsabilização penal das pessoas colectivas encontram-se os ordenamentos jurídicos da Itália, Alemanha e Espanha.

**4ª. PARTE**
**CONCLUSÕES**

A pesquisa efectuada tendo por objecto primacial a publicidade e o seu regime jurídico, visou o enquadramento desta actividade com outros institutos jurídicos de elevado grau de proximidade e interacção, num relacionamento estreito e convergente para a cabal regulamentação jurídica do direito da publicidade, por remissão da própria legislação publicitária.

Também e sempre de acordo com a visão globalizante que presidiu à elaboração da presente dissertação, incluiu-se nos capítulos I e II, uma síntese histórico-evolutiva sobre a publicidade e uma apreciação relativa às técnicas comunicativas utilizadas. No capítulo III, focaram-se alguns aspectos relativos ao direito dos consumidores e aos múltiplos suportes de difusão da mensagem publicitária. Já os capítulos seguintes apresentam-se com um grau de concretização elevado e reportam-se a temas tratados com mais profundidade.

Deste estudo extraem-se várias conclusões sobre a publicidade e o seu regime jurídico, as quais resumidamente se apresentam:

1) Em termos económicos a publicidade consiste numa actividade extremamente benéfica para o tecido empresarial dum país. Esta transitou de actividade meramente marginal, para indispensável ao desenvolvimento. Apresenta-se como instrumento financiador dos meios de comunicação social e garante da liberdade de expressão e formação das mentalidades.
2) Ideologicamente nasce com o ser humano socializado e com a necessidade de comunicar. Com os moldes actuais é uma actividade datada do séc. XVII, aquando do advento das *gazette*, em França.
3) Desenvolve-se exponencialmente no início do século XX com o crescimento do consumo urbano, com a superprodução decor-

rente do desenvolvimento industrial e com o aumento da concorrência entre produtores e entre produtos. Torna-se na comunicação por excelência desta nova ambiência em que o aumento dos salários e a redução dos horários laborais, traduzem um aumento do poder aquisitivo.

4) É entendida como forma e não como meio de comunicação apesar de, em si, encerrar um processo comunicacional e persuasivo.

5) Ao longo da história evolutiva da actividade publicitária existiram várias estruturas que permitiram a sua evolução:

a) o *agente de publicidade* que trabalhava por conta de um jornal ou editor e por este era remunerado com base numa comissão préfixada, tendo em conta as inserções publicitárias conseguidas;

b) A evolução natural para a *agency* que agrupou o conjunto dos agentes de publicidade, permitiu-lhes ultrapassar a simples angariação de anúncios e adquirir *por grosso* o espaço publicitário disponível, para posterior revenda;

c) Por sua vez, a conversão da *agency* na moderna agência de publicidade, que assegura preparação, estudo e aconselhamento na colocação e inserção dos anúncios, foram estruturas indispensáveis ao progresso desta actividade;

d) A *régie* surgiu como intermediária entre os suportes e os anunciantes. Mais tarde alterou a sua designação para *concessionária*, focalizou a sua atenção apenas na angariação, conseguindo volumes negociais elevados e consequentemente a capacidade negocial das suas comissões, junto dos suportes;

e) A *central de compras* de espaço e/ou tempo publicitário agrupa elevado número de anunciantes e agências de publicidade, permitindo-lhe adquirir grande quantidade de espaço e/ou tempo junto dos suportes. O sistema é duplamente vantajoso: os suportes asseguram a venda de espaço e/ou tempo, realizando um encaixe financeiro elevado e a central obtém melhores preços na compra. Todavia, existe uma falta de transparência no relacionamento entre os diversos operadores publicitários. Os suportes são "obrigados" pela central, a empolar os preços dos serviços para lhe permitir, enquanto intermediária na venda, o embolso de elevadas comissões. Para garantir a transparência do mercado, a central deverá actuar como mandatária do anunciante e para ele transferir todas as vantagens conseguidas, sendo exclusivamente remunerada por este, seu cliente. Tal possibilita o controle financeiro pelo anunciante das suas despesas publicitárias e, aos suportes, concede-lhes capacidade de resistência às pressões exercidas pela central de compras.

6) A *LDC* adoptou o conceito estrito da noção de consumidor. Abrange tão somente os mais desfavorecidos na relação de consumo. Todavia, a doutrina equipara aos consumidores, os profissionais quando adquirem um bem ou serviço para uso profissional, desde que não se encaixe no rol dos conhecimentos técnicos adquiridos em virtude da profissão desempenhada, bem como as pessoas colectivas.

7) O consumidor/destinatário da publicidade está amplamente protegido quer pelos princípios-regra, contra-ordenações e coimas previstas no *Cód. Pub.*, quer pela forte auto-regulamentação existente no sector, que actua preventivamente, minorando ou impedindo os efeitos nefastos da publicidade ilícita.

8) O incremento publicitário e o desenvolvimento social e tecnológico, trouxeram novos e diferentes suportes de difusão para a área publicitária: a publicidade exterior - *outdoors*, a publicidade por correspondência, via telefone, *telefax* ou *Internet*, a publicidade nas caixas de multibanco, nos locais de venda, nos próprios produtos, a publicidade aérea, o *product placement*, a publicidade virtual e a publicidade sonora.

9) A publicidade não é vista apenas com objectivos comerciais e lucrativos. A comunicação publicitária com todas as suas técnicas é também utilizada para a difusão informativa sobre a saúde e sobre a prevenção do risco social – a denominada publicidade social que utiliza as técnicas mais elaboradas da publicidade comercial e as coloca ao serviço da sociedade.

*10)* As questões ambientais estão presentes na preocupação dos publicitários. A *CCI*, face ao exponencial crescimento da importância do ambiente e das questões ambientais, bem como da complexidade de apurar e julgar as violações ambientais, elaborou o *Código de Publicidade Ambiental (CPAmb.)*, alargando a área da autodisciplina publicitária e auxiliando as empresas a actuarem responsavelmente em questões de publicidade ambiental. Já o *Cód. Pub.* no art. 7 nº. 2, al. g), relativo ao princípio da legalidade, esboça uma ténue protecção ambientalista ao proibir a publicidade que encoraje comportamentos prejudiciais ao ambiente.

*11)* O conceito legal de publicidade, existente no art. 3º. do *Cód. Pub.*, tem origem na *Directiva 84/450/CEE de 10/9*. Nestes termos, publicidade é toda a forma de comunicação que desenvolve as suas funções no âmbito da comercialização de bens e serviços, tendo por função informar e orientar os destinatários sobre os produtos e serviços publicitados.

*12)* Os termos propaganda e publicidade não são sinónimos. A propaganda com objectivos não comerciais, visa influenciar ou modificar a opinião alheia acerca de determinada ideologia, enquanto que a publicidade pretende captar a atenção do público para o consumo de determinados bens ou a utilização de certos serviços.

*13)* Publicidade e actividade publicitária são figuras distintas, expressas em preceitos diversos, mas que se interrelacionam. A actividade publicitária consiste na execução de um conjunto de operações de carácter publicitário, como a concepção, criação, planificação e distribuição, destinadas a dar corpo ao efectivo acto de comunicação, que é a publicidade.

*14)* São considerados como sujeitos publicitários, o anunciante, o profissional e a agência de publicidade, o titular do suporte porque, sendo titulares de direitos e obrigações, actuam nas diversas relações jurídicas, desempenhando funções distintas e especializadas. Os destinatários da publicidade são o seu público-alvo.

*15)* São quatro os princípios que regem o direito da publicidade: *licitude, identificabilidade, veracidade* e *respeito pelos direitos do consumidor*, todos previstos e definidos no *Cód. Pub.*.

*16)* O *Cód. Pub.* contém profundas limitações à comunicação publicitária: proíbe a publicidade enganosa e a publicidade oculta ou dissimulada, definindo-as, e restringe quer o conteúdo, quer o objecto da mensagem.

*17)* O *Cód. Pub.* contém ainda, regras gerais relativas ao direito de autor das obras publicitárias, embora por remissão expressa o *CDADC* seja de aplicação subsidiária.

*18)* Os contratos publicitários enquadram-se na disciplina geral contratual, apesar de apresentarem características e objectivos específicos que os distanciam dos contratos típicos regulados no direito civil ou comercial. Vigoram em pleno os princípios da liberdade e da livre modelação do conteúdo contratual. O objecto destes contratos reside na prática de actos publicitários. São celebrados pelos sujeitos publicitários no exercício da actividade publicitária e com a finalidade específica de promoção de determinado produto ou serviço.

*19)* As partes nos diversos contratos publicitários são:

*a)* o anunciante;
*b)* a agência de publicidade ou o profissional;
*c)* o suporte publicitário;
*d)* a concessionária;
*e)* outras entidades e indivíduos (patrocinadores, criativos, *free lancers*, *etc.*) com indispensável participação na preparação, desenvolvimento e execução da campanha.

*20)* Na generalidade das ordens jurídicas, com excepção da castelhana, a tipologia contratual estabelecida no âmbito da actividade publi-citária não está legalmente consagrada.

*21)* Os contratos de publicidade são considerados como *contratos socialmente típicos* mas, legalmente atípicos. São os seguintes:

*a)* contrato de criação publicitária;
*b)* contrato de patrocínio;
*c)* contrato de difusão publicitária;
*d)* contrato de concessão publicitária;

*e)* contrato de utilização da imagem;
*f)* o contrato de publicidade.

22) Os agentes infractores das regras previstas no *Cód. Pub.*, incorrerão em responsabilidade contra-ordenacional, civil e criminal.
23) O *Cód. Pub.* qualifica como infracções contra-ordenacionais, toda e qualquer violação aos seus preceitos. Pune como infractores, todos os sujeitos activos intervenientes na publicidade. A sanção principal consiste na aplicação de uma coima em numerário, mas poderão ainda ser aplicadas as seguintes sanções acessórias:

*a)* apreensão de objectos utilizados na prática das contra-ordenações;
*b)* interdição temporária do exercício da actividade publicitária;
*c)* privação do direito a subsídio ou benefício outorgado por entidades ou serviços públicos;
*d)* encerramento temporário das instalações ou estabelecimentos onde se verifique o exercício da actividade publicitária, bem como o cancelamento de licenças ou alvarás.

Em casos graves e socialmente relevantes, poderá ser determinada a publicidade da punição, a expensas do infractor. Existe ainda, a hipótese da divulgação de publicidade correctora, sempre que a gravidade do caso o justifique ou daí possa resultar a minimização dos efeitos da publicidade ilícita.

24) No âmbito autodisciplinar o *ICAP* criou o *CAV*, para resolução dos conflitos existentes entre os agentes publicitários. O sector protege-se através da criação de um código de conduta *(CCICAP)*, que contém os princípios éticos e deontológicos da actividade publicitária. A violação destas regras acarreta penalidades aplicadas pelo *JEP*.
25) A responsabilidade civil sobre publicidade está regulada abrangentemente, no art. 30º. do *Cód. Pub.*, responsabilizando-se os vários sujeitos publicitários e demais entidades participantes no processo comunicativo.

Dado o art. 2º. do *Cód. Pub.* mandar aplicar às relações entre os diversos agentes publicitários, embora subsidiariamente o direito civil e o direito comercial, são directamente aplicáveis as normas sobre responsabilidade contratual, extracontratual e pelo risco. O *Cód. Pub.*, ainda no art. 30º., preceitua o regime da solidariedade face à responsabilidade dos agentes em relação a terceiros lesados pela difusão de mensagens publicitárias ilícitas. O regime responsabilizatório aplicar-se-á ainda nas relações internas, ou seja, nas diversas relações entre os vários intervenientes na mensagem publicitária.

*26)* A doutrina tem procurado fundamentos para responsabilizar directamente o anunciante face ao consumidor, ainda que este não seja parte no contrato celebrado com aquele, procurando encurtar a longa cadeia que os separa no comércio jurídico--publicitário. Por isso, tecem-se adequadas teorias sobre:

*a)* a *responsabilidade pré-contratual*, prevista no art. 227º. do CC, alargando-a a quem de acordo com o princípio da boa-fé, possa gerar uma justificada confiança influente na celebração de contratos, de cujo objecto constam produtos, bens ou serviços publicitados;

*b)* a *eficácia jurídico-contratual da publicidade*, cujo estudo das várias tendências revela ser injustificada a exclusão da eficácia contratual das mensagens publicitárias;

*c)* o *contrato com eficácia de protecção para terceiros*, cuja ideia ainda não está devidamente estudada na doutrina nacional, consiste na possibilidade de certos negócios envolverem terceiros, alheios ao contrato, sob a sua manta protectora e conferir-lhes um direito indemnizatório face aos danos sofridos. Esta indemnização não deriva do incumprimento do dever de prestar, a que apenas as partes estão vinculadas, mas da violação de outros deveres integradores da relação contratual como um todo.

Esta ideia da protecção de terceiros, parece possuir um vasto campo de aplicação no âmbito da contratação publicitária, na medida em que os principais destinatários das mensagens publicitárias, o público-alvo, os consumidores em geral, poderão em caso de lesão exigir indemnização directamente ao lesante, juntamente com a parte contratual, também lesada, porque os efeitos contratuais se lhes estenderão.

27) Sobre a responsabilidade da agência de publicidade ou do profissional, em relação ao anunciante. Configurando a obrigação contratual da agência de publicidade, uma *obrigação de meios*, se os resultados aguardados não corresponderem às expectativas, a agência não será responsabilizada, porque a sua obrigação restringe-se ao cumprimento dos deveres inerentes à sua prestação. Todavia, provando-se que o mau resultado se ficou a dever ao incumprimento dos deveres contratuais da agência, então, será contratualmente responsabilizada e deverá indemnizar o anunciante pelos danos causados.
Em relação aos danos causados a terceiros, a agência será sempre responsável, já que o n°. 1 do art. 30°. do *Cód. Pub.*, prescreve em relação a terceiros prejudicados com a difusão de mensagens publicitárias ilícitas, uma responsabilidade civil e solidária de todos os intervenientes nessa difusão.

28) Sobre a responsabilidade civil do anunciante perante terceiros, o n°. 2 do art. 30°. do *Cód. Pub.*, excepciona a responsabilidade do anunciante se este provar não ter tido prévio conhecimento da mensagem publicitária veiculada. A responsabilidade do anunciante, a existir, enquadrar-se-á forçosamente no âmbito extracontratual, por falta de contrato vinculativo.
Perante a agência de publicidade ou o profissional, o anunciante responderá no âmbito da responsabilidade contratual, por existir vinculação contratual (contrato de publicidade).

29) A responsabilidade civil dos titulares dos suportes publicitários e dos respectivos concessionários, perante a agência de publicidade ou o profissional e o anunciante, está abrangida pela responsabilidade contratual em resultado da celebração do contrato de difusão publicitária.
Perante terceiros, é ainda o art. 30°. n°. 1 do *Cód. Pub.* que se aplica ao dispôr que os titulares dos suportes e os seus conces-

sionários serão responsáveis de forma geral e solidária, juntamente com outras entidades que exerçam a actividade publicitária, pelos danos que causem, em virtude da difusão de mensagens publicitárias ilícitas. Sempre no âmbito da responsabilidade extracontratual por inexistir qualquer vínculo contratual.

*30)* Em matéria de prova, vigora a regra da inversão do ónus da prova. Vários preceitos o comprovam:

    *a)* o art. 16º. nº. 5 do *Cód. Pub.*, relativo à publicidade comparativa;

    *b)* o art. 11º., nºs 4 e 5, do *Cód. Pub.*, sobre a publicidade enganosa;

    *c)* o art. 10º. nº. 2, do *Cód. Pub.*, sobre o princípio da veracidade;

    *d)* o art. 22º.- B, nºs 3, 4 e 5, do *Cód. Pub.* sobre produtos e serviços milagrosos.

*31)* O *CP* prevê, no art. 183º., o crime de publicidade e calúnia, que qualifica os crimes de difamação e injúria se cometidos através dos meios de comunicação social.

*32)* O legislador através do *DL nº. 6/95 de 17/1*, optou pela descriminalização da publicidade enganosa, terminando com a querela sobre a revogação tácita do art. 40º do *DL nº. 28/84 de 20/1,* até porque todas as infracções ao *Cód. Pub.* tipificam ilícitos de mera ordenação social.

# BIBLIOGRAFIA

ABRANTES, JOSÉ JOÃO,
- *A excepção do não cumprimento do contrato no direito civil português - conceito e fundamento*, Almedina, Coimbra, 1986.
- *O direito do trabalho e a constituição*, Direito do Trabalho, Ensaios, Cosmos, Lisboa, 1995, ISBN 972-8081-94-4.

ALMEIDA, CARLOS FERREIRA DE
- *Os direitos dos consumidores*, Almedina, Coimbra, 1982.
- *Conceito de publicidade*, BMJ, 349, Outubro, 1985, pp. 115 a 134.
- *Negócio jurídico do consumo*, BMJ, 347, 1985, pp. 11 a 38.
- *Texto e enunciado na teoria do negócio jurídico*, Vols I e II, Almedina, Coimbra, 1992, ISBN 972-40-0680-8.
- *Contratos de publicidade*, Scientia Iuridica, Revista de direito comparado português e brasileiro, Tomo XLIII, (Julho-Dezembro), n°s. 250/252, 1994, pp. 281 a 301.
- *Contratos I – conceito, fontes, formação*, Almedina, Coimbra, 2000, ISBN 972-40-1422-3.

ALMEIDA, CARLOTA PIZARRO DE, *Direito penal do consumo, algumas questões*, Estudos do Instituto de Direito do Consumo, Faculdade de Direito da Universidade de Lisboa, coordenação de Luis Menezes Leitão, Vol. I, Almedina, Coimbra, Julho, 2002, pp. 255 a 278, ISBN 972-40-1681-1.

ALMEIDA, J. CARLOS MOITINHO DE, *Publicidade enganosa*, Arcádia, Lisboa, 1974.

ALMEIDA, TERESA, *Lei de defesa do consumidor anotada,* Edição do Instituto do Consumidor, 1997, ISBN 972-9223-93-9.

ALVES, CARLOS TEIXEIRA, *Comportamento do consumidor, análise do comportamento de consumo da criança*, Escolar editora, Lisboa, 2002, ISBN 972-592-133-X.

ALVIM, AGOSTINHO, *Da inexecução das obrigações e suas consequências*, 4ª. ed., Saraiva, SP – Brasil, 1972.

ANDORNO, LUIS O., *Control de la publicidad y la comércialización en el ámbito de la defensa del consumidor y del usuário*, Jurisprudência Argentina, tomo III, 1994.

ANDRADE, JOSÉ CARLOS VIEIRA DE, *Os direitos dos consumidores como direitos fundamentais na constituição portuguesa de 1976*, Estudos de direito do consumidor, FDUC, Centro de Direito do Consumo, nº. 5, 2003, pp. 139 a 161, ISSN 1646-0375.

ASCENSÃO, JOSÉ DE OLIVEIRA
- *Direito de autor e direitos conexos*, Coimbra editora, 1992, ISBN 972-32-0476-2.
- *Direito de autor, hoje - publicações periódicas e obra colectiva*, ROA, Ano 54, Lisboa, Abril 1994, ISSN 0870-8118.
- *Direitos de autor e conexos inerentes à colocação de mensagens em rede informática à disposição do público*, Estudos jurídicos e económicos em homenagem ao Professor João Lumbrales, Edição da FDUL, Coimbra Editora, pp. 411 a 424.
- *Obra audiovisual. Convergência de tecnologias. Aquisição originária do direito de autor*, O Direito, ano 133º., tomo I, (Janeiro/Março), 2001, pp. 9 a 30.
- *Direito intelectual, exclusivo e liberdade*, ROA, 61, Lisboa, 2001, pp. 1195 a 1217, ISSN 0870-8118.
- *Concorrência desleal*, Almedina, Coimbra, 2002, ISBN 972-40-1621-8.
- *Estudos sobre o direito da Internet e da sociedade da informação*, Almedina, Coimbra, 2001, ISBN 972-40-1501-7.
- *Direito penal de autor*, Lex edições jurídicas, Lisboa, 1993, ISBN 972-9495-07-6.
- *Contrato de arrendamento de terraço para instalação de publicidade luminosa*, CJ, Ano XVIII, tomo III, 1993, pp. 15 a 22, ISSN 0870-7979.
- *O direito, introdução e teoria geral*, 11ª. ed. Almedina, Coimbra, 2001, ISBN 972-40-1432-0
- CORDEIRO, PEDRO, *Código do direito de autor e dos direitos conexos*, Coimbra editora, 1998, ISBN 972-32-0824-5.

AUBY, JEAN MARIE, DUCOS-ADER, ROBERT, *Droit de l'information*, Dalloz, Paris, 1976, ISBN 2-247-00056-8.

BARBOSA, ANA MAFALDA CASTANHEIRA NEVES DE MIRANDA, *Os contratos de adesão no cerne da protecção do consumidor*, Estudos de direito do consumidor, FDUC, Centro de Direito do Consumo, nº. 3, 2001, pp. 389 a 424, ISBN 972-98463-2-4.

BENJAMIM, ANTÔNIO HERMAN DE VASCONCELLOS E,
- *Código brasileiro da defesa do consumidor*, Forense Universitária, 2ª. edição, SP – Brasil, 1992.
- *O controle jurídico da publicidade*, Revista de Direito do Consumidor, nº. 9, Jan./Março, SP – Brasil, 1994.
- *Comentários ao código de proteção do consumidor*, editora Saraiva, SP – Brasil, 1991.

BIGOT, CHRISTOPHE, *Droit de la création publicitaire*, Librairie générale de droit et de jurisprudence, E.J.A., Paris, 1997, ISBN 2-275-00105-0.

BIOLAY, JEAN-JACQUES, *Promotion des ventes et droit de la publicité*, Delmas, Paris, 1991, ISBN 2-7144-2802-9-8.

BITTAR, CARLOS ALBERTO, *O controle da publicidade: sancionamentos a mensagens enganosas e abusivas*, Revista de direito do consumidor, nº. 4, editora Revista dos tribunais, SP – Brasil, 1992.

BRAVO, ROGÉRIO, *O crime de acesso ilegítimo na lei da criminalidade informática e na Ciberconvenção*, www.oa.pt., Direito n@ rede, 3, Dez./03, 2004.

BRETON, PHILIPPE; PROULX, SERGE, *A explosão da comunicação*, edições Bizâncio, Lisboa, 1997.

BROCHAND, BERNARD; LENDREVIE, JACQUES,
- *Le publicitor*, 3ª. Edição, Dalloz, 1988.
- RODRIGUES, JOAQUIM VICENTE; DIONÍSIO, PEDRO, *Publicitor*, Publicações Dom Quixote, 1999, ISBN 972-20-1585-0.

BUI, MARIA ROMANA, *Marketing global e publicidade global – um mundo. Um mercado*, Publicidade e comunicação, Texto editora, 1991, pp. 43 a 53, ISBN 972-47-0336-3.

BURNS, EDUARD MCNALL, *História da civilização ocidental*, Globo, 3ª. ed., 2º. vol., Porto Alegre, Brasil, 1975.

CABRAL, JOÃO CARLOS, *A estratégia criativa*, Publicidade e comunicação, Texto editora, 1991, pp. 65 a 71, ISBN 972-47-0336-3

CÁDIMA, FRANCISCO RUI, *Estratégias da comunicação*, edições Século XXI, Lisboa, 1997.

CALAIS-AULOY, JEAN, *Droit de la consommation*, 3ª. ed., Dalloz, Paris, 1992.

CALAZANS, FLÁVIO, *Propaganda subliminar multimidia*, 3ª. ed., Summus, SP – Brasil, 1992.

CÂMARA, PAULO, *A oferta de valores mobiliários realizada através da Internet*, Cadernos do mercado de valores mobiliários, 1, 1997, pp. 11 a 53.

CAMPOS, DIOGO LEITE DE, *A imagem que dá poder: privacidade e informática jurídica*, Comunicação e defesa do consumidor, FDUC, Actas do Congresso Internacional organizado pelo Instituto Jurídico da Comunicação, 1996, pp. 293 a 301.

CANOTILHO, JOSÉ JOAQUIM GOMES, *Direito constitucional*, 6ª. ed. revista, Almedina, 2002, ISBN 972-40-1806-7.

CANOTILHO, J. J. GOMES; MOREIRA, VITAL, *Constituição da República anotada*, 2ª. ed., vol. I, Coimbra editora e 3ª. ed., 1993.

CARDOSO, LUIS LANDERSET, *Cidadão e consumidor de media*, BOA, 23, Nov./Dez., 2002, pp. 54 e 55, ISSN 0873-4860.

CARREAU, CAROLINE, *Publicité et escroquerie*, Recueil Dalloz Sirey, n°. 30, 1996, pp. 257 a 262.

CASADO, HONÓRIO CARLOS BANDO, *La publicidad y la protección jurídica de los consumidores y usuarios*, 3ª. ed., Instituto Nacional del Consumo, Madrid, 1991.

CASIMIRO, SOFIA DE VASCONCELOS,
- *A responsabilidade civil pelo conteúdo da informação transmitida pela Internet*, Coimbra, Almedina, 2000, ISBN 972-40-1440-1.
- *O contributo dos prestadores de serviços de internet na realização da justiça*, www.oa.pt, Direito n@ rede, 3, Dez/03, 2004.

CASTRO, JOÃO PINTO E, *Comunicação de marketing*, edições Sílabo, Lisboa, 2002, ISBN 972-618-285-9.

CATHELAT, BERNARD, *Publicité et societé*, Petite Bibliotèque Payot, Paris.

CAVAZZA, NICOLETTA, *Como comunicar e persuadir, na publicidade, na política, na informação e nas relações sociais*, editorial Presença, Lisboa, 2002, ISBN 972-23-2785-2.

CENEVIVA, WALTER, *Publicidade e direito do consumidor*, Revista dos tribunais, SP – Brasil, 1991.

CHAISE, VALÉRIA FALCÃO, *A publicidade em face do código de defesa do consumidor*, editora Saraiva, SP - Brasil, 2001, ISBN 85-02-03217-8.

CHATILLON, STÉPHANE, *Publicité, consommation et concurrence*, Entreprise Moderne d'Édition, Paris, 1981.

CHAVES, ANTÔNIO, *Responsabilidade pré-contratual*, Forense, RJ – Brasil, 1959.

CHAVES, RUI MOREIRA
- *Código da publicidade anotado*, Almedina, Coimbra, 1996, ISBN 972-40-0958-0.
- *A publicidade enganosa no direito português*, Marketeer - revista de marketing, comunicação e vendas, n°. 10, ano II, p. 96, Abril 1997

COELHO, JOÃO MIGUEL DE SAMPAIO E MELO GALHARDO, *Publicidade domiciliária - o marketing directo*, Almedina, Coimbra, 1999, ISBN 972-40-1221-2.

CONTRERA, MALENA SEGURA; HATTORI, OSVALDO TAKAOKI; MORENO, CARLOS; NETO, CELSO FIGUEIREDO; CAMPELO, CLEIDE RIVA; RIZZO, ESMERALDA; IASBECK, LUIS CARLOS ASSIS; LARA, MILTON; JÚNIOR, NORVAL BAITELLO, *Publicidade e cia.*, Thomson, SP - Brasil, 2003, ISBN 85-221-0384-4.

CORDEIRO, ANTÓNIO MANUEL DA ROCHA E MENEZES
- *Teoria geral do direito civil*, I, Lisboa, AAFDL, 1994.
- *Da boa-fé no direito civil*, Almedina, Coimbra, 1997, ISBN 972-40-1011-2.
- *Os direitos de personalidade na civilística portuguesa*, ROA, 61, Lisboa, (Dezembro-2001), pp. 1129 a 1256, ISSN 0870-8118.
- *Da responsabilidade civil dos administradores das sociedades comerciais*, Livraria Lex, Lisboa, 1997.

CORREIA, A. FERRER e MESQUITA, M. HENRIQUE, anotação ao Ac. STJ, de 3/11/1983, *Empreitada. Objecto-produção de filmes. Resolução do contrato e seus efeitos*, ROA, ano 45, Lisboa, 1985, pp. 113 a 127 e 129 a 158, ISSN 0870-8118.

CORREIA, GERALDINE, *Como atrair clientes para o seu site*, revista Exame A-9, n°. 112 (Nov. 1997), pp. 134-139.

CORREIA, LUIS BRITO, *Direito da comunicação social*, vol. II, Almedina, Coimbra, 2005, ISBN 972-40-2323-0.

CORREIA, MARIA DO ROSÁRIO PINTO, *Como planear uma estratégia de comunicação*, Publicidade e comunicação, coordenação de António Silva Gomes, Texto editora, 1991, pp. 27 a 35, ISBN 972-47-0336-3.

COSTA, JOAN, *Reinvintar la publicidad*, Fundesco, Madrid, 1992.

COSTA, MÁRIO JÚLIO DE ALMEIDA COSTA,
- *Síntese do regime jurídico vigente das cláusulas contratuais gerais*, 2ª. ed., Universidade Católica Editora, Lisboa, 1999, ISBN 972-54-0010-X.
- *Direito das obrigações*, 9ª. ed., Almedina, Coimbra, 2001, ISBN 972-40-1582-3.

CRUZ, JOÃO CARDOSO DA, *Introdução ao estudo da comunicação: imprensa, cinema, rádio, televisão, redes multimédia*, Universidade Técnica de Lisboa, Instituto Superior de Ciências Sociais e Políticas, 2002, ISBN 972-9229-95-3.

CRUZ, RITA BARBOSA DA, *A publicidade – em especial os contratos de publicidade*, Estudos dedicados ao Prof. Doutor Mário Júlio de Almeida Costa, Universidade Católica Editora, 2002, pp. 1299 a 1391, ISBN 972-54-0044-5.

CUNHA, CAROLINA, *Legislação relevante na área do direito do consumo - 2001*, Estudos de direito do consumidor, FDUC, Centro de Direito do Consumo, nº. 3, 2001, pp. 427 a 434, ISBN 972-98463-2-4.

DANTAS, SARA LUÍSA BRANCO, *As cláusulas contratuais gerais*, Estudos de direito do consumidor, FDUC, Centro de Direito do Consumo, nº. 4, 2002, pp. 273 a 316, ISBN 972-98463-3-2.

DEVESA, CARLOS LEMA; MONTERO, JESÚS GOMES, *Código de publicidad*, 2ª. ed., Marcial Pons, Madrid, 1999, ISBN 84-7248-631-1.

DONATO, MARIA ANTONIETA ZANARDO, *Protecção do consumidor – conceito e extensão*, Revista dos Tribunais, SP – Brasil, 1994.

DUARTE, PAULO, *O conceito jurídico de consumidor, segundo o art. 2º./1, da lei de defesa do consumidor*, BFD, vol. 75, 1999, pp. 649 a 703, ISSN 0303-9773.

DURIEUX, ÉLISABETH, *Propos critiques sur la directive du 6 octobre 1997: le problème en suspens des publicités transfrontalières*, Revue Européenne de droit de la consommation, 1998, pp. 92 a 101, ISSN 0775-3209.

DUVAL, HERMANO, *A publicidade e a lei*, Revista dos Tribunais, SP – Brasil, 1975.

FERREIRA, MARIA JOÃO, *O papel do research*, Publicidade e comunicação, coordenação de António Silva Gomes, Texto editora, 1991, pp. 57 a 63, ISBN 972-47-0336-3.

FILHO, GINO GIACOMINI, *Consumidor versus propaganda*, Summus, SP - Brasil, 1991.

FRADA, MANUEL A. CARNEIRO DA,

- *Vinho novo em odres velhos – a responsabilidade civil das operadoras de Internet e a doutrina comum da imputação de danos*, ROA, 59, Lisboa, (Abril-1999), pp. 665 a 692, ISSN 0870-8118.
- *Uma terceira via no direito da responsabilidade civil*, Almedina, Coimbra, 1997, ISBN 972-40-1048-1.

FRADERA, VERA M. JACOB DE, *A interpretação da proibição de publicidade enganosa e abusiva à luz do princípio da boa-fé: o dever de informar no código de defesa do consumidor*, Revista de direito do consumidor, nº. 4, Revista dos Tribunais, SP – Brasil.

FRANCESCHELLI, VINCENZO; TOSI, EMILIO, *Il códice della proprietá intellettuale e industriale*, Editrice la tribuna, Piacenza, Itália, 2001, ISBN 88-8294-222-8.

FRANCK, JÉRÔME, *Publicité comparative et publicité pour les produits du tabac: la législation Française, exemple ou contre-exemple*, Revue Européenne de Droit de la Consommation, 2, 1998, ISSN 0775-3209.

FREITAS, TIAGO MACHADO DE, *A extensão do conceito de consumidor em face dos diferentes sistemas de protecção adoptados por Brasil e Portugal*, Estudos de direito do consumidor, FDUC, Centro de Direito do Consumo, nº. 5, 2003, pp. 391 a 421, ISSN 1646-0375.

FROTA, MÁRIO, *Entrevista sobre o tema da publicidade enganosa*, revista da Universidade Portucalense, Infante D. Henrique, nº. 5, pp. 107 a 114.

FUEROGHNE, DEAN K., *Law & Advertising*, The copy Workshop, Chicago, EUA, 2000, ISBN 1-887229-07-8.

FUSI, MAURIZIO, *La comunicazione pubblicitaria nei suoi aspetti giuridici*, Giuffré Editore, Milano, 1970.

GASPAR, ANTÓNIO HENRIQUES, *Relevância criminal de práticas contrárias aos interesses dos consumidores*, BMJ, 448, Julho, 1995, pp. 37 a 51, ISSN 0870-337X.

GERALDES, ANA LUÍSA
- *A loja dos 500 – publicidade enganosa*, Sub judice, nº. 3 (Julho-Set. 1996), pp. 65 a 66.
- *O direito da publicidade – estudos e práticas sancionatórias, decisões da CACMP*, Edição do Instituto do Consumidor, Lisboa, 1999, ISBN 972-9223-96-3.
- *Ilícitos contra-ordenacionais em matéria de publicidade*, BMJ, 448, Julho, 1995, pp. 53 a 68, ISSN 0870-337 X.

GOMES, ANTÓNIO SILVA, *A media e o futuro da publicidade*, Publicidade e comunicação, Texto editora, pp. 89 a 93, 1991, ISBN 972-47-0336-3.

GOMES, CARLA AMADO,
- *O direito à privacidade do consumidor – a propósito da Lei nº. 6/99, de 27 de Janeiro*, Revista do Ministério Público, Ano 20º., nº. 77, Janeiro-Março 1999, pp. 89 a 103, ISSN 0870-6107.
- *Os novos trabalhos do estado: a administração pública e a defesa do consumidor*, Estudos do Instituto de Direito do Consumo, coordenação

de Luis Menezes Leitão, Vol I, Instituto de Direito do Consumo da Faculdade de Direito da Universidade de Lisboa, Almedina, Coimbra, 2002, pp. 31 a 61, ISBN 972-40-1681-1.

GONÇALVES, M. MAIA, *Código penal português*, 10ª. ed., Almedina, Coimbra, 1996, ISBN 972-40-918-1.

GREFFE, PIERRE; GREFFE, FRANÇOIS, *La publicité & la loi, en droit français, union européene et suisse*, 8ª. ed., Litec, Paris, 1995, ISBN 2-71111-2436-3.

GUETTIER, CRISTOPHE, *La loi anti-corruption*, Loi nº. 93-122, de 29/1/1993, Dalloz, Paris, 1993, p. 17.

GUIMARÃES, PAULO JORGE SCARTEZZINI, *A publicidade ilícita e a responsabilidade das celebridades que dela participam*, Biblioteca de direito do consumidor, 16, Revista dos Tribunais, SP - Brasil, 2001, ISBN 85-203-2058-9.

GUINCHARD, SERGE, *La publicité mensongère en droit français et en droit féderal suisse*, Librairie géneral de droit et jurisprudence, Paris, 1971.

HAAS, C. R., *A publicidade, teoria, técnica e prática*, vol. I, editorial Pórtico.

HARPER, J. R. MARION, *La evolucion de la publicidad en América*, Madrid, 1966.

HENRIQUES, MARIA CARMEN SEGADE, *Estudo sobre publicidade por meios aéreos*, Estudos de direito do consumidor, FDUC, Centro de Direito do Consumo, nº. 1, 1999, pp. 411 a 431, ISBN 972-98463-0-8.

HIDALGO, CAROLINA BADIA, *Marketing y publicidad en la red: Internet como nuevo medio de comunicacion*, Comunicação, informação e opinião pública – Estudos de homenagem a Andrés Romero Rubio, Universidade Católica Editora, Lisboa, 2001, pp. 235 a 237, ISBN 972-54-0026-7.

HIPPEL, EIKE VON, *Defesa do consumidor*, revista da Procuradoria-geral do Estado, vol. 10, nº. 26, Brasil, 1980.

JACOBINA, PAULO VASCONCELOS, *A publicidade no direito do consumidor*, editora Forense, RJ - Brasil, 2002, ISBN 85-309-0407-9.

JOANIS, HENRI, *O processo de criação publicitária*, 2ª. ed., edições CETOP, Mem Martins, 1998, ISBN 972-641-021-3.

JONGEN, FRANÇOIS, *La police de l'audiovisuel*, Librairie générale de droit et de jurisprudence, Paris, 1994, p. 33, ISBN 2-275-00478-5.

JORGE, FERNANDO PESSOA, *Ensaio sobre os pressupostos da responsabilidade civil*, Almedina, Coimbra, 1999, ISBN 972-40-0873-8.

JOSÉ, PEDRO QUARTIN GRAÇA SIMÃO; CRUZ, ANTÓNIO CORTE-REAL, *Colectânea do direito da publicidade*, anotada e comentada, Rei dos Livros, 1991.

JOSÉ, PEDRO QUARTIN GRAÇA SIMÃO
- *O novo direito da publicidade*, Vislis editores, 1999, ISBN 972-52-0012-8.
- *A publicidade e a lei*, Direito e ciência jurídica, Vega Universidade, 1995, ISBN 972-699-486-1.

KAPFERER, JEAN NOEL, *Les marques, capital de l'entreprise*, Les Edicions d'organization, Paris, 1991.

LAMPREIA, J. MARTINS, *A publicidade moderna*, editorial Presença, 3ª. ed., Lisboa, 1992.

LAURENTINO, SANDRINA, *Os destinatários da legislação do consumidor*, Estudos do direito do consumidor, FDUC, Centro de Direito do Consumo, nº. 2, 2000, pp. 415 a 434, ISBN 972-98463-1-6.

LEISS, WILLIAM, KLINE, STEPHEN, HALLY, *Social comunications in advertising*, Canada, Methuen publications, 1986.

LEITÃO, ADELAIDE MENEZES, *A concorrência desleal e o direito da publicidade – um estudo sobre o ilícito publicitário*, Concorrência desleal, pp. 137 a 163.

LEITÃO, LUIS MANUEL TELES DE MENEZES
- *A responsabilidade civil na Internet*, ROA, Janeiro, ano 61, 2001, pp. 171 a 192, ISSN 0870-8118.
- *Direito das obrigações*, vol I, 2ª. ed., Almedina, Coimbra, 2002, ISBN 972-40-1644-7.
- *O direito do consumo: autonomização e configuração dogmática*, Estudos do Instituto de Direito do Consumo, coordenação de Luis Menezes Leitão, Vol I, Instituto de Direito do Consumo da Faculdade de Direito da Universidade de Lisboa, Almedina, Coimbra, 2002, pp. 11 a 30, ISBN 972-40-1681-1.
- *A protecção do consumidor contra as práticas comerciais desleais e agressivas*, Estudos de direito do consumidor, FDUC, Centro de Direito do Consumo, nº. 5, 2003, pp. 163 a 181, ISSN 1646-0375.

LESSIG, LAWRENCE, *The path of ciberlaw*, The Yale Law Journal, volume 104, nº. 7, 1995.

LIMA, PIRES DE; VARELA, ANTUNES, *Código civil anotado*, 2ª. ed., vol. I, Coimbra Editora, 1979.

LIVRO VERDE PARA A SOCIEDADE DA INFORMAÇÃO EM PORTUGAL, Missão para a sociedade da informação, Ministério da Ciência e da Tecnologia, Lisboa, 1997, ISBN 972-97349-0-9.

LÔBO, PAULO LUIS NETTO, *A informação como direito fundamental do consumidor*, Estudos de direito do consumidor, FDUC, Centro de Direito do Consumo, n°. 3, 2001, pp. 24 a 45, ISBN 972-98463-2-4.

LOPES, MARIA ELISABETE VILAÇA, *O consumidor e a publicidade*, Revista de Direito do Consumidor, n°. 1, SP – Brasil, 1992.

LOPES, GRAÇA; SOUSA, RUI CORREIA DE; VENÂNCIO, JOSÉ, *Defesa do consumidor, colectânea de legislação*, Edição Vida Económica, Porto, ISBN 972-8175-82-5.

LOUREIRO, JOÃO M.
- *Direito do marketing e da publicidade*, Semanário, Lisboa, 1985.
- *Direito da publicidade*, Casa Viva editora, Ld$^a$.
- *Regime jurídico da publicidade e da actividade publicitária*, Publicidade e comunicação, Texto editora, Lisboa, 1991, pp. 107 a 122, ISBN 972-47-0336-3.
- *As personalidades públicas e a publicidade*, Lei magazine, n°. 1, Março, 1995, p. 51.
- *Marketing e comunicação – instrumentos jurídicos*, Texto editora, 1994, ISBN 972-47-0463-7.
- *O conceito jurídico de publicidade*, Lei magazine, n°. 2, Junho, 1995, pp. 58 a 59.
- *A publicidade e o direito de autor – um cenário terceiro mundista em Portugal*, BOA, n°. 21, Julho/Agosto, 2002, pp. 44 e 45, ISSN 0873-4860.

LOURENÇO, PEDRO MIGUEL JANUÁRIO, *Criminalidade informática no ciberespaço – 10 anos após a publicação da Lei n°. 109/91, de 17/8*, Instituto Jurídico da Comunicação, FDUC, Coimbra, 2002, pp. 263 a 348, ISBN 972-98462-1-9.

LUCCA, NEWTON DE, *O direito dos consumidores no Brasil e no Mercosul*, Estudos de direito do consumidor, FDUC, Centro de Direito do Consumo, n°. 1, 1999, ISBN 972-98463-0-8.

LUPETTI, MARCÉLIA, *Administração em publicidade – a verdadeira alma do negócio*, Thomson, SP - Brasil, 2003, ISBN 85-221-0321-6.

MADAÍL, FERNANDO, *Publicidade e paisagem*, Diário de Notícias, secção regional, 7/11/03

MALANGA, EUGÉNIO, *Publicidade – uma introdução*, 4$^a$. ed., editora Redima, SP – Brasil, 1987.

MARQUES, ANA MARGARIDA, *A lei da criminalidade informática nos tribunais portugueses*, www.oa.pt., Direito n@ rede, 3, Dez./03, 2004.
MARQUES, A. H. DE OLIVEIRA, *Guia da história da 1ª. república portuguesa*, 1ª. ed., Lisboa, 1981.
MARQUES, CLÁUDIA LIMA, *Contratos no código de defesa do consumidor: o novo regime das relações contratuais*, Revista dos tribunais, SP- Brasil, 1998.
MARQUES, MARIA MANUEL LEITÃO; NEVES, VITOR; FRADE, CATARINA; LOBO, FLORA; PINTO, PAULA; CRUZ, CRISTINA, *O endividamento dos consumidores*, Almedina, Coimbra, 2000, ISBN 972-40-1325-1.
MARTINEZ, PEDRO ROMANO,
 - *Direito das obrigações – parte especial - contratos*, Almedina, Coimbra, 2000, ISBN 972-40-1345-6.
 - *O contrato de empreitada*, Almedina, Coimbra, 1994.
MARTINS, A. G. LOURENÇO, *O fulgor dos princípios na penumbra dos interesses comerciais e outros ...*, www.oa.pt, Direito n@ rede, 2, Ago/Set, 2003.
MARTINS, ANA M. GUERRA, *Direito comunitário do consumo*, Estudos do Instituto de Direito do Consumo, Faculdade de Direito da Universidade de Lisboa, coordenação de Luis Menezes Leitão, vol. I, Almedina, Coimbra, Julho, 2002, pp. 63 a 91, ISBN 972-40-1681-1.
MARTINS, ANTÓNIO PAYAN, *O contrato de patrocínio – subsídios para o estudo de um novo tipo contratual,* Direito e Justiça, revista da Faculdade de Direito da Universidade Católica Portuguesa, Lisboa, 1998, pp. 187 a 243.
MARTY, MIREILLE DELMAS, *Droit pénal des affaires*, 2, Thémis Droit, PUF, 3ª. ed., Paris, 1990.
MELO, ANTÓNIO M. BARBOSA DE, *Aspectos jurídico-públicos da protecção dos consumidores*, Estudos de direito do consumidor, FDUC, Centro de Direito do Consumo, nº. 5, 2003, pp. 23 a 41, ISSN 1646-0375
MIRANDA, JORGE, *Manual de direito constitucional*, vol. IV, Direitos Fundamentais, Coimbra editora, 1988, ISBN 972-32-0107-0; na 2ª. ed., 1998, ISBN 972-32-0419-3; na 3ª. ed., 2000, ISBN 972-32- 0935-7.
MONTE, MÁRIO FERREIRA, *Da protecção penal do consumidor – o problema da (des)criminalização no incitamento ao consumo*, Almedina, Coimbra, 1996, ISBN 972-40-0915-7.
MONTEIRO, ANTÓNIO PINTO
 - *Do direito do consumo ao código do consumidor*, Estudos do direito do

consumidor, FDUC, Centro de Direito do Consumo, n°. 1, 1999, pp. 201 a 214, ISBN 972-98463-0-8.
- *A protecção do consumidor de serviços públicos essenciais*, Estudos do direi-to do consumidor, FDUC, Centro de Direito do Consumo, n°. 2, 2000, pp. 333 a 350, ISBN 972-98463-1-6.
- *Sobre o direito do consumidor em Portugal*, Estudos de direito do consumidor, FDUC, Centro de Direito do Consumo, n°. 4, 2002, pp. 121 a 135, ISBN 972-98463-3-2.
- *Contratos de adesão – o regime jurídico das cláusulas contratuais gerais, instituido pelo DL n°. 446/85, de 25 de Outubro*, ROA, Ano 46, Dezembro, 1986, pp. 733 a 769.
- *Contratos de adesão - cláusulas contratuais gerais*, Estudos de direito do consumidor, FDUC, Centro de Direito do Consumo, n°. 3, 2001, pp. 131 a 163, ISBN 972-98463-2-4.
- *Comunicação e defesa do consumidor – conclusões do congresso*, Comunicação e defesa do consumidor, FDUC, Actas do Congresso internacional organizado pelo Instituto Jurídico da Comunicação, 1996, pp. 489 a 492.
- *Cláusula penal e indemnização*, Almedina, Coimbra, 1990, ISBN 972-40-0463-5.
- *Cláusulas limitativas do conteúdo contratual*, Instituto Jurídico da Comunicação, FDUC, Coimbra, 2002, pp. 185 a 205, ISBN 972-98462-1-9.

MONTEIRO, JORGE FERREIRA SINDE, *Responsabilidade por conselhos, recomendações ou informações*, Almedina, Coimbra, 1989, ISBN 972-40-0560-7.

MUSIELAK, HANS-JOACHIM, *Haftung fur Rat, Auskunft und gutachten*, Berlim, New York, 1974.

NANCLARES, JOSÉ MARTIN Y PERES DE, *Legislación publicitária*, Tecnos, Madrid, 1998, ISBN 84-309-3202-X.

NERY, NELSON, *Os princípios gerais do código brasileiro de defesa do consumidor*, Revista de direito do consumidor, n°. 3, SP – Brasil.

NETO, FRANSCISCO PAULO DE MELO, *Marketing de patrocínio*, Sprint, RJ - Brasil, 2000, ISBN 85-7332-108-3.

NOELLE-GRUNIG, BLANCHE, *Les mots de la publicité:L'arquitecture du slogan*, Presses du CNRS, Paris, 1990.

NORIEGA, JOSÉ LUIS SANCHEZ, *Crítica de la seducción mediática*, Tecnos, Madrid, 1997, ISBN 84-309-2971-1.

OLIVEIRA, ELSA DIAS, *A protecção dos consumidores nos contratos celebrados através da Internet*, Almedina, Coimbra, 2002, ISBN 972-40-1689-7.

PAISANT, GILLES, *El tratamiento del sobreendeudamiento de los consumidores en derecho françês*, Estudos de direito do consumidor, FDUC, Centro de Direito do Consumo, nº. 3, 2001, pp. 69 a 92, ISBN 972-98463-2-4.

PARECER DA PROCURADORIA GERAL DA REPÚBLICA, Proc. nº. 30/91, Publicado na 2ª. série do Diário da República nº. 239 em 17/10/1991.

PASCAL, MARIA ANGELES SAN MARTIN, *La necesidad de una conciencia ética en los medios de comunicación frente a las nuevas tecnologias*, Comunicação, informação e opinião pública – Estudos de homenagem a Andrés Romero Rubio, Universidade Católica Editora, Lisboa, 2001, pp. 313 a 326, ISBN 972-54-0026-7.

PASQUALOTTO, ADALBERTO, *Os efeitos obrigacionais da publicidade no código de defesa do consumidor*, SP – Brasil, Revista dos Tribunais, 1997.

PAÚL, JORGE PATRÍCIO, *Breve análise do regime da concorrência desleal no novo código da propriedade industrial*, ROA, ano 63, Abril, 2003, pp. 329 a 343, ISBN 0870-8118.

PEREIRA, ANTÓNIO MARIA,
- *O Direito de autor na publicidade*, ROA, ano 51, 1991, pp. 87 a 99, ISSN 0870-8118.
- *Problemática internacional do direito de autor*, ROA, ano 55, 1995, pp. 567 a 580, ISSN 0870-8118.
- *Propriedade literária e artística – conceitos e tipos legislativos*, ROA, ano 40, 1980, pp. 485 a 501, ISSN 0870-8118.

PEREIRA, ALEXANDRA MORAIS, *O nu e a publicidade audiovisual*, editora Pergaminho, Lisboa, 1997, ISBN 972-711-125-4.

PEREIRA, ALEXANDRE LIBÓRIO DIAS,
- *Contratos de patrocínio publicitário (sponsoring)*, ROA, Janeiro, ano 58, 1998, pp. 317 a 335, ISSN 0870-8118.
- *A protecção do consumidor no quadro da directiva sobre o comércio electrónico*, Estudos do direito do consumidor, FDUC, Centro de Direito do Consumo, nº. 2, 2000, pp. 43 a 140, ISBN 972-98463-1-6.
- *Os pactos atributivos de jurisdição nos contratos electrónicos de consumo*, Estudos de direito do consumidor, FDUC, Centro de Direito do Consumo, nº. 3, 2001, pp. 281 a 300, ISBN 972-98463-2-4.

PEREIRA, FRANCISCO COSTA; VERÍSSIMO, JORGE, *Publicidade, o estado da arte em Portugal*, edições Sílabo, Lisboa, 2004, ISBN 972-618-341-3.

PEREIRA, JOEL TIMOTEO RAMOS, *Direito da Internet e comércio electrónico*, Quid juris, Lisboa, 2001, ISBN 972-724-113-1

PEREIRA, MARCO ANTÓNIO MARCONDES, *Concorrência desleal por meio da publicidade*, editora Juarez de Oliveira, SP - Brasil, 2001, ISBN 85-7453-210-X.

PLANO DE ACÇÃO CONTRA O ALCOOLISMO, Resolução do Conselho de Ministros, nº. 166/2000, Diário da República nº. 276, de 29/11/2000.

PIGASSOU, P., *Les conditions de vente. Aspects de droit de la concurrence*, JCP édition, Paris, 1990.

PINTO, ALEXANDRA GUEDES, *Publicidade: um discurso de sedução*, Porto editora, Porto, 1997, ISBN 972-0-40117-6.

PINTO, CARLOS ALBERTO DA MOTA, *Teoria geral do direito civil*, 3ª. ed., Coimbra Editora, Coimbra, 1958.

PINTO, PAULO MOTA
- *Publicidade domiciliária não desejada – junk mail, junk calls e junk faxes*, BFDUC, Vol. LXXIV, Coimbra, 1998, pp. 273-325.
- *Notas sobre a lei nº. 6/99, de 27 de Janeiro – publicidade domiciliária, por telefone e por telecópia*, Estudos de direito do consumidor, FDUC, Centro de Direito do Consumo, nº. 1, 1999, pp. 117 a 176, ISBN 972-98463-0-8.
- *Conformidade e garantias na venda de bens de consumo, a directiva 1999/44/CE e o direito português*, Estudos do direito do consumidor, FDUC, Centro de Direito do Consumo, nº. 2, 2000, pp. 197 a 331, ISBN 972-98463-1-6.
- *O direito à reserva sobre a intimidade da vida privada*, BFDUC, vol. LXIX, Coimbra, 1993. pp. 479 a 586.

PINHEIRO, LUIS DE LIMA, *Direito aplicável aos contratos com consumidores*, ROA, Janeiro, ano 61, 2001, pp. 155 a 170, ISSN 0870-8118 e em Estudos do Instituto de Direito do Consumo, Faculdade de Direito da Universidade de Lisboa, coordenação de Luis Menezes Leitão, vol. I, Almedina, Coimbra, Julho, 2002, pp. 93 a 106, ISBN 972-40-1681-1.

PIRES, FRANCISCO LUCAS, *Uma constituição para Portugal*, Coimbra, 1975.

PORTUGAL, MARIA CRISTINA, *A resolução extrajudicial de conflitos de consumo transfronteiriços*, Estudos de direito do consumidor, FDUC, Centro de Direito do Consumo, nº. 3, 2001, pp. 345 a 371, ISBN 972-98463-2-4.

PRADA, VICENTE HERCE DE LA, *El derecho a la propria imagen y su incidencia en los medios de difusion*, José Maria Bosch Editor, Barcelona, Espanha, 1994, ISBN 84-7698-304-2.

PRATA, ANA,
- *A Tutela Constitucional da autonomia privada*, Almedina, Coimbra, 1982.
- *Notas sobre responsabilidade pré-contratual*, Lisboa, 1991.

PROENÇA, JOSÉ CARLOS BRANDÃO, *A conduta do lesado como pressuposto e critério de imputação do dano extracontratual*, Almedina, Coimbra, 1997, ISBN 972-40-1056-2.

RAMOS, RICARDO, *Contato imediato com propaganda*, Global, SP- Brasil, 1987.

RANGEL, RUI MANUEL DE FREITAS, *A reparação judicial dos danos na responsabilidade civil – um olhar sobre a jurisprudência,* Almedina, Coimbra, 2002, ISBN 972-40-1639-0.

REBELLO, LUIZ FRANCISCO
- *Introdução ao direito de autor*, Vol. I, Témis, Sociedade Portuguesa de Autores, Publicações Dom Quixote, Lisboa, 1994, ISBN 972-20-1217-7.
- *Código do direito de autor e dos direitos conexos*, Âncora editora, Lisboa, 2ª. edição, 1998, ISBN 972-780-000-9.
- *Gestão colectiva do direito de autor: um requiem adiado*, Estudos de direito da comunicação, Instituto Jurídico da Comunicação, FDUC, Coimbra, 2002, pp. 163 a 183, ISBN 972-98462-1-9.

RIBEIRO, JOAQUIM DE SOUSA, *Responsabilidade e garantia em cláusulas contratuais gerais*, Coimbra, 1992.

RIES, AL; RIES, LAURA; *A queda da publicidade e a ascensão das relações públicas*, 1ª. edição, Editorial notícias, Lisboa, 2003, ISBN 972-46-1475-1

RODRIGUES, JOSÉ NARCISO DA CUNHA*, As novas fronteiras dos problemas de consumo*, Estudos do direito do consumidor, FDUC, Centro de Direito do Consumo, nº. 1, 1999, pp. 45 a 67, ISBN 972-98463-0-8.

SÁ, ALMENO DE, *Cláusulas contratuais gerais e directiva sobre cláusulas abusivas*, Almedina, Coimbra, 1999, ISBN 972-40-1232-8.

SAAVEDRA, RUI, *A protecção jurídica do software e a Internet*, 12, Sociedade Portuguesa de Autores, Publicações Dom Quixote, Lisboa,1998, ISBN 972-20-1416-1.

SACCHETTI, JOÃO, *Estrutura e funções de uma agência de publicidade*, Publicidade e comunicação, Texto editora, 1991, pp. 11 a 25, ISBN 972-47-0336-3.

SAMPAIO, INÊS SILVIA VITORINO, *Televisão, publicidade e infância*, Annablume, SP - Brasil, 2000, ISBN 85-7419-145-0.

SANTAELLA, MANUEL, *Introduccion al derecho de la publicidad*, editorial Civitas, Madrid, 1982.

SÁNCHEZ, CLEMENTE CREVILLÉN, *Derechos de la personalidad. Honor, intimidad personal y familiar y propria imagen en la jurisprudencia*, Madrid, 1995.

SAVORANI, GIOVANNA, *La notorietá della persona da interesse protetto a bene giuridico*, 60, CEDAM, 2000, ISBN 88-13-23039-7.

SCHICKER, GERHARD, *Einfuhrung in das recht der Werbung*, Internationales und Europaisches Recht, Nomos, Baden-Baden, 1995.

SEGADE, J. A. GOMES, *La autodisciplina publicitaria en el derecho comparado y en el derecho espanhol*, ADI, 1987.

SEIA, JORGE ALBERTO ARAGÃO, *A defesa do consumidor e o arrendamento urbano*, Estudos de direito do consumidor, FDUC, Centro de Direito do Consumo, n°. 4, 2002, pp. 21 a 42, ISBN 972-98463-3-2.

SERENS, NOGUEIRA, *A proibição da publicidade enganosa: defesa dos consumidores ou protecção (de alguns) dos concorrentes?*, Separata do Boletim de Ciências Económicas, Vol. XXXVII, Coimbra, 1994 e em Comunicação e defesa do consumidor, FDUC, Actas do Congresso internacional organizado pelo Instituto Jurídico da Comunicação, 1996, pp. 229 a 256.

SILVA, DELMINDA DE ASSUNÇÃO COSTA SOUSA E, *Contratos à distância, o ciberconsumidor*, Estudos de direito do consumidor, FDUC, Centro de Direito do Consumo, n°. 5, 2003, pp. 423 a 456, ISSN 1646-0375.

SILVA, JOÃO CALVÃO DA,

- *A responsabilidade civil do produtor*, Almedina, Coimbra, 1990, ISBN 972-40-0477-5.
- *Anotação – direitos de autor, cláusula penal e sanção pecuniária compulsória*, ROA, ano 47, 1987, pp. 129 a 156, ISSN 0870-8118.
- *Compra e venda de coisas defeituosas – conformidade e segurança*, Almedina, Coimbra, 2002, ISBN 972-40-1616-1.

SILVA, JÚLIO REIS, *Os menores e a publicidade – que direitos*, Infância e juventude, n°. 3, (Julho e Setembro de 1995), pp. 59-64.

SOUSA, LUÍSA LOPES, *Do contrato de publicidade*, Rei dos Livros, Lisboa, 2000, ISBN 972-51-0833-7.

SOUSA, RABINDRANATH CAPELO DE, *O direito geral de personalidade*, Coimbra, 1995, p. 401 e p. 246, ISBN 972-32-0677-3.

STIGLITZ, GABRIEL A., *Protección jurídica del consumidor*, Depalma, Buenos Aires, 1986.

STIGLITZ, RUBEN S., *Contrato de consumo y clausulas abusivas*, Estudos do direito do consumidor, FDUC, Centro de Direito do Consumo, n°. 1, 1999, pp. 307 a 340, ISBN 972-98463-0-8.

SUEIDIN, SAMIR, *As ligações perigosas na publicidade e propaganda: um estudo de caso*, edições Saraiva, SP – Brasil, 1980.

TENREIRO, MÁRIO PAULO,

- *O regime comunitário da publicidade enganosa*, Comunicação e defesa do consumidor, FDUC, Actas do Congresso internacional organizado pelo Instituto Jurídico da Comunicação, 1996, pp. 199 a 228.
- *Um código de protecção do consumidor ou um código do consumo?*, Forum Iustitiae, 7, Dezembro, 1999, pp. 34 a 41.

TRABUCO, CLÁUDIA, *Dos contratos relativos ao direito à imagem*, O Direito, ano 133°., tomo II (Abril-Junho), 2001, pp. 389 a 459.

VAILLANT, FRANCISCO HUGH, *La regulation de la actividad publicitaria*, Universidad Central de Venezuela, Caracas, 1972.

VARELA, JOÃO DE MATOS ANTUNES,

- *Das obrigações em geral*, vol. I, 5ª. ed., Almedina, Coimbra, 1986 e vol. II, 6ª. ed., 1995, ISBN 972-40-0856-8.
- *Das obrigações em geral*, vol. I, 10ª. ed., Almedina, Coimbra, 2000, ISBN 972-40-1389-8.
- *Direito do consumo*, Estudos do direito do consumidor, FDUC, Centro de Direito do Consumo, n°. 1, 1999, pp. 391 a 405, ISBN 972-98463-0-8.
- *Contrato de arrendamento de terraço para instalação de publicidade luminosa*, CJ, Ano XVIII, tomo III, 1993, pp. 5 a 14, ISSN 0870-7979.
- *Parecer ao Ac. STJ, de 3/11/1983, Empreitada. Objecto-produção de filmes. Resolução do contrato e seus efeitos*, ROA, ano 45, Lisboa, 1985, pp. 113 a 127 e 159 a 197, ISSN 0870-8118.

VERÍSSIMO, JORGE, *A publicidade da Benetton – um discurso dobre o real*, Minerva, Coimbra, 2001, ISBN 972-798-005-8.

VICENTE, DÁRIO MOURA, *A competência judiciária em matéria de conflitos de consumo nas convenções de Bruxelas e Lugano: regime vigente e perspectivas de reforma*, Estudos do Instituto de Direito do Consumo, Faculdade de

Direito da Universidade de Lisboa, coordenação de Luis Menezes Leitão, Vol. I, Almedina, Julho, 2002, pp. 106 a 130, ISBN 972-40-1681-1.

VIEGAS, MARGARIDA, *A estratégia de media*, Publicidade e comunicação, coordenação de António Silva Gomes, Texto editora, 1991, pp. 73 a 87, ISBN 972-47-0336-3.

VIEIRA, JOSÉ ALBERTO COELHO, *A estrutura do direito de autor no ordenamento jurídico português*, AAFDL, Lisboa, 1992.

VITALI, MATTEO, *Contratti nella pubblicita e nel marketing*, Edizioni FAG, Milano, Itália, 2001, ISBN 88-8233-194-6

VITORINO, ANTÓNIO DE MACEDO, *A eficácia dos contratos de direito de autor*, Almedina, Coimbra, 1995, ISBN 972-40-0838-X.

WILL, MICHAEL R., *A mensagem publicitária na formação do contrato*, Comunicação e defesa do consumidor, FDUC, Actas do Congresso internacional organizado pelo Instituto Jurídico da Comunicação, 1996, pp. 259 a 281.

WILLIAMSON, JUDITH, *Decoding advertisements – ideology and meaning in advertising*, 10ª. ed., London, Marion Boyars.

WILHELMSSON, THOMAS, *Consumer law and the environment: from consumer to citizen*, Estudos de direito do consumidor, FDUC, Centro de Direito do Consumo, nº. 1, 1999, pp. 352 a 381, ISBN 972-98463-0-8.

WILSON, LINDA LEE, *The advertising law guide*, Allworth Press, New York, EUA, 2000, ISBN 1-58115-070-9.

ZEFF, ROBBIN, ARONSON, BRAD, *Publicidade na Internet*, editora Campus, 2000, RJ - Brasil, ISBN 85-352-0641-8.